《广东省幼小衔接活动优秀方案选编》

编委会

编　委（按姓氏笔画排序）：

卢羡文　刘杨文　李春会

杨慧敏　张　莉　陈　蕾

郑福明　钟晨焰　姚轶洁

高慎英　席梅红

广东省
幼小衔接活动
－优秀方案选编－

广东省教育厅　组编

广东高等教育出版社
Guangdong Higher Education Press
·广州·

图书在版编目（CIP）数据

广东省幼小衔接活动优秀方案选编/广东省教育厅组编. —广州：广东高等教育出版社，2025.4

ISBN 978-7-5361-7558-7

Ⅰ. ①广… Ⅱ. ①广… Ⅲ. ①活动课程 – 教案（教育）– 学前教育 Ⅳ. ① G613.7

中国国家版本馆 CIP 数据核字（2023）第 228765 号

GUANGDONG SHENG YOU-XIAO XIANJIE HUODONG YOUXIU FANG' AN XUANBIAN

出版发行	广东高等教育出版社	
	地址：广州市天河区林和西横路	
	邮编：510500　　营销电话：（020）87553735	
	网址：www. gdgjs. com. cn	
印　刷	佛山市浩文彩色印刷有限公司	
开　本	787 毫米 × 1 092 毫米　1 / 16	
印　张	27.5	
字　数	462 千	
版　次	2025 年 4 月第 1 版	
印　次	2025 年 4 月第 1 次印刷	
定　价	69.00 元	

科学引领，共筑幼小衔接成长之路
（代　序）

在儿童成长的关键阶段，幼小衔接犹如一座桥梁，连接着幼儿园与小学两个重要阶段。"幼小衔接"曾于 2016 年、2019 年、2022 年三次成为全国学前教育宣传月的主题，其重要性不言而喻。这一方面反映了它是社会各界关注的焦点，另一方面也反映了幼小衔接工作在实践中还面临许多挑战：如何帮助儿童、家长、教师感受到幼小衔接不是跨越巨大的鸿沟，而是逐级平稳地过渡，并不存在一个"最优方案"，对于每一个儿童、每一个家庭、每一所幼儿园和小学都有不同的"最适宜方案"，而我们正处于探索方案的进程中。正是在这样的背景下，广东省积极探索幼小衔接的科学路径，组织编写了这本方案集，呈现了一系列精心设计、富有创意且极具实践价值的幼小衔接方案，为广大教育工作者提供了宝贵的经验和借鉴。

这些幼小衔接方案体现了以下亮点：

首先，凸显了"以儿童为本"的教育理念。"以儿童为本"有两层含义：一是关注儿童生活，同时也引导儿童关注周围生活中人、事、物发生的变化。幼小衔接不是独立于儿童生活之外的"概念世界"，而是成人在与儿童的共同生活中自然地完成幼小衔接。二是充分尊重儿童作为有能力的主动学习者的身心发展规律和个体差异，把规划自己幼小衔接的主动权交到儿童手里，让儿童从做事和为集体服务中发展出胜任感和责任感。许多方案是从儿童生活的兴趣中生发出来，而不是来源于成人认为的幼小衔接中儿童存在的问题。方案集分为城市编、乡镇编和农村编三部分。在每一部分方案中，我们都能深深体会到生活在不同地理空间场域的儿童生活的丰富多彩，以及面临幼小衔接问题的各不相同：有的城市方案关注了儿童的心理适应问题，乡镇的幼小衔接方案则凸显了乡镇幼儿园、小学的地缘优势，农村的幼小衔接方案发扬了劳动教育的价值，也尤其关注了留守儿童的入学适应、农村家长传统观念转变等问题。唯有来自生活的案例才能如此真实、鲜活、百花齐放。

其次，充分关注和兼顾了儿童发展的整体性。根据教育部《幼儿园入学准备教育指导要点》和《小学入学适应教育指导要点》，幼小衔接教育包括身心、生活、社会和学习多个方面，是情感态度、能力、知识全方面的衔接。值得注意的是，这四方面的衔接教育是一个不可分割、互相作用的整体。以劳动教育为例，身心准备为儿童参与劳动提供了必要的物质基础和积极的情感动力。劳动技能不是一朝一夕形成的，而是来源于从小班开始就重视良好的生活习惯和自理能力的培养，这能够增强儿童的独立性和自信心。儿童在自我管理和服务中认识了自己和周围的世界，在使用多种劳动工具的过程中也学会了更好地保护自己，减少伤害。从服务自我到服务集体，儿童慢慢发展出交往合作能力、规则意识、任务意识和集体归属感等，这些能力有助于儿童在小学中结交新朋友、认识新老师，并逐步适应新的人际关系和集体生活，进一步增强儿童的自信心和社交技能。如果成人放手让儿童自主，并给予他富有挑战性的任务，儿童就能在一次次的问题解决中不断培养学习态度，强化学习的动机，这使儿童对学习可能出现的难题能始终保持积极态度。本方案集的许多方案中都可见幼小衔接多方面的有机联系，这充分说明了这些方案除了来源于生活，还经过了教育工作者的"精心设计"，并且在非结构的生活和结构化的教育活动之间取得了良好的平衡。

最后，营造了"家园校共育"的幼小衔接良好生态。"交叠影响理论"认为，家庭、学校和社区这三个环境之间并不是相互独立的，而是相互交叠、相互作用，并且共同对儿童的成长和发展产生影响，就像三个相互重叠的圆。重叠部分就是三者共同发挥作用的关键区域，儿童就在这个复杂的交叠区域中接受来自各方的综合影响。如果三方没有共同的愿景，甚至持有相悖的理念，就无法凝聚行动上的合力，难以互补和优化彼此的资源。在这种情况下，三方的教育合力可能是互相抵消的关系，甚至会让身处交叠区域中心的儿童无所适从，产生矛盾和适应困难。十分可贵的是，在这本方案集中有许多家长走入幼儿园和学校、教师走进家庭、儿童走进社区的活动，这正是对陶行知先生所说的"生活即教育"的践行：生活决定教育，教育改造生活。我们过往的幼小衔接教育经历会影响我们对于下一代儿童幼小衔接教育的观念与行为，因此"儿童友好"的幼小衔接生态环境从来就不是天然存在的，而是一代代人通过教育改造的结果。这种教育不是听几场讲座或看几本书、阅读几篇论文，而是"做中学"。正是在一次次这样的活动中，家长、社会大众对于幼小衔接的观念认识得以重构。

人的发展是阶段性和连续性的统一。对于幼小衔接的实践探索，有助于让学前教育和小学教育研究都回归本源，重新认识"人"这一核心要素，回归教育理性和教育规律。这本方案集凝聚了广东省广大教育工作者在幼小衔接领域的智慧和经验，为推动幼小衔接工作的科学化、规范化发展提供了有益探索。"道阻且长，行则将至"，十分期待广东省的幼小衔接教育在未来的理论和实践中取得更加丰硕的成果，让每一个儿童都能在科学的教育引导下茁壮成长，绽放出属于自己的绚丽光彩。

广西师范大学教育科学学院　侯莉敏

2024 年 11 月于桂林

前　言

　　基础教育阶段是人生最重要的奠基时期，科学的幼小衔接对儿童的后续学习和终身发展具有不可替代的作用。帮助幼儿从幼儿园平稳过渡到小学，顺利适应小学生活和学习，是幼儿园、小学和家庭需要共同担负的重要责任，这也要求改变过去幼儿园向小学单向衔接的状况，逐渐走向双向衔接、多方协同。

　　2021年3月，教育部印发《关于大力推进幼儿园与小学科学衔接的指导意见》（下文简称《指导意见》），指出幼小衔接要完成以下三个重要任务：一是改变衔接意识薄弱、小学和幼儿园教育分离的状况，建立幼小协同合作机制，为儿童搭建从幼儿园到小学过渡的阶梯，推动双向衔接。二是改变过度重视知识准备，超标教学、超前学习的状况，规范学校和校外培训机构的教育教学行为，合理做好入学准备和入学适应，做好科学衔接。三是改变衔接机制不健全的状况，建立行政推动、教科研支持、教育机构和家长共同参与的机制，整合多方资源，实现有效衔接。

　　三年来，广东省大力推进幼小衔接工作，以试点实验区建设为抓手，从政策保障、资金支持、专家指导等多个角度推进实验区开展实践研究，以点带面，在全省范围内形成示范带动效应。经过三年的努力，广东的幼小衔接工作取得了以下成果。

一、广东做法

（一）精心部署，统筹推进

　　2021年4月，广东省教育厅印发《广东省推进幼儿园与小学科学衔接攻坚行动方案》（以下简称《行动方案》），全面部署推进幼小衔接工作。

一是坚持儿童为本,关注儿童发展的连续性,尊重儿童的原有经验和发展差异;关注儿童发展的整体性,帮助儿童做好身心全面准备和适应;关注儿童发展的可持续性,培养有益于儿童终身发展的习惯与能力。

二是坚持双向衔接,强化衔接意识,幼儿园与小学协同合作,科学做好入学准备和入学适应,促进儿童顺利过渡。

三是坚持系统推进,整合多方教育资源,行政、教科研、幼儿园和小学统筹联动,家园校共育,形成合力。

四是坚持规范管理,建立动态监管机制,加大治理力度,纠正和扭转校外培训机构、幼儿园和小学违背儿童身心发展规律的做法和行为。

(二)培树典型,强化引领

为提高全省科学幼小衔接质量,培树科学幼小衔接典型示范区和幼儿园(小学),强化示范引领作用,2021 年 4 月,广东省教育厅组织开展广东省学前教育高质量发展实验区(科学幼小衔接攻坚项目)申报,并于 8 月公布 21 个省级幼小衔接实验区、104 个试点园和 104 个试点校名单,组建省级幼小衔接专家组,开启试点实践工作。2021—2023 年安排省级学前教育普及普惠健康发展资金共计 872.4 万元支持幼小衔接实验区实践探索。

该项目分三个阶段实施:

2021 年秋季学期开始全面启动试点,试点园(校)按要求制订全年实施方案,重点推进实施幼儿园大班下学期入学准备活动和小学一年级上学期入学适应活动,并在实施过程中不断完善活动方案,总结试点成果和经验。

2022 年秋季学期开始,全面推行入学准备和入学适应教育,建立幼小协同的合作机制,加强在课程、教学、管理和教研等方面的研究合作。

2023 年 11 月至 2024 年 9 月,各立项实验区组织试点园(校)总结试点经验,完善幼小衔接政策举措和工作机制,指导区内更多幼儿园(小学)参与幼儿园与小学科学衔接的实践,提升实验区基础教育质量。

(三)创新机制,激发活力

联合教研是破解幼小衔接难题的重要途径和手段。广东省教育厅要求各实验区建立幼儿园和小学教师联合教研机制,组织幼儿园和小学教师开展联合教研、培训。

各实验区建立常态化联合教研机制，各地级市教育部门指导总结幼儿园和小学建立幼小协同的合作机制，实行常态化联合教研制度，加强在课程、教学、教研和管理等方面的研究合作。

各地教研部门把幼小衔接作为教研工作的重要内容，纳入年度教研计划，推动建立幼小学段互通、内容融合、形式科学、氛围积极的系统化联合教研制度，有效提升教研成果的实践应用效果。

（四）及时总结，分享推广

为及时总结推广各地幼儿园（小学）教育改革的实践成果，自2022年起，广东省教育厅每年面向全省开展幼小衔接活动方案征集遴选活动，要求各地以活动方案征集遴选活动为契机，聚焦提高幼小衔接活动水平，强化教研工作指导，推动各类幼儿园和小学落实幼儿园入学准备教育、小学入学适应教育有关要求，促进幼小双向科学有效衔接，提高育人整体水平。

2022年第一届幼小衔接活动方案征集活动中，经地市初评推荐，各地市教育局共选送340份方案，其中城市方案185份、乡镇方案99份、农村方案56份，共有102份入围，78份被评为优秀幼小衔接活动方案。2023年第二届幼小衔接活动方案征集活动中，各地市教育局共选送365个自主游戏案例、337份幼小衔接方案。

同时，广东省教育厅编印方案选集，在官方微信公众号"广东教育"开设"幼小衔接"专栏，重点进行推送和分享。

二、广东答卷

（一）幼小双向衔接机制逐渐完善

《指导意见》提出要改变衔接意识薄弱、小学和幼儿园教育分离的状况，建立幼小协同合作机制，为儿童搭建从幼儿园到小学过渡的阶梯，推动双向衔接。然而，幼小协同合作机制的建立与完善一直是幼小衔接工作中的重难点。广东省各幼小衔接实验区结合自身实际，通过多种形式，完善幼小双向衔接机制。

深圳市南山区建立了一套衔接制度与模式。制定了《南山区幼小衔接联合教研管理办法》《南山区中小幼一体化督导方案》等制度，建立了"三级联合"教研管理机制，形成了"双向互动"工作机制，实行"一案两阶段"的共生教研模式，形成了"榫卯型""桥梁型"等互动结对模式。各结对园校之间也形成了"园＋校"衔接校本研究机制，如前海小学与深圳市南山区机关幼儿园采取一月一大教研、一周一小总结的联动教研机制；学府二小与城市印象幼儿园建立幼小衔接互动工作室，形成常态化交流机制；南山实验教育集团荔林小学与深大诺德幼儿园建立教师共研平台，在环境创设、游戏化教学、项目式学习、发展评价等四方面保持幼小衔接延续性。

佛山市顺德区深化幼小协同合作机制。充分发挥幼儿园和小学"双主动、双主体"的内驱力取向，形成教育教研共同体，做到"研而有时、研而定点、研有目标、研有内容、研而有痕"：联合研制度、订计划，联合研问题、出方案，联合研培训、促提升，联合研反馈、做调整，并做好过程性记录，使教师在不断的研讨中更新教育观念，提高专业知识水平和专业能力。

（二）入学准备和入学适应教育全面推行

各试点园校以《幼儿园入学准备教育指导要点》和《小学入学适应教育指导要点》为指导，充分理解和尊重儿童的年龄特点和学习发展规律，积极开展幼儿园入学准备教育和小学入学适应教育，联系本园（校）实际，探索形成形式多样、内容多元的入学准备和入学适应教育活动和课程。

东莞市松山湖园区聚焦幼小衔接内涵发展，让教学下移，创新幼小衔接课堂，由知识导向变为问题导向，关注校园生活的场域生态研究，关注儿童个体成长差异、认知发展水平和习得过程，支持儿童获得解决问题的能力，研发形成了小学《童蒙养正》《舒心父母》等幼小衔接活动资源。莞城试点园校之间开展了跟岗体验活动、每月教研活动，莞城中心小学巧妙地融入了"解元屋""古榕"的校本文化；莞城步步高小学通过开展入学礼活动，编写了《一年级入学活动资源》；莞城中心幼儿园开发构建起儿童视域下的"悦成长"幼小衔接活动资源。

中山市试点园校中山市机关第三幼儿园和石岐中心小学尝试突破幼小课程衔接难的困境，以课程衔接为切入口，双方通过建立长期有效的跨界教研机制，共同构建六个主题融合课程，推进课程"活动化、游戏化、生活化"。小学一年级借鉴幼儿园主题课程方式，重新整合课本内容，研究和实践跨学科主题课程，实现幼小主题融合对接，帮助儿童实现经验链接及经验的进一步升华。

湛江市第四幼儿园的幼小衔接活动分为五个板块进行，分别是幼小衔接中生活、运动、心理、社会和学习方面的准备。各板块之间内容互相渗透，在课程和游戏、生活、体育等活动中实践，通过师幼互动、幼幼互动，家庭、幼儿园、小学三方联动等策略实施推进。

（三）家园校共育机制逐渐健全

全省各地积极落实《指导意见》要求，陆续建立健全区域联合教研机制，加强教师在儿童发展、活动资源、教学、管理等方面的研究交流，及时解决入学准备和入学适应实践中的突出问题；完善家园校共育机制，引导家长与幼儿园和小学积极配合，共同做好衔接工作。

一是区域联合教研制度更加健全。广州市越秀区高度重视幼小联合教研工作，成立区级幼小联合教研组，聚焦幼小联合教研长效机制的建立，制定《关于建立越秀区幼小联合教研机制的指导意见》，为幼小联合教研提供了具体指导意见。试点园校教研活动形式丰富，有专题研讨、半日跟岗、课例展示、活动观摩等，并在全区范围推行。深圳市突破区域之间的限制，南山区和盐田区开展教研联动，聚焦幼小衔接问题，共享教研资源，共谋幼小科学衔接路径。

二是家园校共育机制更加完善。韶关市浈江区瞄准欠发达地区幼小衔接中家长缺乏科学认识的问题，建立"三方协同，由点及面"的家校共育模式。建立小学、幼儿园、家庭三方协同共育机制，通过主题家长会、家长学校、家教讲座等方式，帮助家长转变认识，树立科学、正确的育儿观念。同时，区级层面成立家庭教育工作坊，以"四个准备"和"四个适应"为主题举办专题家长会等活动，将家庭作为推动幼小衔接的有力主体，极力扭转家庭教育与学校教育缺乏沟通的不利局面。

广东省教育厅基础教育与信息化处

2024 年 11 月 1 日

目　录

如何破解幼小衔接之困

——广东省幼小衔接活动方案的启示 / 1

中国教育科学研究院基础教育研究所　孙蔷蔷

共筑幼小衔接新生态

——广东省幼小衔接教育活动的实践探索 / 8

华南师范大学教育科学学院　蔡黎曼

城市编

双向奔赴・协同共育・科学衔接 / 12

华南师范大学附属幼儿园、华南师范大学附属小学

基于劳动教育活动的幼小衔接

——以收纳与整理为例 / 30

广州市花都区花山镇中心幼儿园、广州市花都区花山镇日鎏小学

家园校联动共促幼小衔接 / 41

广州开发区第二幼儿园、广州开发区第二小学

我的运动我做主 / 57

广州市天河区童睿幼儿园、广州市天河区昌乐小学

园校家社搭桥梁　幼小衔接建缓坡 / 78

深圳市南山区教科院附属幼儿园、深圳市南山实验教育集团南头小学

"3+4+5"模式下的幼小衔接 / 91

深圳市南山区教育幼儿园、深圳市南山区第二外国语学校（集团）学府第一小学

打造共同空间　促进幼小衔接
——打破幼小衔接那堵墙 / 110
　深圳市罗湖区清秀幼儿园、深圳市锦田小学

"1＋1＋N"视角下的双向科学衔接 / 129
　深圳市罗湖区莲南小学附属幼儿园、深圳市莲南小学

我的朋友 / 145
　汕头市澄海汇璟幼儿园、汕头市澄海汇璟实验小学

"育贤号"成长列车 / 160
　佛山市顺德区勒流育贤实验幼儿园、佛山市顺德区勒流育贤实验学校小学部

衔之有道　接之有方 / 183
　东莞市桥头镇中心幼儿园、东莞市桥头镇中心小学

润泽生命　尽性生长 / 198
　东莞市塘厦镇第三幼儿园、东莞市塘厦镇林村小学

快乐的夏天
——幼小衔接主题融合课程开发与建构 / 218
　中山市机关第三幼儿园、中山市石岐中心小学

我是班级小主人 / 234
　中山市小榄镇明德中心幼儿园、中山市小榄广源学校

幼小深度共建　多元系统衔接 / 254
　湛江市第一幼儿园、湛江市第四小学

共培共育　科学衔接 / 269
　　湛江市第四幼儿园、湛江市第二十七小学

乡镇编

培养任务意识　助力幼小衔接 / 284
　　广州市花都区第一幼儿园附属幼儿园、广州市花都区秀全街学府路小学

我上小学啦 / 295
　　珠海市横琴新区子期实验幼儿园

幼小双向奔赴　衔接共促成长 / 305
　　佛山市三水区白坭镇中心幼儿园、佛山市三水区白坭镇第二小学

幼小双向话衔接　三方协同促成长 / 325
　　韶关市仁化县城北幼儿园、韶关市仁化县城北小学

双向衔接　协同共育 / 342
　　汕尾市海丰县公平镇中心小学、汕尾市海丰县公平镇中心幼儿园

双向衔接　共促成长 / 349
　　潮州市饶平县中山实验幼儿园、潮州市饶平县中山实验学校

科学幼小衔接　成就美好童年 / 357
　　云浮市新兴县实验小学附属幼儿园、云浮市新兴县实验小学

科学做好生活准备
——基于生活准备的幼小衔接 / 368
　广州市花都区花东镇天湖峰境幼儿园、广州市花都区花东镇东荷小学

聚焦学习准备　助力幼小衔接 / 382
　广州市花都区花东镇逸泉云翠幼儿园、广州市花都区花东镇杨荷小学

幼小双向衔接中的"心理适应" / 395
　肇庆市广宁县机关幼儿园

用劳动教育促进幼小衔接 / 401
　连州市三水乡民族幼儿园、连州市三水民族小学

附录一
广东省教育厅关于开展幼儿园自主游戏活动案例和幼小衔接活动方案
征集遴选活动的通知 / 410

附录二
广东省推进幼儿园与小学科学衔接攻坚行动方案 / 416

如何破解幼小衔接之困
——广东省幼小衔接活动方案的启示

◎中国教育科学研究院基础教育研究所　孙蔷蔷

受传统文化和学制影响，我国幼儿园和小学分属不同学段，在活动内容和教学方式上存在显著的鸿沟，两者间缺乏有效连接，导致儿童在入学初期面临适应难题。这一现状普遍引发了家长的深切焦虑，成为基础教育领域内亟待解决的痛点与难点。近年来，国家高度重视幼小科学衔接，出台了一系列政策文件，旨在减缓衔接坡度，帮助儿童顺利过渡，促进其身心全面和谐发展。广东省积极响应政策要求和实践需求，印发《广东省推进幼儿园与小学科学衔接攻坚行动方案》，培树幼小科学衔接典型示范区和幼儿园（学校），推动建立幼小学段互通、内容融合、形式科学、氛围积极的系统化联合教研制度，加强两个学段在活动、教学、教研和管理等方面的研究合作，并在此基础上开展幼小衔接活动方案的征集工作。认真阅读完《广东省幼小衔接活动优秀方案选编》这本书，我体会到广东省在幼小衔接领域所做出的系统性努力。从政策的宏观指导到具体实践的细致实施，从课程体系的优化到教学方法的创新，书中详尽记录了广东省各地在解决幼小衔接问题和挑战时所采取的务实措施与不懈努力。这既是对过往教育实践经验的一次系统总结，也体现了对未来教育发展方向的坚定信念与积极探索。

一、幼小衔接活动的常见误区

幼小衔接是一个老话题，但年年都是新热点。为何幼小衔接工作时常显得浅尝辄止，难以触及核心？为何教师在实施幼小衔接活动时常常感到力不从心，缺乏有效的着力点？为何幼小衔接一直在行动，但难以满足家长的需求？在分析广东省的幼小衔接活动方案的有益经验之前，我想先来谈一谈对幼小衔接本质和内涵的理解。

在古汉语释义中，"衔"字形由"行"和中间的"金"组成，指含在马口里的金属小棒，小棒和马缰绳相连，用来控制马的行走和停止。因此"衔"本义指"用嘴含着"，引申为内部层面的相通、精神层面的连贯，如衔泥、衔恨等词都含有重叠相连之意。"接"字形由"手"和"妾"组成，指男子纳妾，表示"接过来"，强调的是物理层面的相连、空间层面的相近，如接触、接班等词语都含有首尾相接之意。由此我们可以发现，"接"对应的是不同，因为不同才需要接；而"衔"对应的是相同，因为相同才可以接。

延伸到日常生活中，可以发现没有生命力的物体一般可以"只接不衔"，如钢铁的焊接；有生命力的有机体则需要"又衔又接"，比如植物的嫁接一般需要有重叠交叉的部分，并且做好了对相同部分的"衔"，就自然而然实现了不同部分的"接"。儿童作为有机生命体，其学习与发展必然有重叠交叉的部分，才能使生命或经验得以延续。

基于"衔"和"接"的内涵，幼小衔接是幼儿园和小学的"学段之接"和"经验之衔"。幼小科学衔接需要"又衔又接"，兼顾相同与不同，既要关注不同环境、学段之间的首尾相接，帮助儿童减缓衔接坡度，还应促进儿童经验的不断叠加和连贯发展，支持儿童的终身学习和可持续发展。然而，幼小衔接在实践层面上存在着"只接不衔"的问题，即只关注"不同"和"当下"的"接"，忽视了"相同"和"未来"的"衔"，主要表现在四个方面：

一是主体上的单向衔接。幼儿园孤军奋战，单方面地与小学衔接，小学则处于"高高在上"的被动衔接状态。很多小学教师没有关注儿童在幼儿园阶段的已有经验和学习方式等，导致课程梯度太大，缺乏内在的重叠挂钩。

二是方式上的超前衔接。目前仍有部分幼儿园教师和家长认为"幼小衔接"就是拼音、数学等学科内容的衔接，从而在幼儿园提前教授小学的知识和技能。特别是面临着适龄儿童的减少、招生压力的增加，部分幼儿园又出现了"小学化"的苗头。这种理念本质上来说就是错误的，因为幼儿园不存在学科教学，幼小衔接的内容不是对学科的衔接，而应该是活动的衔接。盲目追求知识量的增加，会导致儿童还未上学就已经厌学，对儿童的后继学习和终身发展产生不利影响。

三是时间上的突击衔接。一些幼儿园没有认识到幼小衔接教育应贯穿学前三年，而仅在大班的最后一两个月开展入学准备主题活动，突击性地开展一些"走访小学"等活动。小学也没有认识到将一年级第一学期作为入学适应期的重要意义，认为开展入学适应课程影响了各科教学的进度，因此只在入学前一至两周安排入学适应工作。

四是内容上的浅表衔接。部分幼儿园将小学阶段的行为规范机械地搬到幼儿园，要求幼儿进行书写练习、坐姿练习、认识课表等训练。这种表面化的衔接实质上没有考虑到儿童经验的接续性，如书写练习表面上是看幼儿会不会写字，实质上是要求幼儿具有灵活的手部小肌肉、手眼协调，具有方位认识等能力。这些能力不是靠短期的机械训练可以达到的，而是需要日积月累的学习与培养。

那么，如何才能有效破解幼儿园与小学衔接中存在的片面关注短期、表面"接"而忽视长期、内在"衔"的误区？广东省的活动案例能够为我们提供很多的启示。

二、幼小衔接活动的广东探索

本书选编了 27 个活动方案，涉及 10 余个市区，涵盖城市、乡镇、农村不同类型的幼儿园和小学。从这些方案中，我们可以看到，很多幼儿园与小学的教师们成功转变了传统观念，不再仅仅局限于表面的、短期的衔接措施，而是深入探索并实现幼小衔接活动在目标、内容、形式以及评价等方面的重叠挂钩，切实帮助幼儿减缓入学坡度，促进幼儿的可持续性发展。

（一）设置一致或连续的活动目标

活动目标指向"为何学"的问题。幼小两个学段的根本目标都应为儿童日后学习做准备，指向儿童的终身学习和可持续发展。幼儿园和小学应在"培养什么人"这一问题上保持相同的立场和方向，关注儿童作为一个完整连续的发展个体，以"促进儿童终身发展""培养社会主义建设者和接班人"等为共同目标，并在此基础上细化两个阶段的发展目标。幼儿园应改变在时间上"突击接"的做法，认识到社会适应、学习能力、身体素质等入学适应所必备的特征需要幼儿园长期地影响和培养，应将育人的目标贯穿和渗透于幼儿园三年生活和学习中。小学阶段也应接续幼儿园阶段五育并举、全面发展的素质教育目标，注重儿童非智力因素与智力因素的协调发展。本书中有较多案例强调了活动目标的连贯性，确保幼儿园与小学的教育目标相互衔接，形成一体化的教育体系。

如连州市三水乡民族幼儿园与三水民族小学通过劳动教育这一桥梁，精心策划了《用劳动教育促进幼小衔接》活动方案，双方一致将"树立正确的劳动观念、掌握基础的劳动能力、培育积极的劳动精神、养成良好的劳动习惯"作为教育的核心目标。在此共同目标的引领下，两校每月至少开展一次劳动教育研讨，旨在基于共同目标细化不同年龄段学生的阶段目标，精选适宜的劳动内容，循序渐进地推进劳动教育活动。

广州市天河区童睿幼儿园和广州市天河区昌乐小学聚焦健康领域，通过联合教研深入分析幼儿园与小学体育活动的异同。双方虽均重视体育活动、传统民间游戏及幼儿体能发展，但小学侧重于技能培养，强调课程标准，学生自主性相对较弱。而幼儿园则更侧重于兴趣激发，以游戏为主导，幼儿自主性较强。基于这些异同点，两校设计并实施了一系列连贯的健康教育活动。

中山市小榄镇明德中心幼儿园和中山市小榄广源学校设计实施的"我是班级小主人"活动，以劳动教育为支点，鼓励儿童从自我服务起步，逐步过渡到服务他人及集体，在任务探索中找寻并设定个人目标。教师引导儿童将大目标细化为小目标，逐一实现，确保儿童在活动每一步都保持最佳动机状态，不断累积掌控感与成就感。

（二）组织渐进或交叉的活动内容

活动内容指向"教什么"的问题。应把握两个学段活动内容相互重叠的"相同点"。首先，幼小教师都应认识到儿童在两个阶段的所学内容是在不断叠加基础上的逐步深化；其次，两个学段活动内容存在需要连接的"不同点"。小学是根据系统的学科体系加以条理化、具体化，形成活动内容，主要按照严谨的计划进行教学。幼儿园更多的是对幼儿在生活和游戏中遇到的感兴趣的话题进行拓展和归纳。因此，两个学段活动内容容易脱节，但本质上还是在相同领域下存在差异。为了避免损害儿童的学习兴趣，同时顾及系统学习知识的需要，幼儿园与小学应加强联系，避免"单向衔接"的情况，合力设计重叠交叉的活动内容，以循序渐进的方式对活动内容进行规划，支持幼儿经验在原有基础上螺旋上升。

如中山市机关第三幼儿园与中山市石岐中心小学携手，以主题融合活动为研究基石，深度挖掘幼儿园教育内容与小学低年段各学科教材之间的共通"主题"，精准对接儿童的学习能力与需求，全力培养儿童的核心素养。此举打破了传统教育阶段间割裂的学习模式，搭建起幼儿园与小学共同探索融合活动的桥梁，实现了教育内容的无缝衔接。

汕头市澄海汇璟幼儿园与汕头市澄海汇璟实验小学凭借地理优势，形成了紧密的幼小衔接合作关系。鉴于汇璟幼儿园大多数毕业生都将进入汇璟实验小学就读，双方共同选定一个教育主题，贯穿幼儿园毕业期与小学适应期，以此整合此阶段的教育教学活动。如，幼儿园通过"我的朋友"主题综合活动，让幼儿学会了结识新朋友的方法；继而通过参观小学活动，让幼儿体验在陌生环境中与陌生人交往的心路历程，尝试与小学生共同游戏。而当这些幼儿正式成为小学生时，小学则通过"我的新朋友"破冰游戏、主题班会等，让他们将在幼儿园学到的社交技巧应用于新环境，迅速融入集体。这一系列活动在内容上层层递进、形式上多元融合，有效促进了儿童多种经验的连续与协同发展。

（三）安排相似的活动实施环境和方式

活动实施指向"如何教"的问题。首先，应认识到幼小活动实施方式上的相同点。皮亚杰提出，2~7岁的儿童处于前运算阶段，幼小衔接时期的儿童的思维正处于前运算阶段向具体运算阶段过渡的阶段，儿童的学习是一种由外部动作到表象再到内部抽象思维的过程。幼儿园和小学低年龄段的儿童在学习方式上具有较大的相同性。其次，在不同点方面，幼儿园的活动模式大多是儿童中心的自发活动，支持幼儿与环境互动，引导儿童从自身的生活和经验中学习。小学教学活动则更多地由教师指导和结构化，主要以各学科课程所定的固定时间和以班级为单位进行教学指导等因素为原则。幼儿园和小学低年龄段应遵循儿童学习特点和发展规律，采用灵活多样的方式进行活动组织与实施。

如佛山市三水区白坭镇第二小学的"一年级新生入学教育"案例，巧妙地利用图画书作为桥梁，通过形象的图画和游戏化形式促进幼儿进行联想记忆，让幼儿不用特意去学习、记忆汉字，突破了识字难点，为小学做好学习适应准备。

深圳市罗湖区清秀幼儿园与深圳市锦田小学则打破了物理空间的界限，共同创设了活动空间，实现了活动与交往的共享。这种空间的共融不仅理顺了两学段的学习方式，还使幼儿园与小学成为了生态型的学习共同体，为儿童提供了更加符合其需要的"游戏场""探究场"和"学习场"。

深圳市南山区教科院附属幼儿园与南头小学通过深度沟通，了解了两个阶段教育的差异化，并在幼儿园设置了小学课堂角色区，让幼儿在游戏中模拟小学课堂，激发了他们对小学生活的向往。小学在入学初期调整课堂结构，在 40 分钟课堂中穿插 5 分钟课中活动，增加课堂趣味性。同时参考幼儿园的环境布置，为学生创造了温馨舒适的学习环境。

（四）强调趣味性和过程性的评价方式

活动评价指向"怎样评"的问题。首先，在相同点方面，政策要求幼儿园和小学的评价都应以过程评价为导向，创新德智体美劳过程性评价办法，坚决改变用分数给学生贴标签的做法。其次，在实践中，幼儿园和小学的活动评价存在较大的不同。幼儿园评价要求教师对幼儿活动过程中的表达表征进行认真倾听、持续观察、准确记录以及客观分析，在幼儿没有任何压力的前提下分析幼儿的发展需要和水平等。而目前小学低年龄段虽然实施的是过程评价，但也会包含定时评量、总结评量，且更为重视学业成绩。由此，幼儿园和小学应注重活动评价的贯通性，切实发挥评价作为"指挥棒"的功能。

如广州市花都区秀全街学府路小学设置语文、数学、英语和综合等不同学科的任务闯关游戏。以游园闯关获取印章的方式，考查学生的综合素养发展情况。教师邀请学生代表分享任务闯关的感受和心得，为出色完成任务的学生颁发"学习标兵""计算小达人""节奏大师""美术小达人"等奖状，让学生感受顺利挑战任务的成就感。

韶关市仁化县城北小学把学科性与趣味性有机融合，将考试转化为各种游戏情境，让刚刚进入小学一年级的学生在"玩中测，测中玩"，分别设有"精美故事我会读""拼音拼读我能行""句子词语我会说""我是计算小能手""解决问题我最棒""图形我不怕""快乐朗读我最棒""位置我能行""跳绳我最行"等9个活动项目，减轻了学科考试压力，符合学生的身心发展水平，解决一年级学生从幼儿园到小学因考试不适应的过渡问题。

湛江市第四小学以单元或主题对教材进行二次整合，通过学习单梳理知识点，一、二年级采用"游考"作为考核方式，以闯关等游戏方式检查学习效果。

总而言之，衔接具有"重叠环扣"和"首尾相接"的双重特性，广东省通过一系列实践探索，有效推动了幼儿园与小学之间的科学衔接。我们期望广东省能基于既有成就，持续深耕、勇于创新，牢牢把握幼小衔接的"金属小棒"，在保持"相同"的基础上顺利连接"不同"，立足"当下"，从而奠基儿童坚实"未来"，为儿童的健康成长和全面发展贡献广东智慧。

共筑幼小衔接新生态
——广东省幼小衔接教育活动的实践探索

◎华南师范大学教育科学学院　蔡黎曼

　　在《教育部关于大力推进幼儿园与小学科学衔接的指导意见》《广东省推进幼儿园与小学科学衔接攻坚行动方案》等政策文件的指引下，广东省始终坚持将儿童为本、双向衔接、系统推进和规范管理等原则有机结合。全省教育行政主管部门、教育科研部门、幼儿园和小学统筹联动，实现资源有效整合、家园校社协同共育。历经长期的教育实践与改革探索，涌现了一批具有典型特色、优质经验的幼小衔接教育活动案例。

　　这些案例不仅展现了广东省积极推进幼小衔接治理工作的已有成效，而且为未来全省幼小衔接工作全面推进奠定了坚实基础，加快推动教育强省建设。立足于幼小衔接治理工作，结合一线教育教学活动，我们希望能以遴选优秀活动方案为重要契机，总结经验，培树典型，强化引领，努力提升全省幼小衔接质量，共同成就儿童美好童年。

一、尊重儿童主体的生命衔接

　　生命历程理论将儿童的生命价值视为终身的、能动的、时空的、相互联系的。符合儿童身心发展规律、循序渐进的幼小衔接行动便是对儿童生命价值与主体能动性的尊重。从幼儿园进入小学，幼儿的生活时空发生了变化。忽视幼儿作为生命主体的存在，缺少适宜的衔接准备，幼儿可能面临诸如学业、社交和生活上的紧张与不适，并可能出现此后长期的学习困难和厌学心理等。

　　儿童是作为完整的生命而被重新认识，而儿童的成长诉求与生命关照理应在幼小衔接中得以充分尊重和体现。在广东省的案例中，幼儿生命的独特价值在课程与环境中得以尊重，有助于实现幼儿园与小学的平稳过渡。譬如，在《园校家社搭桥梁　幼小衔接建缓坡》中，幼儿园教师与小学教师都意识到建立"学伴型师生关系"的重要性，以呵护幼小生命的活力。再如，在《打造共同空间　促进幼小衔接——打破幼小衔接那堵墙》中，设置幼小共同空间实现了同一时空下儿童生命与生命之间的充分连接、包容、关怀与理解，有利于减少过渡期的环境陌生感。不仅如此，儿童的生命是连续且相互联系的，从幼儿园进入小学不应割裂儿童的主体能动性与生活积极性，在课程设置上应减少大落差大坡度的切换。在多数案例中，一些小学教师创新性地采用了游戏化教学模式的过渡策略，包括设立小学游戏区等，满足学生的体验式、探究式和生活化学习需求。

二、实现儿童发展的个性衔接

从学习风格与学习品质，再到社交能力和情绪管理，每名幼儿在进入小学时的身心准备与知识基础都不尽相同。同一所小学的一年级新生往往来自不同的幼儿园，教育背景和幼小衔接实施情况也各有差异。个性体现了儿童发展的差异性，但无论是在心理学、教育学、艺术学，抑或人类的生活经验层面，儿童有差异的发展都被赋予了独特的价值和意义。因而，在幼小衔接的过程中，教育工作者必须兼顾儿童的独特需求及能力等，开展可灵活调整的幼小衔接教育活动。

儿童的个性发展需要衔接，顺应儿童的个性发展能够使幼小衔接的过程更为平稳有效。学情分析是幼小衔接中保障儿童个性自由发展的重要环节。因而，幼儿园理应为每个儿童准备好成长档案，记录儿童的个性爱好与发展特征等。在深圳市罗湖区《"1+1+N"视角下的双向科学衔接》中，幼儿园准备的成长档案将为小学教师了解儿童的个性爱好和学习经验等提供便利，这将有助于小学教师及时提供适宜性支持，提升儿童适应小学生活的效率。不仅如此，多数案例中都关注到有特殊需要儿童的入学准备与适应问题。在大班阶段，幼儿园为其准备了个性化的衔接计划，及时与小学教师进行沟通，并及时为其调整入学准备的课程与教学计划等。通过个性化的衔接，教育工作者可以识别每个儿童的独特需求和优势，及时为他们提供适宜的支持和干预，帮助其做好多方面多领域的入学准备与适应。

三、推动双向协同的生态衔接

从生态学的角度,幼小衔接的成功实施需要家长、小学教师、幼儿园教师以及教育行政部门等相关部门的携手合作。从交叠影响域理论的视角出发,幼小衔接更是发生在家庭、学校和社区之间的动态交互过程。在制度与个体层面上,三者互通有无、各取所长,并最终共同指向儿童主体的学习与发展。

立足广东,第一,幼小联合教研工作机制日趋常态化。幼儿园和小学组建联合教研小组,校园结对、项目试点,开展多种形式和内容的教研交流活动,形成增进理解、互相学习、双向衔接的良好生态,包括园(校)开放日、"送教入园"和幼小衔接课程资源库建设等。深圳市南山区还专门制定了《南山区幼小衔接联合教研管理办法》,建立了"三级联合"的教研管理架构,实现了"双向互动"的工作机制,并推行了"一案两阶段"的共生教研模式,使幼小衔接联合教研制度化、规范化和系统化。

第二,家园校社协同育人机制日渐完善。在案例《双向奔赴·协同共育·科学衔接》中,"爱立方"互助空间和家庭助育项目的教师及专家团队帮助家长消解幼小衔接焦虑,提供《入学准备小册子》等操作手册,提升父母的幼小衔接育儿效能感。除家庭和小学以外,社区资源在推进幼小衔接过程中同样发挥着重要作用。在案例《园校家社搭桥梁 幼小衔接建缓坡》中,家长、幼儿园、小学和社区等参与共建"幼小衔接示范基地",充分利用社区内的博物馆、图书馆或文体中心等开展幼小衔接活动。这样的多方合作与育人共同体不仅能够确保幼小衔接教育活动的顺利进行,还能为儿童的全面发展打下坚实的基础。

自 2021 年起,广东省共设立 21 个省级幼小衔接实验区,104 所试点园和 104 所试点校,幼小衔接教育改革工作不断推进且成效显著,已然取得了可喜的阶段性成果。未来,全省幼小衔接仍然面临双向衔接不对称、衔接互动积极性不足等结构性困难。幼小衔接活动优秀方案的遴选将为全省提供一个展示和学习先进经验的平台,由此促进幼小衔接教育理念和实践方法的创新与传播,激励各地教育工作者积极探索与实践,通过多方共筑科学幼小衔接新生态助力我省学前教育高质量发展。

折叠衣服

城市编

双向奔赴·协同共育·科学衔接

◎华南师范大学附属幼儿园　龚艳艳、叶林、李冬梅
　华南师范大学附属小学　钟艳娟、卢慧琳、王珂

一、幼小衔接活动背景

（一）文件要求与理论基础

为贯彻落实《广东省教育厅幼儿园"小学化"专项治理工作方案》《广东省推进幼儿园与小学科学衔接攻坚行动方案》等文件要求，加强《幼儿园入学准备教育指导要点》《小学入学适应教育指导要点》在实践中的精准有效落地，华南师范大学附属幼儿园（以下简称"幼儿园"）和华南师范大学附属小学（以下简称"小学"）利用断层理论分析幼儿在"学习环境、学习方式、社会结构、主要关系人、行为规范、期望水平"六个层面因断层带来的变化大、适应难问题，同时关注幼儿园、小学和家庭三大教育主体的影响与力量。

（二）活动基础与前期经验

小学毗邻幼儿园，具有天然的地缘优势，徒步3分钟即可到达。社区教育实践基地是由幼儿园与优质教育资源所在单位建立的稳定、深入、持久的合作关系。小学于2014年成为幼儿园第一批社区教育实践基地。多年来，幼儿园与小学深度协同，组建共育小组，共建共育方案，尤其是围绕幼小衔接主题，以"双向衔接、科学协同"为目标，开展了系列特色活动，积累了丰富经验和良好基础。大班幼儿即将步入小学，在三年的幼儿园生活中已经养成了一定的生活习惯和自理能力、交往技能等。对小学，他们既期待又好奇。生活中，他们对小学生的学习、生活、人际交往有浅层、零散的了解。

（三）解决问题与活动目的

我们的幼小衔接工作在多年实践中取得了较大进步并不断优化，但依然存在身心准备缺失、生活准备忽视、社会准备欠缺、学习准备偏颇等问题。我们通过对幼儿进行访谈、对家长进行问卷调查、与小学进行联合教研等多元方式，了解到幼儿、家长以及小学教师关于"升小学"的焦虑，集中体现在以下三个层面：

幼儿的焦虑：上小学后作业多不多？小学的老师凶吗？上课迟到了会不会被罚？小学有好玩的玩具吗？

家长的焦虑：孩子需不需要上幼小衔接班？没有提前学习小学的知识会不会跟不上学习进度？上小学之前需要培养哪些良好的习惯和能力？

小学教师的焦虑：幼儿是不是提前学习了小学知识？有没有形成一些不好的习惯，例如数字"8"的错误写法、拼音发音不规范？幼儿常常不能很好地听清老师的要求和规则，丢三落四的情况比较突出……

这些焦虑在不同程度上反映了各主体在衔接过程中的"真问题"，具体如下：一是幼儿层面未建立立体、全面、深入的认知，部分幼儿的担忧重于期待，参访小学的社区活动存在形式化、表面化现象。二是家长层面存在误区和焦虑。部分家长尚未深刻意识到幼小衔接的价值和意义，在教育观念和方法上存在偏差，不了解孩子成长与学习的特点，存在"早教、错教"的问题；也有部分家长对小学教育过度焦虑，看重学习准备，而忽视身心准备、生活准备和社会准备，在学习准备上则过度重视学习内容的超前准备，而忽视幼儿学习兴趣、学习习惯、学习能力的培养。三是幼儿园和小学层面在衔接中存在沟通不深入、举措待优化、实效待提升的问题。幼儿园和小学是不同的教育体系，儿童年龄特点、身心发展规律的不同决定了其认知、学习方式的差异，但幼儿园和小学教师对儿童学习方式、学习特点及其发生变化产生的影响缺乏认知，特别是小学教师不了解幼儿的学习特点。

二、活动实施方案

《双向奔赴·协同共育·科学衔接》幼小衔接方案紧抓幼儿园大班和小学一

年级这一关键时间段和重要转折点，以断层理论、人类发展生态系统论、协同共育理论为依据，结合《幼儿园入学准备教育指导要点》《小学入学适应教育指导要点》，由幼儿园主动发挥引领作用，依托社区教育实践基地优势，联合小学，联动家庭，从身心、生活、社会、学习四个方面帮助幼儿做好准备和适应，实现幼儿从幼儿园到小学顺利、平稳、科学过渡。

（一）总体目标

本方案坚持幼儿发展是本体价值，家庭成长、教师赋能、社区受益是衍生功能，通过"育幼儿、育家庭、育教师、育社区"四个环节（图1），实现"四维"目标：一是让幼儿在轻松、愉悦的活动中，建立对小学的期待，并做好身心、生活、社会、学习四个方面的入学准备与适应；二是让家长在优质资源和成长平台的支持下，减缓焦虑，提高科学育儿能力；三是让幼儿园教师和小学教师在深入互动中，真正做到尊重、理解和了解幼儿，实现双向衔接、科学衔接；四是让各方教育观念与教育行为转变，建立科学衔接的良好教育生态。

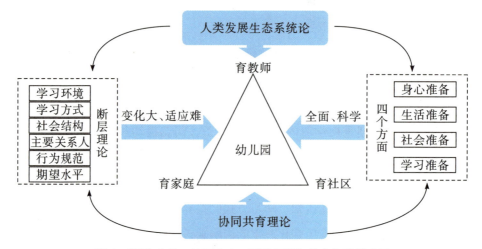

图1 "双向奔赴·协同共育·科学衔接"幼小衔接模式图

（二）各环节设计思路

1. "育幼儿"环节

（1）活动目标。

① 认识到自己的成长，萌发即将成为小学生的自豪感与自信心。

② 初步了解小学，对比幼儿园生活，产生对小学生活的积极向往之情。

③ 在轻松愉悦的幼儿园活动与家庭生活中，身心、生活、社会、学习等方面的能力、习惯得到全面提高与培养，顺利适应小学生活与学习。

（2）活动准备。

关注儿童发展的连续性，为儿童提供良好的幼小衔接环境，幼儿园和小学都做了大量积极的准备和改变。幼儿园的环境从家具变化与布局到物品增加与运用，再到学习经验的呈现与强化等，充分关注"准备性"。小学一年级的环境从标语提示、班级区角特设到公共环境设施增加等，充分关注"趣味性"（表1）。

表1　幼儿园环境和小学环境对比

幼儿园（有准备的环境）	小学（童趣的环境）
主题墙环境：呈现与小学相关的探索内容，如"我的担忧"和"我的准备""书包的秘密""参观小学""我心中的小学"等	班级环境：低年级呈现图文并茂的标语；贴画黑板报；设置趣味操作区、作品展示区
空间环境：摆放可计时的时钟；配备带抽屉的桌子；调整桌椅的摆放方式、小组合作的方式	公共环境：在靠近低年级的户外活动场所投放滑梯、秋千等游乐设施；在公共阅读活动空间投放趣味绘本
区域环境：投放行为规范、时间观念、心理建设等方面的幼小衔接绘本，如《上学不再丢三落四》《在教室说错了没关系》《迟到的理由》《要上学了，好紧张！》《我不怕上学啦》等	

（3）活动内容。

围绕身心、生活、社会、学习四个方面，幼儿园和小学对标两份指导要点文件，共同提炼发展目标的关键词，从儿童的发展实况出发，各自设置有针对性、延续性、提升性的活动内容（表2）。以"线性、对照"的思路去设计与实施活动内容，让大班教师和一年级教师对各个阶段儿童的发展水平、学习规律和特点有更深刻的认知，对教育的目标把握更加精准。

表2 幼儿园准备活动与小学适应活动内容对照

方面	目标关键词	幼儿园	小学
身心	对小学的积极情感	主题活动"你好，小学"（小学"四体验"活动、学做小学生等）	主题班会"我是小学生"
	情绪表达与调控	私密角（根据自己的需要表达与调整）我长大了（建立自信心）	情绪能量站进步榜
	喜欢与坚持锻炼（每天1小时）	班级阳光体能、年级体能循环、周末亲子体育	体育课体育特长队（如田径队、跳绳队等）
	动作协调灵活	值日生活动、区域编织活动	班级操作区、班级非遗特色活动
生活	良好生活卫生习惯	七步洗手活动"保护眼睛"	眼保健操
	物品自主管理	我的区域我做主（制作标签、共定规则、材料收纳）整理抽屉（每人自我整理抽屉、整理小能手）书包大变身	书包节活动、文具保卫战、每日学习工具准备
	规律作息，早睡早起	每日入园列车"趣味"时刻表	上学不迟到
	时间计划与管理	"我的周末计划"、幼儿园的"课间10分钟"	我的课程表
	安全意识与能力	安全约定、社区活动安全	课间活动注意事项、安全上下学
	班级劳动与家务劳动	值日生活动、种植园照料、家务劳动计划、感恩活动	班级值日活动、家庭劳动清单
社会	遵守规则与纪律	班级公约、我们的游戏规则	主题班会"遵守纪律的小学生"、"纪律之星"评比活动
	同伴相处与交往	游戏活动（自主游戏、小组游戏、混龄游戏）、年级联谊活动、跨级结对活动	主题班会"与同学友好相处"赞赞你我他、"快闪"相约活动
	尊师敬长重礼仪	文明小礼仪、幼儿园"小导游"	晨间文明小天使、每日"爱的一瞬间"

续上表

方面	目标关键词	幼儿园	小学
社会	任务意识与执行	家园互动小任务："每日一句"任务记录本、亲子活动任务单	任务清单记录与核验
	融入与热爱集体	幼儿园公益劳动、植物角照料、学做升旗手	我们爱劳动、班级社会实践活动
学习	好奇好问好思好寻	班级问题墙、专家顾问信箱、社区发现板	主题班会"我好奇，我敢问"、每月辩论赛、班级问题墙
	学习习惯的培养	每日来园签到、户外自主游戏计划与回顾、"阅读之星"挑战打卡	文具保卫战、小书本旅行计划、坐姿身型、运笔技能
	学习兴趣的激发	自制图书与故事、社区自然探秘活动、社区场馆畅游日	课后"430"活动、课后拓展阅读、舞台剧
	学习能力的发展	新闻联播、天气播报、游戏表征与回顾	小组项目分享会、"三趣"活动（趣味语文、趣味数学、趣味生活）

（4）活动实施。

①幼儿园。

按照幼儿成长的时间线，幼儿在园准备教育包括班级日常性活动、针对性主题活动、年级活动和毕业活动四种实施方式。

班级日常性活动是常态化、持续性教育活动，着眼于在长期实践中重复练习的发展需要，更加关注幼儿意识的萌发、能力的发展和习惯的养成，如生活自理与自我服务、时间计划与管理、语言表达、前书写能力、环境适应等。

针对性主题活动是节点性、计划性教育活动，围绕基于各学期中时间节点而生的固定主题，更加关注幼儿成长中的期待、好奇和疑虑。活动在每年的4—6月开展，关注学习环境、学习方式、主要关系人、社会结构等变化带来的挑战，调整以往"走马观花"式的参观活动为"多次返场、多维体验、多层互动"的社区研学活动，带领幼儿走进小学，开展小学"四体验"活动（表3），注重每次活动的目的性、计划性、丰富性和多元性，让幼儿在亲身感知、亲耳聆听、亲手实践、亲密交往中，建立关于小学的积极体验，增强对小学生活的憧憬。

表3 小学"四体验"活动内容

实施形式	对应目标	具体活动内容
环境体验	了解生活、学习的场景、场地	参观校园环境、校史馆、非遗馆、图书馆、操场、生活需求场景（如洗手间、接水室）……
课堂体验	感受小学课堂的基本要求与规范、教学形式与风格	多班级艺术类公开课、小班级同上一节课
人际体验	创造交往机会，建立小学教师、同学初印象	采访小学生、与小学教师互动
游戏体验	感受小学活动的丰富和趣味	体育游戏比一比、课间游戏玩一玩

年级活动是意义性、适应性教育活动，主张扩大幼儿互动交流的范围，使幼儿练习和积累同伴交往、师幼互动的经验，如同级的联谊活动、跨级的结对活动和混龄活动。

毕业活动是仪式感、典型性教育活动，紧抓价值性时间和事件，更加注重幼儿成长中的喜悦、祝福和信心。每年7月的毕业典礼上，精心策划的仪式饱含园长、教师们的祝福，特别是小学师生录制的欢迎视频中，一个个熟悉的面孔、场景再次汇聚，其表达的期待让幼儿对上小学充满向往。

② 小学。

小学依据幼儿成长、学习的特点和规律，主动做出调整。为了使活动实施得更加扎实，小学做出了两个时间调整：一是将一年级课堂时间调整为35分钟；二是将每周五下午定为一年级学生回园日，让学生可以和幼儿园教师畅聊新环境、新生活。同时将以往浅尝辄止的回访活动调整为"多形式、多内容"的"大手拉小手·五个一"助教活动（表4），让小学生面向大班幼儿进行"一次展示、一项讲解、一段采访、一次服务、一个鼓励"，注重活动的全方位、互动性、深入性和启发性，帮助幼儿建立关于小学生的立体认知，形成做好小学生的愿景。

表4 "大手拉小手·五个一"助教活动内容

实施形式	对应目标	具体活动内容
幼小联动	小学生回园与大班幼儿深入互动，让幼儿建立关于小学生的立体认知，形成做小学生的愿景	一次展示：小学生的本领
		一项讲解：小学生行为规范
		一段采访：小学的学习与生活
		一次服务：一起整理
		一个鼓励：赠送"爱的礼物"

课程和活动是实施教育影响的主要路径。小学在课堂教学中做出了重要调整，包括课堂准备、课堂氛围、教学形式，尤其是在教学中加入了游戏形式、小组合作形式，关注个体差异。除此之外，小学在实施过程中，增加了心理引导活动和结对帮扶活动。心理引导活动包括主题班会、心理健康课、情绪能量站和每日师生"爱的一瞬间"，注重为学生创设机会，让学生进行情绪和需求表达；结对帮扶活动是让了解一年级适应心路历程、具有一定经验的二年级学生和一年级学生相互结对，在混龄活动中提高一年级学生的入学适应能力。

2. "育家庭"环节

（1）活动目标。

① 树立科学衔接理念，尊重幼儿的成长规律、发展特点与学习方式，主动为幼儿打造良好的家庭环境和氛围，帮助幼儿做好幼小衔接四个方面的准备和适应。

② 依托家长成长平台和教育资源，减少衔接焦虑，拓展共育资源，分享优质经验，实现互助共赢。

（2）活动准备。

① 通过问卷、访谈等方式全面了解家长的焦虑和家庭教育中的常见问题，采用二分法进行梳理和分类，区分共性问题和个性问题，筛选出科学且合乎教育规律的需求，并关注非科学的需求。

② 组建"爱立方"互助空间、家庭助育项目的教师团队和专家团队。

③ 建立幼小衔接资源库：幼儿园公众号资源推送专刊、视频资源、科学育

儿图书（如《写给爸爸妈妈的教育故事》系列丛书）、《入学准备小册子》等。

（3）活动内容。

幼小衔接的准备不只是幼儿园和小学的工作，也离不开家庭的参与。提高家庭的准备意识和能力，能够让幼小衔接工作事半功倍。我们从家长的需求和焦虑调查的"二分"结果出发，紧抓"家长的焦虑和家庭教育常见的科学且合理诉求"，重点关注"错误性观念和需求"，进而将问题和需求与儿童成长的生活、身心、社会、学习四个方面对应，发动幼儿园和小学的力量，共同为家长提供科学性、针对性、实用性的家庭教育活动（表5）。如幼儿园针对教养和衔接中"亲子运动""亲子沟通与阅读""生活习惯培养"等方面进行提升指导，重点是"观念"的修正与"策略"的获得。小学针对衔接适应中"心态""习惯""学科常见学习误区"等方面进行难点突破，重点是"问题"的纠偏与"方法"的指导。

表5　幼儿园和小学"育家庭"活动内容

来源	"爱立方"互助空间活动主题（幼儿园）	来源	"微经验速递"视频资源名称（小学）
爸爸课堂	父亲参与教养对儿童发展的影响	往届小学家长	做好假期计划，入学适应不担心
	如何协助孩子发展在人际关系方面的能力		爱上阅读的"小妙招"
	阳光体育——与孩子的运动时光		养成好习惯，学习轻松一半
			学习辅导不再"苦"
妈妈课堂	家庭亲子共读的指导（一）		翻越拼音学习的"难关"
	家庭亲子共读的指导（二）		走进孩子的心灵，有效沟通的秘诀
	"倾听孩子"是有效沟通的第一把钥匙		孩子入学不适应的常见表现
	如何培养孩子的家庭劳动能力		学习准备常见的"内容误区"——以数学学科为例

续上表

来源	"爱立方"互助空间活动主题 （幼儿园）	来源	"微经验速递"视频资源名称 （小学）
"爱立方"互助空间	把握幼小衔接中孩子发展的重要阶段	小学教师	学习准备常见的"内容误区"——以语文学科为例
	幼小衔接，我们的家庭准备了什么？		如何巧妙应对孩子学习中的"小情绪"
	什么是高质量的陪伴		良好倾听习惯的重要性与培养策略
	如何用"平和中正的心"守护孩子		幼儿自信心的建立

（4）活动实施。

① 幼儿园层面：幼儿园注重优质、科学性资源的挖掘，重视优势、成功经验的发挥，结合家长的共性困惑和焦虑，为家长提供持续性、针对性、个性化的支持。通过家长问卷、日常交流等方式，了解家长的幼小衔接理念和焦虑；通过幼小衔接班级家长会、系列专题讲座、公众号专栏资源等方式，帮助家长修正理念、改进方法；通过"爱立方"互助空间、家庭助育项目等方式，充分运用幼儿园专家团队的专业力量、家长的教育智慧，帮助有特殊需求的家庭做好幼小衔接。同时，联合小学共同为家长和幼儿制订了《入学准备小册子》（图2）。

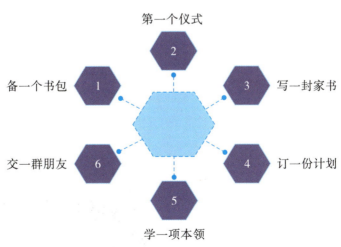

图2 《入学准备小册子》的家庭行动"六个一"活动

② 小学层面：小学依据家长不同阶段的困惑和需要，分阶段、多方式为家长

提供助力。每年 6—8 月，小学会通过公众号专栏资源、"微经验速递"视频资源包、系列专题讲座等方式为家长提供针对性指导。其中，"微经验速递"视频是邀请以往优秀的家长和经验丰富的小学低年级教师录制视频，为家长们提供建议。系列专题讲座则是将以往"蜻蜓点水"式的单次讲座转化为"深入化 + 多专题"的系列讲座，增强培训实效，如学科准备专题、人际交往专题、心理调整专题等。在 8 月底新生入学之际，通过新生家长说明会进一步明确相关事宜；在 9 月份新生入学后，通过主题家长会、日常沟通等方式，帮助新生解决具体的适应性问题。

3. "育教师"环节

（1）活动目标。

①幼儿园和小学教师树立双向衔接、科学衔接的理念，主动增进彼此联系，推动深化幼小衔接工作改革。

②幼儿园和小学教师提高对儿童年龄特点与学习发展规律的认知，科学做好儿童的准备教育与适应教育。

③依托共同搭建的教师发展平台，幼儿园与小学教师提升家庭教育指导意识，发展家庭教育指导能力。

（2）活动准备。

①读物准备：《幼儿园入学准备教育指导要点》、《小学入学适应教育指导要点》（以下简称《指导要点》）、《幼儿教育心理学》。

②座谈提纲："幼儿园与小学的异同""幼儿园如何做好入学准备，小学如何做好入学适应"。

③教研材料。

（3）活动内容。

①理论学习：《指导要点》的学习与解读；《幼儿教育心理学》系列培训。

②互访式活动：幼儿园教师走进小学；小学教师走进幼儿园。

③联合教研（图 3）："幼儿园焦虑"和"小学焦虑"、"幼儿园的教与不教"、

图 3　联合教研活动现场

"幼小衔接家长会研讨"、"'双向奔赴'幼小衔接方案系列研讨"。

④内部教研：大班幼小衔接课程建设。

（4）活动实施。

幼小衔接方案实施的关键是教师，这也是衔接质量和效果的重要保障。无论是幼儿园教师还是小学教师，都需要不断提升专业能力和科学认知，熟悉并掌握儿童成长规律与学习特点。

①互访式活动。旨在让幼儿园教师和小学教师深刻理解儿童年龄特点与学习规律的"断崖式"差异，认识与接受儿童在衔接过程中可能存在的行为，通过理念上的更新、情感上的接纳，产生行动上的支持与改变。在每年的5月和9月开展至少两次探校活动，其特点是"真实场景、半日持续体验、深刻理解"，解决以往幼小衔接中的两大问题：一是"道听途说"式经验，即幼儿园家长和教师对儿童面临与存在的问题更多是依据个人经验进行预测与判断；二是"管中窥豹"式体验，即集体性小学参访体验活动的内容大多是浅表性、片段式、选择性的，而非真实、连续、全面的样貌。

②"共进式"教研活动。"共进式"教研是帮助教师解决共性问题，获得集体智慧的重要途径，包括联合教研和内部教研。联合教研是幼儿园和小学教师共同教研，对比学段教育的异同，增进对儿童成长规律与发展变化的深刻理解，厘清衔接中的常见问题与对应策略，对课程中的"教与不教"达成共识，进而优化与调整各自的衔接方案。内部教研是双方针对各自的幼小衔接个性问题进行内部研讨，加强对文件的理解与落实，调整学校方案和班本活动，针对衔接中幼儿、家长、教师的困难研讨解决策略。

③"发展式"培训活动。"发展式"培训主要是借助幼儿园、小学的专家团队以及高校专家资源，做好衔接理念的解读、优质经验的解析与借鉴、衔接方案的把脉与论证。

4."育社区"环节

（1）活动目标。

树立协同意识，更新幼小衔接理念，积极为幼儿园、家庭、小学的幼小衔接工作提供支持，形成幼小衔接的多向奔赴。

（2）活动准备。

幼小衔接宣传手册、宣传海报。

（3）活动内容。

幼小衔接公益性讲座，例如《宝贝，快乐启航——让每一株幼苗茁壮成长》《陪伴 培育 配合——我眼中的小学一年级关键词》《让好习惯伴随孩子终身》。

（4）活动实施。

幼儿园不仅仅关注大班级幼儿及其家长的教育需求，更希望将科学衔接这一理念贯彻落实在幼儿园三年生活中，做好持久性、持续性准备，注重幼儿良好习惯和良好品质的养成。因此，我们主要通过社区公益讲座的方式进行辐射，让更多的家长和社区人员了解教育的真谛，了解幼小衔接的科学理念和做法，共同为幼儿的成长营造完整而良好的教育生态。

三、活动方案反思

（一）方案价值与创新特色

第一，多元协同，多维目标。依托社区教育实践基地的优势，形成"园—家—社协同育人"的幼小衔接新模式。本方案创新性地将"育幼儿"的核心目标与"育家庭""育教师""育社区"的衍生目标相结合，为幼儿学习、家庭成长、教师赋能与社区支持等创设多层次、针对性举措，有效解决了家长、幼儿园、小学三方在意识上和实践中的"身心准备缺失、生活准备忽视、社会准备欠缺、学习准备偏颇"等问题，奠定幼小衔接的基础。有家长在访谈反馈中说道："小学卢教师的具体案例分享，让我印象深刻，看到了入学准备中错误的教育给孩子带来的不良影响，让我不断反思自己的教养行为和衔接准备。"

第二，全面布局，儿童为本。以断层理论和人类发展生态理论为基础，坚持儿童为本，关注幼儿在环境、学习、生活、人际等方面变化大、适应难的表现与问题，紧抓幼儿园大班和小学一年级这一关键时间段和重要转折点，进行"整体性全面规划＋阶段性重点突破"，注重儿童的现有水平和发展差异，注重儿童发展的阶段性、连续性、持续性，解决了幼儿园和小学在衔接中举措待优化、实效待提升的问题，特别是改善了以往活动中的形式化、表面化，缺乏立体认知与全面体验，双方教师沟通不充分的情况，真正做到尊重、理解和了解儿童，实现双向衔接、科学衔接。

（二）存在不足与改进措施

需要更关注衔接方案实施的评价与成效。当前"育幼儿"的成效主要是源于幼儿园教师的探校活动、小学一年级教师的反馈、家长的评价等，缺少小学一年级学生的自我适应评价和持续性的跟踪反馈。

下一步改进措施：利用小学生回园固定日，做好入学适应自我评价；对幼儿进行一年、三年乃至更长时间的适应和发展情况跟踪。

典型活动案例

"大手牵小手"互访式活动之"走近小学"

活动目标

1. 现场感受和全面了解小学生在校学习和生活的基本内容与基本要求。
2. 深刻理解幼儿园幼儿和小学生在发展规律与学习特点上的差异性。

活动内容

本次活动主要通过多环节观摩、同上一节课、同做课间操、一对一访谈等环节，让幼儿园教师全面、直接地了解小学生的学习与生活，在与一年级小学生、小学教师的交流中真切体会幼儿在衔接过程中可能遇到的困难，通过身临其境、亲身体验、深刻领悟，达到理念上的更新、情感上的接纳，产生行动上的支持与改变。

参与人员

幼儿园科研副园长、教学主任、大班级教师，共7人；小学教学主任、各学科教师代表，共5人。

活动准备

物质准备：观察记录表、幼儿互动谈话的问题提纲。

前期经验：一年级学生已入校一个学期，对小学的学习、生活有一定的适应和感悟。幼儿园教师对一年级学生入学适应存在的难题有一定的预判经验。

活动过程

1. 现场观察早晨入校活动情况。

（1）了解小学生入校的时间段、入校基本要求（证件要求、服装要求、行为要求、语言要求等），观察小学生的具体表现及容易出现的问题。

（2）观摩反思：大部分学生自主上学，不需要家长陪同；从校门到课室，没有教师或其他人员陪同或指引。

——幼儿园需要加强大班幼儿的安全意识、自我保护能力、班级的概念及方向感。

2. 同上一节课。

（1）幼儿园教师和一年级小学生同上一节课（图4），并观察上课情况。

（2）观察要点：学习内容量、学习进度、小学教师教学方式、师生互动方式（教师提问次数、提问语言和方式）、同伴互动方式（小组合作的形式、承担角色、互动时长、效果）等。

图4 同上一节语文课

（3）观摩发现：此次同上的是一节语文课，朗读、识新词、理解文意为主要内容，学习内容紧凑；学习方式以小组合作为主，例如分角色朗读内容。教师提问语言简洁清晰；学生举手回答问题积极性高。

——幼儿园在大班可以增加幼儿小组合作经验，例如通过分小组一起做游戏、一起做值日生，理解什么是小组，小组可以如何分工。此外还需要提升幼儿阅读的兴趣，培养幼儿大胆表达的意愿和认真倾听的习惯。

3. 大课间互动。

（1）共同体验课间活动。同做课间操、眼保健操，同玩课间游戏。

（2）一对一交流（图5）。幼儿园教师和一年级学生一对一交流，主要交流问题如下：刚上小学的时候，你会遇到什么困难？你最喜欢小学的哪些活动？课间 10 分钟，你会做什么？你最喜欢哪一个老师，为什么？大班的弟弟妹妹马上就要上小学了，你觉得他们需要学会什么本领才能更好地适应小学的学习和生活？

图 5   与一年级学生一对一交流

（3）互动发现。在刚进入小学时，学生会在课间玩得太投入，不知道上课时间到了；刚开始会找不到卫生间和接水的地方；有时候会忘记带相关的学习资料和文具。

——幼儿园需要帮助大班幼儿建立时间观念，学会做好时间管理，知道如何安排好课间的活动；学会看标志，找到常去的公共空间的位置；学会整理自己的物品，并能够根据计划准备好所需物品，例如通过多种方式做好自主游戏计划，知道如何根据计划选择游戏材料。

活动反思

具有创新性的探校形式给教师带来真切感悟。以往"走进小学"的主题活动以幼儿园教师带领大班幼儿体验小学生活为主，教师缺少自身前期经验的积累，导致活动如走马观花般，没有真正地深入体验小学生活。本次活动是让大班幼儿走进小学的前期调研，幼儿园教师立足本次体验，深刻地了解小学生学习活动和生活活动、小学教师的教学方式等情况，可以为后续大班幼儿现场体验活动的设计提供现实依据，使活动更贴近幼小衔接的真实需求。

"大手牵小手"互访式活动之"走近幼儿园"

活动目标

1. 了解幼儿园幼儿在园学习、生活的基本安排。

2. 深入探究小学生和幼儿在发展规律与学习特点上的差异，寻找符合身心发展的幼小衔接策略。

3. 发挥"大手牵小手"的作用，做好小学生活的宣传，引发幼儿的向往，促进幼儿对一年级的适应能力。

活动内容

本次活动主要通过入园与幼儿互动、与幼儿园教师交流等环节，挖掘小学教师与幼儿园教师工作方式的不同，深入了解准备入学的幼儿的年龄特点与学习规律，真切体会幼儿在衔接过程中可能遇到的困难并适时介入，提供帮助，感受幼儿园教师和幼儿的交往，亲身体验、深刻领悟，提升对幼小衔接的认识。

参与人员

小学教学主任、各学科教师代表 4 人；幼儿园科研副园长、教学主任、大班级教师 4 人。

活动准备

1. 物质准备：与幼儿互动谈话的问题提纲、教师面对面交流的问题提纲。

2. 前期经验：幼儿园教师已进行探校活动，对小学的学习和生活活动有了初步的了解；幼儿对小学生活有了一定的期待和向往；小学教师对幼儿入学适应存在的难题有一定的预判经验。

活动过程

1. 参观幼儿园户外环境及班级环境。

观摩发现：幼儿园户外活动器械丰富，大型户外游乐设施深受幼儿喜爱。班级主题墙呈现幼儿近期在幼儿园的学习和生活历程，环境有很强的幼儿参与感。班级物品摆放使用了 6S 管理方法，让物品"有名有家"，方便幼儿自我管理。班级内盥洗、饮水、厕所等设施设备齐全，幼儿可以自主地进行生活活动。

——小学可以在环境中做好衔接，例如一年级的班级环境可以更具童趣，可以通过使用标签帮助一年级小学生学会管理好物品，减少物品丢失的情况。此外还需要引导小学生寻找卫生间、饮水机，做好生活能力指导。

2. 体验幼儿区域游戏。

（1）同玩区域游戏：每位小学教师分别进入一个区域与幼儿共同体验区域游戏（图 6），例如积木建构区、编织区、角色区等。

（2）观察幼儿在游戏中的表现，例如游戏时长、游戏的专注度、活动后的整理。

图 6　小学教师体验幼儿园游戏

（3）观摩发现：大班幼儿在游戏中的自主性强，动手能力强，专注度高；能够自信地和小学教师进行交流；游戏时长为50分钟左右（不包括整理时间）；活动后整理游戏材料的效率高。

——游戏是幼儿喜欢的学习方式。小学低年级课堂可以采用课堂游戏性教学方式，让课堂气氛更加活跃；可以借鉴幼儿园的方法，以音乐为指令，减少教师的口头指令，提高小学一年级学生排队的效率。

3．一对一交流。

（1）小学教师和大班幼儿进行一对一交流。

（2）交流的焦点问题：你期待上小学吗？你最想了解小学的什么事情？你希望和小学的哥哥姐姐一起玩什么游戏？

（3）交流中发现：大部分幼儿都很期待上小学，认为上小学是一件很光荣的事情。但是他们会比较担心小学"有没有作业，作业多不多，教师严不严厉"。他们希望小学生能够和他们说说小学有趣的事情，也想邀请小学生来园一起玩游戏。

——对于大班幼儿来说，上小学是一件既期待又担忧的事情，但他们对小学生活的认识有一定的偏差。对此，小学可以制作欢迎宣传片，从小学生的视角向大班幼儿介绍小学的学习和生活环境；也可以让幼儿和小学生面对面交流，咨询感兴趣的话题，增进幼儿和小学的情感联系。

4．联合教研。

（1）针对两次互访式探访活动，幼儿园教师和小学教师分别介绍活动安排所能达到的目的。

（2）彼此分享两次探访活动的感受和困惑，通过研讨进一步梳理幼小衔接中双方的责任和任务。

对标国家幼小衔接相关文件的要求，基于身心、生活、社会、学习四方面的准备和适应，初步制订下一阶段活动计划。

活动反思

第一，创新性的探校形式带来真切感悟。本次探校活动是沉浸式的全过程、全身心体验，真实场景和持续观察让双方更了解儿童的真实表现和面临的真实问题。

第二，即时性的交流互动带来深刻理解。探园后双方教师面对面交流，真切的感悟让教师们有得、有思、有问，从而在研讨中有话说、想要问，既增强了彼此的交流，又加深了双方对衔接中的困惑与问题的理解，达成共识。

基于劳动教育活动的幼小衔接
——以收纳与整理为例

◎广州市花都区花山镇中心幼儿园　谢小燕、毕明斯、商卓晖
　广州市花都区花山镇日鎏小学　王国健、梁志乐、曾思静

一、幼小衔接活动背景

　　劳动教育是孩子成长中不可或缺的重要一课。在幼小衔接的背景下，我们将劳动教育作为幼小衔接的重点指导内容。通过劳动教育促使孩子在劳动中锻炼身体、了解并掌握基本的劳动知识与技能，如学会整理自己的物品，进行值日生活动，知道自己的事情自己做等，养成良好的行为习惯，提高自理能力及自我服务能力，促进社会性发展，以更好地衔接小学学段的学习生活与社会适应的各种活动。

　　幼儿园开展的劳动教育主要以游戏化的形式进行，将劳动融入幼儿的一日生活中，从幼儿的生活需求出发，开展以穿衣穿鞋、清洁、进餐如厕等自我服务为主的生活类劳动活动，启蒙幼儿的劳动意识。大班幼儿在丰富的劳动活动中，形成较好的自理能力，如能自己扣扣子、用筷子吃饭、整理床铺、择菜煮菜等，养成自己的事情自己做的劳动习惯与意识。《3—6岁儿童学习与发展指南》中指出，幼儿要具有基本的生活自理能力，5—6岁幼儿能按类别整理好自己的物品。但我们在日常的生活观察中发现，对于日常的劳动活动，如擦桌子、整理床铺、整理书包衣物等，部分幼儿还需要教师提醒才去完成，并且相关的劳动技能也还不够熟练，如挂衣服时扣子扣不整齐，让衣服掉落，书包里的脏衣服和干净衣服没有分类摆放等，没有意识按类别整理自己的物品，也缺乏整理的方法和能力。在幼儿园教育中，教师对于保育工作比较重视，能及时提醒帮助幼儿。进入小学后，教师需要兼顾学生的学习，对学生生活的管理依靠学生的自我管理能力。因此，为了幼儿能做好入学后学习和生活的自我管理和服务，幼小双方应通过丰富

的劳动教育，培养幼儿良好的劳动习惯，提高幼儿的自理能力和动手能力，增强独立性和自信心，培养初步的责任感。

二、活动实施方案

（一）总体目标

（1）实现幼小衔接的顺利过渡。幼儿园通过大班的一系列劳动教育，从身心、生活、社会和学习四方面有机融合和渗透，帮助幼儿做好各方面准备。一年级在各学科中渗透劳动教育，并且多学科融合，带领学生走进小学，成为真正的小学生。

（2）培养全面发展的小学生。在幼儿园丰富的劳动实践中，培养幼儿良好的劳动习惯，提高幼儿的自理能力和动手能力，增强幼儿的独立性和自信心，初步培养幼儿的责任感。在一年级，家校共同培养学生的劳动能力，增强学生的家庭责任感和集体精神，培育学生的劳动素养。

（3）革新教师的教育观念。教师树立正确的幼小衔接意识，循序渐进地探索、开展入学准备教育与入学适应教育。

（二）各环节活动目标

表1　各环节活动目标

环节	活动目标
幼儿园入学准备教育活动	1．在教师的指导下，学习正确地摆放碗筷、餐后整理餐桌、洗碗等，感知劳动的乐趣。 2．能与同伴一起制订班级劳动计划，主动承担并完成清洁、整理区域材料等班级劳动任务。 3．能通过统计的方法了解自己书包内的物品，并与同伴合作设计书包物品分类摆放的方法，坚持每天自己整理书包。 4．能参与到种植活动中，通过种植辣椒，初步了解并运用各种工具完成播种、除草、浇水施肥、采摘等种植活动。 5．了解父母及教师、食堂厨师、幼儿园保安等的工作特点，讨论他们付出的劳动给自己带来的服务和便利，学会尊重和珍惜他人的劳动成果

续上表

环节	活动目标
小学入学适应教育活动	1. 积极参与班级劳动，如教室的清洁、桌椅的摆放、各区域的分工。鼓励学生参与班级劳动，培养学生乐于为集体奉献的精神。 2. 主动分担家务劳动，如整理衣服、清洗碗筷、垃圾分类、拖地、擦桌子、贴对联、做年食。与家长一起要求学生日行一事，从服务自己到分担家务，培养学生的家庭责任感。 3. 学科渗透劳动教育。在学科教学中渗透劳动教育，如语文课上学习《端午粽》时，学生在课前动手制作简易的香囊，利用废弃纸板制作龙头，增强对传统节日的认同感；美术课学习剪纸、剪班花，共同布置班级展示墙，提高主人翁精神；科学课利用科学实验包里的向日葵种子，通过课堂所学播种、浇水、施肥、捉虫、收获，观察向日葵的成长过程，拍照记录；综合实践课以"巧手慧心　折纸'江南'"为主题，创作语文课本中学过的古诗《江南》，增强学生的审美能力。多学科融合，助力学生热爱劳动，融入班集体。 4. 家校共促习惯养成。如主题班会课开展整理书包技能比赛，将各学科的书、作业本、文具在规定时间内分门别类放进相应的文件袋；日常教学中要求课前一分钟收拾好桌面；德育活动通过"日行一善"家校活动，长期要求学生做好服务家庭、服务班级，期末评比"劳动之星"，做到做事认真负责、有始有终；以收纳整理为例的慧劳动、爱劳动课，展示学生为家、为班级奉献的成果，同时展示家长和教师的评价，鼓励学生今后都能坚持不懈地奉献自己，做更好的自己

（三）活动准备

在活动前期，大班幼儿通过参观小学以及采访小学生，对小学生活有了初步的了解，对小学学习生活充满期待，希望成为一名小学生，知道小学的作息和学习形式与幼儿园不同，同时也了解到在小学中需要自己做好生活、学习的管理，如根据自己的需要喝水、如厕，根据天气变化和活动需要增减衣物，分类整理和收纳衣物、图书、玩具、学习用品等。一年级在学科教学中融入游戏，在活动中育人，同时教育学生能清楚地意识到自己的身份已从幼儿园小朋友转变为小学一年级学生。语文、数学、英语、体育与健康、美术、劳动、综合实践活动、科学、道德与法治都是专门学科，需要掌握相关的知识点。为了更好地衔接，同时落实"双减"精神，一年级在学生评价方面采取等级制，采用家长评价、学校评价、师生互评等多元评价方式，与幼儿园评价进行科学衔接。

（四）活动安排

表2　活动安排

适用年级	活动类型	活动内容	核心经验
幼儿园大班	社会活动	今日我当家	掌握简单家务劳动的方法
	种植活动	辣椒快快长	初步学习与实践播种、浇水等种植技能
	综合活动	玩具管理员	学习收纳整理的方法，萌发为班级服务的劳动意识
	美术活动	书包设计师	在手工劳动中锻炼小肌肉能力
	数学活动	小小收纳师	学习分类统计的收纳整理方法，提高自我服务能力
	社会活动	小学生的书包	了解小学生的学习物品，为小学生活做准备
	生活活动	幼儿园大扫除	在劳动实践中了解、尊重和珍惜他人的劳动成果
小学一年级	主题班会	书包我会整理	养成及时整理与收纳的习惯，初步具有管理自己学习用品的能力
	科学	我家有棵向日葵	观察植物的生长发育情况，知道植物的养护方法，培养对植物的喜爱之情
	美术	我为班级剪班花——荷花	感受传统工艺的奇妙，养成认真劳动、合理利用材料的良好劳动习惯，形成乐于动手的劳动态度
	语文	我是传统节日"手"护人	从传统节日出发学习手工，激发劳动兴趣，获得劳动成就感，感受劳动带来的美好体验
	劳动	爱劳动　慧劳动——以收纳整理为例	初步掌握简单整理与收纳的基本方法，具有管理自己生活用品的能力，感知劳动的辛苦和乐趣
	综合实践活动	巧手慧心　折纸"江南"	结合学科教学开展手工制作活动，能简单表达自己的方案构想，并使用常用工具制作简单的作品
	德育活动	日行一善　家校有我	以家校结合的方式开展，长期坚持实践，养成习惯，激发劳动参与热情，服务家校

三、活动方案反思

（一）活动方案的价值

1. 提高幼儿生活自理能力

通过参与各类劳动教育活动，幼儿对于班级、幼儿园的劳动活动，如大扫除、值日生等活动内容有了更清晰的认识，并能够较好地掌握其中的劳动技能。而在"小小收纳师"活动中，幼儿根据对自己书包内物品的统计调查与分类，能合理分配书包内的空间，规划物品的摆放方法，在直接感受、动手操作的过程中，发展了生活自理能力，为上小学做好了生活方面的准备。在主题班会课与德育活动中，一年级学生在入学适应期，通过"我能行"活动，开展整理书包比赛，学会按照课程表准备和整理学习用品，展示基本的生活自理技能，养成自己的事情自己做的好习惯。劳动教育渗透于学科教育，从学校到家庭，培养学生良好的劳动习惯。而在"爱劳动　慧劳动——以收纳与整理为例"的活动中，一年级学生积极主动展示劳动成果，从幼儿园的服务自己到小学的贡献集体、承担家庭责任，整理成果从幼儿园的整洁到一年级具有创造性，具有一定的审美能力。

2. 养成幼儿良好劳动习惯

由整理自己的衣服、书包到整理玩具与区域材料、种植辣椒等过程，幼儿积极参与到劳动活动中，形成良好的劳动意识与劳动习惯，增强了自信心，培养了初步的责任感。从活动后期幼儿开始自发、积极主动地参与到劳动活动中可以看出，幼儿已经具备了主动劳动的意识，形成了良好的劳动习惯。在幼儿园大班的劳动教育基础上，一年级通过学科教育渗透，多学科融合教育，以"劳心劳力，亦知亦行"特色劳动校本课程为依托，夯实学生的劳动根基。

3. 促进幼儿学习品质的培养

在劳动教育活动中，教师通过设计各种各样的活动，充分尊重和保护幼儿的好奇心和学习兴趣，帮助幼儿逐步养成积极主动、认真专注、不怕困难、敢于探究和尝试、乐于想象和创造等良好学习品质。如在活动"今日我当家"中，幼儿通过表征的形式表达自己对于班级值日生工作内容的想法，自制分工安排表；在"玩具管理员"活动中，幼儿通过分组分工合作制定整理玩具的方法，并在演讲分享中锻炼语言表达能力；在"小小收纳师"活动中，通过统计分类书包内的物品，体验运用数学方法解决问题的乐趣。在科学课种植向日葵的过程中，一年级学生切身体会到劳动者吃苦耐劳的精神，学会珍惜劳动成果；语文课开展的"我是传统节日'手'护人"劳动活动中，学生制作香囊粽子、龙舟龙头，开展传统工艺制作活动，感受中华民族优秀传统文化，学习屈原伟大的爱国主义精神，初步培养价值观。

4. 促进幼儿交往合作能力的发展

在活动设计中，教师结合幼儿一日生活的各个情境设置问题，将发现的问题呈现给幼儿，让幼儿自己尝试解决，鼓励幼儿和同伴分工合作，互帮互助，发生冲突时尝试协商解决，主动表达自己的想法和需求，发展了幼儿的交往合作能力，为上小学做好了社会方面的准备。一年级劳动教育以小组合作讨论、全班交流为主，学生以自主、合作、探究的形式学习，提高学习能力。

（二）活动成效

通过丰富多样的劳动教育活动，幼儿的自理能力得到提高，能将学习到的劳动方法运用到生活中，积极参与到劳动活动中，形成良好的劳动意识与劳动习惯，拥有初步的责任感。在活动过程中，幼儿培养了好奇好问、不怕困难、积极主动、认真专注、敢于探究和尝试的学习品质，在与同伴合作完成活动任务、社会交往能力方面得到发展，为入学做好身心、社会、学习、生活等方面的准备。一年级的学科融合教育，以学生为本。学生乐于参与课堂活动，主动学习各学科知识。

（三）不足及改进措施

在幼小衔接背景下开展劳动教育，教师要进一步厘清不同年龄段劳动教育的目标与要求，结合幼儿的年龄特点以及兴趣开展活动，在日常生活中细致观察幼儿感兴趣的事物、游戏和偶发事件中所隐含的教育价值，基于他们不同的发展水平和学习方式，开展符合其身心发展规律的多样化活动，丰富幼儿的生活经验，为幼儿提供合作的机会，把握时机给幼儿有针对性的回应与支持，充分发挥劳动教育的育人作用，形成幼儿优良的品格、积极的态度，为幼儿进入小学做好准备工作。

幼小衔接是一项长期工作，包括幼儿园大班，小学一年级，甚至要延续到二年级。一二年级教师参与其中，认识学生的身心发展规律，了解幼儿园的学习模式，与幼儿园教师联合互动、教研，探索出一套适合学生学习发展的教育教学模式。

典型活动案例

小小收纳师
（幼儿园大班）

活动目标

1. 初步了解整理书包的方法，如物品依据大小与类型分类摆放。
2. 能运用分类统计的方法了解书包内物品的数量。
3. 感受收拾整理的劳动乐趣，坚持每天自己整理书包。

活动内容

幼儿通过图片、视频的形式，初步了解收拾整理书包的方法，如脏衣服与干净衣服分开放、杯子放在书包侧面等，并且在教师的引导下与同伴合作分类统计书包内物品的数量，规划物品摆放位置，在活动中学会整理书包，感受收拾整理的乐趣，并能坚持每天自己整理书包。

活动准备

经验准备：幼儿了解书包的构造以及功能，有收拾书包的简单经验；幼儿已经初步掌握物品分类的方法，能运用数字、符号和图画记录自己的观察发现。

物质准备：教室放置书包整理流程图；装有物品的书包4个，统计表若干，画笔，小黑板。

活动过程

1. 谜语导入。

师：老师今天带来了一个谜语，请大家猜一猜谜底是什么。它是我的好朋友，每个同学全都有。衣物杯子帮我拿，可我还得背它走。（猜一物）

2．学习整理书包的方法。

（1）幼儿自由讨论，分享自己整理书包的方法。

（2）观看视频，学习、梳理整理书包的流程。

①了解书包内的物品并进行分类。

②将书包内的衣物叠整齐。

③依据物品的大小与数量的多少放入书包不同的位置，如数量最多的衣物放在最大一格，水杯放在侧面的格子里，纸巾等小物品放在小格子里。

④检查物品摆放是否整齐以及有无遗漏。

3．动手操作，整理书包。

（1）幼儿分成四组，利用统计表分类统计书包内的物品。

（2）小组合作商量不同种类物品的摆放位置并制订、分享收纳整理计划。

（3）幼儿按照计划分组整理书包，教师巡回指导。

4．游戏：整理书包比赛。

5．延伸活动：每天回家收拾整理书包。

活动反思

收拾书包是幼儿生活中常见却又容易忽视的一项劳动活动。教师在日常活动中发现，幼儿对于书包的整理比较随意，常常直接将换下来的衣物、杯子，还有跳绳、纸巾等物品都放到书包的大格子里，导致取放物品不方便，干净衣服、纸巾和脏衣服混在一起也比较容易受污染。因此，教师将整理书包这一贴近幼儿生活的活动提取出来，让幼儿更好地掌握收纳整理这一劳动技能。在活动中，教师首先通过谜语导入，引起幼儿的兴趣，在幼儿猜中谜语后引入情境："今天有一个小朋友向老师求助，他说他的书包乱乱的，跳绳找不到，衣服也总是拿不到想要的那一件，怎么办呀？"通过情境引导幼儿讨论、分享自己日常中整理书包的方法经验，同时也了解幼儿在整理书包过程中存在的问题，为下一环节有重点地指导幼儿做好准备。在活动中，教师引入了统计表这一数学工具，帮助幼儿更有条理地了解书包内的物品，做好整理计划，这一环节也在潜移默化中让幼儿感受到生活中数学的有用与有趣，养成认真专注、敢于探究的学习品质。最后通过整理书包比赛，让幼儿进一步运用和巩固学习到的知识经验，发现整理方法的有效性，收获成功体验。整个活动中，幼儿能积极地投入，在直接感受、动手操作的过程中学会整理书包的方法，感受到收拾整理、劳动的乐趣，同时也逐步养成劳动的习惯。

慧劳动　爱劳动
——以收纳整理为例
（小学一年级）

活动目标

认知性目标：了解收纳与整理的含义及其作用，通过收纳与整理相关劳动，学习掌握分类整理的技巧，了解收纳方法，培养生活自理能力，树立正确的劳动价值观。

技能性目标：通过学习收纳整理的方法，小组交流讨论学习收纳整理妙招，掌握使班级环境和家庭环境更干净、整洁的方法。

参与性目标：能积极参与劳动实践，能主动参与家庭、学校的收纳整理劳动。

创造性目标：能在生活实践中提高收纳与整理的效率，为家庭、学校创造良好的舒适环境。

体验性目标：体验劳动的快乐，提高审美能力，培养为家庭、班级服务的意识。

活动内容

通过劳动成果展示课，展示学生收拾书柜、衣柜、冰箱的成果，以及班级文化布置、家校各方面的收纳与整理活动，让学生在劳动中体会到劳动光荣，劳动者最美丽。

活动准备

小学生低年段是培养良好行为习惯的关键期。一年级的学生通过幼儿园大班的学习有了一定的自理能力，但仍有部分学生由于家长过度呵护，没有形成较好的劳动习惯。课前准备学生劳动视频、照片、文字材料、手抄报和 PPT 课件，以进行劳动教育。

活动过程

1. 游戏互动，引出课题。

做手指操活跃课堂氛围，为引出课题做铺垫。导入语：同学们，我们的双手能做一系列的劳动，为我们创造良好的环境，例如收纳与整理。

2. 交流讨论收纳含义。

师生齐说收纳的含义。

3. 总结收纳好处，分享成果。

出示整理好的书房的照片，让学生总结收纳整理的好处：能让我们拥有干净、整洁、美丽的环境，让我们身心愉悦。张贴学生手抄报，请个别学生分享收纳整理的快乐。

播放某学生家长评价学生从幼儿园到一年级收拾家庭图书角的成长视频，展示部分家长对孩子成长的文字评价，表扬学生。

播放学生整理衣服、书包、书柜的视频，直观、生动地展示各种收纳技巧，感受劳动的快乐。

【设计意图】利用照片、家长评语等直观的内容，让学生真切地感受到收纳整理的好处。通过手抄报、视频展示收纳与整理能带给我们方便、整洁的环境的好处，培养学生收纳与整理的意识。

4. 讨论收纳技巧。

小组讨论收纳技巧，分享为家、为校收纳整理的地方。

小组成员分享收纳技巧，从班级器材区、作业区、图书角到家里的衣柜、冰箱，分享整理的妙招。

从书房、衣柜、班级文化三个方面总结收纳整理的方法。

【设计意图】小组交流讨论分享的形式，确定接下来小组收纳与整理的区域，夯实收纳与整理的技巧。教师总结收纳与整理的方法，帮助学生进一步增强劳动能力。

5. 升华体验，日行一善。

你说我说，收纳整理。确定自己能为班级或家庭做的力所能及的整理活动。

日行一善，成就更好。开展日行一善活动，鼓励学生坚持不懈打卡，以照片或视频的形式记录，持之以恒做好收纳整理。

【设计意图】从课堂出发，延续教育，使之成为有效的教育，引导学生持之以恒地为家庭、为学校奉献，培养学生的责任感。

活动反思

本节课以劳动育人，以劳动树德，培养学生劳动习惯，让学生体验劳动带来的乐趣，增强学生的家庭责任感，培育学生主人翁精神。学生在收纳与整理劳动教育课堂内外，切实地提高动手能力、劳动能力和解决问题的能力，同时培养对劳动的热爱、对劳动人民的尊重，激发积极参与创造整洁、美观的家校环境。

收纳与整理是看似简单但实践性强的劳动活动，长期坚持能培养学生吃苦耐劳的精神，锻炼学生的观察力。基于幼小衔接的劳动教育，以收纳整理为例的慧劳动、爱劳动课，不再是教师协助、指导下的一年级学生学习活动，而是学生主动参与、乐于参与的劳动活动。一年级的学生开始从自我服务转变为为集体、为家庭服务，参与班级文化建设，为班级奉献力量，日行一善，为家庭承包收纳与整理的活动。

家园校联动共促幼小衔接

◎广州开发区第二幼儿园　吴宝婵、白杰琼
　广州开发区第二小学　陈秋凤、袁荣新

一、要解决的问题

（1）加强幼儿日常生活学习管理，促进幼儿生活习惯、学习习惯、规则意识的养成，提升幼儿自我管理能力、知识技能的储备。

（2）加强幼儿园和小学之间的交流，共同研讨幼小衔接的有效途径。

（3）加强家长的培训交流，使家长了解幼儿的身心特点，增强幼小衔接意识。

二、活动实施方案

（一）总体目标

（1）对小学充满向往，对小学充满期待。

（2）培养交往能力和独立意识，发展发现问题、探索问题、解决问题的能力，能主动独立完成一些力所能及的事情。

（3）激发学习兴趣，培养学习习惯，增强倾听能力、语言表达能力。

（4）养成良好的学习、阅读习惯，生活能力（自我服务、自我管理、合理分配时间等），建立初步的时间意识、规则意识、任务意识。

（5）初步了解小学的学习活动特点和课堂教学规范，产生对学习活动的好奇心和求知欲。

（二）各环节活动及目标

表1 各环节活动及目标

活动对象	活动名称	活动形式	活动目标
大班幼儿	问题大猜疑	集体活动	1．通过调查表交流、卡片提炼的方式梳理关于上小学的问题。 2．大胆表达自己对小学的疑惑。 3．运用观察、比较和讲述的方法，比较小学和幼儿园的不同之处。 4．通过游戏和辩论赛，培养创造性思维和语言表达能力。 5．愿意用图画、符号等方式记录自己的想法和发现。 6．尝试与同伴合作完成任务。 7．会做简单的收拾、整理及清洁工作。 8．学习分类整理自己的物品，学会使用学习用具，乐于做自己力所能及的事情。 9．通过活动，发现自己长大了，学会了很多本领。 10．通过"服务"和"管理"他人，锻炼组织能力和生活技能。 11．能够大胆地在集体面前展示自己。 12．通过参观、体验了解小学的活动场所以及小学生的学习和课堂规范，激发幼儿对上小学以及各类学习活动的好奇心和求知欲
	"一样"和"不一样"	集体活动	
	我心目中的小学	集体活动	
	整理小书包	集体活动	
	我要上小学了，我会……	集体活动	
	小班长	集体活动	
	小小播报家	集体展示	
	生活小能手	日常生活渗透	
	我的区域我做主	区域活动	
	参观小学	实地参观	
小学一年级学生	做时间的小主人	主题班会	1．通过班会课活动，体会到时间的宝贵，初步明白时间管理的重要性，产生要管理自己的时间的想法。 2．通过游戏和亲身体验，学会管理时间的方法。 3．明确课间10分钟需要做和可以做的内容，学会合理安排课间10分钟活动
	我的时间我做主	集体教学	
幼儿园、小学教师	我心中的幼小衔接	教研	1．通过学习及研讨，了解幼小衔接的目的和任务，同时梳理总结出幼小衔接工作的实施途径。 2．通过研讨，幼儿园及小学共同制定出幼小衔接的实施方案
	幼儿园、小学研讨会	教研	

续上表

活动对象	活动名称	活动形式	活动目标
家长	幼小衔接家长培训	家长培训	1. 了解幼小衔接到底衔接什么。 2. 懂得幼小衔接的意义。 3. 懂得阅读的重要性，能够坚持与幼儿一起阅读打卡。 4. 了解学习幼小衔接中的身心、生活、社会、学习准备。 5. 了解前书写以及如何培养幼儿前书写经验
	我们一起来阅读	阅读打卡	
	幼小衔接怎么做？"四大准备"请收好！	微信公众号推文	
	做好前书写准备，助力幼小衔接！	微信公众号推文	

（三）活动的具体实施

1. 面向幼儿园幼儿的活动

活动一：问题大猜疑（集体活动）

活动准备：

（1）"问题大猜疑"调查表。

（2）课件、课桌椅、书本、黑板等。

活动过程：

（1）模拟小学课堂，幼儿按座位表找座位，初步了解小学课堂规范。

（2）教师通过提问，鼓励幼儿大胆说出将要成为小学生的感受。

（3）教师以情景引出话题，引导幼儿通过调查表交流、卡片提炼的方式梳理关于上小学的问题，交流自己关于上小学的疑问。

（4）幼儿合作阅读，寻找解决担心问题的方法，通过叙述、分析图示、小小辩论、问答游戏等形式进行多元表达。

（5）教师小结：我们即将离开幼儿园，做一名一年级小学生，或许我们对上小学有那么一点点担心，有的是学习上的，有的是生活上的，有的是交往上的，有的是面对新老师方面的。没关系，当你担心和害怕时，要勇敢地面对。

活动二："一样"和"不一样"（集体活动）

具体见本书第 52 页典型活动案例。

活动三：我心目中的小学（集体活动）

活动准备：

图片、绘画工具、建构材料。

活动过程：

（1）回顾参观小学的情景，引起幼儿的兴趣。

（2）教师引导幼儿大胆表达自己的想法，初步构想自己心目中的小学是什么样子的。

（3）幼儿根据自己的想法设计"我心目中的小学"。

（4）幼儿进行分组和分工，根据自己的任务选择合适的建构材料并合作完成。

（5）幼儿展示、介绍作品，听取建议。

（6）教师小结。

活动四：整理小书包（集体活动）

活动准备：

书包、书本、水彩笔、绘画本、铅笔、橡皮、笔袋。

活动过程：

（1）以音乐《上学歌》导入，与幼儿一起说一说自己的小书包。

（2）幼儿介绍书包，了解书包的结构及用途，学习物品分类。

（3）幼儿尝试整理小书包。请个别幼儿介绍自己的整理方法。

（4）教师引导幼儿分析探讨整理小书包的最佳方法。

（5）幼儿讨论爱护小书包的方法。

活动五：我要上小学了，我会……（集体活动）

活动准备：

幼儿做事和成长的照片、视频，幼儿小时候的衣服和用品，"我的本领大"记录表。

活动过程：

（1）幼儿观看小时候的照片和从小到大变化的视频，感受自己的成长过程，意识到自己在不断地长大。

（2）教师引导幼儿通过体验，发现自己长大发生了哪些变化。

（3）幼儿讨论和交流，知道自己长大后学会的本领有哪些，感受不一样的自己。

（4）幼儿讲述自己的特长，并尝试展示。

（5）分享"我的本领大"记录表，如我能自己睡、自己的事情自己做、会照顾弟弟妹妹、自己的问题能想办法解决等。

（6）教师小结：我们都会长大，遇到不会的事情时，只要努力学习、不怕困难，就会有办法解决的。

活动六：小班长（集体活动）

活动准备：

班长计划书、班长自荐表、班长宣言。

活动过程：

（1）观看小学里的小班长整理队伍、管理班级等的视频，引发幼儿对担任小班长的自豪感。

（2）教师与幼儿讨论做小班长有哪些职责（迎接小朋友、收拾小名牌、播报新闻）。

（3）教师引导幼儿一起商量并制订小班长的轮值表。

（4）幼儿讨论怎样做好准备工作，如提前跟爸爸妈妈商量播报的新闻内容、展示的才艺等，还要通过自己的方式把内容画出来或者制作出来进行展示。

（5）教师与幼儿分析可能出现的问题和解决的方法。

（6）教师与幼儿一起商讨应该怎样评选出优秀的小班长。

活动七：小小播报家（集体展示）

活动准备：

幼儿在家按照要求制作好的需要播报的内容、故事，相机。

活动过程：

（1）教师介绍今天的小小播报家。

（2）小小播报家进行自我介绍，播报自己准备好的内容（自己的游历、认识的事物、学习过的故事、科普知识、古诗、认识的字等）。

（3）教师在幼儿播报的过程中全程录像，拍照并发给小小播报家的家长，增强家园互动。

（4）教师进行点评，鼓励更多幼儿进行播报。

活动八：生活小能手（日常生活渗透）

活动准备：

黑板、笔。

活动过程：

（1）教师与幼儿讨论：我们成为大班的哥哥姐姐了，日常可以做些什么来为这个班级服务？

（2）教师与幼儿商量出班级的日常管理可以设置多个岗位，如区域管理员、值日生、喝水管理员、洗手管理员、卫生检查管理员等。

（3）幼儿讨论各个管理员的职责以及如何确立管理员人选、如何实施。

（4）各岗位管理人员开始工作，每周让全班幼儿进行自评和互评。

活动九：我的区域我做主（区域活动）

活动准备：

各个区域的材料。

活动过程：

（1）教师与幼儿共同创设幼小衔接的区域环境。如"我心目中的小学"（绘画）、毕业倒计时（互动墙面）、调查表（上学路线图、小学作息表、小学有什么、幼儿园和小学有什么不同、课间10分钟可以做什么）。

（2）教师有针对性地介绍与幼小衔接有关的区域材料（如系鞋带、衣饰框、认识时钟图等）。

（3）幼儿进入区域操作材料或与墙面互动。

（4）幼儿分享操作经验，教师点评。

活动十：参观小学（实地参观）

活动准备：

事先与小学联系好参观事项。调查问卷、笔。

活动过程：

（1）幼儿事先商讨参观小学时想要了解的问题，合作完成调查问卷。

（2）明确参观时的注意事项。

（3）幼儿参加小学的升旗仪式。

（4）幼儿参观小学校园。

（5）幼儿观摩一节一年级课堂。

（6）幼儿与小学教师、小学生互动问答。

2. 面向一年级小学生的活动

活动一：做时间的小主人（主题班会）

活动准备：

教学课件、计时器，大石头块、鹅卵石（小石头）、细沙、水（共四份），透明圆筒形罐子、拼图、扑克牌、A4纸。

活动过程：

（1）小游戏：你了解一分钟吗？

幼儿闭眼感知一分钟；一分钟拍手。

（2）学习时间管理办法。

①拼图游戏。规则：教师准备四幅完全打乱的拼图，第一次游戏时邀请四名学生上台，规定时间90秒，让他们直接开始拼图。第二次同样邀请四名学生上台，规定90秒时间，但是这次提供拼好的图画，让他们对照着拼图。

②寻找纸牌A。规则：教师准备四副扑克牌，其中两副扑克牌的每一种花色都按照A~K的顺序排好，另外两副扑克牌则完全打乱。请两名学生上台，要求他们在15秒内找出四张A，第一次给他们两副打乱的扑克牌，第二次给他们两副按顺序排好的扑克牌。

③装罐子。规则：教师拿出三份大石头块、鹅卵石、细沙和水，要求三名学生在两分钟内将这些材料尽可能都放进透明的罐子中，全部放进去的为胜。

教师总结：顺序是很重要的。你的时间就像这个罐子，而你需要完成的任务就像这些形状大小各不相同的材料。每天在同样的时间内完成任务，就像把所有材料都装进罐子里一样。你需要做的就是安排好顺序，将任务严丝合缝地塞进每一天。石头代表最重要的任务，鹅卵石、沙子代表生活中的其他小任务，水代表那些无关紧要的小事。不要花太多的时间在小事上。如果你现在向罐子里装沙子，就没有地方装石头了。同理，如果你一开始先做小任务，那你就没有足够的时间去完成那些真正重要的任务了。

（3）实践操作：请同学们拿出 A4 纸，画出你的时间安排。

活动二：我的时间我做主（集体活动）

具体过程见本书第 55 页典型活动案例。

3. 面向幼儿园教师和小学教师的活动

活动一：我心中的幼小衔接（教研）

活动准备：

《幼儿园入学准备教育指导要点》、纸、笔、参考资料。

活动过程：

（1）讨论：你觉得幼小衔接是什么？初步了解幼小衔接的目的和任务。

（2）学习《幼儿园入学准备教育指导要点》，了解有关要求和幼儿在身心准备、生活准备、社会准备、学习准备等方面所要达到的目标。

（3）研讨幼儿教育服务理念、课程活动模式、幼儿行为习惯培养等方面的要求，梳理有关幼儿身心、生活、学习三方面准备的内容以及实施方法。

（4）请大家谈一谈：在你的班级，你打算怎么做幼小衔接工作？

（5）讨论：要做好幼小衔接，你需要跟家长说什么？

（6）展示参考资料，分组完成环境创设、区域活动、课程内容等方面的计划。

活动二：幼儿园、小学研讨会（教研）

活动准备：

组织行政人员、大班教师、一年级教师参加会议。

活动过程：

（1）破冰游戏：击鼓传花。

（2）介绍研讨的目的，着重明确幼儿园、小学联合教研对幼小衔接的重要性及教研任务。

（3）分组研讨：幼儿进入小学前应该具备哪些好的习惯或者品质？如何才能养成和巩固这些习惯和品质？幼儿园、小学如何合作完成幼小衔接工作？

（4）分享交流，达成共识。

4. 面向家长的活动

活动一：幼小衔接家长培训（家长培训）

活动准备：

PPT。

活动过程：

（1）通过名人好习惯和班级幼儿好习惯的故事分享，引出好习惯对幼小衔接的重要性。

（2）与家长研讨分享：

①幼儿入学的三大核心需求：学习生活节奏适应、学习习惯培养、知识技能准备。

②科学幼小衔接要做好五个关键点：生活自理能力、沟通交往能力、自我管理能力、学习专注能力、知识技能准备。

③实施幼儿园幼小衔接课程。

④资源分享。

（3）家长答疑。

活动二：幼小衔接怎么做？"四大准备"请收好！（微信公众号推文）

推文包括以下内容：

（1）幼小衔接到底衔接什么？

（2）幼小衔接有何意义？

（3）幼小衔接中最容易出现的误区。

①盲目互相攀比，忽视自身发展。

②盲目急于求成，忽视循序渐进。

③盲目单方教育，忽视多方合作。

（4）幼儿园入学准备教育指导要点主要包括"四大准备"。

①身心准备。

②生活准备。

③社会准备。

④学习准备。

活动三：做好前书写准备，助力幼小衔接！（微信公众号推文）

推文包括以下内容：

（1）什么是"前书写"？为什么要特别提出"前书写"？为什么幼儿园大班不教导幼儿学写字？

（2）"前书写"和小学教学活动中的写字有什么区别？

（3）在大班幼小衔接阶段，我们是这样为幼儿前书写发展做准备的。

①动一动：发展手指精细动作，奠定前书写基础。

②画一画："藏"在一日活动中的前书写机会。

③玩一玩：区域活动中的前书写机会。

④做一做：主题活动中的计划与调查。

（4）家长指导要点。

①肌肉协调性练习。

②利用有趣的游戏提升笔画经验。

家长们在家里可以利用有趣的形式让幼儿练习基本笔画，为"前书写"做准备。如以添画形式练习笔画、连线游戏、规定时限练习。

③培养良好的书写习惯。

书写时保持正确的坐姿；书写时眼睛和书保持适当的距离；正确的握笔姿势；眼睛随手由左而右的习惯。

三、活动方案反思

（一）活动方案的价值

本方案在充分尊重幼儿身心发展规律的基础上，组织开展相应的幼小衔接活动，通过幼小衔接中家庭、幼儿园、小学三方力量的协同，促进幼儿在幼升小阶段平稳过渡。

（二）解决问题的程度

1. 幼儿层面

（1）幼儿能够做好上小学的学习准备。如：认识文具、正确使用学习用品；能用简单的符号做记录；能大胆绘画并喜欢绘画，能把自己的想法用绘画表现出来；有一定的时间观念，能按时上学，按照规定时间去完成任务等；能够讲述或者复述故事。

（2）幼儿能够做好上小学的生活准备。如：具有良好文明的进餐、睡眠、排泄、盥洗等卫生习惯；能整理自己的仪表，保持仪表整洁；会动手整理好自己的物品（书包、铅笔盒等）。

（3）幼儿能够做好上小学的心理准备。如：喜欢和向往小学的学习与生活；能控制冲动，上课不做小动作，坚持完成规定的任务；喜欢与人交往，不害怕跟教师、同伴商量事情。

2. 幼儿园、小学衔接层面

（1）明确幼小衔接不只是幼儿园的事情，科学衔接需要幼儿园与小学双方共同协作。

（2）规范幼小衔接的内容。幼儿园做到"去小学化"，通过设置相应的游戏活动让幼儿亲身感受、体验、探索，在学习、生活、心理上做好上小学的准备。

（3）幼儿园与小学教师共同开展教研，设计出符合幼儿园大班及小学一年级初期儿童年龄特点的活动，调整小学一年级课程教学方式。

3. 家长层面

家长能积极配合幼儿园的幼小衔接工作，从幼儿的学习、生活习惯入手，逐步转变教育方式，在行为、心理上让幼儿平稳渡过幼儿园升小学阶段。

（三）存在不足和改进措施

1. 存在不足

（1）较少开展线下家长培训，与家长的互动性不强。

（2）幼儿园与小学虽然合作进行研讨，但还没有建立长效机制。

2. 改进措施

（1）多开展线下的家长培训、家长沙龙等活动，或开展幼小衔接直播活动，让家长参与到幼小衔接活动中来。

（2）加大行政干预力度，幼儿园与小学领导层共同研讨形成共识，结为幼小衔接对子，建立幼小衔接长效机制。

典型活动案例

"一样"和"不一样"
（幼儿园大班）

活动目标

1. 运用观察、比较和讲述的方法，比较小学和幼儿园的不同之处。

2. 通过游戏和辩论赛，培养创造性思维和语言表达能力。

3. 激发想做一名小学生的愿望。

活动背景

幼儿园的一日生活里，教师们细致入微地照顾幼儿，陪伴在幼儿身边，幼儿的一言一行几乎都在教师的视线内。学习活动以游戏为基本形式。而小学主要以课堂教学为主，各门课程都由固定的教师严格按照课表进行教学，生活上的照顾相对较少，需要学生有较高的独立性、专注力。通过这个活动，引导幼儿进一步了解幼儿园和小学的区别，并向往成为一名小学生。

活动准备

1. 物质准备：小学校园的视频、画纸、水彩笔、油画棒、红队和绿队的名牌、统计表。

2. 经验准备：看辩论赛视频，知道什么是辩论。

活动过程

1. 观看小学校园的视频，引起兴趣。

师：小朋友们，再过不久，你们就要上小学，成为一名小学生了。你们一定很开心吧！那你们有没有想过，你们要上的小学是什么样子的呢？

幼儿观看小学校园的视频。

2. 引导幼儿用自己的话讲述在视频中看到的小学，并讲述幼儿园和小学有什么不同。

师：请你来说一说视频中的小学是什么样子的？

师：你们知道幼儿园和小学有什么不同吗？请小朋友们来说一说。

（1）我们要怎样找到自己的教室？厕所在哪里？教师的办公室在哪里？

小结：小学教室门口会有几年级几班的牌子，每层楼都有男厕所和女厕所，不像我们幼儿园每个班级都有厕所，所以下课后要及时去。教师办公室不一定就在我们教室的附近。

（2）小学的教室与幼儿园的教室有什么不一样？小学的课桌椅是怎样排列的？

小结：小学的课桌椅分组排列，从矮到高排座位，可以让每个学生看清黑板。

（3）小学生上课和幼儿园有什么不一样呢？

小结：幼儿园会有很多的游戏，小学每天要在课室正式上课。

（4）你知道一年级小学生每天要上什么课吗？

3. 游戏"找朋友"。

师：大家说了很多幼儿园与小学的情况，现在我们来玩一个好玩的游戏——找朋友。我们把看到的小学和幼儿园画下来，小朋友们分成两组，各自负责画小学和幼儿园。画好后，我们就可以玩"找朋友"的游戏了。

（1）引导幼儿自由分组。

（2）引导小组成员商量分工要绘画的部分，尽量不要重复。

（3）与幼儿一起玩"找朋友"的游戏，如其中一组拿出课室的图片，另一组找一找有没有相同之处，有就代表找到好朋友了，没有就分类摆放出来。

（4）进行小结，看一看小学和幼儿园有哪些地方是相同的，有哪些地方是不同的。

4. 辩论游戏"喜欢幼儿园还是喜欢小学"。

师：在我们一起了解了幼儿园和小学有这么多的不一样之后，我们来进行一场辩论——你是喜欢幼儿园还是喜欢小学？为什么？

幼儿按自己的观点分别组成红队和绿队。

幼儿明确自己的观点，懂得参与辩论的规则。

开展辩论，教师引导幼儿有次序地发言：先请红队的一名幼儿发言讲述自己的理由，再请绿队的一名幼儿讲述自己的理由。

师：听了大家喜欢幼儿园和喜欢小学的理由，我知道小朋友们都是爱学习和爱学校的孩子。幼儿园是陪伴了我们三年的校园，小学是我们即将要去学习的地方。小朋友们即将从幼儿园毕业，去小学上学，这是一件非常光荣的事情，老师为你们感到骄傲。

5. 教师小结。

师：我们今天通过游戏，知道了幼儿园和小学的区别。小朋友们课后还可以把幼儿园和小学的区别画在这张统计表上，然后跟你的好朋友或者家人分享。

活动延伸

1. 我的愿望：与朋友或者家人分享自己对去小学学习有什么特别的愿望。

2. 绘画：我向往的小学。

活动反思

幼小衔接是关系到幼儿入学准备和入学适应的重要工作，需要幼儿园、小学和家长三方合作。我们在开展活动时利用讨论和游戏引导幼儿了解小学生的生活与学习环境、上课方式等，以此帮助幼儿消除对小学校园学习环境的陌生感，萌发向往之情。在游戏"找朋友"中，通过合作、绘画等方式强化了幼儿对幼儿园和小学之间区别的认识。辩论游戏中，幼儿感受到与别人交流沟通的乐趣，加强幼儿之间的交往、互助、合作，引导幼儿体验对方的想法，接受对方正确的观点，互相沟通，互相协商，达成共识。由于幼儿在辩论赛中能够自由选择立场与角度，因此他们在辩论的过程中始终显得很自信，独立性强，也颇有创造性，在不知不觉中形成交流、合作、互助、分享等良好社会交往技能。

我的时间我做主

（小学一年级）

活动目标

1. 明确课间 10 分钟需要做和可以做的内容，学会合理安排课间 10 分钟活动。

2. 掌握并运用课间 10 分钟原则。

3. 能够积极参与到活动中。

活动内容

进一步了解"课间 10 分钟"的内容和意义，知道作为一名小学生，要学会自我调整、合理安排休息和娱乐时间，做好课前准备，逐渐适应小学生活。

学情分析

一年级是学生从幼儿园的游戏化学习到小学知识学习和游戏化学习并重的过渡阶段。学生以往在生活、学习中习惯听从教师或家长的指令，有着很强的依赖性，缺乏独立支配课间时间的经验。在课间 10 分钟，经常有学生感叹时间太短，游戏总也做不完，还有好多事情来不及做，忘记上厕所，忘记课前准备等。因此需要教师指导学生合理安排课间 10 分钟，劳逸结合，形成良好的时间观念，学会根据实际情况合理安排课间活动。

活动过程

1. 回忆活动，引发思考。

（1）教师组织学生回忆入学时熟悉学校环境的经历，引发讨论：在小学里，上完一节课后，在下一节课开始之前有 10 分钟的课间休息时间，小学生们在课间休息时会干什么？为什么要安排课间 10 分钟休息？课间 10 分钟还可以做哪些事？

（2）围绕"课间 10 分钟"活动，收集问题，可用纸画下来，再从中选择，如：能不能到操场上去玩？要喝水怎么办？应该先做好哪些事？怎样才能合理安排休息时间？

2. 合作共商，畅谈课间。

（1）教师邀请二年级的学生到班级里来，通过分组互动，讨论刚才选择的话题，让学生明白：课间10分钟可以做的事情有很多，但要先落实需要做和可以做的内容。

（2）学生观看一段录像（三名学生在课间休息时对三件事进行不同顺序的安排），与二年级学生共同评一评、议一议：

①你认为哪种课间休息安排最合理？为什么？

②假如是我，我会怎样安排课间10分钟活动？

（3）学生交流、讨论。

①介绍自己在课间10分钟做了些什么。

②说说哪些同学安排得合理。

3. 总结原则，口令指引。

（1）教师结合学生的评价，总结原则：重要的事情先做，次要的事情后做。

（2）运用口令再次巩固今日所得。

课间四件事：一换书本，二整桌椅，三喝水，四方便。

预备铃声响—进课堂—安安静静等教师；

上课铃声响—赶快进课堂—书本文具放桌上—端端正正把课上。

活动反思

课间10分钟活动是小学生活中一项十分重要的内容。然而刚进入小学的学生对此却比较陌生，不知该如何合理地管理时间。教师在进行幼小衔接教育时有意设计了这一教学活动。在活动中，教师从他们的参观经验谈起，避免了说教。在此基础上，围绕课间10分钟活动内容，引导学生思考自己遇到的难题，并尝试记录下来，这有利于激发学生参与活动的兴趣。学生回顾自己的课间活动，能更好地理解课间10分钟的内涵。

邀请二年级的学生分组互动，讨论难题。观看录像短片，有重点地引导一年级学生观察三名学生的课间10分钟安排。观看后，教师有意识地提供机会鼓励学生讨论，并及时小结。这样的设计让学生真正成为活动的主人。邀请二年级学生参与讨论也是本次活动的一个亮点，二年级的学生刚刚经历完这个阶段的过渡，对此有自己的想法和心得，他们能与一年级学生平等沟通，传授经验，学生也更乐于接受和模仿，因而活动效果较好。

我的运动我做主

◎广州市天河区童睿幼儿园　王菲、刘敏、杨艳、王文珍、卢思敏
　广州市天河区昌乐小学　潘秀琼、欧俊峰

一、幼小衔接活动背景

从幼儿园步入小学后，幼儿所处的环境和各种因素的关联对其发展都有着至关重要的作用。在前期调查的数据中，我们得知，不少毕业的幼儿在进入小学生活时充满了焦虑与不适应感。幼小衔接不仅是幼儿的衔接，也是家长的衔接、教师的衔接，不少家长与教师在幼儿衔接的问题上也感到焦虑与困惑。因此无论是幼儿园还是小学，都应该为幼儿各方面的衔接做好准备与规划。幼小双方进行联合教研，互相沟通与学习，认真做好双方的衔接工作，帮助幼儿顺利度过转折期，减少家长的焦虑和忧虑，为幼儿的后续学习从多方面打好基础。

二、活动实施方案

（一）总体目标

增强衔接意识，探索幼小衔接协同合作机制，为儿童搭建从幼儿园到小学的过渡阶梯，推动双向衔接。树立科学衔接意识，改变家长过度重视知识准备，超标学习、超前学习的状况，规范教师教育教学行为，合理做好入学准备和入学适应的双向衔接。健全衔接机制，整合区教师发展中心、区学前教育发展中心、小学、家庭多方资源力量，建立共同参与机制，实现有效衔接。

（二）活动过程

1. 第一阶段：启动、探索阶段（2022 年 3—4 月）

（1）成立幼小衔接工作组，明确责任，分工到人。

（2）教科研引领，确保幼小双向衔接科学有效。幼儿园与区学前教育指导中心、区幼小衔接联盟进行深度合作，做好幼小衔接的各项教科研工作。

与昌乐小学组建幼小双向衔接教研组，从健康、语言、社会、科学、艺术五大领域入手，每学年聚焦一个领域进行深度教研（表 1）。通过对幼儿园、小学双向衔接过程中出现的问题进行教研，形成"树立理念—问题导向—科学规划—整体推进—审思评价"的教研闭环，达成幼儿园与小学科学有效的双向融合。

表 1   幼小衔接双向教研工作计划

时间	幼儿园领域	小学学科	幼儿园参与者	小学参与者	双向研究内容
2021—2022 学年	健康（体育）	体育	体育教研组	体育教研组	对大班幼儿升入小学一年级后的体育活动情况进行跟踪取样，并进行案例、运动、体能数据分析，研究体育衔接对幼小发展的影响
2022—2023 学年	数学	数学	数学教研组	数学教研组	幼小衔接视角下幼儿科学领域数学核心经验培养的实践研究
2023—2024 学年	语言	语文	语言教研组	语言教研组	幼小衔接视角下提升幼儿学习品质的阅读活动组织实施研究

幼儿园每周三组织教师进行幼小衔接专项教研活动，深入研究幼小衔接实践中的突出问题，聚焦幼儿发展、幼小衔接园本课程建设、师资培训、合力建构家园校互通的家庭教育等方面工作，构建科学有效的幼小衔接体系，为幼儿搭建成长过渡的阶梯。紧抓共建、共享、共发展的理念，以"幼小衔接视角下幼儿科学领域数学核心经验培养的实践研究"课题为引领，以研究促发展。

（3）三方共育，加强家园校互动和宣传。幼儿园主动与家长沟通，及时了解家长对幼小衔接工作的困惑及意见、建议，采取发放宣传资料、专题报告、专家咨询等多种形式，有针对性地开展专项宣传教育工作，帮助家长树立正确的幼小衔接观，缓解家长入学焦虑情绪，并获得家长的积极配合。幼儿园定期面向幼儿及家长开展幼小衔接工作情况调查，建立工作反馈机制，不断改进幼儿园工作安排，确保幼小衔接工作日趋完善。

2. 第二阶段：实施与调整阶段（2022年5—6月）

（1）落实立德树人根本任务，四个准备有机融合。开展"我的运动我做主""我心中的小学"等项目活动，使幼儿初步了解小学生活、向往小学生活。

身心准备（图1）：

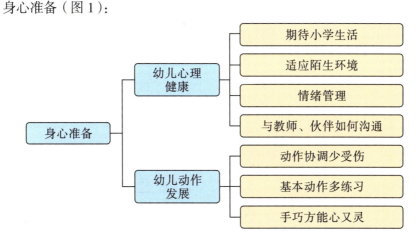

图1　身心准备

生活准备（图2）：

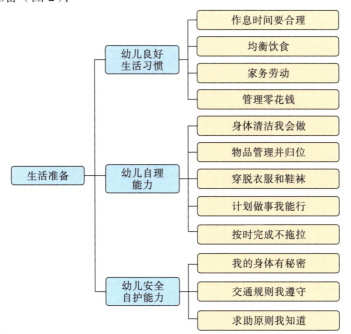

图2　生活准备

社会准备（图3）：

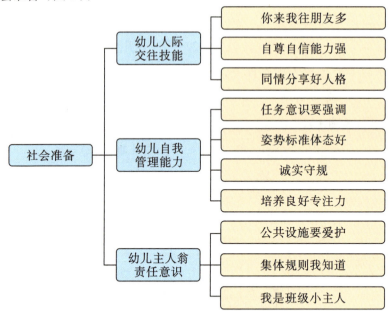

图3 社会准备

学习准备（图4）：

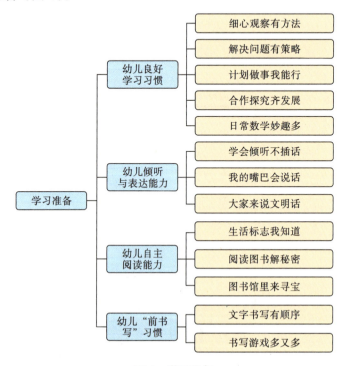

图4 学习准备

（2）多元驱动，衔接有度（表2）。

表2 双向衔接活动过程

时间	具体措施	活动内容	参与者
2022年3月1日	在天河区学前教育指导中心的带领下，开展了幼小衔接联盟教研活动，指导天河区幼儿园幼小衔接开展实践研究、推进幼儿园和小学科学衔接	童睿幼儿园教学园长对幼儿园幼小衔接工作进行了思考与回顾，幼小衔接工作应纳入幼儿园规划、园本课程当中，真正做到具有延续性、自小班到大班的衔接。从主题活动、一日常规、阅读习惯等方面入手，对新学期家长、教师、幼儿的工作进行了初步部署。 幼儿园将与昌乐小学进行双向教研。本学期会与昌乐小学体育教研组进行有关游戏、运动、体能的深度研究	天河区教研员及幼小衔接联盟各联盟园园长、骨干教师
2022年5月	以原大班幼儿为研究对象，了解他们进入小学一年级后体能发展情况，进行跟踪对照	运动主题项目活动	幼儿园大班教师、原大班幼儿
	通过访谈了解原大班幼儿入读小学后的身体自我认知状况、运动动机以及运动参与情况	访谈，"一看、二查、三访"。 访谈原大班毕业幼儿及其家长、幼儿园班主任、现任小学班主任	原大班教师、业务主任
2022年5月9日	双向了解幼儿园、小学教研工作的开展情况，确定双向教研的安排与推进工作	幼小联合教研：双向驱动，让幼小衔接更和谐	幼儿园教学园长、业务主任、原大班教师； 小学教导主任、六年级教师、一年级教师

续上表

时间	具体措施	活动内容	参与者
2022年5月16日	童睿幼儿园与昌乐小学体育组进行双向教研	对原大班幼儿升入小学一年级后的体育活动情况进行跟踪取样，并进行案例、运动、体能数据分析，研究体育衔接对儿童发展的影响，优化适宜性的实践活动。 小学一年级体育教师进行体育公开课活动"跳绳与篮球"	幼儿园教学园长、业务主任、原大班教师； 小学教导主任、一年级体育教师
2022年5月16日—7月16日	一年级体育活动跟踪取样：进行《我的运动我做主》案例数据分析	对原大班幼儿升入小学一年级后的体育活动情况进行跟踪取样，并进行案例、运动、体能数据分析，研究体育衔接对儿童发展的影响，优化适宜性的实践活动。 小学一年级体育教师进行体育公开课活动"跳绳与篮球"	幼儿园教学园长、业务主任、原大班教师； 小学教导主任、一年级体育教师

3. 第三阶段：整理、反思阶段（2022年7月）

（略）

三、活动方案反思

（一）加强领导，健全组织

切实加强对活动的组织与领导、对活动过程的管理，确保活动有条不紊地进行。充分认识开展幼小衔接的重要性，与区学前教育指导中心、区幼小衔接联盟、昌乐小学做好共建、共享、共发展建设。积极研究制定幼小科学衔接工作方案，明确工作目标，完善政策举措，建立行政推动、教科研支持、小学和幼儿园实施、家长共同参与的多方协同工作机制。

（二）落实目标责任制

将各项工作做到定时间、定内容、定责任人、定活动方式、定活动地点，确保活动的扎实开展。共同做好幼小衔接系列活动各项资料的收集与整理工作，最终汇编成册，形成具有本园特色的"幼小衔接"教研资料，为今后幼小衔接工作的进一步开展奠定坚实的基础。召开专题会议，总结活动开展过程中的优点与不足，各班级分别选择一个项目活动，撰写专门的活动实录与反思，进行成果分享。

（三）做好后续跟踪与推进工作

幼儿毕业后进入小学并不代表幼小衔接工作结束，还应进一步跟踪追访，定期审视幼小衔接的做法和路径是否科学有效。下一步，我们将从评价主体（幼儿、家长、园校双方教师），评价内容（幼小衔接的路径、做法、联合活动），评价方法（表现性评价、观察记录评价、成长档案评价）等方面，着手构建幼小科学衔接的评价体系，不断优化完善幼小衔接工作。

典型活动案例

我的运动我做主

《3—6岁儿童学习与发展指南》中的健康领域提出：幼儿阶段是儿童身体发育和机能发展极为迅速的时期，也是形成安全感和乐观态度的重要阶段。发育良好的身体、愉快的情绪、强健的体质、协调的动作、良好的生活习惯和基本生活能力是幼儿身心健康的重要标志，也是其他领域学习与发展的基础。

《义务教育体育与健康课程标准（2022年版）》提出：加强了学段衔接。注重幼小衔接，基于对学生在健康、语言、社会、科学、艺术领域发展水平的评估，合理设计小学一至二年级课程，注重活动化、游戏化、生活化的学习设计。课程以身体练习为主要手段，以体育与健康知识、技能和方法为主要学习内容，以发展学生核心素养和增进学生身心健康为主要目的，具有基础性、健身性、实践性和综合性等特点，是学校教育的重要组成部分，对促进学生德智体美劳全面发展具有非常重要的意义。

一、幼儿联合教研：双向驱动，平稳过渡

为进一步促进幼儿园与小学科学衔接，做好幼小体育方面沟通与交流，童睿幼儿园邀请昌乐小学开展"双向驱动让幼小衔接更和谐""'幼小衔接'中的体育教学"联合教研。

（一）幼儿园体育活动与小学体育活动设计的异同（表3）

表3　体育活动设计的异同

幼儿园	小学
早操时间	课间操
体育大循环	大课间
体育游戏活动	体育课
运动会	运动会
民间游戏活动	体育节

（二）幼儿园体育活动与小学体育活动内涵的异同（表4）

表4　体育活动内涵的异同

比较项	幼儿园	小学
教育教学要求	以幼儿为主体，幼儿自主性强，注重兴趣的培养，看重幼儿体能发展	以课标为准，注重学生体育技能的熟练与动作的标准，看重学生体能发展
规则要求	强调幼儿自主性，幼儿初步养成规则意识	强调学生跟着教师开展活动，对学生的规则意识与指令性要求也更高
游戏方式	以幼儿兴趣为导向，鼓励幼儿自由探索，开展一些民间游戏活动，让幼儿在学中玩、玩中学	开设体育节，活动内容包括民间特色运动与学校特色运动。开办各式各样的比赛，以赛促练

从表3、表4可以看出，幼儿园与小学有着以下异同。

（1）不同之处。小学课程着重技能的培养，幼儿园着重兴趣的培养。小学课程以课标为准，在活动中学生自主性较弱。幼儿园以游戏贯穿活动，以幼儿为主，以幼儿兴趣为导向，幼儿的自主性强。

（2）相同之处。幼儿园和小学都看重体育活动的开展，看重传统民间游戏活动的开展，看重幼儿体能发展，体育活动类型相似。

二、幼儿园运动主题项目活动"我的运动我做主"

《小学入学适应教育指导要点》提出，儿童应喜欢参与多种形式的体育活动，养成坚持参加体育锻炼的习惯。《幼儿园入学准备教育指导要点》提出，幼儿应喜欢运动，具体表现为积极参加多种形式的户外活动，初步养成良好的运动习惯。良好的运动习惯能帮助幼儿培养积极向上的生活态度，锻炼体魄，不怕困难，不怕挫折，精力充沛地应对小学学习与生活。

（一）活动目标

本活动旨在帮助儿童提升运动水平，从身心、生活、社会以及学习这四个方面做好入学准备，向小学生活平稳过渡，缓解儿童在初入小学阶段的压力，提升自信心，促进学习适应能力的发展。

（二）活动内容

根据前期对毕业幼儿进行的调查数据，结合本班幼儿出现的问题，以运动为抓手、幼儿问题为导向、项目式学习为载体，开展本次活动（图5）。在活动中，幼儿运动兴趣浓厚，幼儿之间沟通交流水平逐渐提高，身体素质有了一定的增强，养成了良好的运动习惯，以强健的体魄积极面对小学学习与生活。

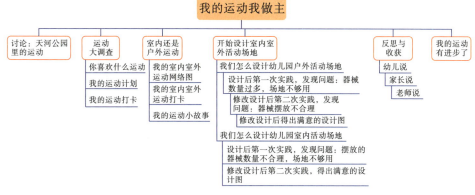

图5　活动脉络图

（三）活动准备

1. 幼儿的全身机能、神经骨骼、身体协调性有了进一步的发展，运动量与运动强度有了一定的增加。

2. 幼儿喜欢小学，向往小学生活。幼儿对运动产生兴趣，对幼儿园运动器械有了一定的了解，积累了一定的玩法经验，能较好地进行各种各样的运动。

3. 幼儿园邀请小学生来园为大班幼儿答疑解惑；教师带着幼儿的疑问来到小学，采访小学生后，回园为幼儿答疑解惑；录制小学环境视频，帮助幼儿初步了解小学的学习生活。

（四）活动过程

1. 活动一：讨论"天河公园里的运动"。

最近，幼儿晨间入园时，总是三五成群，围在一起讨论。

慧慧：你周末去哪里玩了呀？

瀚瀚：我去公园玩了。

凯凯：我去了我们附近的天河公园，就在我们幼儿园的对面。

悦悦：哦，我知道！我也去过。周末时候我妈妈还带我进去玩，有好多叔叔阿姨在里面唱歌、跳舞、拍照。

瀚瀚：我奶奶也会在公园里跳舞，还有人在里面夜跑呢。

嘉嘉：为什么他们会在公园里面夜跑呢？

2. 活动二：运动大调查。

（1）你喜欢什么运动？

瀚瀚：我喜欢跑步、滑滑轮。我的滑轮滑得可好了。

恩恩：我也喜欢跑步，我还经常跟爸爸妈妈一起去散步。

悦悦：我会跟姐姐经常出去遛微微（宠物犬），跟微微一起跑步。

【教师反思】一次幼儿自发的交流，引起了大家的讨论。教师及时抓住了幼儿的兴趣点，生成相关的游戏活动。根据《幼儿园教育指导纲要（试行）》提出的"引导幼儿利用身边的物品和材料开展活动，发现物品的多种特性和功能；为幼儿提供观察、操作、试验的机会，支持、鼓励幼儿大胆探索"等教育要求，生成了"我的运动我做主"的探究活动。带着幼儿对运动的兴趣，我们开始了对运动的探究之旅。

（2）我的运动计划。

悦悦：我星期一跳绳，星期二游泳，星期三踢球，星期四跑步，星期五悬吊，星期六攀爬，星期天去爬山。

恩恩：我星期一去踢球，星期二做体操，星期三跳绳，星期四跑步，星期五游泳，星期六爬山，星期天休息一天。

【教师反思】教师及时提示幼儿，唤醒幼儿已有的生活经验，使幼儿成功地制订自己的运动计划，运用绘画的方式表达自己的想法与需求。

（3）我的运动打卡。

【教师反思】幼儿喜爱运动，对运动很感兴趣。教师抓住这一契机，支持鼓励幼儿在家中也积极主动地做运动。幼儿在家自主自愿地进行运动打卡，并带动家人一起加入到运动中来。

3．活动三：室内运动还是户外运动？

萱萱：我最喜欢运动了。

希希：我也喜欢呀，那你们都喜欢什么运动？

妮妮：我喜欢跳绳、打羽毛球、跑步。

琪琪：我喜欢游泳、拍球、骑单车。

教师：那你们都去哪里做运动？

恩恩：我在家里。

萱萱：我在小区里。

琪琪：为什么我们做运动的地方都不一样，有的在家里，有的在小区里？

【教师反思】教师巧用时机，耐心引导，拓宽幼儿的思维，使他们进行更深入的思考。在交流思考中，幼儿对运动安全有了一定的认识，知道在室内室外运动时要注意周边环境的安全，但自我保护意识稍弱，还不能很好地控制自己的运动强度，容易与他人发生碰撞。针对这一情况应继续引导幼儿学会保护自己。

（1）我的室内室外运动网络图。

恩恩：我喜欢在室内拍球、打羽毛球、游泳。室内的游泳池可干净了，一年四季都可以游泳。室外我就喜欢跳绳、跑步、跳远（图6）。每逢周末，爸爸妈妈都会带我出去做运动，锻炼身体！

锦程：我用一栋房子来表示我喜欢的室内运动（图7），有单足立、坐位体前屈、立定跳远、做体操。用一棵树来表示我喜欢的室外运动，有踢球、拍球、跳绳、跑步。我可喜欢运动了！

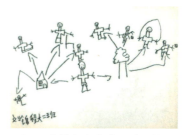
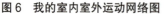

图6 我的室内室外运动网络图　　图7 我的室内室外运动网络图

【教师反思】幼儿不再局限于运动，兴趣延伸到运动的场地，引发了自己的思考。

（2）我的室内室外运动打卡。

【教师反思】幼儿通过进行室内室外运动打卡，对运动更加感兴趣，随时随地都可以做适合自己的运动，增强了自身的运动技能。在运动中，幼儿的安全意识进一步加强，更加懂得如何保护自己。

（3）我的运动小故事。

大二班妮妮的故事《我运动，我健康》。

星期一：今天我和爸爸踢球。爸爸说："我要踢啦！准备好了吗？宝贝，加油！"

星期二：今天我要学踢毽子啦！可是，它怎么不听我的话呢？我踢不到呀！再来，我踢到啦！

星期三："妈妈我们来打羽毛球吧！""好的，宝贝！接住！"

星期四：姐姐跳绳，我也要来跳。"妹妹跳呀！""姐姐，我不会！"

星期五：滑板车是我的最爱！我和姐姐比赛谁滑得快！

周末：周末啦！我可以和哥哥一起骑自行车啦！哥哥骑大车，我骑小车！

我爱跳，我爱跑，我爱运动，我是快乐女孩！

【教师反思】幼儿积累了一定的运动经验，开始自己创编运动故事，并且寻求爸爸妈妈的帮助，把文字也加了进去，进一步发展了前书写能力。

4. 活动四：设计幼儿园运动场地。

（1）设计户外运动场地。

①分组设计户外运动场地图。

幼儿有了前面的经验后，开始想要设计幼儿园户外运动场地。他们自己找好同伴，分好小组，运用已有的经验，通过画画的方式来设计户外运动场地。

悦悦：这是跳一跳，这是滚垫子，下一个是拿着球站在轮胎上拍。然后是在跑道上跑步，第二个是过拱门，第三个是悬吊，第四个是走平衡木，第五个是开小车，第六个是跳绳，第七个是跳雪糕桶打球，第八个是悬吊（图8）。

妮妮：这是红绿灯标志，这是跳一跳，这是轮胎，这是呼啦圈，这是悬吊，这是攀爬的。这是……

熙熙：这是跳格子。

妮妮：这是独木桥，这是踩高跷。

熙熙：我觉得踩高跷那里要画个笑脸，因为高跷上面有个笑脸的图案。

妮妮：这是沙包，这是拱门，这是跳绳，这是袋鼠跳，还有彩虹伞（图9）。

图8　第一次户外设计图（一）　　　　图9　第一次户外设计图（二）

【教师反思】活动中，教师鼓励幼儿发挥想象，预测各种材料的作用，还帮助幼儿设计户外运动场地图。

②第一次实践。

幼儿用自己的方式去寻找答案并与同伴分享。首先看看设计图（图10），怎么摆才好呢？确定好如何摆放后，组长安排好人员进行分工，有条不紊地摆放器械（图11）。

图10　观察设计图

图11　摆放器械

【教师反思】活动中，教师鼓励幼儿自己商量如何分工合作，一起解决遇到的问题。

玩一玩，验证自己的想法。幼儿在验证中发现了问题：摆放的器械有点多，场地不够大。

③第一次修改设计图。

各组成员再一次讨论，并根据自己的摆放，验证发现的问题，尝试修改原有的设计图。

【教师反思】幼儿已经形成了主动地、不断地发现问题和解决问题的思维过程。

悦悦：先拿球绕 S 形拍，第二个跳小格子，第三个跳绳，第四个走平衡木，第五个开汽车，第六个拱门，第七个彩虹伞，第八个红色沙包跳，第九个跑步。

壕壕：但是场地这么小，我们放得下吗？

烁烁：放不下，东西还是太多了。

欣欣：那我们减少一些吧。

悦悦：那我们不要跑步了（图 12）。

熙熙：这是可以套大象鼻子的东西，然后是呼啦圈，跳跳跳，来到这里是钻拱门和走平衡木，然后是踩高跷，绕着雪糕桶拍球，再然后是羊角球，之后绕着海绵棒跑步。

杰杰：不行呀，场地放不下这么多的东西，我们第一次摆放就失败了。

凯凯：那我们不要拱门跟平衡木吧（图 13），要不然放不下这么多的东西。

图 12　第一次修改后的设计图（一）

图 13　第一次修改后的设计图（二）

④第二次实践。

结合第一次摆放的经验，小组长组织各组成员摆放器械。

悦悦：我们来分配一下任务吧，每个人负责一种器械。

妮妮：我们应该把器械分开一点摆放，不要摆得太过拥挤。

【教师反思】在活动中，幼儿遇到了许多问题，他们总是积极地寻找解决的办法，并且能够自觉地通过分工合作来解决问题，并完成工作。

玩一玩，验证自己的想法。经过第二次验证，幼儿又发现了新问题：有的器械过少，有的器械摆放的位置不合适。

⑤第二次修改设计图。

各组成员再一次集中讨论，根据自己的摆放，验证发现的问题，再次修改原有的设计图。

悦悦：你们有没有发现，这个确实有点问题。

烁烁：我发现了！

悦悦：第一个，放篮球的车子应该放在中间，这样方便拿取。

烁烁：放在旁边也不行，应该放在中间。

欣欣：对呀，放在后面都不好拿。

悦悦：第二个，这个跳跳跳的应该竖着放。

汶欣：打横放不好，我们要竖着放。

悦悦：还有，跳绳都不够位置了，因为彩虹伞太大了，已经占了我们一半的位置，所以我们就不要跳绳了。

悦悦：然后我们又放了个平衡木，平衡木是不是有些不够长？

烁烁：对呀，那我们再加一根平衡木。

悦悦：我们汽车也不要了吧，因为实在是太短了，对不对？

欣欣：我们剩下的位置实在是太小了，加上了汽车就没有位置了。

烁烁：我们之前的拱门有点少，现在多加一个拱门。

悦悦：对。所以这个彩虹伞应该放在中间，这个跳跳跳和跑步都不要了。

幼儿经过反复的预设、验证、整改，终于得出自己满意的设计图（图14）。

图14　第二次修改后的设计图

教师反思：幼儿是探索的主体，教师是幼儿探索活动的观察者、引导者和支持者。

悦悦：我们把操场设计成这样，第一个是障碍物，摆放三个，用球来绕着拍。

欣欣：第二个是跳跳跳，走两个平衡木，钻三个拱门，在中间玩彩虹伞。

（2）设计室内运动场地。

有一天，下雨了，户外场地湿漉漉的，这引起了幼儿的注意。

嘉嘉：下雨了下雨了，我们不能出去玩了，地上全是水。

瀚瀚：没关系呀，我们可以在室内里玩。

烁烁：那玩什么呢？

欣欣：我们可以进区呀。

悦悦：不行不行，我们要运动。

嘉嘉：可是这里这么小，能怎么玩呀？又不能摆器械。

欣欣：对呀，下雨了又不好拿器械，那可怎么办呀？

悦悦：我有一个好办法！我们可以用班上的东西呀，把班上的桌子椅子清空，这样我们就有位置可以玩啦！

【教师反思】下雨天不能出去外面运动了，幼儿把目光投向了我们的室内场地。幼儿对运动产生了浓厚的兴趣，主动运动，积极运动。作为教师，要不断激发幼儿去思考，在这个能够引起他们高度积极性的关注点上，丰富原有经验，并从问题中寻找探究的落脚点。

①分组设计室内运动场地。

幼儿有了设计户外运动场地的经验，开始想要设计室内运动场地。他们自己找好同伴，分好小组，讨论并设计了起来（图15）。

悦悦：你看，我们从大门出发，先玩什么材料好呢？

烁烁：要不要用垫子？

嘉嘉：我们用建构区的盒子好不好？

图15　室内运动场地设计图

悦悦：我们用绿色的小桌子来爬，然后用小垫子来爬，再走独木桥，来到这里玩单脚跳，用建构区的砖。然后在大垫子上爬，翻跟斗，从旁边跑回去。

②第一次实践。

幼儿用自己的方式去寻找答案并与同伴分享，大家选择的材料都是班上随处可见的。

【教师反思】幼儿根据自己的需要和兴趣去寻找适合的材料。教师倾听和支持幼儿的表达，鼓励幼儿探索解决问题的途径和方式，使幼儿产生了很高的热情，积极地投入探索之中。

玩一玩，验证自己的想法。经过验证，幼儿发现了问题：摆放的器械有的多，有的少，场地不够用。

③修改设计图。

各组成员再一次集中讨论，根据自己摆放、验证发现的问题，修改原有的设计图。

悦悦：大家有没有发现，我们的设计有个问题。我们这里只需要6张，多了2张。绿色的小桌子数量太少了，才4张，应该要6张才够。我们玩的时候小桌子那里不够位置了，所以小垫子那里要减少4张。然后独木桥要换个位置，在这里我们改成单脚跳和独木桥，中间爬和翻跟头的不变。

④第二次实践。幼儿吸取了前一次摆放的经验，讨论出结果，重新摆放器械。

经过反复的预设、验证、整改，幼儿终于得出自己满意的设计。

悦悦：看，我们从大门出发，前面有6个盒子。然后爬桌子，爬垫子，过独木桥，爬大块垫子，最后S形跑（图16）。

图16 修改后的设计图

【教师反思】活动中，教师始终陪伴在幼儿左右，成为忠实的倾听者与参与者。教师鼓励幼儿充分地猜想、寻找、表达、交流、得出结论，并告诉同伴自己的想法；鼓励幼儿与他人进行交流，敢于质疑，并将自己的假设和发现的结果进行对比，全身心地投入到运动游戏活动之中，积累属于自己的独特运动经验。

（五）反思与收获

1. 幼儿说：经过我们一次次的讨论、实践、修改，属于我们小组的运动设计图诞生啦！我们的运动也越来越棒了！我以后上了小学，也要自己做运动计划，坚持做运动，锻炼身体。

2. 家长说：孩子以前做事很难集中注意力，做一件事很难坚持下去，自从喜欢做运动后，专注度提升了很多。现在非常喜欢做运动，每天都要拉着家人陪他一起，在孩子的影响下，我们也爱上了运动。现在孩子与人交往不会乱发脾气，会调控自己的情绪，也会听道理，对小学生活也越来越好奇跟向往。

3. 教师说：在本次活动中，幼儿之间的互动加强了，以前交往沟通不友好、不会倾听的幼儿，现在会耐心倾听他人建议，学习能力、专注度有了一定的提升。现在他们对运动的兴趣越来越浓厚，每天都主动去做运动，在运动中遇到困难了也会相互指导，帮助同伴一同提升运动技能。

有了前期运动的经验，加上自己动手设计了户外活动场地，幼儿对运动有了更多兴趣，体能锻炼有了明显的提高（图 17）。

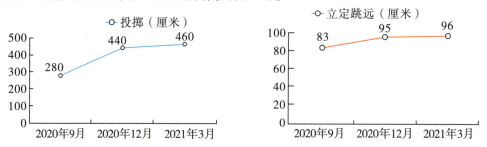

图 17　幼儿运动有进步

三、小学体育课程案例

（一）毕业生体能发展追踪

通过学习教研，我们认识到了小学的体育课程与幼儿园体育活动的不同之处。已经毕业了的儿童在小学里是否适应小学生活？他们的体能又是如何发展的？带着疑问，我们追踪到了之前参加过幼儿园"我的运动我做主"课程活动的一年级学生。

2022 年 5 月 25 日，我们来到昌乐小学观摩了一年级的体育课，课程内容是跳绳与拍球。课程目标主要是锻炼控球能力、弹跳能力，以及耐久性，着重于技能的学习。教师全程高度控制，伴随些许游戏，指令性强。我们在观察中发现，该名学生能很好地听从指令，规则意识较好，能配合教师进行活动；体能发展较好，能较好地掌握跳绳与拍球的技能技巧，在体育课中保持积极快乐的情绪，跟同学友好相处，互帮互助。总体上看，该生能较好地适应小学生活。

（二）一年级"跳绳与篮球"课时计划。

表5　一年级"跳绳与篮球"课时计划

班级	一年（3）班	课时	第4课时	授课教师	欧XX
教学目标	1. 复习单人跳绳技术，发展灵敏、协调等素质。 2. 掌握篮球运球、传球动作技术，提高控球能力。 3. 培养敢于尝试的意识；善于合作，与同伴之间相互帮忙，培养合作学习能力。				
教学内容	1. 单人跳绳 2. 篮球运球		器材场地	篮球场1个；跳绳44条，篮球44个	
重点	掌握运球时控制落点方向的方法		难点	动作协调、连贯，控得住	
安全设施保障	1. 检查场地，排除不安全因素。 2. 做好充分的准备活动。 3. 场地设计合理，思想上重视，相互帮助，不可嬉戏打闹				
教学流程	集合整队—课堂常规—队形队列—热身活动—跳绳竞赛—熟悉球性—原地运球—行进间运球—传接球练习—运球竞赛—放松总结—回收器械				

过程	达成目标	教学内容	教师活动	组织形式	学生活动
开始部分（2分钟）	加强常规教学，培养良好的组织纪律性	课堂常规： 1. 体委整队，宣布上课，师生问好。 2. 宣布教学内容。 3. 安排见习生。 4. 队列练习	1. 课前检查场地器械安全。 2. 导入学习主题，提出教学要求。 3. 安排见习生	四列横队。 ×××××× ×××××× ×××××× ×××××× ×××× ○ （○教师 ×学生） 要求：队伍整齐，步伐一致，精神饱满	1. 快、静、齐地集合。 2. 认真听讲。 3. 快速融入课堂中

续上表

过程	达成目标	教学内容	教师活动	组织形式	学生活动
准备部分（5分钟）	调动学生积极性，充分活动关节。快速进入运动状态	1. 热身操。 2. 单人跳绳	1. 讲解要求及方法。 2. 带领学生做热身操。 3. 组织学生进行练习。 4. 用语言激励与引导学生		1. 在音乐的节奏下进行热身活动。 2. 根据教师的提示有序地练习。 3. 练习中认真观察。 4. 迅速回到原来的位置
	探究原地运球动作	1. 数字运球。 2. 运球比多。 3. 模仿游戏	引导学生注意运球时的触球部位。 请掌握技术较好的学生做示范	两人一组，间隔1.5米	两人一组，互帮互助，共同进步
放松与总结（3分钟）	放松身心，恢复身体状态。 小结本课，布置课外作业	1. 跟随音乐节奏做放松练习。 2. 课堂小结。 3. 回收器材	1. 队伍前领操。 2. 整理本课重难点，表扬练习中认真的学生	四列横队。跟随音乐节奏做相应放松动作	1. 认真参与放松活动。 2. 学习小结
预计运动负荷：中上		平均心率：140~160次/分钟		预计练习密度：55%	

四、活动反思

本案例来源于幼儿的兴趣，以幼儿问题为导向，一步步的探索很好地锻炼了幼儿的自主思考与动手能力。

（一）幼儿获得的发展

在幼儿园阶段，幼儿通过与他人交流观点，共同合作，社会性发展有了进一步的提升。在沟通交流中，通过写写画画制作属于自己的运动计划，进一步保护与发展了前书写的兴趣与学习。学会合理安排运动时间，规划运动场地以及运动主题，统筹能力得到了进一步发展，培养了专注力、坚持性与计划性。幼儿在游戏中增强了规则意识，提高了指令的接收能力，对幼儿将来适应小学的学习生活有了很大的促进作用。幼儿主动去玩，积极去玩，在玩中锻炼了体能，为进入小学进行体育活动奠定了兴趣基础与身体基础。

（二）教师的反思

我们在本次活动中学会了倾听幼儿的声音，发现幼儿对运动感兴趣，及时抓住教育契机给予幼儿适时、适宜的回应与支持，推动幼儿深入学习与探索，并帮助幼儿回顾、梳理已有经验，激发进一步探索的欲望。在后续的活动中，我们将会继续耐心观察幼儿，留心幼儿的兴趣与问题，积极引导，帮助幼儿得到更好的发展。

通过幼儿园与小学的联合教研，我们对小学体育课程有了一定的了解，深刻地感受到只有双方互相了解才能更好地进行科学幼小衔接。通过幼儿进行跟踪观察，直观地感受到幼小衔接对儿童的重要性。幼儿从起初在幼儿园里不会与同伴沟通交流，合作能力弱，到通过参加运动，在活动中大胆分享自己的想法，与同伴相互合作，接纳他人意见，共同完善设计图，并用自己的行为感染身边人，让大家一起来做运动，运动能力得到了提升。

今后的幼小衔接活动中，我们要积极主动地了解小学，加强与小学的沟通交流。活动内容与时俱进，注重幼儿的兴趣，有意识、有目的地进行引导，更好地帮助幼儿得到进一步的发展。

园校家社搭桥梁　幼小衔接建缓坡

◎深圳市南山区教科院附属幼儿园　刘雯、罗柳慈、柯时

深圳市南山实验教育集团南头小学　张晶、李苑

一、幼小衔接活动背景

根据《教育部关于大力推进幼儿园与小学科学衔接的指导意见》文件精神，在省、市、区教育部门的大力推进下，深圳市南山区教科院附属幼儿园与邻近的南头小学在多年幼小衔接互动基础上，进行深度沟通，以遵循儿童的身心发展规律为重点，了解幼儿园大班和小学一年级两个阶段教育的差异化，积极探索双向衔接的创新思路和科学模式，全面推进幼儿园和幼儿分别实施入学准备和入学适应教育，搭建幼小衔接桥梁，减缓幼小衔接坡度，帮助幼儿实现从幼儿园到小学的顺利过渡。

（一）活动目的

（1）贯彻落实幼小衔接相关文件精神，以儿童发展为核心，营造幼小贯通的一体化教育氛围，共同开创幼小衔接的新局面。

（2）加强幼儿园与小学教育的双向衔接，形成有效的幼小衔接工作方案，共建幼小衔接实施策略，探索幼升小"缓坡"计划的新思路、新模式。

（3）倡导并推进幼儿园、学校、家庭、社区四方联动，引领家长和社区支持与丰富幼小衔接工作，为幼儿的身份转换自然过渡奠定优良基础。

（二）幼小衔接情况

（1）园校有共同教育愿景。幼儿园以"构建和谐家园，培养健康儿童"为

理念，以"健康活泼、好奇探究、文明乐群、勇敢自信"为培养目标。小学以"教育就是播种爱"为理念，以"看见每一个"创建人文关爱校园，以"整全教育"创建全面育人摇篮。"坚持立德树人，支持儿童幸福成长"是园校共同的愿景与追求。

（2）园校有长期互动关系。幼儿园与小学仅一墙之隔，具有得天独厚的地理优势。幼儿园每年有 30% 以上毕业生入读邻校，为园校持续开展幼小衔接提供了教育资源优势。园校每年进行互动，小学支持幼儿园大班幼儿参观活动，为深度交流合作奠定了良好基础。

（3）园校有各自探索经验。幼儿园一直重视幼小衔接活动，尝试建构相关课程，将小班入园作为幼小衔接起点，有计划、有目标地培养幼儿的良好习惯和能力，并把握大班幼小衔接关键期，通过多种活动形式让幼儿了解小学、期待小学、适应小学。小学也坚持以小学一年级"起点工程"为指引开展小幼衔接，将教育内容与形式向幼儿园下沉。园校儿童成长态势好，家长参与度、满意度高，社区支持度、认可度高。

（4）园校持续关注儿童需求和想法。通过幼儿入学前问卷调查和入学后观察评价获知，幼儿园大班毕业生有 90% 左右期待上小学，对上小学充满好奇和信心，进入小学后也能较快地适应新环境、新同伴。但也有 10% 左右的毕业生舍不得离开幼儿园教师，进入小学后出现心理不适应、情绪不稳定现象。对这部分毕业生，园校两方共同关注和跟踪。

（三）双方有待解决的问题

如何融合园校共同的智慧，把幼儿园和小学两段路连通成一条路，变各自实践为共同创建，变单向衔接为双向衔接，变外部形式为深度研讨，建立双向衔接的课程体系，形成一体化的双向衔接，搭建幼小衔接的桥梁，减缓幼小衔接的坡度，确保每个幼儿快乐入学并适应，是我们需要重点解决的问题。

二、活动实施方案

（一）总体目标

（1）加强园校之间的互动交流，建立幼小衔接工作的创新、常态、长效机制，有效提升幼小衔接的质效。

（2）遵循儿童身心发展特点和教育规律，优化园本、校本课程建设，缩小幼儿园大班和小学一年级教育的差异化，减缓衔接坡度，助力儿童顺利做好入学过渡。

（3）共同帮助幼儿做好入学前的身心、生活、学习、社会四个方面的适应性准备，激发幼儿向往小学生活，充分做好入学准备和入学适应。

（4）发动家长和社区共同参与幼小衔接共建工作，形成多位一体，搭建衔接桥梁，努力打造幼小衔接示范基地。

（二）活动策略

1. 成立园校联合教研小组，共建幼小衔接联动机制

园校拟定并签署"打造幼小衔接示范基地"协议书，提出共建目标，制定共建内容，明确职责（表1），分工合作，拉开深度交流与合作的序幕。

表1　幼儿园和小学联合教研组成员和职责

衔接单位	教研组成员		职责
幼儿园	组长	园长	统筹园校联动，提出整体思路和策略
	副组长	教学副园长、课题主持人	收集资料，撰写文案，组织教研活动，创建幼儿园幼小衔接课程和课例资源包
	成员	课题组成员、大班年级教师	开展毕业生问卷调查及已毕业学生跟踪调查；参与设计并实施幼小衔接课程，筑牢幼儿的入学准备，减缓幼小衔接坡度

续上表

衔接单位	教研组成员		职　责
小　学	组长	校长	统筹校园联动，提出共建方案和建议
	副组长	教学副校长、德育主任	策划、组织开展小幼衔接活动，撰写文案，创建小幼衔接课程及课例资源包
	成员	一年级教师	创设活动式、丰富化的小幼衔接课程，为幼儿入学适应做准备，缩短小幼衔接适应期

2. 开展双向课题研究，建立幼小衔接课程资源库

幼儿园和小学除分别进行定期研讨之外，每学期开展 2 次以上联合教研，共同分析情况、提出问题、制订计划，互相观摩课堂活动，了解彼此的教学形式与特点，调整课程内容和方法；支持一线教师申报幼小衔接相关课题，鼓励教师积极参与课题教研与实践，丰富理论水平，提高行动能力。双方初步建立了幼小衔接课程框架，收集了主题多样的幼小衔接活动案例、相关教育素材和课例资源，实行双向共享。

3. 开设丰富的主题教学，促进儿童学习与发展

（1）幼儿园秉承幼小衔接从"小"做起，即从小班开始，努力探索多种方法，为幼儿入学做好全面准备。依托幼儿园的幸福成长课程和健康教育特色，制订幼小衔接三年行动计划。幼儿入园阶段为幼小衔接启动阶段，注重生活习惯的养成及生活自理能力的培养，从"晨间七部曲"入手：幼儿步行入园、自己背书包、主动打招呼、自觉晨检、积极早锻炼等。中班为幼小衔接中期阶段，在培养良好习惯的基础上，为幼儿提供各种展示平台，鼓励幼儿自主学习、互相帮助，注重综合能力的培养。大班为幼小衔接关键期制定详细方案，开展系列活动，注重社会交往能力和学习品质的培养。大班以"我要毕业了"为学期大主题，每班每月根据幼儿的兴趣点开展"我家附近的小学""我心目中的小学"等小主题教育活动（图 1），激发幼儿上学意愿，培养专注、倾听、表达等良好的学习品质和独立自主的生活能力，为入学做好充分准备。在完成幼儿园大班各领域学习目标的同时，尝试通过了解小学一年级的基础课程和特色课程，适当引入小学生玩躲避球等运动项目，为幼儿入学后参与小学生的特色活动奠定基础，强身健体树信心。

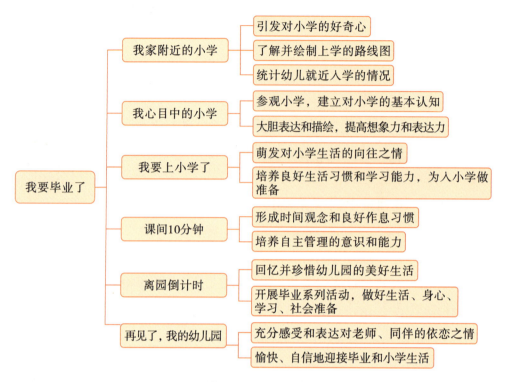

图1 "我要毕业了"大主题活动

（2）小学一年级构建幼小衔接统整适应课程。在身心准备、生活准备、社会准备、学习准备四大主题的系统框架下，打通各学科的壁垒，进行课程的统整，构建探索式、活动式、体验式的适应课程。创设有效衔接"五个一"课程模式体系，从接到入学通知书的第一份学前准备单、第一天走"十约之路"、第一周校园探秘、第一个月入学礼到第一个学期学习过渡（图2），在不同的时间完成不同的目标，给一年级新生搭"缓坡"，实现儿童全面发展，身心健康成长。

4. 调整适宜的作息时间，实现幼升小自然过渡

（1）幼儿园参照小学的作息安排，适宜地调整大班幼儿的作息时间，如与大班幼儿约定八点前入园，坚持不迟到。园方还通过数学活动帮助幼儿认识时钟，建立时间概念和作息习惯，培养幼儿做事有计划、有条不紊，按时完成不拖拉。

（2）小学根据学生在园的作息习惯，遵循学生专注力持续时间特点，在入学初期将课堂有效教学时间适当调整为"40－5"模式（在40分钟课堂中穿插5分钟课中活动），延长学生的专注力持续时间，动静交替，增加课堂趣味性。下

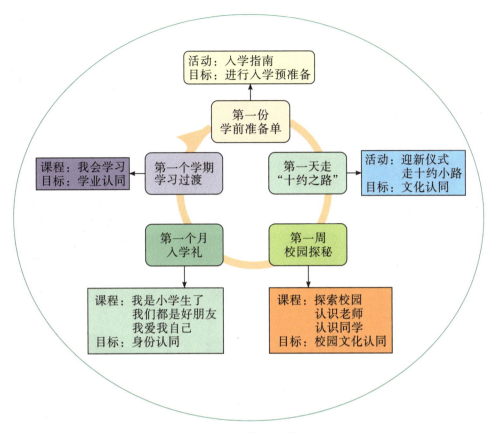

图2　"五个一"课程模式体系

课时，引导学生按需饮水，自主如厕，分配好课间10分钟，做好课前准备，注意听上课铃声。

5. 创设独特的学习环境，支持儿童快乐成长

（1）幼儿园教师鼓励大班幼儿通过图文形式参与幼小衔接相关环境的创设，如毕业倒计时、上学路线图、上小学调查统计表、我设计的小书包等（图3），营造温暖阳光的心理环境和认知环境，帮助幼儿建立积极的入学期待；布置"晨间七部曲"评比栏、班级文明公约、一日流程、天气晴雨表等，培养幼儿的观察能力、表达能力，树立规则意识和荣誉意识；设置小学课堂角色区，摆上小学的课桌椅和小黑板，投放小学生的校服、红领巾，让幼儿自选区域游戏时模拟小学课堂，玩扮演教师和学生的角色游戏，激发幼儿向往小学生活的愿望；创设户外课间10分钟游戏区，投放充足的游戏材料，配上时钟和铃声，让幼儿建立时间概念，体验动静交替、自主游戏、自我管理的乐趣。

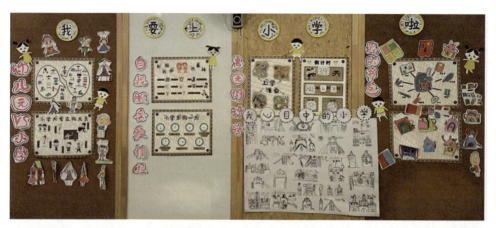

图3 独特的学习环境

（2）小学一年级前期，参考幼儿园班级区角布置和材料投放的特点，在教室前后设置操作区角，投放动手益智的游戏材料，座位以四人小组来编排，让学生感受到环境的温馨与舒适，减缓幼小衔接的适应坡度。小学校园为一年级开辟专门的游戏区（图4），提供必要的游戏空间、游戏器材、体育设施，让初入一年级的小学生继续在游戏中锻炼、探索、交往、成长。

图4 小学游戏区

6. 组织多样的交流活动，搭建友好沟通的桥梁

（1）幼儿园和小学双向联动，组织幼儿参观小学，邀请小学生回幼儿园进行学长回访，鼓励幼儿园大班幼儿跟一年级小学生结对子、交朋友，在建立幼小之间沟通桥梁的过程中，实现完美的衔接与过渡。

（2）幼儿园内部组织班级之间、年级之间的各类趣味活动，如故事大王、小小主持人、生活小能手、劳动小模范、我的舞台我做主、建筑大师、运动小健将等，发现幼儿的兴趣爱好、优势特长，帮助幼儿建立自信和勇气，促进综合素养的提升。

7. 建立学伴型师生关系，提高儿童社会交往能力

（1）幼儿园大班教师在继续关爱每个幼儿的基础上，适当改变已形成习惯的儿童化口吻和妈妈型态度，与幼儿建立亦师亦友的关系，尊重幼儿的自主发展，变事无巨细的帮助为默默关注的支持，变常态的肯定、表扬为适当的提醒、要求，培养幼儿的抗挫折能力；鼓励幼儿主动与同伴、邻居、教师交往与合作，支持幼儿自我服务、自主管理、自信表达。

（2）小学教师在学生入学前期，与学生建立亲密的师生关系，通过多角度的表扬和鼓励给予学生足够的支持，适应角色变化。在各种趣味活动中，不断渗透规则意识，提升学生自我管理能力，确立引领型、学伴型师生关系。

8. 形成有效的家社配合，教育资源利用最大化

（1）专业引领，让家长成为合作伙伴。

幼儿园通过家长学校，定期开展幼小衔接专题讲座，提供积极的家教指引，引导家长建立正确的教育观念，倡导家长遵循孩子的身心发展规律，不拔苗助长，去小学化倾向，支持孩子自己的事情自己做，培养孩子专注、倾听的学习品质，培养孩子自主、独立的心理品质。幼儿园家委会下设教育资源部、健康生活部、活动宣传部。幼儿园发动教育资源部的家长参与幼儿园园本课程建设和幼小衔接课程推进，发挥行业优势提供教育资源，积极进班助教，真正实现了家园共育。

小学以"家长学校"的形式开展支持系列课程，如给新生家长上好第一课，使家长了解学校办学理念、课程特色、培养目标，给家长提供"陪伴指引"；定期开展家长成长课程，帮助家长消除焦虑、从容成长、有效引领。

（2）热情服务，让社区成为教育资源。

幼儿园和学校同属一个社区，充分利用周边公共资源开展各项活动，如荔香公园户外活动，参观南山博物馆、图书馆、文体中心等，扩大校园外资源，为儿童的社会性活动提供便利条件。在获得社区支持的同时，幼儿园和小学分别从两个角度，制定幼儿入园、学生入学温馨提示，向社区居民开展公益讲座，进行免费咨询，向社区进行科学幼小衔接教育的辐射和宣传；邀请家长和社区工作人员进园开展沙龙活动，在幼儿的引领和介绍下参观幼儿园，观摩室内外活动，共同分享幼小衔接工作经验，提出发展建议，实现教育资源最大化。

（三）活动设计与安排

表 2　活动设计与安排

幼儿园主题 教学活动	小学主题 教学活动	家园互动活动	园校互动活动
我家附近的 小学	我是小学生了	1. 幼小衔接师幼互动。 2. 幼小衔接家长讲座。 3. 幼儿入学意向统计	1. 园长、校长交流。 2. 园校骨干教师讨论幼小衔接共建方案
我要上小学了	我爱我的学校	1. 设计毕业册。 2. 拍摄毕业照	小学教师入园进班与幼儿互动
我心目中的 小学	"我的小学生活"系列	1. 学长回访。 2. 家长报名指引	参观小学
课间 10 分钟	课间 10 分钟	1. 模拟小学课堂。 2. 课题开题报告	1. 多方沙龙活动。 2. 园校签署共建协议
再见了，我的幼儿园	为自己鼓掌	大班毕业典礼	勇敢者之夜

三、活动方案反思

（一）活动方案的价值

（1）幼儿园和小学认真落实《教育部关于大力推进幼儿园与小学科学衔接

的指导意见》文件精神，科学把握幼小衔接关键期，主动搭建深度沟通桥梁，联合家长、社区形成四位一体教育机制，达到了相互促进、合作共赢的目标。

（2）学校与幼儿园共同探讨、制定幼小衔接活动方案，考虑问题更加细致周全，尤其是幼小衔接双向融合课程的初步建立，体现了两个阶段教育的本质特点和自然过渡，更好地促进了儿童的学习与发展。

（3）幼儿园全方位开展幼小衔接系列活动，为幼儿步入小学做好了身心、生活、学习、社会等各方面的准备。幼儿呈现出健康活泼、快乐自信、文明有礼的状态，得到家长、校方的一致好评。

（4）小学主动参与到幼小衔接创建工作中，主动向幼儿园靠拢和对接，从多维度、多层面促进了双向衔接工作的顺利开展和持续进行，真正减缓了幼升小的过渡坡度，实现了幼小衔接的目标。

（5）家长和社区见证并积极参与园校共建"幼小衔接示范基地"活动，提供了丰富的教育资源和力量，搭建了多方联动促进儿童发展的桥梁。教育部门、社区对双方共建"幼小衔接示范基地"的想法、做法予以了充分肯定。

（二）存在不足与展望

幼儿园与小学教师共同备课和研讨的条件还不够充分，幼小衔接课程的建设还不成熟，尚未建立管理机制和评价体系。

我们将继续探索园校学习交流的新模式，努力打通园校一墙之隔的壁垒，全方位推进幼小衔接双向融合的深度，拓展课程建设与管理的宽度，开辟多方联动的广度，支持幼儿从幼儿园到小学的自然过渡和无缝对接，为儿童的持续发展和终身幸福奠定坚实基础，为推动学前教育高质量发展锦上添花。

典型活动案例

课间 10 分钟

（幼儿园大班）

活动目标

1. 形成时间观念，初步了解小学生课间 10 分钟的活动内容，在与同伴、小学生的互动中，能主动、大方地表达。

2. 尝试合理安排课间 10 分钟活动，培养自主管理的良好习惯。

3. 向往小学生活，有渴望成为一名小学生的愿望。

活动准备

1. 经验准备：幼儿参观过小学，对小学一日生活有初步的了解。

2. 信息资源：录像《课间 10 分钟》。

3. 物质准备：笔、记录表、调查表、铃铛、时钟等。

4. 人员安排：邀请两名（男生、女生各一名）小学生回访。

活动过程

1. 认识小学生。

（1）请出受邀小客人。教师引导幼儿仔细观察，通过校服、书包、红领巾等特征猜测小客人的身份。

（2）请小学生自我介绍是幼儿园哪一届毕业生、现在就读于哪一所小学等。

2. 师幼共同回忆参观小学的活动内容并讨论：

（1）小学生的校服有什么特征？

（2）小学和幼儿园的环境有什么不同？

（3）你最感兴趣的是小学生活的哪个环节，为什么？

请幼儿根据自己的参观经验，大胆发言，教师进行小结。

3. 请小学生向幼儿介绍小学学习与生活的特点。

小学生说说每天的活动安排，让幼儿了解小学每上完一节课就有 10 分钟休息时间，课间 10 分钟就是下课时间，学校里会有铃声或音乐提示大家上课和下课。

4. 谈话：课间 10 分钟我可以做什么？

（1）通过小学生的介绍，幼儿初步知道课间10分钟可以自己安排自己的活动。师幼一起讨论课间10分钟可以做什么事情（图5）。

图5　课间10分钟我可以做什么？

（2）鼓励幼儿将想去的场所、想做的事情制订成相应的课间计划。

（3）幼儿分享自己的课间10分钟计划，展示手绘计划图（图6）。

5. 情景体验课间10分钟。

（1）教师准备好时钟和铃铛，铃铛当作上课铃。幼儿分组体验在10分钟内完成自己的活动计划。10分钟到

图6　手绘课间10分钟计划图

了，教师摇响上课铃。（选择户外活动的幼儿由另一名教师带领）

（2）幼儿分组交流：课间10分钟都做了什么？感觉怎么样？

（3）教师总结：小朋友们安排的计划活动都很丰富，但都感觉时间不够。今天姐姐带来了一个小学《课间10分钟》的视频，我们一起来看看小学生们是怎么安排自己课间10分钟的。

6. 观看视频《课间10分钟》（多媒体教学）。

（1）师幼观看视频，提醒幼儿仔细看小学生在课间都做了什么事情。

（2）鼓励幼儿根据视频内容向姐姐提问（图7），并请姐姐为他们解答。

图7　幼儿向小学生提问

（3）师总结：小朋友刚刚看了视频，听了姐姐的回答，知道小学生下了课首先会做的事情是去上厕所，然后再安排其他活动，但活动时间比较短，所以要控制好自己的时间，在上课铃响之前回到教室，准备上课。

延伸活动

1. 爸爸妈妈小时候的课间 10 分钟。

（1）发放调查问卷，请幼儿回家采访爸爸妈妈，了解他们小时候的课间 10 分钟是怎么安排的，并根据采访的内容记录下来（图 8）。

（2）利用晨谈环节，请幼儿上台大方、自信地和小伙伴分享自己的采访内容。

2. 第二次制订"我的课间 10 分钟"计划。

图 8　爸爸妈妈的课间 10 分钟

（1）根据上次活动观看视频和讨论的结果，以及采访爸爸妈妈小时候的课间 10 分钟内容，重新制订"我的课间 10 分钟"最优计划。

（2）按照最新的计划，再次体验课间 10 分钟的活动安排。

（3）请幼儿上台分享根据新计划进行课间 10 分钟活动的体验，如上厕所、喝水、看书、和好朋友聊聊天、和好朋友玩、观察植物。

活动反思

课间 10 分钟活动是小学生活中一项十分重要的内容。本次活动中，教师邀请了小学生，用视频重点引导幼儿观察小学生课间 10 分钟的安排，课后又开展了延伸活动，请幼儿回家采访爸爸妈妈小时候的课间 10 分钟是怎么度过的。活动注重体验的过程，通过让幼儿在较为真实的情境中来亲身感受、体验，了解时间的长短。活动中，教师有意识地提供机会与条件鼓励幼儿交流讨论、制订计划，大胆提问，上台积极分享，鼓励幼儿将自己的计划付诸实践，让幼儿真正成为活动的小主人。

"3＋4＋5"模式下的幼小衔接

◎深圳市南山区教育幼儿园　邱曼妮、冯廖宁、徐俊洋
　深圳市南山区第二外国语学校（集团）学府第一小学　桂英、
蔡翠芳、李北征

一、幼小衔接活动背景

深圳市南山区教育幼儿园已有 30 余年办园历史，与深圳市南山区第二外国语学校（集团）学府第一小学仅有一条马路之隔，教育幼儿园的许多大班毕业生毕业后会升入学府一小，就近入学。幼儿园关注在幼儿的一日生活中自然融入幼小衔接的内容，已有较为成熟的幼小衔接工作基础。为更有效地推进幼儿园入学准备和小学入学适应工作，幼小双方在幼儿园"教育像呼吸一样自然，心灵如水晶一般透亮"和小学"人人能发展，个个能成才"的理念引领下，以"自然"为要领，以"发展"为目标，充分挖掘已有课程的资源和场域，联合探索、确立了"3＋4＋5"模式下的幼小衔接方案，旨在双向统筹联动，整合多方教育资源，系统推进幼小衔接工作，帮助幼儿形成未来发展所需要的个性品质，为幼儿升入小学、做一名合格的小学生奠定坚实的基础。

（一）"3＋4＋5"模式下的幼小衔接方案简介

"3＋4＋5"模式下的幼小衔接即整合幼儿园、小学及家庭三方教育力量，将身心准备、生活准备、社会准备、学习准备和身心适应、生活适应、社会适应、学习适应四大内容，通过生活中渗透、环境中支持、绘本主题活动、社会实践体验、角色游戏扮演五大途径自然融入幼儿的生活、游戏和学习中（图1），科学、有效做好幼儿的入学准备及入学适应工作，进而帮助幼儿顺利地适应小学生活。

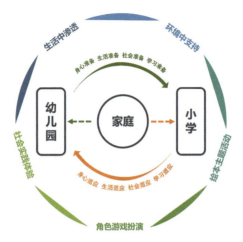

图1 "3+4+5"模式下的幼小衔接图

具体内容如下:

"3"即幼儿园、小学、家庭三方教育力量。

"4"即身心准备、生活准备、社会准备、学习准备四项入学准备内容,以及身心适应、生活适应、社会适应、学习适应四项入学适应内容。

"5"即生活中渗透、环境中支持、绘本主题活动、社会实践体验、角色游戏扮演五大实施途径。"生活中渗透"具体是指将入学准备及入学适应内容自然融入幼儿的一日生活中,帮助幼儿自然而然地习得作为一名合格的小学生所需的核心素养。"环境中支持"是指创设真实的活动场景,幼儿园提供多元的学习材料,建立平等的交往关系,力求在环境中赋予幼小衔接教育文化内涵,为幼儿在环境中了解小学环境、熟悉小学生活提供支持。"绘本主题活动"是指教师根据幼儿年龄特点和发展水平,从幼儿园、小学建立的绘本资源库中选取《我上小学了》《小阿力的大学校》《同桌的阿达》等一系列与小学有关的绘本,开展绘本主题活动,在活动中增强幼儿对小学的认知,养成良好的学习、生活、运动习惯,为幼儿顺利地适应小学生活做准备。"社会实践体验"是指教师根据幼儿对于小学的兴趣及成长需求,策划组织大班幼儿前往小学体验真实小学生活,参观小学环境,面对面与小学生交流,或是一年级新生回访幼儿园,为幼儿介绍有关小学的生活、学习内容,增进幼儿对小学的了解。"角色游戏扮演"是指幼儿通过扮演小学生、小学教师等角色,在游戏中逐步了解小学课堂的设置及相关课堂规则,丰富对小学生活的认知。

（二）拟解决的问题

（1）缓解家长的焦虑，系统性地引导家长帮助幼儿做好入学准备。

（2）组建幼小教师合作教研共同体，小学主动加强与幼儿园教育的衔接，科学推进幼儿园和小学"双向奔赴"的自然衔接。

二、活动实施方案

（一）总体目标

（1）以"3＋4＋5"模式下的幼小衔接体系为指引，幼儿园在一日生活中自然渗透入学准备教育的内容，小学教育和幼儿园教育接轨，将入学适应的内容有机渗透于小学低年级教育全过程。幼儿园和小学共同努力帮助幼儿建立积极的入学期待，帮助一年级新生顺利适应小学生活。

（2）小学与幼儿园形成高质量的教研共同体，共同优化幼小衔接工作，以此帮助家长更新教育观念和教育方法，引导家长科学对待幼小衔接，从而实现家、园、校三方携手助力幼儿健康发展。

（二）幼小衔接活动

1. 幼儿园入学准备教育活动

表1　幼儿园入学准备教育活动

班级活动					家园共育
生活环节	准备内容	发展目标	渗透要点	具体举措	观念与行动
入园	生活准备	生活自理	自我服务：坚持自己的事情自己做，能分类整理和保管好自己的衣物、书包等个人物品。 时间观念：按时来园，做事不拖沓	1. 环境中支持：入园六部曲。 2. 生活中渗透：守时小达人。	1. 引导幼儿在日常生活中感受时间，按时作息，养成守时、不拖沓的好习惯。 2. 生活中引导幼儿讲文明、讲礼貌。

续上表

生活环节	班级活动				家园共育
	准备内容	发展目标	渗透要点	具体举措	观念与行动
入园	生活准备	安全防护	自我保护：来园途中做好自我防护；积极配合晨检；上下楼梯注意安全；等等	3．绘本主题活动:《像我一样守时》《时钟王国》《慌张先生》	3．为幼儿提供自我服务的机会，不包办代替。 4．关注幼儿的入园情绪状态，帮助幼儿学习表达和调控情绪
	身心准备	情绪良好	情绪情感：经常保持愉快的情绪入园；能随着活动的需要转换情绪和注意力。 文明礼貌：主动向身边的人打招呼		
盥洗	生活准备	生活自理	自理能力：按需喝水、如厕，能够做到饭前便后洗手	1．环境中支持:七步洗手法。 2．生活中渗透:节水小卫士。 3．绘本主题活动:《水的旅行》	1．关注幼儿的卫生习惯，帮助幼儿养成良好的生活习惯和卫生习惯。 2．在生活中发挥榜样作用，节水节电节纸
		生活习惯	自觉使用七步洗手法洗手，保持个人卫生。 节约意识：节约用水、用纸，不浪费资源		
进餐	生活准备	安全防护	吃东西细嚼慢咽，口中有食物不说话	1．生活中渗透:用餐礼仪我知道、光盘行动小明星、我是值日生、美食播报员。 2．社会实践体验:小小农夫。 3．绘本主题活动:《怕浪费婆婆》	1．与幼儿讨论用餐礼仪，并身体力行。 2．在生活中鼓励幼儿按需添饭，做到"光盘"。 3．鼓励幼儿积极参与力所能及的家务劳动，并指导他们学习正确的方法。 4．在就餐前可向幼儿介绍餐食，帮助幼儿了解不同肉、菜的名称及营养价值
		生活自理	自理能力：自主取餐		
		生活习惯	珍惜粮食：不挑食，不浪费		
		参与劳动	劳动能力：能主动承担并完成分餐、清洁、整理等班级劳动		
	学习准备	学习能力	语言表达：了解每日食谱，能用完整、连贯的语言与同伴分享食谱		

续上表

班级活动					家园共育
生活环节	准备内容	发展目标	渗透要点	具体举措	观念与行动
餐后活动	生活准备	生活自理	自理能力：能将餐具放至指定位置，保持桌面、地面干净、卫生	1. 生活中渗透：我会整理餐具。 2. 绘本主题活动：《情绪小怪兽》《菲菲生气了》	1. 在家引导幼儿参与家务劳动，如收拾碗筷、处理垃圾等。 2. 与幼儿一起学习情绪调节的好方法
	身心准备	情绪良好	情绪情感：学习调节自己的情绪，入睡前保持良好的情绪		
午睡及整理	生活准备	生活自理	自理能力：入睡前能独立脱去外衣、鞋袜，并摆放整齐；起床后能够独立穿好衣服、鞋袜，叠好被子，整理好床铺。 时间观念：有初步的时间观念，做事不拖沓	1. 生活中渗透：我会穿脱衣服、我会叠被子、速度大比拼。 2. 环境中支持：叠好被子的小妙招图示。 3. 绘本主题活动：《不睡觉冠军》《青蛙小弟睡午觉》	1. 帮助幼儿养成按时睡觉和按时起床的好习惯。 2. 在家鼓励幼儿自己的事情自己做，放手让幼儿自己穿脱衣物、自己叠被子，提高幼儿的自我服务能力。 3. 通过闯关游戏、任务挑战等形式引导幼儿逐步树立时间观念，做事不拖沓
		生活习惯	入睡习惯：不在寝室大声喧哗，能够安静入睡，睡觉姿势合理		
学习活动	学习准备	学习兴趣	对大自然、身边的事物有广泛的兴趣，愿意用图画、符号等方式记录自己的想法和发现。 乐意通过阅读、实验、体验等方式寻找答案，尝试用数学解决生活和游戏中的问题，体验解决问题的乐趣。 喜欢阅读，乐于和他人分享故内容事	1. 生活中渗透：怎样才是一名合格的小学生；关于小学，我想知道……；我是坚持小达人；每日学习／游戏／运动计划。 2. 环境中支持：幼儿园和小学的异同调查表、关于小学的探秘记。	1. 为幼儿提供广泛接触自然和社会的机会，经常带领幼儿接触大自然，参加一些有意义的活动，开阔幼儿视野，培养广泛的兴趣。 2. 鼓励和引导幼儿表达，接纳幼儿不同的想法，帮助幼儿尝试用陈述、反问、举例等方法表达自己的观点，对幼儿的提问及时予以回应，不轻易打断幼儿讲话。

续上表

生活环节	准备内容	发展目标	渗透要点	具体举措	观念与行动
			班级活动		家园共育
学习活动	学习准备	学习习惯	能专注地做事，遇到困难不放弃。乐于独立思考并敢于表达。做事有一定的计划性	3．绘本主题活动：《我上小学了》《小阿力的大学校》《同桌的阿达》《我准备好上一年级了》。4．角色游戏扮演：今天我是小学生、小学生上课了。5．社会实践体验：参观小学、云端"参访小学"、公园寻宝、小学生的一天	3．坚持每天和幼儿聊一聊，说一说今天做的事情或看过的书等，帮助幼儿学习按照一定的顺序，并比较完整地进行讲述。4．为幼儿创设安静独立的学习区，尽量保证每天的亲子阅读时间，营造亲子互学、共同进步的良好氛围。5．帮助幼儿学习用正确的姿势看书、握笔。6．鼓励幼儿用符号、文字、图画等形式记录自己的生活小趣事，制订周末计划、假期出行计划等
		学习能力	在集体情境中能认真听并能听懂他人说话，有疑问时能主动提问。能较清楚地说出图画书的主要情节，并有自己的理解和想法。能在教师指导下，尝试运用数数、排序、简单的统计和测量等数学方法解决日常生活中的问题		
		好奇好问	对身边的新事物感兴趣，有好奇心和探究欲		
户外活动	身心准备	喜欢运动	运动兴趣：积极参加跳绳、投掷、跳远等多种形式的户外活动，能连续参加半小时以上的体育活动。动作发展：连续拍球、连续跳绳、单手投掷沙包等	1．生活中渗透：运动安全我知道、花式跳绳、玩转篮球、跑步我最行、体能大循环。2．绘本主题活动：《运动，真美妙》《冠军艾格》《小个也能打篮球》《跳绳难不倒我》。3．社会实践体验：周末健步行	1．鼓励幼儿在家加强身体锻炼，养成每天坚持运动的好习惯。2．充分利用周末或节假日时间与幼儿进行户外运动，增强体质，发展运动技能。3．帮助幼儿掌握运动时基本的自我保护方法
	生活准备	安全防护	自我保护：运动中有自我保护的意识，掌握基本的安全知识		
	社会准备	交往合作	同伴合作：能与同伴分工合作共同完成运动挑战任务，遇到困难互帮互助		
		诚实守规	遵守规则：自觉遵守运动中的安全规则		

续上表

| 生活环节 | 准备内容 | 发展目标 | 班级活动 | | 家园共育 |
			渗透要点	具体举措	观念与行动
游戏活动	学习准备	学习习惯	做事有计划，能专注地操作一份材料或完成一项任务	1. 生活中渗透：下棋乐趣多、电子积木的玩法、我的区域计划、串珠游戏、系鞋带、天平称一称、拼图比赛、走迷宫比赛。 2. 环境中支持：下棋的规则、串珠造型展示、电子积木拼搭展示。 3. 绘本主题活动：《小老鼠和大老虎》《好朋友》《小黑鱼》	1. 丰富幼儿与同伴交往的经验，遇到冲突时，指导幼儿尝试用协商、交换、轮流、合作等方法解决。 2. 接纳幼儿对新事物的观察、提问等探究行为。 3. 在生活中引导幼儿学习扣扣子、系鞋带、使用筷子，支持幼儿进行画、剪、折、撕、粘、拼等各种活动，锻炼手部小肌肉动作。 4. 在幼儿专注游戏、活动时不打扰，保证幼儿有充足的活动时间能够专注地完成任务
		学习能力	使用操作材料学习数数、排序、简单的统计和测量等数学内容。 在绘画、拼图等活动中，识别上下、左右等空间方位		
		好奇好问	对新材料、新事物感兴趣，有好奇心和探究欲，乐于动手动脑		
	身心准备	动作协调	手部动作协调，能使用简单的工具和材料		
	社会准备	任务意识	能自觉、独立完成教师安排的任务，如练习系鞋带、扣扣子		
		交往合作	愿意与同伴主动沟通，分工合作完成任务。 遇到矛盾冲突时尝试用协商的方式解决		
离园	生活准备	生活自理	自理能力：坚持自己的事情自己做，能收拾好个人物品，整理好自己的衣物	1. 生活中渗透：自己整理书包、衣物等。布置幼儿小任务。 2. 绘本主题活动：《有礼貌的小熊熊》《你别想让河马走开》	1. 指导幼儿逐步学会分类整理和收纳衣物、图书、玩具、学习用品等。 2. 强化任务意识，有意识地布置一些与入学准备相关的任务，如：准备明天要带的玩具材料和学习用品、每天自己整理小书包等
	社会准备	交往合作	文明礼仪：主动向教师、同伴说"再见"		
		任务意识	理解教师的任务要求，能向家长清晰地转述并主动去做		

2. 小学入学适应教育安排

表2 小学入学适应教育安排

入学适应	发展目标	适应要点	具体举措
身心适应	喜欢上学	1. 认识校园，知道班级、功能室、教师办公室、食堂、图书馆、洗手间等的位置。 2. 记住校名和班级。 3. 起中队名称	1. 开展新生培训。 2. 角色游戏扮演：以"游园闯关游戏"方式认识校园。 3. 自制课桌上的名字牌
	快乐向上	1. 熟悉班级的教师和同学，感受上小学的快乐，热爱班集体。 2. 愿意表达想法，遇到问题尝试自己解决	1. 开展系列主题班会课。 2. 环境中支持：出主题文化墙
	积极锻炼	1. 激发学生的运动兴趣，培养运动爱好。 2. 学生掌握一些基础的运动技能。 3. 坚持每天至少1小时的体育锻炼	1. 生活中渗透：每月开展"21天运动打卡"活动及"我是运动健将"小比拼。 2. 设计舞蹈、体育锻炼、足球、篮球等系列课程，制订教学计划。 3. 每天进行广播体操训练
	动作灵活	培养书写能力、动手操作能力	1. 开设写字课、手工课、劳动实践课等系列课程。 2. 开展优秀作品展。 3. 社会实践体验：开展"我是劳动小能手"主题活动
生活适应	生活习惯	1. 学习管理自己的时间，养成早睡早起的习惯。 2. 具有良好的卫生生活习惯，学习保护视力的基本方法	1. 绘本主题活动：《我准备好上一年级啦》。开设主题班会课、小学生活绘本阅读课。 2. 每天坚持进行眼保健操、爱眼体操训练
	自理能力	1. 培养生活自理能力，能做基本的自我服务，照料好自己。 2. 学会及时收纳、分类管理好自己的物品，做好课前准备	1. 绘本主题活动：开设主题班会课、小学生活绘本阅读课、劳动实践课。 2. 社会实践体验：开展"我是劳动小能手"比拼活动

续上表

入学适应	发展目标	适应要点	具体举措
生活适应	安全自护	1. 认识安全标志，学会简单的自救和求救的方法，增强自我保护意识和能力。 2. 能安排好课间活动，不做危险游戏	1. 角色游戏扮演：开设主题互动性班会课、安全宣传讲座。 2. 开展安全知识竞赛
	热爱劳动	1. 积极主动参与班级劳动。 2. 能分担力所能及的家务劳动。 3. 做事认真负责，有始有终	1. 社会实践体验：开设主题班会课、劳动实践课。 2. 社会实践体验：举行"我是劳动小能手"展示活动
社会适应	融入集体	1. 知道自己是班级的一员，能逐步融入班集体。 2. 积极参加集体活动，能感受集体生活的快乐	1. 绘本主题活动：开设主题班会课、绘本阅读课。 2. 举行班级运动会。 3. 开展"优秀中队""班级流动红旗"评比
	人际交往	1. 愿意主动接近教师，有问题能找教师寻求帮助。 2. 能与同伴友好相处，有经常一起玩的小伙伴。 3. 能与同学分工合作完成任务，互帮互助，发生冲突时会协商解决	1. 绘本主题活动：开设主题班会课、绘本阅读课。 2. 设立班干部、学习小组
社会适应	遵规守纪	1. 了解并遵守《小学生日常行为规范》和校规的基本要求，有明确的规则意识。 2. 能积极参与班级及各类活动规则的制定，想办法扩展游戏或推进活动	1. 绘本主题活动：开设主题班会课、绘本阅读课。 2. 生活中渗透：编写班规、奖惩制度。 3. 环境中支持：设计手抄报、文化墙
	品德养成	1. 能初步分辨是非，做了错事能承认和改正。 2. 喜欢集体生活，维护班级荣誉。 3. 具有爱家乡、爱祖国的情感	1. 绘本主题活动：开设主题班会课、绘本阅读课。 2. 环境中支持：设计手抄报、文化墙。 3. 每周举行升旗仪式，开展国旗下主题讲话

续上表

入学适应	发展目标	适应要点	具体举措
学习适应	乐学好问	1. 在观察、阅读、互动讨论等情境中，能发现问题、提出问题。 2. 有好奇心，能够对不懂的现象进行追问和探究	各学科结合学科特点，创设有趣的情境，引导学生发现问题、提出问题、探索解决问题
	学习习惯	1. 做事专注，能有意识地调整注意力。 2. 做事有一定的计划性，逐步学会合理安排生活和学习。 3. 遇到困难积极寻找解决办法	各学科结合学科特点，制订教学计划，开展学科特色活动，培养学生坐、立、读、写、听、答、议等习惯
	学习兴趣	1. 对新知识、新环境感兴趣，积极参加各类活动。 2. 喜欢到图书馆或班级图书角看书，积极参加与阅读有关的活动。 3. 愿意用数学的方法解决生活中的简单问题	各学科结合学科特点，制订教学计划，开展学科特色活动，激发学生的学习兴趣，培养学生的学科爱好
	学习能力	1. 在日常生活和课堂教学中能领会同学和教师说话的主要内容，并能积极做出回应。 2. 喜欢阅读，对感兴趣的人物和事件有自己的理解和想法，能随着作品的展开而产生相应的情感。 3. 能较完整地讲述小故事，能简要讲述自己感兴趣的见闻。 4. 能发现问题、提出问题、解决问题	各学科结合学科特点，制订教学计划，开展学科特色活动，培养学生的学科素养、学习能力、动手能力

（三）幼儿园与小学联合教研

幼儿园和小学双向驱动，融合共研，建立合作培训机制，采用幼儿园与小学教师角色互换、互动评课、面对面座谈等多种形式，加强教师在教学理念、教学内容、教学方式、家长工作、管理制度等方面的研究交流，寻找衔接突破口，减缓衔接坡度，有效帮助幼儿顺利实现从幼儿园到小学的过渡。

1. 工作举措

（1）建立常态化联合教研机制。通过"幼小衔接"联合教研系列活动的开展，破解幼儿园大班与小学一年级教师在开展入学准备和入学适应实践中的困惑，提升教学能力。

（2）组建幼小衔接学习共同体。引领教师在推进双向衔接过程中，围绕育人目标、课程内容、教学方式等定期开展主题研讨、教学展示、经验交流等活动，不断推动幼小衔接工作深入开展。

（3）小幼教师入园、校，实地探讨衔接平衡点。每学年度第一学期，以幼儿教师入小学为主，观摩小学新生学习内容、学习方式，跟踪了解幼儿升入一年级后的适应状态。第二学期，以小学教师进幼儿园为主，观摩幼儿在园学习、生活的形式和内容，深入了解幼儿学习方式与特点，使幼小衔接工作符合幼儿身心发展规律，目标明确，方法得当。

（4）建立科研引领实践研究机制。成立"儿童视域下的幼小衔接实践研究"研究小组，围绕儿童入学的四大准备和四大适应内容进行重点研究，探索幼小双向衔接的具体内容、方法和路径，保障幼小衔接的科学性和有效性。

2. 具体工作安排

第一阶段（双向认识）：5—7月。

（1）实地了解幼小衔接现状。开展"我上小学了"等幼小衔接主题活动专题教研活动，小学一年级教师了解幼儿园的幼小衔接现状。

（2）举办幼小教师座谈会。幼儿园大班教师与小学一年级教师交流双方的幼小衔接现状，了解幼儿从幼儿园进入小学后存在的突出问题及双方在幼小衔接工作中需要注意的事项，优化教学策略。

第二阶段（融合共研）：8—11月。

（1）幼小衔接专题培训。幼儿园教师与小学一年级专任教师学习《幼儿园入学准备教育指导要点》《小学入学适应教育指导要点》《"3＋4＋5"模式下的幼小衔接活动实施方案》。

（2）举办校、园、家三方联席会议。校、园、家三方共同商议本学期幼小衔接三方合作事宜，确定帮助儿童适应小学生活的工作内容。

（3）小学低年级教学转型。

①一年级教师围绕"新生体验式入学活动"以及"上好开学第一课"开展专题教研。

②小学各科教师开展新课标小学低学段教学策略研究，思考教学方式的转型路径。

③一年级多学科联动学习座谈会：交流低学段教育教学方式游戏化、生活化、综合化，以学生为主体的探究性、体验式学习的教学心得。

④建立绘本故事电子版资源库，教师轮流每日为学生讲故事，定期推荐好书，指导家长亲子共读。

（4）环境建设幼小接轨。

①小学新生入学仪式感环境创设，一年级班级教室借鉴幼儿园环境创设的方式，充分利用室内外墙面、黑板、宣传栏等进行环境布置。

②小学设立班级经典绘本驿站。学校为一年级各班提供温馨小书架，准备多种多样、适合初入学儿童阅读的绘本。

③小学设置校园内低年级阅读专区，供儿童自主取阅，支持儿童广泛阅读、轻松阅读。

④幼儿园大班教师开展幼小衔接阶段性环境创设小组教研，紧密结合《幼儿园入学准备教育指导要点》布置墙面环境，提供区域材料。

第三阶段（经验总结）：12月。

（1）小学开展一年级"我是小学生啦"主题班会课活动，幼儿园教师入校交流、观摩。

（2）幼儿园与小学教学负责人、教师代表总结分享幼小衔接工作经验。

三、活动方案反思

（一）活动方案的价值

本活动方案的制定紧密结合《幼儿园入学准备教育指导要点》和《小学入学适应教育指导要点》，幼儿园和小学双方分别结合幼儿在园、学生在校的活动时间表，统一衔接观念，具体、细致地拟定了活动的总体目标、各环节分目标、活动准备、活动设计、活动过程，以及家园、家校共育等内容，活动形式多样，有助于家、园、校三方明确衔接内容，做好衔接工作，支持幼儿循序渐进习得上小学所需的能力、品质，养成良好的生活、学习、运动习惯，进而更好地适应小学生活。

（二）解决问题的程度

在活动方案的指引下，幼儿园、小学和家庭三方了解了幼小衔接的内涵及现状，加强了三方之间的交流与互动。幼儿园、小学及家庭统筹联动，结合园所、学校及家庭的实际情况进行了初步的实践探索，系统推进了幼小衔接工作，在一定程度上帮助幼儿做好了入学准备和入学适应，对于幼儿进入小学后需培养的关键素质也有了明确的方向。

（三）存在不足

虽然幼儿园、小学和家庭三方都在携手共同向着做好幼儿的入学准备和入学适应的目标努力，但由于幼儿园、小学的教学方式、学习环境与课程内容存在着诸多差异，幼儿教师与小学教师之间对于如何组建幼小教师合作性教研共同体、确定教研主题还处于起步摸索阶段，导致幼儿园与小学合作教研的次数较少，且质量不高，因此未能及时解决幼儿入学准备和入学适应实践中的问题。

（四）改进措施

（1）加强教师的幼小衔接培训，改进教研方式。从幼儿园和小学教师的培训情况着手，加强幼儿园和小学教师入学准备教育、入学适应教育的实操培训，通过讲座、座谈会等形式邀请专家进行理论指导及交流，帮助园长、校长、教师把握好幼小衔接教育内容。同时改进教研方式，邀请大班教师和小学教师进入教学现场，对教师开展更加有针对性、更加具体的幼小衔接教育实践指导，让"双方奔赴"的幼小衔接教研培训成为常态化、可持续的活动。

（2）建立幼儿园教师和小学教师的沟通平台。运用信息化手段建立幼儿园教师和小学教师的沟通平台，在平台内定期分享双方幼小衔接现状，学习幼小衔接的文件纲领、前沿资讯，明确衔接内容，交流衔接工作，确定研究专题，及时解决入学准备和入学适应实践中的突出问题。

典型活动案例 2

《我上小学了》绘本主题活动
（幼儿园大班）

活动背景

大班下学期，幼儿即将结束幼儿园生活，进入全新的小学生活，这将是幼儿成长过程中的一个重要转折期。我们以绘本《我上小学了》为载体，从"我眼中的小学—走进小学—学做小学生"层层推进，支持幼儿将已有经验、绘本内容与主题活动结合在一起，在认识、了解和体验的过程中增加对小学生活的认知，逐步做好入学前的身心、社会、学习和生活准备，萌发对小学生活的期待与向往。

活动目标

1. 了解小学生活与幼儿园生活的异同，知道小学生活的基本内容。

2. 养成良好的学习、生活、运动等习惯，做好上小学的准备。

3. 萌发对小学生活的向往，为自己即将成为一名小学生感到自豪。

活动准备

1. 经验准备：知道自己即将上小学。

2. 物质准备：小学课桌、文具盒、书包、课本、作业本等学具；小学教室、功能室、操场等环境照片和视频；《我上小学了》绘本和PPT。

活动过程

图2 《我上小学了》绘本主题活动思维导图

表3　活动一览表

活动阶段	活动名称	活动目标	活动过程
我眼中的小学	调查统计：你想不想上小学？	1．尝试用语言、文字、图画及符号的方式表达自己对上小学的想法。 2．乐意与同伴或教师分享自己的想法	1．鼓励幼儿运用语言、文字、图画及符号等方式表达自己对即将升入小学的想法。 2．教师根据幼儿的表征、表达进行梳理和分类，记录每名幼儿的真实想法
	谈话活动：我眼中的小学	1．乐意与同伴、教师分享自己收集、了解到的关于小学的信息。 2．敢于表达自己对上小学的期待或担忧	1．唤起幼儿前期有关小学的经验。 2．教师引导幼儿分享前期收集到的关于小学的信息，结合自己的经验表达自己眼中的小学
	绘本阅读：《我上小学了》	1．观察绘本的画面内容，揭秘绘本里的小学生活。 2．初步掌握小学的课程安排及学习内容	1．教师完整讲述，帮助幼儿了解故事内容。 2．教师引导幼儿表达自己还想要了解的关于小学的问题或兴趣点
走进小学	幼儿园与小学的异同	1．能比较归纳小学与幼儿园的异同，进一步明确小学生活与学习的特点。 2．理解小学与幼儿园不同的原因，为即将成为小学生而感到骄傲	1．提问导入，唤起幼儿有关小学的已有经验。 2．同伴自由讨论，进一步明确小学生活与学习的特点。 3．按类自选小组，围绕主要问题进行讨论并记录在对比表上。 4．各组展示记录、汇报，教师帮助按类整理成大表并小结。 5．师幼讨论小学生活和幼儿园生活不同的原因
	小学生的一天	1．了解小学生一天的学习和生活情况。 2．知道合理安排时间的重要性，有初步的时间观念	1．出示"小学生活我知道"图片，引发幼儿的猜测。 2．播放"小学生的一天"视频，引导幼儿了解小学生一天的生活、学习。 3．教师小结，帮助幼儿进一步了解小学生的一天

续上表

活动阶段	活动名称	活动目标	活动过程
走进小学	云端参访小学	1．了解小学生学习、活动的场所和学习常规。 2．敢于与小学生及小学教师互动交流，愿意主动寻求答案。 3．萌发上小学的愿望，为即将成为小学生而感到骄傲	1．回顾共同讨论出的采访内容和记录方法。 2．线上连线采访，鼓励幼儿大胆与小学生及小学教师互动交流。 3．采访结束，同伴互相交流感受及收获。 ★ 社会实践体验：鼓励幼儿自主采访小区里的小学生
学做小学生	课间 10 分钟，我可以做……	1．初步感知 10 分钟的长短，知道时间与活动的关系。 2．能够为自己的课间 10 分钟制订合理的计划。 3．感受小学生活与幼儿园生活的不同，对小学生活产生憧憬、向往之情	1．谈话导入，引出"课间 10 分钟"。 2．体验"课间 10 分钟"，观察幼儿实施计划的情况。 3．"课间 10 分钟"体验结束，引导幼儿分享感受、体验。 ★ 生活中渗透：引导幼儿在区域活动时间、在家里自主使用计时器体验"课间 10 分钟"
	我会整理书包	1．学看课程表，了解从周一到周五不同的学习内容和安排。 2．尝试按课程表整理书包	1．回顾书包里的学习用品。 2．出示小学课程表，认识其中内容。 3．请幼儿尝试按课程表整理好书包里的用品。 4．幼儿分享交流整理书包的经验。 ★ 生活中渗透：鼓励幼儿日常自己整理书包中的物品
	我是值日小班长	1．知道值日班长的一些具体职责，学做值日班长。 2．感受做值日班长的光荣感和自豪感	1．出示小学生做值日生的照片，唤起幼儿的已有经验。 2．幼儿分组自由推选值日小班长，各组介绍推选情况。 3．学做值日小班长。 4．分享值日小班长工作安排情况，讨论怎样当好值日班长

续上表

活动阶段	活动名称	活动目标	活动过程
学做小学生	专心听讲我最棒	1．知道上课要专心听讲。 2．学习专心听讲时要做到心到、口到、眼到、耳到，努力在上课时调控自己的行为	1．回忆参观小学时，小学生上课的场景。 2．听故事《上课》，了解认真上课的意义与不认真的后果。 3．情境体验——专心听讲我最棒。 ★ 角色游戏扮演：幼儿在幼儿园、在家模拟小学课堂。 ★ 环境中支持：在角色区投放小学的课桌椅、教具、文具，满足幼儿模拟小学课堂的游戏需求

活动反思

整个主题活动以绘本为载体，从幼儿真实的问题出发，以萌发对上小学的向往与憧憬为情感目标，重在引导幼儿在亲历、体验和感受中积极做好入学准备。活动中，教师通过绘本主题活动、社会实践体验、角色游戏扮演、生活中渗透、环境中支持五大实施途径，以"我眼中的小学—走进小学—学做小学生"为主题脉络，为幼儿提供了解小学生活的机会，有意识地培养幼儿良好生活与学习习惯，激发了幼儿对小学生活的向往之情。

我是小学生啦！

（小学一年级）

设计思想

良好习惯的准备、学习能力的准备、社会性发展的准备、情绪情感的准备，才是学生做好入学准备的核心内容。本堂课分别将良好习惯、学习能力、社会性发展以及情绪情感的培养渗透到各项课堂活动中去，帮助学生消除入学时的茫然和不安，同时培养了学生初步的适应小学生活的能力。

活动目标

1. 通过介绍学校、教师以及鼓励学生做自我介绍，迅速拉近教师和学生之间的距离，增进彼此的情感，初步培养学生的社会性发展能力和情绪情感调整能力。

2. 通过列队训练和"校园游"活动，让学生认识校园，了解常去的场所位置，初步培养学生的校园生活能力。

3. 通过课堂、课间常规教育，初步培养学生的良好习惯和学习能力。

活动准备

校歌、预备铃声、上／下课铃声的音频文件、校园部分图片。

活动过程

表4　活动过程

活动环节	活动内容
（一）认识学校、班级、教师	1. 介绍学校名称和班级名称（PPT图片），播校歌作为背景音乐。 2. 教师运用有趣或特别的方式自我介绍。 3. 鼓励学生大声、自信地自我介绍（游戏：开火车），鼓励他们交朋友，互相友爱。 4. 教师介绍班级情况（包括班级人数、班级物品）
（二）课堂常规教育	1. 预备铃、上／下课铃声的认识。（游戏：连一连） 2. 课前准备的训练：书本和文具的摆放，静息的要求。（短视频展示，然后学生练一练、比一比） 不说话口令。师：小嘴巴。生：不说话。 静息口令。师：请静息。生：我静息。 3. 上课迟到：如果上课没来得及回教室，迟到了，你该怎么做呢？（学生各抒己见，根据学生的答案，教师提供最终做法，并请两名学生表演） 4. 上课时的坐姿、举手姿势、回答问题以及倾听的训练。（PPT图片示范，比一比，看看哪一组做得好） 坐姿口令。师：1，2，3。生：我坐好。 学生听同学回答口令。师：他人说。生：我倾听。 5. 遇到问题向教师求助：如果上课时要上洗手间，怎么办？（学生分享经验和想法，教师总结，然后学生演一演） ★角色游戏扮演：模拟上课迟到和上课时想上洗手间的情景
（三）课间常规教育	1. 喝水、上洗手间的注意事项。（视频学习） 2. 安全教育：不做危险游戏，不去学校里不熟悉的地方玩（认识哪些是危险游戏，PPT放图片，学生抢答）

续上表

活动环节	活动内容
（四）列队训练	根据口令进行简单的队列训练，男生和女生在门口各排成一队。记住前后同学和自己的大致位置之后，反复训练 2 次，加深对列队位置的印象
（五）认识我们的校园	教师带领学生以"校园闯关"的方式认识校园。 ★ 环境支持：学校里设置游园场景，按以下路线图布点和设置关卡，帮助学生重点认识需要经常去的地方 认识校园路线图
（六）小结	亲爱的同学们，从今天开始，我们就要开始快乐、充实的小学生活了。在这里，你们有了新的老师和同学。我们将一起学习很多新的知识和本领，希望同学们展开努力的翅膀，做自信的小学生

活动反思

在"双减"政策背景下，初入小学的学生在学习积累、家庭环境、行为习惯等各方面都存在不同。他们对一年级的学习生活和校园环境等都缺乏必要的认知，需要逐步适应。因此，本节课从"认识学校和班级名称、老师""课堂常规教育""课间常规教育""队列训练"和"认识校园"几个方面来设计，通过一系列游戏、比赛、观摩、参与、游园等活动，在稳定学生情绪情感的同时，鼓励他们在社会性发展方面有所准备。如：鼓励他们交朋友，创造良好同伴关系等；在培养他们课堂和课间良好习惯的同时，也对他们的学习能力有了初步的培养，如专注力、倾听能力、规则意识等。班会课给学生提供了多方面、多层次的学习感受，从而增加了学生的自信心。本节课轻松快乐的氛围让每个学生都能快乐地适应小学生活，为接下来的幸福学习打下初步的基础。

打造共同空间　促进幼小衔接

——打破幼小衔接那堵墙

◎深圳市罗湖区清秀幼儿园　郭琼、郭兰兰、张志良
　深圳市锦田小学　袁万明、刘向阳、张俊晖

一、幼小衔接活动背景

（一）活动目的

为了更好地实现幼小双向衔接，清秀幼儿园和锦田小学在常态化联合教研的基础上，利用校、园相邻的地理优势，打破校舍之间"一墙之隔"的空间边界，创设共同的活动空间，并依托物理空间延伸出共享的课程空间和交往空间，增加幼小双向走进、协同沟通的机会，使幼儿园和小学组成生态型学习共同体。

在联合教研中，教师重点关注衔接过渡阶段的关键问题和培养目标，初步拟定共同空间设计的基本原则，进而支持儿童主导学习空间的环境规划，打造符合儿童需要的"游戏场""探究场"和"学习场"，依托空间的共融理顺两个学段的学习方式，开展跨领域、跨学科的自主探究活动，并不断调整两个学段的教学形式、教学内容和评价方法，减缓衔接坡度。共同空间能够为儿童提供深度探究、共同游戏的机会，有助于消除幼儿对于小学的陌生感，增进两个学段儿童间的友谊和理解，帮助他们做好入学准备和入学适应。

（二）背景及经验分析

1. 已有经验与共识

清秀幼儿园与锦田小学在教育教学理念上彼此高度认同，并有多年交流合作的基础，对打造共同学习活动空间的提议达成一致。幼儿园积极做出场地施工规

划，小学及时提供资金和设备支持。此外，园校双方在互相参访、共同教研、资源共享、开展衔接活动等方面已有多年经验，具备常态化合作基础。

2. 地理位置优势

小学体育馆后侧的阶梯式绿地空间非常开阔，与幼儿园仅有 5 米之隔。这块空间可以成为园校的共同空间，是幼小衔接活动开展的主要场所，也是双方开展探究项目课程、课程交流与合作的综合实验区。

3. 课程与师资基础

在课程方面，依托《幼儿园教育指导纲要（试行）》《3—6 岁儿童学习与发展指南》的指导，幼儿园在持续的学习和探索中总结多年项目学习经验，整合社会、语言、科学、健康、艺术五大领域的活动，不断培养幼儿的探究能力，沉淀项目学习的园本系列课程。新课改以来，小学也对传统的教学模式和教学方法在策略上进行创新和改革，通过项目学习打通学科间的壁垒，发展学生的综合素质与能力，并取得多项教育教学成果。在师资方面，园校教师在开展幼小衔接教育的过程中交流密切，师资基础良好，经常围绕衔接主题开展互相参访和研讨交流活动。

（二）拟解决的关键问题

1. 教学目标设定零散

以往的园校幼小衔接停留在互相参访、资源共享、单一主体带动的交流与互动阶段，双方聚焦共同目标的深度教研较少，往往是幼儿园、小学各自设计教学目标，没有对开展双向衔接的教学目标进行具体的定位和描述，因此，需要开展联合教研，共同拟定一致的双向衔接教学目标。

2. 教学形式存在断层

以往双向衔接的教学内容没有形成完整的系统，两个学段对儿童的身心发展特点的把握不同，对儿童能力发展的要求也有明显的区别。尤其是幼儿园和小学的教学和评价方式不同，儿童的学习方式也随之发生了巨大的变化。对此，应深入探讨并厘清双方需重点衔接的关键学习品质和核心经验，衔接两学段儿童的学习方式和学习内容。

3. 现有场地没有形成共同空间

小学体育馆后侧的阶梯式绿地空间和幼儿园的外墙虽然进行了空间规划，但由于没有形成完整的衔接活动实施方案，导致场地存在浪费、使用率不高的情况，未形成真正的共同空间，需要策划活动实施方案，打造真正的双向衔接的共同的学习、活动空间。

4. 衔接活动没有充分基于儿童视角

以往幼小衔接活动中以教师的设计为主导，儿童更像衔接活动中的"参与者"而非"主体"，未能充分尊重儿童的视角，可能忽视儿童的意见和需求。在幼小衔接活动中，应当更加重视儿童的视角和需求，关注两学段儿童文化和交往的共融，追随儿童自身的发展需要和行动，自由、自发、自主地进行衔接。

二、活动实施方案

（一）开展联合教研：建立学习共同体，共商空间利用方案

1. 活动目标

通过问卷调查、联合教研、访谈等形式，形成幼小衔接学习共同体，发现儿童在衔接过程中的典型问题行为和指向的核心问题。基于儿童的问题表现，结合两学段资源共享的优势，确定重点培养儿童探究能力和社会交往能力的目标体系、打造共同活动空间场域的基本原则和进一步的活动方案。

2. 活动设计

建立校（园）幼小衔接互联制度。组建幼小衔接骨干教师资源库，发挥优秀教师的辐射引领作用，着力建构"行政、教科研、培训"三位一体的幼小衔接联动共同体（表1、图1）。

表1　围绕"打造共同空间"开展的系列联合教研活动

活动名称	活动内容
教研活动一：衔接问题研讨	对比研究《3—6岁儿童学习与发展指南》与小学一年级课程标准，明确衔接需求和问题
教研活动二：教学方法探讨	分享幼儿园和小学在教学过程中运用的有效教学方法和策略

续上表

活动名称	活动内容
教研活动三：评估与改进	回顾已开展的衔接活动，共同评估效果，提出改进意见和建议
培训活动一：系列双向衔接培训	设立幼小双向衔接培训模块，邀请专家入校、入园开展系列双向衔接培训
培训活动二：家长讲座	邀请专家进行家长讲座，分享幼小衔接的优秀实践经验和教育理念，邀请家长共商对于衔接过渡阶段的需求和想法
共同空间设计活动一：确定原则	教研团队共同确定幼小衔接共同空间的发展目标，初步确定幼小衔接共同空间的设计原则和规划点位
共同空间设计活动二：规划方案	基于两学段儿童共同设计的空间，与设计施工方确定具体的空间设计方案
共同空间设计活动三：优化方案	小组讨论，对共同空间规划点位进行优化，提出改进建议
教研活动四：课程活动教研	围绕共同空间设计，共商可行的课程及活动内容，分享实践心得和经验
教研活动五：总结与反思	对共同空间设计及活动进行总结和反思，明确改进方向

图1　联合教研活动照片

3. 活动过程

（1）确定学段衔接的制度与队伍。

在幼儿园大班教师、小学低年级教师培训中，设立幼小衔接专项培训模块，具体包括专题培训、专家讲座、岗位交流、经验分享等形式，并计入继续教育学时。同时，建立校（园）幼小衔接教研机制，搭建交流互动平台，定期组织开展专题教研活动，探索科学开展幼小衔接工作的目标和方法，并建立"打造共同空间"专题项目组，共商空间设计原则和计划。

（2）厘清双方衔接中的问题和需求。

将《3—6岁儿童学习与发展指南》与一年级课程标准进行对比，学习研讨其间的契合点和断点，结合儿童在入学准备和入学适应中的问题行为表现，将探究能力和社会交往能力确定为衔接过渡阶段需要重点培养的关键能力，并制定具体目标（表2）。

表2 衔接活动中的重点目标

总目标	分目标	具体内容
社会交往能力	自我意识	自我评价、自我体验、自我控制
	同伴交往	积极主动、表现友好、愿意合作与分享
	集体意识	认同态度、协作精神
探究能力	观察实验能力	全面观察、独立操作
	科学思考能力	分析问题、跟踪记录
	表达交流能力	口语表达、书面表达、沟通技巧
	设计制作能力	绘画书写、动手操作

（3）确定共同空间的规划点位。

结合发展目标和拟共享空间的实际特点，教研团队初步商定以自然、趣味、实践和环保为空间的整体设计原则（表3、图2），并计划下一阶段由两个学段的儿童主导进行空间设计，商定具体活动方案。

表3 幼小共同空间的整体设计原则

风格	内容
自然	•利用自然环境的特点，打造丰富多样的自然探究场 •在设计中保留适量的留白空间和开放性 •运用自然材料，保持自然色彩和自然光线
趣味	•提供游戏化的环境创设，激发儿童的好奇心与求知欲 •设置互动性游戏区域和材料，供儿童自主游戏
实践	•注重亲身体验和劳动，为儿童提供实际操作机会 •设置主题角落与展示区域，鼓励学习探索和创意展示
环保	•选用环保材料，建立健康、安全的学习环境 •在具体环境中实践环保主题，培养儿童的环保意识

自然　　　　　　　趣味　　　　　　　实践　　　　　　　环保

图2　设计原则

（二）共建物理空间：幼小环境共享，环境适应软着陆

1. 活动目标

场地共用是难得的优势资源，环境和材料是促进儿童主动学习的隐性课程。经过前期教研，园校双方采取空间资源共享模式，引导儿童参与设计共同空间方案，让他们在环境创设中发挥主动性和能动性，尊重儿童兴趣需要，赋权儿童自主决策。共同的环境、材料能够帮助儿童提前了解、适应小学的空间特点，减少过渡期的陌生感和心理压力。

2. 活动设计

首先，两学段教师结合设计概念开展专题项目活动，引导幼儿园大班和小学一年级儿童深度参与、表达自己对活动环境的期望和想法，使儿童成为设计过程的决策者和参与者；其次，基于儿童的设计需求和想法，由教研团队与设计团队共同商定细节，完成幼小共享物理空间的改造。

3. 活动过程

（1）对话儿童，初步绘制幼小共同空间设计图。

幼儿园大班和小学一年级教师与儿童开展专题探究活动，带领儿童通过调研、测量，了解共同空间的具体位置和特点，并开展线上、线下的讨论活动，鼓励儿童畅所欲言，表达对共同空间的期望和想法，例如他们希望共享空间有哪些装饰布置、种植什么植物等。

幼儿园的小朋友首先根据自己对共享空间位置的现场调研绘制1.0版设计图；其次以班级为单位成立了六个小组，绘制了小组研讨的2.0版设计图；最后通过线上云对话的形式，与小学的哥哥姐姐一起探讨，绘制了3.0版共同空间设计图（图3）。

图3 幼儿主导的共同空间设计

（2）教师研讨，细化幼小共同空间区域划分。

教师团队记录儿童的意见和建议，确定了种植（植物、中草药）、游戏（大型玩具、野炊等）、户外舞台等两学段儿童的共同兴趣，并与设计专业团队沟通，在幼儿想法的基础上明确共享空间的可行性，划分场地区域，具体化可能开展的活动内容（表4），拟定场地设计平面图（图4）。

表4 共同空间的区域划分及规划图

区域	主题	内容
第一区域	释放天性	在体育馆门口设置滑梯和其他游乐设施
第二区域	感受欣赏	在长通道及墙面展示课程内容
第二区域	亲身体验	开展种植活动和项目探究活动，鼓励儿童自由游戏

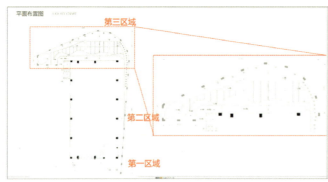

图4 场地设计图

（3）改造环境，确定幼小共同空间具体细节。

在根据儿童的意见初步设计并划分区域后，教研团队将重心放在幼小共享空间的实际应用上,以充分发挥共享空间的真实潜力,让儿童在新环境中获得更好的学习体验。共享空间根据不同的场地类型和活动需要灵活分区。在教育教学过程中,师生共同开发各区域的活动方式和活动对象,经过一学期的实践后,形成了一个比较确定的共同空间布局(表5、图5)。

表5 共同空间布局

场地	场地类型及特点	可能开展的活动内容
课程展示墙(体育场馆侧面)	展示和种植——植物相关的探究体验课程	课程展板主要有:小小油菜花、做花菜、制作植物物料架、花草纸、丝瓜一身都是宝、疯狂的绿豆芽等
中药种植墙(体育场馆侧面)	中草药种植墙,种植常见的有一定保健功效的中草药	中草药种植、探究活动、手工制作、户外写生等
第一层:幼儿集中休闲区	草地、树木	户外写生、野餐、植物手工、草地表演/游戏
第二层:种植区	三块供小学生使用的种植地	种植不同类型的植物,并探究植物生长的不同条件
第三层:种植区	三块供幼儿使用的种植地	种植不同种类的植物(如蔬菜、瓜果等),并探究植物生长过程
最右侧游戏区	三角空间,大树下阳光少、树根多,无法种植	以自然游戏为主,如玩泥巴(陶泥)、户外过家家、植物拓印、野炊等

图5 共同空间的整体预览图

（三）共融课程空间：幼小课程衔接，学习方式有过渡

1. 活动目标

园校双方联合制订了幼小衔接课程实施方案，旨在充分利用已有的幼小共同空间，开展合作项目探究活动，为小学低年级的课程改革和"双减"提供综合性、生活化、游戏化的环境与教学方法支持，致力于引导儿童在亲身体验中发展探究能力，理顺两学段儿童的学习方式，减缓儿童入学后的适应坡度，实现幼小衔接课程的顺畅过渡。

2. 活动设计

教师借助共享空间创设适宜衔接阶段儿童学习方式的教育环境，建构幼小两学段共享的课程活动方式和内容。在研究过程中，教研团队紧密结合幼小学习需求和儿童发展特点，先研究分析该空间内蕴含的教育资源（表6），继而充分发挥两学段教师的专业优势，围绕儿童发展和兴趣规划可能开展的教学活动类型。小学教师发挥学科专业知识的优势，为幼儿园提供深化探究的支持和指导。幼儿教师发挥善于设计游戏化活动的特长，与小学教师共同合作，设计并实施游戏化、综合性的探究学习活动。

表6　幼小共同空间中的教育资源分析

要素	教育资源内容	可开展的活动	可获得的发展
环境要素	温度、湿度、阳光、风雨	观察和记录天气变化	体验不同天气对环境的影响
	沙石、泥土	玩沙、捏泥巴、堆土	锻炼手眼协调能力，体验材料的特性和变化
	人工环境布局、装饰和设施	室内外环境布置，观察丰富多彩的装饰和材料	创造有趣的学习氛围；激发好奇心和求知欲；体验美妙的学习环境

续上表

要素	教育资源内容	可开展的活动	可获得的发展
生态要素	花草、草坪、植物花园、果树	种植、浇水、修剪植物，观察花草生长变化，参与果树的护理和收获果实	探索植物的生命周期和生长过程，培养爱护植物的意识
	动物、昆虫	观察和记录动物行为，参与喂养小动物	培养对动物的兴趣和爱护心理，了解动物与人类的关系
	微生态系统、水池生物群落	探索和观察生态系统，开展水生生物观察活动	学习尊重和保护自然环境，了解生态系统的相互关系和生物多样性
感知要素	声音、触感，颜色、气味、口味	聆听风雨，触摸游戏，颜色识别，气味感知，水果品尝	通过感官刺激，让儿童通过五感来体验学习和发展认知
	空间	开放场地、角落、隐藏空间	发展儿童空间感知和体验
运动要素	斜坡、跑道、攀爬架	攀爬斜坡、在跑道奔跑	儿童身体体能发展，锻炼勇敢、探索和适应新环境的能力，体验刺激挑战
	平衡木、弹簧床	走平衡木，在弹簧床上跳跃	培养儿童的平衡感和身体控制能力
想象要素	整体环境和路线	创意游戏、角色扮演、情景模拟游戏等	通过想象游戏，激发儿童的创造力、想象力和合作意识

3. 活动过程

（1）融合形式，开展项目探究活动。

在共享空间中创设多功能区域和活动场所，着重把自然探究作为主要内容融入项目活动，将幼儿园和小学的学习方式统整为一体。在活动开展过程中，注重激发探究兴趣、维持探究动机、满足探究愿望，孕育深度学习。项目活动的开展过程主要包括三个阶段（表7）。

表7　项目活动的主要开展阶段

阶段	第一阶段：确定研究问题	第二阶段：开展主题探究	第三阶段：统整发表经验
内容	1. 营造探究情境。收集设备与物品材料，探究课程的时间计划，培养学习者的参与责任。 2. 了解已有经验。列清单、扮演游戏、绘画、网络图。 3. 明确探究问题。讨论与分享、记录单、师生共同决定	1. 讨论：师生、生生、家长参与等。 2. 调查：直接获取的信息及间接从书本、视频、网络获取的信息。 3. 访问、实地考察：深入生活情境的探究活动。 4. 表征：学生通过扮演、绘画、建构、书写及设计图表来表述经验建构过程	1. 搭建作品。 2. 编诗歌、绘本。 3. 发布会、分享会。 4. 改善生活环境。 5. 设计作品

（2）融合内容，自然探究逐步深入。

在教师的引导下，儿童可以逐步深入探索自然环境与资源（图6），从简单的观察开始，拓展到更复杂的实验和探究，在与自然的互动中学习和成长。两学段教研团队根据不同阶段的学习目标和内容，考虑儿童的学习进度和兴趣，调整和添加更多的自然探究内容，让儿童在共享空间中获得丰富的学习体验。

图6　在共同空间内开展自然探究

（3）融合过程，幼小互动、共同成长。

小学生已经接受过一定程度的学习，可以与幼儿分享一些简单的知识和经验，作为同伴支架拓宽幼儿视野和活动开展的深度，并发挥示范作用，激发幼儿对于小学的向往和兴趣。在活动开展过程中，园校双方充分发挥共同空间的"共享""共融"特质，不仅开展幼儿园和小学各自的探究活动，也将另一学段儿童作为探究活动的重要联合对象，共同参与到活动之中。例如，当幼儿发现自己的鞋子总是深陷在泥地中时，想要用水泥灌注的直径 15cm 的 VPC 管作为路墩，但是不知道全部菜地需要做多少个路墩，于是请小学生帮忙测量、计算，拓展活动开展的深度。截至目前，园校双方已联合开展的项目探究活动如图 7 所示。

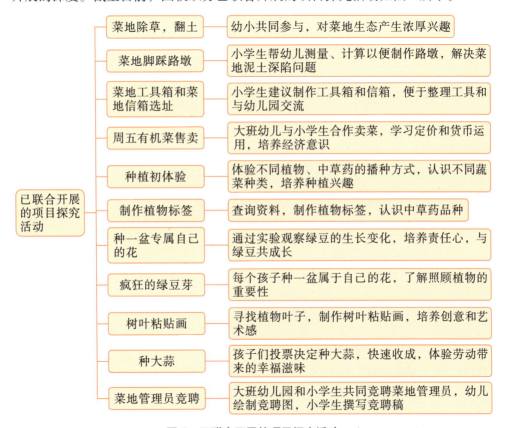

图 7 已联合开展的项目探究活动

（四）共生交往空间：幼小混龄交往，人际关系不断层

1. 活动目标

从"一墙之隔"到"同一屋檐下"，空间的重合便利使幼小联系更加紧密。园校双方注重为幼儿提供混龄交往和合作的机会，帮助两学段儿童产生交集、共

同游戏、建立友谊，借此培养幼儿的社交能力、合作意识，帮助幼儿了解和适应小学生的行为规范和学习方式，激发幼儿对小学学段的向往之情，为幼儿顺利过渡到小学生活做好心理和社交准备。

2. 活动设计及过程

园校双方在共享空间内布置了各种游戏设施，包括秋千、石磨、沙池等，儿童可以在户外活动时间一起进行自主游戏。共同空间中还投放了幼小共用的留言板、小小信箱，两学段儿童可以跨越时间、空间进行交流，增进彼此之间的了解和友谊，拓展交往范围。

除共享空间外，园校双方也以节庆专题活动、社团活动为主题和契机，进一步拓展幼小共同参与活动的机会，让幼儿和小学生双向走近。例如，大班传统节日活动主题教学活动与小学语文"综合性学习：中华传统节日"共同设计，让三年级的学生带领大班的幼儿一起开展包粽子、做月饼、写春联、猜字谜等诸多传统节日民俗活动。道德与法治教学中，给小学生设计"我为弟弟妹妹帮帮忙"的综合实践活动等，营造"处处是学习空间，物物是学习资源，人人是学习教师"的氛围，帮助儿童做好心理准备，发展社会交往能力。

三、活动方案反思

（一）活动方案的价值

（1）衔接系统化。在活动过程中，园校双方在衔接制度、联合教研方式、教师队伍等方面形成系统化的实施方案，根据儿童社会交往和探究能力的总目标，细化了衔接的内容，以共同空间为实践场，开展了一学期的衔接试点，为幼小衔接系统化方案提供实践范式。

（2）课程落地化。以"共同空间"中的教育资源为抓手，园校双方能够深入统整活动开展形式和活动内容，为两学段儿童提供了共享的学习环境，使其可以在同一空间中开展教学活动，参与对方的探究过程，将学习内容、学习方式和学习过程相融合，并积累了系列项目活动案例集，为幼小衔接活动的开展和持续深化实施提供参考。

（3）儿童的发展。幼小衔接阶段的儿童身心发展特点相近，他们天性好奇，强烈渴望动手操作，这些都是开展幼小衔接课程种植项目活动的良好前提。在共同的课程空间和交往空间中，儿童不断自主、自发地进行交流与合作，在培养了良好的学习品质和探究能力的同时，有助于消除对小学生生活的隔阂和陌生感，为衔接过渡做好心理、社交和能力准备。

（二）存在不足及改进措施

（1）延展双方衔接教育的合作空间。随着联合项目活动的纵深推进，双方教师发现可以进一步拓宽活动内容，涵盖更加丰富多样的主题和学习领域，推动学习和课程评价的改革，延展双方衔接教育的合作空间。

（2）完善课程设计与课程落地实践。园校双方尝试以共同空间为实践基地，但教师缺乏对常态性幼小衔接的科学认识与可控制的操作技巧，后期应在教研与实践中深化教学实践，凝练教学特色，完善课程设计与课程落地实践。

（3）基于儿童的需求扩大衔接范围。在幼小衔接活动过程中，园校双方聚焦于儿童社会交往和探究能力的发展。然而，随着儿童在课程实践中逐步成长，我们认识到需要双方教师根据儿童的发展需求，进一步扩大幼小衔接的范围和活动内容。

典型活动案例

小小油菜，大大收获

活动目标

1. 丰富生活经验，养成良好的学习品质。

2. 理解人与自然的联系，感知生命的价值，感恩生活的美好。

3. 感受收获的喜悦，体验成长的快乐。

活动对象

幼儿园大班幼儿、小学一年级学生。

活动内容

1. 共同制定油菜种植方案，观察记录生长全过程。

2. 在油菜生长过程中，开展相关的各类学习活动，提供儿童社会交往的机会。

活动准备

种植场地、工具、各种记录表等，设置交流站，有相关种植经验的支持。

活动过程

问题一：种点什么呢

幼儿与小学生一起讨论种植的内容（图8），如明年需要种点什么呢，以及怎么种、怎么合作与分工等问题。经过讨论，他们达成共识——种油菜。

图8　线上沟通

问题二：油菜怎样才能长得更好呢

1. 移栽小苗（小学）。

菜籽种下去，很快苗长出来了，却堆在了一起。有前期种植经验的学生提议像黄豆一样把它移栽出来。小学生很快就完成了小苗分栽的工作。

2. 持续观察（小学、幼儿园）。

幼儿种植小组与小学生分工合作，轮流照顾并记录，通过"交流站"、定期会合交流，将油菜生长情况分享给其他小朋友。其间，因为发现叶子上有小虫，孩子们制作了果皮酵素喷洒蔬菜，减少虫子的侵害，改善油菜的生长环境。

问题三：油菜开花啦，太美啦

油菜一天天地长大，住在附近的瑶瑶欣喜地发现：油菜开花啦！这个消息让大家兴奋不已。孩子们相约着来到农庄展开系列学习（表8）。

表8　油菜花学习活动

参与者	活动内容	学生、幼儿表现	组织者
幼儿	观察与发现	嘉宝：蜜蜂会来这里把油菜花的花蜜采走，然后就变成蜂蜜了。	幼儿园教师
小学生	小学语文作文	一（3）班灵依：今天老师带我们到种植园里欣赏油菜花。刚走到围墙处，远远就看见一片金黄色格外美丽。走近一看，每处油菜花都由几十朵小黄花组成，而且散发出一股特别的香气。小蜜蜂也被吸引过来了，在花丛中飞来飞去。老师告诉我们，我们平常炒菜的菜籽油就是用油菜花制作的。 一（5）班张常：许多嗡嗡叫的小蜜蜂被那金黄的油菜花吸引了过来。它们有的在花丛中手舞足蹈，有的在花瓣上辛勤地采蜜，有的在花蕊里躲来躲去，像是在玩捉迷藏，还有的飞到花上休息。我深深吸了一口。啊！那淡淡的香味好迷人	语文教师
幼儿、小学生	幼儿绘画小学美术		美术教师
小学生	小学自然科学	仔细观察：蜜蜂是怎样采蜜的？蝴蝶在花上干什么呢？传授花粉又是什么？一个对于开花、结果的生命探究活动在生活中自然而然地延续着	科学教师

问题四：油菜花不见了

过了不到一周的时间，晓铭看到有一棵油菜花全掉光了，只剩下尖尖的东西。子轩说："我知道，我在姥姥家见过，那尖尖的是油菜花的果实，里面是油菜籽，可以打下来。"

1. 取菜籽。

细细长长的豆荚里有很多黑黑的籽。幼儿分成三个小组，开始"去壳行动"（表9）。

表9　油菜籽去壳活动

序号	去壳方式	使用的工具	相同时间取出的量	结论
1	手剥	手	500克	比较慢，手有点累
2	碾压	圆柱形积木	1500克	比较快，可以装在筐里，在桌面上进行，适合小批量

续上表

序号	去壳方式	使用的工具	相同时间取出的量	结论
3	敲打	竹竿	3000 克	速度快，量最多，需要较大的空间，在地上完成

幼儿去壳、称重、记录、装盆等（图9），做得不亦乐乎。最终三组幼儿共取出约5000克菜籽。

图9 取籽

2. 榨菜籽油。

第一次尝试榨油活动：准备机器—倒入菜籽—盖上盖子—设定程序—1小时的等待—出油啦！

问题五：我想跟大家一起分享

1. 用菜籽油烹饪食物。

根据前期经验，幼儿提出榨出来的菜籽油可以煎鸡蛋饼或者韭菜盒子。幼儿约上小学生一起行动，洗菜、切菜、打鸡蛋、和面、煎饼，一片忙碌（图10）。孩子们体会到分享与合作的快乐，也收获了良好的人际交往体验。

图10 美食制作

2. 菜籽油的储存。

剩下的油该怎么办呢？有孩子建议：我们用一个瓶子把它装起来。"瓶子的外面要贴一个标签，才知道里面装的是什么。""可以制作一个菜籽油的外包装标签。""标签上要有什么内容？"……

图11 储存菜籽油

大家查阅资料、归纳统计，设计出含有生产日期、图形、营养成分、储存方法、保质期、配料、产地等多种信息的独一无二的标签（图11）。

活动收获与反思

在探究活动的观察、记录、分工合作和解决问题过程中，孩子们的综合素养得到明显提升。在亲身体验中，孩子们学习劳动技能，体验劳动的快乐，同时也提升了社会性交往能力，让幼小衔接自然无痕。

开心茁苗园，种植小能手
（小学一年级）

设计理念

一年级是幼小衔接的关键期。面对新的学习方式和学习内容，需要思考如何遵循学生天性好奇，喜好活动，有着丰富的想象力、创造力，强烈渴望动手操作的年龄特点，开展主动探究课程方向的活动模式。种植课程的项目探究活动，能改善幼儿升入小学后教学形式陡然变化的影响，实现学生敢于质疑、勇于探索，善于合作、勤于创新的教育理念。

活动目标

1. 通过种植活动，能说出一些植物，如蔬菜等农作物的名称、生长特点等，懂得种植包括翻土—整地—施肥—播种—管理等环节，初步掌握一些种植方法，学会栽种一种植物。

2. 通过种植活动，树立正确的劳动观念，激发劳动的热情，体会劳动人民劳动的艰辛，养成良好的劳动习惯，并培养良好的道德品质。

3. 激发好奇心和求知欲，体会到科学探究的乐趣，初步养成从事探究活动的正确态度；获得一些亲身探索的体验，培养提出科学的问题、科学地分析问题、科学地解决问题的能力。

4. 利用共同空间，通过小组活动，在活动中得到锻炼，在活动中顺利过渡，并学会分享共同的劳动成果，学会相互合作。

活动准备

1. 种植课程 PPT 课件、相关图书资料。

2. 据季节准备的菠菜、小白菜、油麦菜、豆芽等种子。

3. 种植观察日记本

活动过程

1. 第一阶段：准备动员阶段。

（1）由指导教师制定活动实施方案，申请活动场地。

（2）确定实验班级，明确目标和任务，进行分组，划分实验场地，指导学生制订小组活动计划。

（3）指导学生了解种植的基本方法，确定种植的种类。

2. 第二阶段：实践研究阶段。

学生在这一时间段内种植、维护植物，并撰写观察日记，每两周一篇，要求图文并茂（图12）。

图 12　种植过程中的观察与记录

3. 第三阶段：评比总结阶段。

（1）植物种植评比。

（2）观察日记评比。

（3）收集活动资料，撰写活动总结并上报优秀观察日记。

互相评比和观赏，并把活动记录及种植活动的相关照片资料存档。

活动反思

种植活动在遵循一年级学生年龄特点的基础上，从学生的兴趣出发，指导学生种植植物，并且引导学生建立观察、记录和了解植物生长过程的意识。在活动过程中，通过种植蔬菜、农作物等方式，培养学生动手实践能力；设计适宜的实验，让学生观察种子的萌发过程，培养创新能力，形成与他人合作的科学态度，综合提高科学素养。

"1＋1＋N" 视角下的双向科学衔接

◎深圳市罗湖区莲南小学附属幼儿园　高伟、丘霞霞、肖紫燕
　深圳市莲南小学　冯永、薛顺萍、姜卓

一、幼小衔接活动背景

（一）活动目的

2021 年 3 月，教育部下发《关于大力推进幼儿园与小学科学衔接的指导意见》（以下简称《意见》），明确指出幼儿园、小学需双向衔接，实施入学准备和入学适应教育。在《意见》指导下，莲南小学附属幼儿园和莲南小学基于儿童跨学段知识经验发展的连续性，将幼小衔接工作重点确定为学习方式和核心经验的衔接。在教育过程中，幼儿园和学校充分尊重儿童差异性和主体性，根据该阶段儿童以具体形象思维为主、逐渐向抽象逻辑思维过渡的认知发展规律，配备环境材料和支架性环境，支持其通过活动化、游戏化、生活化的整合探究活动自主学习，并积极调整幼儿园与小学的教学形式、内容和评价方法，减缓儿童适应坡度。

（二）背景及经验分析

1. 双向衔接的管理与制度基础

莲南小学附属幼儿园于 2020 年由民办园转为公办园，纳入邻近小学所属教育集团管理，成为小学附属幼儿园。得益于园、校相距 50 米的地理优势，以及由集团统一规划、管理的有利条件，园校在开展幼小衔接教育过程中能深度合作、双向"走进"。据调查，该园超过 80% 的幼儿在毕业后进入莲南小学就读，因此，园校携手设计整合性幼小衔接方案，并持续追踪幼儿发展，与幼儿家长充

分沟通，指导家长科学做好入学准备和入学适应教育。

2. 双向衔接的课程与师资基础

幼儿园课程以游戏为基本活动，开展综合主题活动和自主探究活动。幼儿在园三年已具备观察、合作、探究、表征的基本能力。小学虽以分科教学为主，但开展的"自然"主题的项目课程，以培养"全人"为目标，推动学科融合，具备整合课程的基础。幼儿教师已具有综合的课程观和指导项目探究活动的经验，并充分认可学校教育理念，愿意将其落实到自己的教学行为上。综上所述，园校具备协同开展幼小双向一体化科学衔接的资源基础、认知基础和经验基础。

（三）拟解决的关键问题

幼儿园和小学在教育要求、教学形式、作息制度和环境材料等方面均存在区别。为保持幼儿学习方式和经验的连续性，园校需重点解决以下四方面问题：

1. 教学形式不充分接轨

以往开展的幼小衔接只停留在幼儿提前走进小学、了解小学的活动层面，园校双方很少交流教学方法和学习方式。在幼儿园，教师强调以幼儿为中心，注重顺应幼儿个性发展，而进入小学后突然转变为教师主导，分科教学，强调纪律和集体。两个阶段的学习方式之间存在断层，导致一年级新生出现入学后注意力不集中、好动、无法遵守规则等现象，甚至可能被教师误认为是课堂纪律的有意"破坏者"，造成师生冲突。

2. 师资力量有待整合

以往幼儿园和小学教师的沟通大多聚焦于形式，缺少对不同学段培养目标和任务的深入理解。在开展以整合探究为主的幼小衔接课程后，同一学段内的教师也应充分合作。小学教师往往专注于学科知识，单学科教师很难支持幼儿的综合性学习，因此各学科教师需要协作配合，共同支持一年级新生深度探究、创意表征。

3. 规则环境仍需调整

幼儿进入不熟悉的环境时往往会产生期待和忐忑的双重情绪，需要逐渐建立安全感。园校以往的做法在阶梯式过渡方面存在不足，尽管幼儿园大班的规则意识培养已向小学转变，但小学的人、事、物与幼儿园全然不同，依然会让幼儿感到陌生。因此，应尝试调整小学的环境、规则和材料，帮助幼儿完成阶梯式过渡，尽早适应。

4. 外部评价有待改进

幼小衔接工作除了要调整园校双方的教学、师资和环境外，也需要充分与家长沟通，了解家长需求，并传递科学衔接过渡和终身学习教育理念，同时调整小学评价方式，由"学业成绩取向"的终结性评价转变为"能力经验取向"的多元过程性评价，打消家长和教师的顾虑，为活动方案落地提供空间。

二、活动实施方案

园校双方共同确定了总体思路，自幼儿园大班开始，持续至小学一年级下学期，强调在尊重儿童身心发展的基础上，延续园校前期生活化课程和自然教育课程的经验优势，以整合探究活动作为幼小衔接阶段的主要活动，统整幼儿园、小学两个阶段儿童的学习方式。

同时，为适应主题探究活动的需要，将师资配备方式改为"1+1+N"，即"1名小学教师+1名幼儿园教师+N名配班教师或其他科目教师"，并阶梯式调整环境、规则、教学方式和评价方法，帮助儿童逐步适应小学的学习情境，顺利完成幼小过渡。

实施过程主要包括四个环节。

（一）"园—校—幼—家"联合教研，"阡陌交织"共商课程方案

1. 活动目标

在幼小衔接过程中，大班教师和一年级教师需相互"走近"、联合教研，深入理解对方学段教学目标，并借鉴转化教学方法。同时，课程方案设计需结合幼儿的兴趣需要，充分沟通家长的需求，使课程内容具有针对性和适宜性。在设计本活动方案时，园校引入了幼儿园、学校、幼儿、家长四方视角，开展系列教研活动，共同设计与调整课程内容。

2. 活动设计

系列教研活动的形式及内容如表1所示。

表1 "园—校—幼—家"系列联合教研活动

活动类别	活动形式	活动内容
园校联合开展教研活动	学科教研组教研	商议各年龄段、各领域（学科）的教学目的、内容、方法、材料等，改善教学质量，解决日常问题
	幼儿园大班组教师访问小学	深入了解小学课程内容、教学方式、规则环境等
	小学一年级组教师访问幼儿园	体验感受幼儿园学习环境、一日生活、活动内容等
	教学共同体座谈	了解幼小两学段的教学模式、幼儿的学习特点，研讨小学学习环境创设及课程安排
	幼儿园教师到小学跟岗	幼儿园教师在9月的每周一、周三、周五上午到小学跟岗观摩、记录活动情况，了解幼儿进入小学一年级的主要问题和需要
	小学教师到幼儿园跟岗	小学教师轮流入园了解幼儿在幼儿园的一日生活，观摩幼儿园晨谈、区域活动、户外活动等
幼儿视角聚焦活动内容	幼儿走进小学	幼儿自主设计问题清单，带着问题参观小学，并采访小学生和教师，记录并分享自己的观察和发现
	幼儿园毕业生追踪访谈	通过邀请小学生面谈的方式，了解他们进入小学后在身心、生活、社会、学习等方面的适应情况
	小学教师、小学生到幼儿园分享	邀请小学教师入园上课，小学生回园分享小学学习、生活感受和经验，让幼儿提前体验小学课堂，并收集幼儿在过程中的兴趣和关注点
	小幼共享特色课程活动（毽球、美术、绘本）	小幼每周开展1次共享活动，实现资源共享，达到课程同步
家长参与破解典型问题	家长问卷调查	聚焦典型问题和家长核心需求，调查家长对幼儿发展的了解和期望、对小学和幼儿园课程要求的理解程度、家庭教育准备情况等信息
	三方座谈会	解读幼小衔接指导意见，帮助家长了解幼小衔接阶段教学形式和课程教学要求，并倾听家长的问题和需要
	家长经验分享	邀请有经验的家长分享自己的方法和经验，探讨如何缓解家长的共性焦虑
	家长义工参与	邀请家长进园当助教，发挥家长职业特点，帮助家长体验衔接课程的实施情况，倾听家长的建议
	系列公众号推送	幼儿园官方公众号发布幼小衔接入学准备相关指引，引导家长逐步转变观念，理解幼儿的年龄特征和差异性

3. 活动过程

联合教研活动自幼儿升入大班前的 8 月开始，持续至小学一年级（图 1）。试点期间，幼儿园、小学每周开展一次教学共享活动，幼儿多次走入小学开展探究活动，小学生多次入园分享自己的学习生活感受。此外，园校还面向家长召开三方座谈会、家长分享会等，并多次邀请专家、兄弟学校及园所前来参观指导。

图 1　联合教研活动过程

（二）"送一程，再送一程"，在园培养幼儿良好习惯与品质

1. 活动目标

在幼儿园阶段，重点关注游戏化、生活化、体验式的主题探究活动，培养幼儿学习习惯和学习品质，使幼儿形成良好的自我管理能力和任务意识，为进入小学奠定基础。开展"我要上小学"系列主题探究活动，缓解幼儿对小学的未知感、陌生感和恐惧感，让幼儿提前熟悉小学的人、事、物，对下一学段生活产生兴趣和期待。

2. 活动设计

幼儿园自幼儿入园起即开始培养幼儿的关键能力和学习品质，先"送一程"，为幼儿入学准备奠定良好基础。小班、中班、大班的衔接教育目标如图 2 所示。

图2　小班、中班、大班的衔接教育目标

幼儿园在幼儿进入大班后，正式开展"再送一程"的入学准备工作，包括逐步减少自主游戏和生活时间，延长幼儿的自主探究时间，丰富探究内容和情境，在探究中强化规则意识、任务意识，加强自我管理能力的培养，注重引导幼儿形成多元表征和表达能力等。以"我要上小学"为主题开展幼小衔接系列探究活动，带领幼儿走进小学、了解小学、探索小学，活动总体流程和内容如图3所示。

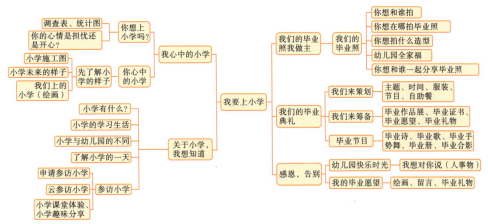

图3　幼小衔接主题探究活动

3. 活动过程

（1）看见幼儿兴趣需要，丰富幼儿已有经验。在一日生活各环节中，教师通过倾听幼儿对话、观察幼儿行为等方式积极关注并追踪幼儿的兴趣和需要，发现教育契机，适时提问，及时提供支架并参与其中，与幼儿共同生成活动内容。同时，教师基于对幼儿年龄特点的了解和对幼儿兴趣需要的观察，及时引入新的材料和情境，丰富幼儿已有经验。例如，在幼儿已知道自己即将进入小学时，教师带幼儿走入小学，分享关于小学的绘本、视频、图片等，帮助幼儿不断生成新的探究兴趣。

（2）自主探究真实体验，发展关键能力品质。在幼儿萌发出进一步探究的兴趣和问题时，教师通过谈话、调查、小组讨论等方式，引导幼儿将兴趣转到小组项目、实地参访、绘画表征、统计汇总、收集资料等探究活动中，在真实的、生活化的活动中操作和体验。在探究活动过程中，教师重点关注培养幼儿的合作能力、自我管理能力等关键能力和任务意识以及创造性思维等学习品质，邀请幼儿记录并在集体面前分享自己的想法和发现，帮助幼儿养成良好的学习和思考习惯。

（3）提供充分的时间、空间支架，持续专注探究。在空间上，合理规划区域空间，增加低结构操作材料投放，在条件允许时鼓励幼儿在区域中保留搭建成果，推进探究。在时间上，延长每次主题探究活动的时间，并邀请幼儿自主制订计划及组建同伴小组，在区域活动中跨天、跨周地完成计划内容。教师不打断幼儿的活动和合作，培养其持续、专注的学习能力。

（4）创设丰富环境材料，形成多元表征表达。在主题墙面、区角环境中为幼儿预留空间，投放大量的操作单、笔、平板等材料，引导幼儿以符号、图画、数字等形式记录自己的所见所闻，渗透前书写、前识字、数学思维等核心素养，形成多元的表征表达。此外，幼儿园积极创设机会，将幼儿的探究成果转化为幼儿园中的器具、装饰等，例如将幼儿制作的地图作为幼儿园的空间指引，让幼儿参与园所建设，进一步激发其探究和学习的兴趣。

（三）"接一段，再接一段"，入校关注学生经验和能力

1. 活动目标

进入小学阶段，学校延续前一学段的发展经验和成效，在一年级上、下学期设置过渡梯度，逐渐从整合探究式学习过渡到分科学习之中，"接一段，再接一段"，帮助学生完成入学适应。在一年级上学期，学生主要围绕生活和自然开展项目活动，在活动中发展常识，并在教师指导下将常识系统化，转化为核心经验和学科知识。进入一年级下学期，保留项目探究的学习方式，同时调整课程安排，逐渐向分科教学过渡。

2. 活动设计

以"了解学校、探索学校"为主题，融合多学科核心素养，开发一年级新生入学适应校本探究课程。该课程从"人、事、物"入手，引导新生在课程中了解学校风貌和文化，课程方案如图4所示。

图4　新生入校适应校本探究课程

3. 活动过程

（1）关注学生已有经验，激发学生学习兴趣。

在幼儿园阶段，教师追踪记录幼儿的发展档案和作品集。在小学阶段，小学教师在开展教学活动前，会基于材料了解每一名学生的已有经验和个性爱好。在教学过程中改变原有的"教师主导，学生适应"教学方法，通过投放操作材料、丰富探究情境、邀请学生讨论分享、适时提问支架等方式不断激发学生的学习兴趣和好奇心，引导学生主动思考。

（2）整合开展协作探究，综合建构核心素养。

学校设置"校本地图"课程，打破传统学科的界限，减少教师讲授的部分，转为以团体讨论、游戏式活动为主，在协作探究活动中促进学生自主学习。同时整合全科课程资源，将各科的核心素养和关键能力渗透在探究活动之中。例如，在春天主题活动中，借助"1+1+N"的教师资源，完成了语文识字、数学计算、科学识花、美术绘物等内容的学习，学习过程轻松愉快，学生参与度高。

（3）打破环境规则限制，支持持续深入学习。

学校在一年级展开试点，打破原有时间限制、规则限制和空间环境限制，促进学生持续、深入探究学习。首先，在学校原有作息时间表上，教师和学生了解校园一日生活流程，并用绘画表征的方式共同商定班级规则。同时结合学生的问题和需要，降低一年级单节课时间要求，将原有一节课40分钟缩短至30分钟，并在教学时给予学生足够的休息和放松时间，不硬性规定学生的如厕时间。组成学习小组后，课堂上也给予更多合作机会和讨论时间。

在空间上，打造专门的幼小衔接新生教室，将原有的教室改造成多功能学习区域，合理规划区域空间，有适合团体课程的中心教学区域，也有适合小团队或者个人的学习区域。同时，将幼儿园区域活动、主题墙等设计引入小学，创设适合新生学习、友爱温馨的班级环境。

（4）创设多元教育情境，促进自主创新实践。

除入校适应校本课程外，学校还积极拓展多元化的学习场景和教育情境，为学生提供丰富的实践和体验机会，促使其发展想象力、创新能力、创造思维。例如，开设社团课程，邀请社会专家进课堂讲授专门的社会学科知识；充分借助家长资源，打造家长进校兴趣课程，讲授工程、科技等相关趣味科普知识；结合学校周边社区和环境资源，与附近植物园携手合作，开发自然教育课程。

（四）匹配教育资源与评价，创设阶梯式过渡的学习环境

幼儿园和小学积极整合教育资源，调整评价方式，帮助幼儿阶梯式过渡到小学生活之中，具体做法如表2所示。

表2　阶梯式过渡具体做法

主体	类别	具体做法
幼儿园	教师变化	"1+1+N"，即1名幼儿园主班教师+1名小学跟岗教师+N名配班教师、专任教师及保育员
	环境变化	在环境中渗透文字、数字和符号，邀请幼儿参与环境创设，潜移默化提高前识字、前书写能力
	材料变化	开放性材料为主，给幼儿充分的自主探索、创新思考空间
	资源拓展	参考小学课程经验，拓展周边植物园的课程资源，开展系列探究活动
	评价变化	除原有观察记录外，为每名幼儿制作作品集和成长手册，便于小学教师追踪幼儿的发展和经验
小学	教师变化	"1+1+N"，即1名班主任教师+1名幼儿园跟岗教师+N名学科教师
	环境改变	将班级内原有的"秧田式"座位改为"围圈式"，设置区角和主题墙，提供玩具、图书等。户外增设中、大型运动器材、玩具，如滑梯、秋千等，丰富课间活动形式
	材料变化	从游戏类材料逐渐过渡到学习性材料，由图画类材料转化为文字类材料
	教学变化	由原有教师主导的集体教学转变为项目式探究活动，给学生交流讨论、表征展示的空间和机会
	评价变化	一年级上学期降低学业要求，取消期末考试，允许学生逐步适应。不采用小红花、小红星等横向比较方式，不搞个体评比和比赛，转为注重团队比赛，并通过展示作品、特长等体现个性发展

三、活动方案反思

（一）活动方案的价值

在试点过程中，园校联合形成完整、科学的幼小衔接课程。幼儿园大班调整一日作息，小学一年级调整教学大纲，转变为整合式项目探究课程。园校纵向对比试点届和往届儿童，横向对比试点班级与非试点班级衔接情况，活动效果主要体现在三个方面。

1. 学生的变化

在幼儿园阶段，幼儿的主动思考能力和表达能力明显提升，对小学的了解程度显著提高。许多幼儿在入学前已经跨班、跨年级与同学和一年级学生结成了伙伴，对上小学充满憧憬和向往。在小学阶段，学生自主学习能力加强、学习氛围更浓，表达能力和积极性也有所提高。个人在学习上更加主动、自律、自觉，识字量有所提升。学生的集体意识加强，同学之间合作度更高，友情联系更加紧密。同时，学生对于教师日渐亲近，认为教师也是他们的大朋友。

2. 教师的变化

幼儿园教师对幼儿发展目标的认识更加清晰，能有针对性地培养幼儿的学习品质和学习习惯，更善于为幼儿的探究活动提供支架。小学教师清晰地认识到幼小衔接工作不仅仅是幼儿园的工作与任务，对幼儿的发展和一年级学生的年龄特征有更深刻的领会。

3. 家长的变化

家长更理解幼小双向衔接的科学理念和做法，能够营造良好的家庭氛围，积极配合教师做好幼小衔接工作。

综合两学段教师、幼儿及家长的体验和反馈，该方案较好地解决了以往幼小衔接活动中存在的四项关键问题，具有一定的实践价值。

（二）存在不足及改进措施

首先，本活动对幼儿入学后的追踪评价存在不足，后续将在小学持续追踪学生的学业表现和学习品质表现。

其次，在试点过程中园校也发现一些改进空间，例如：教师的专业知识不够扎实，在教研过程中比较吃力，提炼目标不精确等。对此，将进一步邀请专家入园培训、指导，鼓励教师多阅读专业书籍。

最后，由于园校整体规划不完整、小学有课标任务需完成，幼小衔接各项工作推进过程存在阻力，后续将继续结合新课标合理调整课程安排，多频次开展幼小联合教研。

典型活动案例

小小时间规划师
（幼儿园大班）

活动目标

1. 认识钟表，了解时间的常见表现方式。

2. 感知时间的长度，培养惜时意识。

3. 自主制订时间计划并完成计划，养成不拖拉的好习惯。

活动内容

在前期联合教研活动中，教师发现幼儿园和小学的作息制度存在很大差异，小学对时间意识和自我管理能力的要求增强。在入校参观过程中，幼儿关注到小学时间安排的不同，表现出好奇和兴趣。因此，教师通过开展递进式探究活动"时间的初探""时间的力量""时间的主人"，帮助幼儿建立良好的时间观念和任务意识，为进入小学奠定基础。

活动准备

1. 经验准备：幼儿园和小学教师联合教研，梳理活动思路和重点。幼儿活动前进入小学观察、采访，初步了解小学的时间安排。

2. 教学准备：时钟、笔、纸、相关体育器械。

活动过程

大班幼儿走进小学参观、采访。回到班级后，幼儿讨论幼儿园和小学的不同。许多幼儿关注到小学教室的墙上挂着钟表、小学的课间只有 10 分钟等现象，产生了对"时间"的兴趣。

活动一：时间的初探——我们怎样"看见"时间

在晨谈活动中，教师抛出问题：我们每天都生活在时间里，但时间却看不见、摸不着，怎样才能"看见"时间呢？

源源：可以用手表，我哥哥手表上就有时间！

欣妍：大的表也可以，像小学墙上挂着的那种。

教师发现，表是幼儿熟悉的生活物品，幼儿知道表可以用来表现时间，但许多幼儿还不了解如何读表及"时针、分针、秒针"的运转规律。因此，教师找来可拆卸时钟，鼓励幼儿以小组形式观察、讨论。

教师：你们在钟表上都看到了什么？

景行：有数字，12 个数字，是 12 点。还有三根会动的指针。

逸舟：最长的是秒针，最短的是时针，比时针长一点的是分针。

教师：是的，除了长度，时针、分针、秒针有什么区别呢？

通过操作和分享，幼儿发现秒针转一圈，分针走了一小步，时针只走了一点点。教师向幼儿介绍如何根据指针的位置读整点、半点。教师和幼儿随后将钟表挂在活动室和卧室中，并且邀请值日生进行"每日时间播报"，提醒教师组织用餐、午睡、户外活动等。

活动二：时间的力量——我的时间都去哪儿了

尽管认识了钟表，但许多幼儿对一分钟、一小时有多长没有清晰的感受，经常在结束游戏后说"再玩一百分钟"。因此，教师在户外活动中组织了"一分钟挑战"，让幼儿通过跳绳、拍球、跑步等方式更直观地感受时间长度，明白原来一分钟没有那么长，也没有那么短，要"抓紧时间"才能做完想做的事。

在讨论中，幼儿又产生了新的问题。

彤彤：小学的课间只有 10 分钟，我跳一会儿绳，时间就没了，还没玩够。

逸舟：如果快跑出去，还可以玩好几分钟！

教师：那课间只有 10 分钟，你们想做什么？

幼儿：上厕所、喝水、跟好朋友聊天……

借着讨论的热情，师生开展了"课间 10 分钟"体验活动，让幼儿计划课间活动，合理安排做事顺序。

活动三：时间的主人——我能安排得明明白白

在幼儿了解、认识时间后，教师邀请幼儿安排一日生活的时间流程。幼儿能用简单的表格、数字、文字、符号展现自己对"一日生活计划表"的想法。有了这份计划表，时间观念在幼儿的心中生根发芽。

为了增强时间意识，师幼一起布置班级签到台、用餐沙漏、区域活动计划板等。现在，幼儿主动签到，吃饭时相互提醒，自主制订周计划和日计划，在计划时间内完成任务。在丰富的感知、体验、应用中，幼儿真正成为时间的小主人。

活动反思

在活动中，幼儿认识了钟表，丰富了数学相关经验，初步感受时间的流逝，养成珍惜时间、按照时间规划完成任务的良好习惯，提高了自我管理能力。

本活动还可以从两方面改进。首先在进入小学时，幼儿采访小学生和教师，了解课间10分钟是怎样安排的，与自己的想法形成对照，并讨论其中的区别可能是哪些原因造成的。其次，在延伸活动中着重培养幼儿的自主时间计划能力和任务意识。可以与家长沟通，建议在家庭中同步开展此类活动，将时间意识渗透进幼儿生活。

在坚定的规则中释放自由的天性
——《大卫上学去》阅读活动
（小学一年级）

活动目标

1. 遵守日常行为规范，培养集体意识、纪律意识。

2. 体会规则的重要性，树立良好的规则意识。

3. 自觉地遵守规则，能为自己的行为负责。

活动内容

一年级是学生成长的新起点。如何养成良好的学习和生活习惯，顺利度过幼小衔接关键期，是每一个教师和家长必须面对的问题。对于新生来说，小学对他们的行为习惯有了不同的要求，他们对于规则的改变似懂非懂，难以长时间遵守。《大卫上学去》是教师选择的第一本绘本，把道理融入故事中，能帮助学生更加直观具体地学习规则，尽快适应小学一年级新生活。

活动准备

绘本《大卫上学去》、《大卫上学去》PPT课件、《大卫上学去》学习单、专属阅读存折。

活动过程

活动一：听故事

师：这是一个调皮的孩子！上学迟到，上课扔纸飞机、吃口香糖……他叫大卫，刚刚成为一名小学生，他不太懂得遵守学校规则。面对屡屡犯错的"熊孩子"，老师说得最多的就是"大卫，不可以……"下午放学时，大卫被老师留下擦桌子，因为他在桌子上乱写乱画。可爱又能干的大卫，把全班同学的桌子都擦干净了。老师奖给他一颗星星，最后大卫欢天喜地地回家了。

在教师讲述时，学生被带进了故事情境，在沉浸式的体验和讨论中探讨大卫应该怎样做，并发现规则的重要性。在分享后，教师鼓励学生用规则约束自己的行为，引导同学间相互理解与包容，创建和谐向上的班集体。

活动二：阅读分享

每个学生的心中都住着大卫，书中的大卫是一面镜子，学生看到了自己的顽皮与懵懂。有趣的绘本读过了，让学生开启书中情节展演吧。

（1）请学生上台来指出大卫的不良行为。

（2）说一说，你做过跟大卫一样的事情吗？

（3）你还在学校或班级中做过哪些你觉得不好的事？

从学生认真聆听的表情中，我们读到了专注；从学生毫无保留的分享中，我们读到了真诚；从学生坚定地对不良行为说"不可以"时，我们读到了反思。

活动三：完成阅读学习单

口语的表述最真诚，文字的力量最坚定。通过阅读学习单可以了解学生对图书的接受程度，虽然一年级新生对文字的运用能力有限，但结合绘画，他们"感性与理性"并存的作业相当生动。阅读学习单的问题设计如下：

（1）故事里的教师要求大卫怎么做？请你画一画，并写一句话。

（2）把自己在学校中犯过的错误画出来，并写一句话。

（3）读完大卫的故事，你要在学校遵守哪些规则？

（4）把这个故事讲给父母听，说说你对大卫的看法。

从学习单的反馈中，我们看到这样几个变化：一是学生从刚听故事时对大卫不良行为的嘲笑到对大卫的接受；二是从大卫身上的缺点看到自身的问题；三是形成个人在集体中一定要遵守规则的观念。

活动四：制定班级公约

借助绘本故事《大卫上学去》，学生化身班级主人翁，给班里调皮的"大卫"提建议，整理后制定班级公约。他们在提出建议、参与班级公约举手表决的过程中，增强了规则与程序意识，培养了班级主人翁意识。

一（5）班班级公约

准时入班，不迟到。

注意倾听，尊重他人。

善于提问，勤于思考。

团结友爱，一起玩耍。

活动五：制作专属阅读存折

童年阅读经典，能使人一生受益无穷。在学生阅读的黄金时期，鼓励学生开始积累阅读财富吧！看着他们一笔一画郑重地写下日期、书名，追着让教师为他们在"操作员"那一栏签名的时候，阅读的种子已经在他们心中埋下。

活动反思

没有规矩不成方圆，没有规则的班级是一盘散沙。用班规校纪来规范学生的行为，才可以保证每一个学生在集体中最大限度地保持自由的天性。在讲述故事时，教师的态度不是批评大卫，而是引导学生不断地给大卫建议，用学生的立场和儿童的视角去帮助学生树立规则意识。

我的朋友

◎汕头市澄海汇璟幼儿园　杨斐、林清华、蔡盼盼
　汕头市澄海汇璟实验小学　林娜辉、刘青

一、幼小衔接活动背景

（一）活动背景

为推进幼儿园与小学双向有效衔接，帮助幼儿科学做好入学准备，汇璟幼儿园与汇璟实验小学结对，深入学习《幼儿园入学准备教育指导要点》和《小学入学适应教育指导要点》，开展联合教研，共同研讨幼小衔接过程中儿童面临的困难，并设计了以"朋友"为主题的系列活动。

（二）要解决的问题

（1）帮助儿童建立结交新朋友的信心与勇气，打破社交心理障碍，减少入学焦虑。

（2）儿童缺乏结交新朋友的经验，需引导儿童在实践中运用正确的交往方法。

二、活动实施方案

（一）总体目标

（1）感受与理解"朋友"的身份，在各种活动中感受到朋友无处不在，体验朋友之间的互助、合作、协商等，能够讲述自己和朋友间的故事，表达情绪。

（2）能够运用画、剪、贴等方式制作礼物，表达对朋友的不舍。

（3）能够运用前书写的方式记录各种关键信息。

（4）愿意在实际场景中运用各种方法结交新朋友，与新朋友互动，打破社交心理障碍。

（二）不同阶段目标

1. 幼儿园活动目标

（1）感受"朋友"的身份，能理解并讲述朋友间互助合作的事情。

（2）能运用不同的方式表达对朋友的留恋与祝福。

（3）能主动与陌生的同龄人（或小学生）交流，学习简单交友方法，消除对小学环境的焦虑。

2. 小学活动目标

（1）能在情境创设中尝试建立结交新朋友的信心。

（2）能在不同的场景中实践，运用一些简单的交往方法。通过良好人际关系的建立，激发学生上小学的欲望，为从幼儿园到小学生活的顺利过渡做好积极的心理准备。

（三）活动准备

1. 幼儿园活动准备

（1）"我的好朋友"记录单、"找朋友"游戏任务卡、自制小礼物。

（2）制作卡片的云纹纸、绘画颜料等。

2. 小学活动准备

（1）制作自己的"小名片"、绘画或手工作品。

（2）学会唱《找朋友》《我们都是好朋友》《你的名字叫什么》等歌曲。

（3）一个游戏用的小枕头。

（四）活动安排

表 1 活动安排

活动阶段	活动主题	具体活动
第一阶段：在幼儿园开展系列活动"我的朋友"	主题一：我的好朋友	活动一：我和我的好朋友
		活动二：毕业后，我们还是好朋友
	主题二：我的新朋友	活动一：怎样认识新朋友
		活动二：跨班自主游戏"去认识新朋友吧"
第二阶段：在小学开展系列活动"我的新朋友"	与幼儿园联动活动：参观小学	活动一：参观环境、幼小同乐
		活动二：师生课堂、幼小互动
	非联动活动：我的新朋友	活动一：开学第一课——破冰游戏
		活动二：主题班会——我的新朋友

（五）活动设计

1. 幼儿园系列活动：我的朋友

主题一：我的好朋友

活动目标：

（1）能讲述自己与好朋友之间的故事，以此来感受和理解"朋友"是什么样的人。

（2）运用画、剪、贴等方式为好朋友做一份创意小礼物。

（3）能够感受到离别的情绪并学会正视这种情绪。

活动过程：

（1）我和我的好朋友。

通过话题讨论"我的好朋友"，感受"朋友"这个身份。

①谈谈自己在幼儿园的好朋友是谁，你最欣赏他的哪一点，哪件事让你觉得他是你最好的朋友，你们做过哪些有趣的事情。

②谈谈好朋友之间互相帮助的小故事，用绘画的方式记录下来，记录"我们

之间的美好故事"，形成活页的"友情珍藏册"。活页的形式可以在日常继续增加内容，也可以在日常翻阅交流。

（2）毕业后，我们还是好朋友。

通过毕业话题的讨论，表达对好朋友的不舍之情。

①谈谈毕业后与好朋友分离会产生什么情绪。

②用不同的方式表达对好朋友的不舍，例如：谈谈分开前想对好朋友说的话，或者运用综合手工的方式，动手制作给好朋友的祝福小卡片。引导幼儿学会情绪的调整与释放，减少因离别带来的强烈情绪波动。

③讨论用什么方式保持与好朋友的联系，例如：自制联系手册，朋友之间互相留下电话、地址。

主题二：我的新朋友

活动目标：

（1）能运用简单的技巧认识新朋友，用合作协商的方法解决问题。

（2）学会记录新朋友的联系方式，并在第二次游戏中顺利找到"新朋友"。

（3）能大胆地与陌生的新朋友交流，打破社交心理障碍。

活动过程：

（1）班级活动：怎样认识新朋友。

在班里通过故事活动"朋友之书""交朋友的方法"，探讨认识新朋友的方法。

（2）年级活动：跨班自主游戏"去认识新朋友吧"。

①第一次游戏。

在游戏前，谈谈如何认识新朋友，如何记录新朋友的相关信息，并谈谈自己的计划：要去哪些班级认识新朋友，希望认识几位朋友，等等。

带上任务单"好友记录册"出发，自由到本楼层各班级认识新朋友。

游戏结束后，幼儿根据自己的记录交流在游戏中的收获，与教师一起复盘，提出新问题：下次是否能找到这些新朋友？下次见面可以做什么事？等等。

②第二次游戏。

提出新的游戏任务：带着小礼物去找朋友，并和新朋友一起去认识彼此的"老朋友"，或者邀请新朋友参观教室、一起做游戏等。

游戏结束后，回班讨论：是否顺利找到上次的"新朋友"？是如何找到的？交流了什么？有什么新的收获？

教师小结活动的收获。

2. 小学系列活动：我的新朋友

●与幼儿园联动活动：参观小学（幼儿参与）。

活动一：参观环境、幼小同乐

活动目标：

（1）初步了解小学校园环境和小学生的学习、生活模式。

（2）愿意与陌生的小学生哥哥姐姐一起互动，如乐器合奏、玩游戏等，并感受合作的快乐。

活动过程：

临近期末，幼儿园与实验小学联动，带领大班幼儿参观小学校园。

（1）小学生带领幼儿参观操场，并一起做游戏。

①小学生牵着幼儿的手进入操场，并简单做自我介绍。

②小学生带着幼儿体验在操场的跑道上赛跑，并合作玩"贪吃蛇""障碍物接力跑"等快乐体育游戏，让幼儿学习在不同的情境中与陌生人接触或合作。

（2）小学生带领幼儿参观学校的风雨操场。

①小学生向幼儿介绍学校刚刚诞生的十大"校园之星"。

②在器乐小舞台的旁边，小学生和幼儿合作弹奏钢琴，以音乐为媒介，让幼儿与在小学新认识的"大同学"合作。

（3）小学生带领幼儿参观生物园、美术室、智能机器人室、科学室等并做介绍，引导幼儿懂得在交往中要学会专注倾听对方的讲话。

（4）幼儿沿着一年级的各班教室旁听教师讲课，了解小学生是怎样上课的，边听边看边比较小学与幼儿园的不同。

（5）在大课间时，小学生带着幼儿一起跳动感韵律操，让幼儿在合作活动中提前体验小学生活的开心和充实。

活动二：师生课堂、幼小互动

活动目标：

（1）体验小学生的课堂学习模式。

（2）愿意主动表达，积极参与课堂互动。

（3）能够大胆地与小学生互动，如采访小学生、赠送礼物等。

活动过程：

（1）幼儿体验李老师的科学小课堂：科学真奇妙。

①观看三个小视频：旋转的水蛇、会跑的水、吹彩虹。

②李老师示范实验并带领幼儿观察、尝试、体验。

（2）幼儿向小学生提出自己对小学生活的疑问，小学生一一作答。

（3）幼儿向小学生赠送表示感谢的小礼物，并记录小学生的联系方式，方便入学以后找小学生帮忙。

● 非联动活动：我的新朋友（一年级新生参与）。

活动一：开学第一课——破冰游戏

活动目标：

（1）能够仔细倾听游戏规则。

（2）能够比较流畅地进行简单的自我介绍。

（3）乐意积极参与游戏，体验与新伙伴玩游戏的乐趣。

活动过程：

（1）破冰游戏："换个名字交朋友，你我很快手拉手"。让新生消除陌生感，更快熟悉同学。

游戏方式：三名学生并排站在一起，他们分别是喜宝、晨宝、乐宝。三人互换名字，喜宝就是乐宝，晨宝就是喜宝，乐宝就是晨宝。教师叫到谁，谁就答应并站出来，看看谁的反应快。

（2）自我介绍：每一位新生向大家介绍自己。

（3）快速记忆名字的游戏："大王叫名字"。

游戏方式：

①学生站着围成一个大圈，选一个人当"大王"，"大王"手拿枕头站在圆圈中央。游戏开始时，大家轮流报出姓名，接着大王报出自己和另外一个学生的名字，然后用枕头去碰那个学生，被枕头碰到即表示被"大王"抓住。被叫到名字的学生要立刻说出自己的名字及另一名学生的名字，才能避免被"大王"抓住。

②被抓到的学生要到圆圈中央当"大王"。新"大王"先说自己的名字，再

说另一个学生的名字。如果学生需要复习名字，可以暂停游戏，重新报名，游戏重新开始。

（4）完成小任务：每天认识一个新同学。

活动二：主题班会——我的新朋友

活动目标：

（1）学会认识新朋友的简单方法。

（2）能够在现实场景中运用结交新朋友的方法。

活动过程：

（1）通过谈话导入，激发学生认识新伙伴的兴趣。

（2）借助有趣的视频，让学生模仿、学习交新朋友的方法。

（3）创设情境活动"请你记住我""我认识的朋友多""测试比对，使自己成为别人愿意结交的好朋友""我们一起玩游戏"，让学生在活动中体验，在实践中尝试、练习，提高交朋友的能力。

三、活动方案反思

（一）活动方案的价值

1. 从幼儿视角出发设计主题活动，解决幼儿内心真实焦虑

在幼小衔接工作中，成人大多数时候比较关注幼儿的学习准备、生活准备方面，如带幼儿参观小学，引导幼儿认识小学的生活、学习模式，以教师的视角从学习适应方面开展衔接活动，却很少探究幼儿内心的疑虑。针对这个问题，在开展幼小衔接工作时，我们从教师、幼儿、家长的角度切入，全方位地开展活动。"我的朋友"和"我的新朋友"是幼小衔接活动中的主题系列活动，是从幼儿的角度生成的活动，反映的是幼儿对小学生活的真实焦虑，也是容易忽略的幼儿社会交往方面的问题。教师先是采访幼儿，引出活动内容。随着活动的一步步开展，教师与幼儿一次次互动，帮助幼儿理解并接纳自己的情绪，引导幼儿思考解决问题的方法，并在现实场景中运用交朋友的方法，对减轻幼儿焦虑具有现实作用和价值。

2. 真正实现"幼"与"小"的教育衔接，体现幼小衔接的整体性

以往的幼小衔接是幼儿在幼儿园内完成教师设定好的幼小衔接活动，进入小学后，慢慢调整适应新的学习、生活模式。幼儿园和小学均有各自的幼小衔接活动，但二者是割裂的，缺乏整体性。由于汇璟幼儿园和汇璟实验小学在地理上的便利，园内大多数毕业生都会进入汇璟实验小学就读，因此园、校双方就幼小衔接工作开展了进一步教研，进行了大胆的尝试：选取一个教育主题贯穿幼儿园毕业期和小学适应期，整合这个阶段的教育教学活动，使幼儿园的幼小衔接教育活动在小学得到很好的延续，真正做到"幼"与"小"的教育衔接。

3. 整个活动循序渐进，帮助幼儿一步步迈向独立

幼儿园与小学围绕"朋友"这一主题，开展贯穿幼儿园毕业期到小学适应期的系列活动，通过有效联动，实现了时间和空间上的延续，实现了真正意义上的"幼"与"小"的教育衔接。活动分为三个部分：第一部分，幼儿在园阶段通过"我的朋友"主题综合活动感知"朋友"的身份并学习结交朋友的方法。第二部分，幼儿通过参观小学活动，第一次进入小学校园的场景中，感受在陌生环境下与陌生人接触的心理体验，尝试与小学生游戏，打破内心的第一道屏障。第三部分，当幼儿成为小学生时，通过班级开展"我的新朋友"破冰游戏、班会活动等，将幼儿园里学到的经验运用于新的场景下，在教师的引导中，快速融入环境。系列活动在内容上循序渐进、环环相扣，在模式上从幼儿园的自主游戏向小学的班会活动平缓地过渡，在活动环境上从幼儿园转到小学，在人际交往环境上从熟悉的班级到同级不同班，再到由教师和同伴陪伴参观小学，最后到完全陌生的小学班级，每个活动、每个步骤都在帮助幼儿建立社交经验。

4. 活动形式灵活多样，幼儿（学生）容易接受

小学开展的活动，有与幼儿园联动的活动，也有非联动活动；有进入小学的参观、体验、游戏活动，也有模拟课堂、讨论交流等。幼儿们在不同的实践活动中看、听、学、运用，习得了一些交新朋友的简单的方法。在小学生活初期，教师又适时地开展破冰游戏、认识新朋友的主题班会，让学生的陌生感逐渐消除，更快地融入新的伙伴关系中，也让学生的小学生活有一个更顺利的开始。

（二）存在不足

（1）对于大部分要入读汇璟实验小学的幼儿来说，这项主题活动是整体的且有延续性的；但对于不在汇璟实验小学就读的幼儿来说，他们的活动就止步于幼儿园。虽然在幼儿园的系列活动中，幼儿依然能获得实际的交往经验，并运用于未来的小学生活，但比起在汇璟实验小学就读的同伴来说稍显不完整。

（2）本活动是一项大胆的尝试，主题活动"我的朋友"只是幼儿入学准备中关于社会交往的一项内容，在幼小衔接工作中还有更多需要联动的内容，需要我们继续探索。科学的幼小衔接是贯穿整个一年级活动过程中的，活动的开展也应该是可持续的、渐进式的、螺旋上升的。

（三）改进策略

加强与周边其他小学的联动，从儿童的需要出发，想儿童之所想，共同研究、设计更多的幼小衔接教育活动，让儿童不仅在人际交往上，而且在身心、生活、社会、学习等各个方面都能得到衔接，让他们快乐地走向未来。

典型活动案例

我的新朋友
（幼儿园大班）

活动目标

1. 探讨结交朋友的方法。
2. 尝试在实际场景中认识新朋友。
3. 体验成功与人交往的快乐。

活动内容

通过故事阅读、讨论等方式得出结交新朋友的方法，并在打破班界的自主游戏中想办法认识新朋友，体验交朋友的乐趣。

活动准备

1. 材料准备：绘本《朋友之书》《交朋友的方法》，以及纸、笔。

2. 幼儿前期经验：幼儿已阅读过《朋友之书》。

活动过程

活动一：怎样认识新朋友

1. 以绘本故事《朋友之书》引入，探讨认识新朋友的方法。

引导幼儿回忆绘本《朋友之书》，获得结交新朋友的勇气，学习用开放的心态去交朋友。

2. 与幼儿分享绘本故事《交朋友的方法》，引导幼儿用思维导图的方式记录交朋友的方法。

（1）讨论：如果想跟陌生的小朋友交朋友，可以怎么说、怎么做？如果不好意思直接跟对方说"我们做朋友吧"，可以怎么表达"我想跟你交朋友"的心意呢？

幼儿1：如果我想跟陌生小朋友交朋友，我会问他"我可以和你做朋友吗？"

幼儿2：我会说"我想当你的好朋友"。

幼儿3：我可以问他"我能参加你的游戏吗？"，或者带一本书请他一起看。

幼儿4：不好意思说的话，我可以请他一起做游戏。

幼儿5：我可以和我的朋友一起带新朋友做游戏。

（2）引导幼儿用思维导图将结交朋友的方法记录下来。

3. 在假设情境中，请幼儿谈谈自己想运用的"交友方法"，用投票的方式了解幼儿的选择。

因为幼儿大多喜欢"游戏"，所以很多幼儿选择了"邀请对方玩游戏"的方式，也有部分幼儿选择直接说"我想和你做朋友"的方式。

4. 引导幼儿讨论：如何记住新朋友？如何让新朋友记住你？

幼儿1：我可以用小册子让新朋友写下自己的名字，我再画上他们班的记号。这样就知道我是在哪个班认识的新朋友了。

幼儿2：我可以画新朋友的画像，然后记录他们的班名，这样就记住新朋友了。

幼儿3：我可以用一些小符号代替。比如：大一班就用数字1来代替，女孩子就用小花来代替，然后记录新朋友的号数。这样就能知道我在大一班认识了几号小朋友，是男孩子还是女孩子。

幼儿4：让新朋友记住我的方法是，我会告诉他我的名字、我的班名、我的号数。

幼儿5：我可以做个属于我的标签。例如我叫安吉，我就画个小橘子当名片，送给新朋友。这样，她拿着我的名字就记得我的名字了。我爸爸也是这样做的。

5. 引导幼儿制作属于自己的标志和记录册。

根据讨论结果，幼儿自制标志与"好友记录册"，有的幼儿做"名片"，写（画）自己班名、姓名和号数，或者画上代替班名、姓名的符号。

活动二：跨班自主游戏"去认识新朋友吧"

为帮助幼儿在实际中运用一些交友方法，幼儿园开展打破班界的自主游戏活动"去认识新朋友吧"，模拟了一个相对陌生的人际环境，让幼儿自由到各班认识新朋友。为了增加游戏的趣味性，我们让幼儿带上自己的"好友记录册"做好交友记录。

1. 第一次游戏：认识新朋友。

（1）游戏前的讨论与计划：谈谈如何认识新朋友、如何记录自己新朋友的相关信息，并谈谈自己的计划，例如要去哪些班级认识新朋友，希望认识几位朋友等。

（2）幼儿带上"好友记录册"和自己的标志出发，自由到本楼层各班级认识新朋友。

（3）幼儿根据自己的记录谈谈在游戏中的收获，与教师一起复盘获得的游戏经验。提出新问题：下次是否能找到这些新朋友？下次见面可以做什么事？

幼儿1：我已经记录了我的新朋友是哪个班的，所以下次见面我一定能找到他。

幼儿2：我已经把几个新朋友记在脑袋中了，他们是……

幼儿3：下次见面我想送一幅画给我的新朋友。

幼儿4：下次我可以带我的新朋友来参观我的教室。

幼儿5：我想邀请我的新朋友一起玩我们班的拼图游戏。

幼儿6：我可以带着我几个不同班级的新朋友一起去各个教室认识新朋友。

2．第二次游戏：找朋友。

建立友谊并非一次性完成的。第一次游戏让幼儿踏出了交友的第一步，也激发了幼儿交友的兴趣。但如果新朋友之间没有互动，幼儿可能很快就会遗忘"新朋友"，活动也会失去意义。因此我们马上和幼儿约定了第二次游戏的时间。为了帮助幼儿循序渐进地感受交友过程，这一次游戏增加了新的任务，需要幼儿与他们的新朋友之间有新的互动。在第一次游戏的经验之后，第二次游戏以"找朋友"为主题。

（1）游戏前提出新的游戏任务：去找上次的那些新朋友，并和新朋友一起去做开心的活动。

结合上一次游戏后的讨论，幼儿说想带着小礼物去"找朋友"，并和新朋友去认识彼此的"新朋友"，或者邀请新朋友参观教室、一起做游戏等。

（2）幼儿带着各自的小任务出发了。

（3）游戏后的讨论：是否顺利找到上次的"新朋友"？如何找到的？交流了什么？有什么新的收获？

（4）教师与幼儿共同总结两次游戏的收获。

活动反思

自主游戏是幼儿非常喜爱的活动之一。跨班活动对幼儿来说就是一个小范围的"陌生环境"，我们利用这个人际环境开展"认识新朋友"的游戏，给予了幼儿在现实中实践的机会，让他们能从中感受与人交往的乐趣，也为幼儿以后面对更大更陌生的人际环境做了铺垫。

游戏开展了两次，第二次游戏是第一次游戏的延伸与补充。游戏任务的更新递进，不仅使游戏具有新鲜感，更是帮助幼儿体验友谊是一步步加深的。游戏中我们并不强调交友的数量，而是注重引导幼儿如何与"新朋友"发生更多有意义的互动。教师重视游戏前的计划与游戏后的经验分享，帮助幼儿养成思考与归纳的习惯。

由于时间与环境的限制，游戏只开展了两次，无法进一步深入开展，只能在幼儿园阶段浅尝辄止。希望未来在小学继续开展延续的活动，帮助幼儿更好地过渡。

主题班会：我的新朋友

（小学一年级）

活动目标

1. 学习人际交往的基本技能，消除陌生环境带来的紧张与不适感，尽快化解焦虑，适应小学生活。

2. 认识人际交往的意义，用学习到的人际交往方法，分析同学之间遇到的交往问题，提高与人交往的能力，体验与人成功交往的快乐。

活动内容

引导学生学会几种主动交朋友的方法，帮助一年级新生相互熟悉，更快适应新的学习生活。

活动准备

1. 学情分析：一年级新生刚从幼儿园离开，进入小学，尤其是面对很多新的同学，对新的环境既心生向往，又感到忐忑不安。帮助他们消除陌生环境带来的紧张与不适感，是尤为重要的。

2. 材料和环境创设：

（1）学生在父母的指导下，亲手制作"小名片"，将自己的姓名、联系电话、爱好等写在上面，可以用笔画，也可以用电脑制作。

（2）学生自己制作绘画作品或手工作品。

（3）教师准备《找朋友》《我们都是好朋友》《你的名字叫什么》的歌曲视频，提前教会学生演唱。

活动过程

1. 谈话导入。

（1）师：小朋友，在幼儿园的时候你一定有很多好朋友。谁来说说你有哪些好朋友，你是怎么和他成为好朋友的。

（2）师：来到新学校，我们可以交到很多新朋友，说说你已经认识哪些小伙伴，你是怎么认识的。

2. 看视频，学方法。

教师出示课件中"交朋友"的动画视频，让幼儿观察他们是怎么交朋友的。

学生交流交朋友的方法，如可以通过玩游戏、交换名片、主动介绍、主动帮助别人等方法来结识朋友。

教师小结：刚进入小学的我们，遇到了很多新同学。如果我们能够做到以下几个方面，相信大家能够很快交到好朋友。（出示课件）

①与同学相处要友好，不说脏话，更不能动手打人或欺负同学。

②要经常帮助他人。

③多鼓励和赞扬别人，给同学多一些支持也会拉近我们和同学的关系。

④要相互尊重，不要拿他人的短处开玩笑。

⑤真诚待人，不要撒谎。

3．活动体验，交朋友。

（1）请你记住我。

①玩找朋友的游戏，双手拿着自己的名片，找到朋友后相互交换名片。

②同学之间进行自我介绍（姓名、特征、喜好及家庭等简单情况）。

③展示自己的绘画、手工作品，或唱歌及展示其他拿手项目，加深在同学们心中的印象。

④齐唱歌曲《你的名字叫什么》。

（2）我认识的朋友多。

①同桌之间相互合作，数一数从开学到现在谁认识的同学多，互相比一比。

②交流认识新朋友的方法。

（3）测试对比，使自己成为别人愿意结交的好朋友。（出示课件）

回忆一下自己在交往中是怎样做的。做个小测试：你是这样做的吗？（用"√"表示）

A．家里来了客人主动问好。（　　　）

B．每天上学、放学时主动与家人打招呼。（　　　）

C．同学有困难，主动帮助。（　　　）

D．很少与同学吵架、闹矛盾。（　　　）

F．主动协助教师做事。（　　　）

G．经常与同学玩在一起，拥有很多的朋友。（　　　）

教师小结：你对自己的测试结果满意吗？想一想，应该怎样做？

（4）我们一起玩游戏。

①学生与新朋友一起唱拍手歌，玩拍手游戏。

②教师教学生玩"网小鱼"的游戏，在班里开展交朋友游戏活动。

③延伸到操场上一起进行合作游戏，快乐体育。学生与同伴合作完成学校自创的特色体能游戏——"毛毛虫"配合走、"风火轮"撑轮进、"贪吃蛇"、"障碍物接力跑"等。快乐的游戏使学生增进了互动，加深了友谊，获得了快乐。

④齐唱歌曲《我们都是好朋友》。

4．活动总结。

师：同学们，通过这节活动课，我们了解了交往的必要性及方法，懂得了正常的交往会使你拥有更多的朋友，使人更快乐。只要你诚心诚意，一定能交到很多好朋友。希望大家能运用这些方法交到更多的好朋友。这样，我们的小学生活将更加丰富多彩，我们的身心将更加健康快乐。

活动反思

这节主题活动课是根据刚入学不久的一年级学生的年龄特点设置的，从看动画视频学习交新朋友的方法，到体验交朋友的亲身实践，都是让学生学会与同学和睦相处，消除陌生感，交到新朋友。

活动过程中，教师根据学生的活动动态对活动内容做出调整，达到更好的活动效果。

在学生相互介绍、交流认识新朋友的方法的时候，可能由于年龄问题，其交往语言在活动中的运用比较薄弱。而玩游戏时，学生更放得开。特别是最后的户外体能游戏中，学生更投入、更配合，彼此间的陌生感也更快消除。

"育贤号"成长列车

◎佛山市顺德区勒流育贤实验幼儿园　罗彩芳、刘玉霞、董艳
　佛山市顺德区勒流育贤实验学校小学部　郭琳、刘秋怡、李琴

一、幼小衔接活动背景

从幼儿园过渡到小学，儿童面临的不仅仅是学习环境和学习方式的转变，也包含自身角色的转换、行为规则的变化等。幼儿到了小学，学习、生活等方面的规则和要求发生的变化，以及小学教师的期望，都会让儿童感到压力。因此，我们在设计幼小衔接方案的过程中，应该坚持儿童视角，想儿童所想，思儿童所思，悟儿童所悟，开展符合儿童学习需要的幼小衔接活动，帮助儿童加强对小学的认识和了解，体验自我成长的快乐和自信，让幼儿在身心、生活和社会方面做好入学的准备。

在整个幼小衔接的活动中，我们发挥得天独厚的幼儿园与小学"一体化"办学的优势，打破学段的围墙，让幼儿园大班教师与小学部一年级教师密切加强交流衔接。园校教师通过共同研讨，计划营造"'育贤号'成长列车"的情境，分别在幼儿园大班、小学一年级创设"下一站，小学"和"小学站，到了"两个主题活动，科学开展幼小衔接活动。"下一站，小学"以丰富的实践、体验活动帮助幼儿加强身心、生活、社会及学习四方面的准备；"小学站，到了"由"快乐体验营"和"多彩的学习生活"两个部分组成，旨在帮助来自不同幼儿园的学生做好身心、生活、社会及学习四方面的适应准备。

二、活动实施方案

（一）入学准备目标

1. 总体目标

园校携手，坚持以"双向衔接"为幼小衔接的理念，以"强化成长的力量，弱化衔接的痕迹"为目标，以"'育贤号'成长列车"为情境，帮助幼儿做好前期的身心、生活、社会、学习方面的准备，培养幼儿入学所需的关键素质。

在大班下学期开展"下一站，小学"主题活动，通过创设游戏、参观、实践、体验、操作练习等活动，帮助幼儿加强对小学的认识和了解，并体验自我成长的快乐与自信，激发幼儿成为一名小学生的积极情绪，帮助其迎接"下一站，小学"的学习之旅，做好充分的入学准备。

2. 分层目标（表1）

表1 "下一站，小学"活动目标

小主题	活动目标
我长大了	通过这一个主题，让幼儿知道自己身体的一些变化，知道自己在长大。同时通过身体上的长大，给幼儿做好心理上的建设，让他在心理上觉得自己长大了；引导幼儿在活动中了解和发现自己的优点和缺点，辩证地看待自身的优点和缺点，并意识到个体的独特性，收获更多的自信；培养幼儿做力所能及的劳动，实现自我成长；使幼儿知道自己的愿望，也愿意与他人分享自己的愿望，激发幼儿向上的情感，为进入小学做好准备
走进小学	让幼儿走进小学，通过参观美丽的小学校园，了解小学的校舍以及学校的布局，让幼儿在环境上有一个适应的过程；让幼儿走进小学，看到小学教师的风采，知道原来小学的教师这么棒，这么和蔼可亲，做好积极入学的情感准备；让幼儿观摩小学的课堂，在小学的课堂上体验小学学习和幼儿园学习不一样的地方，感受小学快乐课堂的模式，做好入学准备；让幼儿与小学生一起体验课间10分钟，计划自己的课间10分钟，对未来的课间生活充满期待。这样的整体体验，可以让幼儿在身心、生活、社会、学习方面做好入学准备，对小学生活充满期待

续上表

小主题	活动目标
学做光荣的小学生	通过四大方面的准备内容去实现幼儿入学准备的目标，让幼儿向往小学，建立入学期待，让幼儿有"学做光荣小学生"愿望。了解幼儿的心理状态，进行积极的情绪引导，让幼儿对未来的小学生活充满自信，愿意畅想自己未来的小学生活，学做光荣的小学生。培养他们良好的卫生习惯，创设机会和平台，让幼儿学会系鞋带、收拾书包等，提升自我服务的能力；通过轮流体验做值日生，完成力所能及的劳动任务，培养幼儿的劳动意识，做好生活上的准备。培养幼儿良好的交往合作能力和规则意识，使幼儿具备任务意识、执行能力和社会适应性。在学习准备上通过系列活动培养幼儿的好奇心和探究欲，培养幼儿的专注力、坚持性等良好的学习品质，做好前书写、前阅读的能力培养等，实施有针对性的入学准备教育

（二）入学适应目标

1. 总体目标

（1）第一阶段："快乐体验营"。小学一年级以"快乐体验营"为入学适应的第一阶段，紧扣主题，顺承幼儿园大班入学准备的目标，通过"走近小学""我是小学生""争当育贤小主人"三部曲，从环境、行为习惯、人际交往、安全自护方面，开启学生身心、生活及社会三方面的适应衔接。

（2）第二阶段："多彩的学习生活"。有了第一阶段的铺垫，学生已经基本熟悉和适应学校生活，愿意和教师、同学主动交往，并学习了一定的行为准则。我们顺势进入第二阶段的适应主题"多彩的学习生活"，在开足开齐国家课程的同时，通过丰富的实践活动、体验活动和优化课程，不仅教给学生知识，更注重培养学生的学习兴趣，教给学生学习方法，培养学生良好的学习习惯，提高学生的学习能力，树立学生学习的自信心。

2. 分层目标（表2、表3）

表2 "快乐体验营"活动目标

小主题	活动目标
走近小学	从大班入学准备的"走进小学"，进阶到一年级入学适应的"走近小学"，将来自不同幼儿园的学生组织在一起，近距离地参观和感受校园美景，培养对学校的热爱之情，促进新同学之间的友谊；通过"我的班级"主题活动，引导学生认识自己学习、生活的场所，帮助他们做好身心适应
我是小学生	从大班入学准备的"学做光荣的小学生"，进阶到一年级入学适应的"我是小学生"，帮助一年级学生将"小学生"这个身份内化于心，为他们提供把"学做光荣的小学生"愿望转化为实践体验的平台。通过"校园一日常规""校园文明规范""读写姿势""队列训练"四个板块内容的学习与练习，循序渐进地帮助学生从生活、交友、学习等方面了解小学与幼儿园学习的不同，并引导他们适应变化，从思想上、行动上悦纳成长的变化，感受成长的快乐
争当育贤小主人	基于小学和幼儿园不同的学情，以及前面两个主题活动的铺垫，结合学校特色，进一步引导学生学会自理、自立、自护，通过"认识新朋友"提升学生的人际交往能力；通过"认识名字"潜移默化地激发学生学习的兴趣，培养学生独立认字的能力；通过"自理能力"的实践活动，引导学生"自己的事情自己做"，同时鼓励学生敢于接受自己的不完美，勇敢面对挫折；最后是教授学生校园安全自我保护知识，引导学生养成独立学习、善于观察、懂得寻求帮助的习惯

表3 "多彩的学习生活"活动目标

小主题	活动目标
绘本阅读	选取有趣的绘本故事，能让学生更喜欢、更容易接受。通过绘本阅读，引导学生在观察、阅读、互动讨论等情境中发现问题、提出问题，鼓励学生讲述、复述故事情节，在激发学生求知欲、满足学生好奇心的同时，培养学生乐学好问、大胆表达、尊重他人的学习习惯
科学艺术	对比幼儿园的游戏化教学，小学的教学模式显得更加约束，学习的时间也比较长，课堂上以学习静态知识为主，重在知识的传授和基本技能、知识的巩固和训练。这对于刚上一年级的学生来说是比较难接受的。为了减缓幼小衔接的坡度，我们将音乐、美术、科学、体育等体艺类课程前置，通过"科学实验""艺术欣赏""绘画创作"营造轻松愉快的课堂氛围，做到学科过渡，学习习惯和方法同步过渡，让幼小衔接更加顺利

续上表

小主题	活动目标
学科课堂	《教育部关于大力推进幼儿园与小学科学衔接的指导意见》中提出："改革一年级教育教学方式，国家课程采取游戏化、生活化、综合化等方式实施，强化儿童的探究性、体验式学习。"为此，我们根据学生身心发展特点和接受能力情况，开足开齐国家学习，优化课程安排，丰富课堂教学模式，注重激发学生的学习兴趣，重视学习方法的指导，培养良好学习习惯，提高学生学习能力，树立学生学习的自信心

（三）活动实施

1. "下一站，小学"主题活动（表4至表6）

表4 "我长大了"系列活动

活动名称	活动准备	活动内容
小小的我，大大的我	收集幼儿小时候和现在的照片	1. 观察照片：比较小时候的我和现在的我有什么不同和变化。 2. 讨论交流：感知自己长大了，能做很多力所能及的劳动。 3. 情境表演：体验自我成长的快乐和自信
我的好朋友	自制一份礼物	1. 猜猜游戏：通过语言描述自己好朋友的特征，让小朋友猜猜他（她）是谁。 2. 故事讲述：讲述我和好朋友之间最难忘的一个故事。 3. 讨论交流：我和好朋友各自的优点是什么？好朋友应该怎么做？ 4. 情感表达：和自己的好朋友互赠礼物，拍下合照，留下美好的回忆
我的愿望	彩色笔、绘画纸	1. 谈话引入：什么是愿望？ 2. 个别讲述：你的愿望是什么？ 3. 自主绘画：我的愿望。 4. 讨论小结：怎么做才能实现我的愿望？

表5 "走进小学"系列活动

活动名称	活动准备	活动内容
美丽的校园	与小学做好沟通联系，准备好画纸	1. 谈话导入：你觉得小学是什么样子的？ 2. 参观校园：参观小学的课室、多功能室、户外活动场地、饭堂、睡室。 3. 绘画活动：我的小学。 4. 分享交流：介绍我的小学
小学的教师	与小学教师做好沟通，邀请小学一年级教师做客课堂	1. 谈话引入：你心目中的小学教师是什么样的？ 2. 猜猜游戏：介绍今天请来的一年级 × 老师。 3. 亲身体验：请 × 老师为小朋友们上课。 4. 情感交流：你喜欢 × 老师吗？给 × 老师送上小红花。 5. 小结：× 老师将会成为你们的小学教师。让我们一起期待新的学习生活
快乐的课堂	与小学教师做好沟通：提前做好幼儿入班听课的安排	1. 提出要求：今天我们将要去一年级听课。我们要遵守课堂纪律，不交头接耳，要注意倾听，积极参与。 2. 亲身体验：分班进入小学一年级课堂，一起参与学习活动。 3. 讨论交流：你觉得一年级小学生上课的时候是什么样子的？我们要向他们学习什么？ 4. 小结：向一年级哥哥姐姐学习，做个爱学习的好孩子
课间10分钟	课前现场观摩小学课间10分钟。准备好跳绳、跳棋、篮球、绘本等各种游戏材料	1. 谈话导入：回顾小学一年级课间10分钟的情景，并小结课间10分钟可以做什么事情。 2. 分组讨论：课间10分钟，你想干什么？ 3. 情景体验：创设课间10分钟，让幼儿自主选择课间活动。 4. 小结：课间10分钟，在选择自己喜欢的活动前，需要喝水、上洗手间，以及摆放好下一节课的学习用具

表6 "学做光荣的小学生"系列活动

活动名称	活动准备	活动内容
"身心准备"系列活动	与小学做好参观前的沟通、主题谈话记录	1. 参观小学：参观小学的课室、多功能室、户外活动场地、饭堂、睡室。 2. 主题谈话："你想成为小学生吗？"了解幼儿的心理状态，并进行积极的情绪引导。 3. 主题谈话："毕业了，我想……"即将离开幼儿园，你最想做一件什么事情？
"生活准备"系列活动	创设自理能力竞赛的环境，收集课间10分钟的活动材料，制作值日生轮值表	1. 开展社会活动"课间10分钟"，体验课间10分钟的时间概念。 2. 开展"生活自理能力竞赛"，完成收拾书本、穿脱衣服、系鞋带等指令动作。 3. 开展"今天我值日"主题活动，引导幼儿了解值日生的工作内容，学习做力所能及的劳动，轮流体验做值日生的快乐
"社会准备"系列活动	班级环境创设，收集关于家乡风景、习俗的视频，拍摄成长纪录片，布置舞台，协助幼儿排练节目	1. 社会活动"我的好朋友"：了解好朋友的优点，学习如何与好朋友相处。 2. 制定《班级活动公约》，由值日生监督执行。 3. 社会活动"可爱的大×班"：拍摄创意集体照、创编班级团队口号、制作通讯录。 4. 社会活动"我的家乡顺德"：了解家乡顺德的名胜古迹、美食、风俗习惯。 5. 举行难忘的"毕业典礼"
"学习准备"系列活动	班级环境创设，活动计划表制作，提供与幼小衔接主题相关的阅读绘本，创设"幼小衔接区域"，制作相关材料	1. 设置"每日一问"主题栏，培养幼儿的提问意识和思考习惯。 2. 数学活动"我的一天"，学习制订一日活动计划。 3. 阅读之星评选：每周开展幼儿故事会，评选"阅读之星"。 4. 创设"幼小衔接活动区"：培养幼儿前书写练习、倾听、动手操作、阅读等能力

2. "小学站，到了"主题活动

第一阶段：快乐体验营。

（1）走近小学（表7）。

表7　走近小学

课程维度	课程主题	课程目标	课程内容
环境适应	我的校园	1．知道学校名称，知道教师办公室、操场、饮水处、卫生间等位置，认识班级，知道自己在 × 年 × 班、自己的座位等。 2．认识班级活动区域。 3．激发幼儿喜欢学校生活、喜欢上学的情感	1．教师带领学生参观校园、教室、教师办公室、饭堂、宿舍。 2．班主任提出日常学习生活的相关要求，讲解并进行训练。熟悉自己的学习环境。 3．与父母分享"我最喜爱的校园一角"

（2）我是小学生（表8）。

表8　我是小学生

课程维度	课程主题	课程目标	课程内容
行为习惯	校园规范	1．知道学校的作息时间，按时到校上课。 2．学会做好课前准备工作，清楚上课的纪律要求。 3．知道课间休息的规范，明白上下楼梯的要求，下课应按男女入厕，人多时需等待	1．教师介绍学校的一日生活作息时间，指导学生练习课前的准备工作，讲解课堂常规、课间常规、上下楼梯的具体要求。 2．请学生诵读关于常规要求的小歌谣
	读写姿势	1．学习课堂上的基本要求，了解上课时的正确坐姿、握笔姿势及书写姿势和方法。 2．养成良好的阅读习惯	1．每位任课教师要随时规范学生正确的读书、写字姿势，并将编成的相关儿歌融入课堂教学。 2．练习正确书写自己的班级和姓名

续上表

课程维度	课程主题	课程目标	课程内容
行为习惯	文明礼仪	1．知道一些常用的文明用语。 2．会运用常用的文明用语	1．教师介绍常用的文明用语，讲解校园文明礼仪。 2．英语教师让学生学习使用常用的问候语，如 Hi /Hello，Miss Wang! 和教师、同学礼貌地打招呼
	队列训练	1．明白站队时的纪律、规范。 2．清楚队列的要求，做到快、静、齐	1．体育教师组织练习站队，讲解放学、集会、课间操站队时的要求，训练站队口令

（3）争当"育贤小主人"（表9）。

表9　争当"育贤小主人"

课程维度	课程主题	课程目标	课程内容
人际交往	我的新教师和新伙伴	1．认识每位任课教师，记住教师姓什么。 2．认识新的小伙伴，知道对方的姓名。 3．能够向教师和其他同学表达自己的需求	1．学生介绍自己，熟悉新同学，与任课教师见面。教师引导学生学会将自己的困难及需要讲给教师和其他同学听。 2．英语教师为学生起英文名字，让学生练习用 I'm ... 做简单的自我介绍。 3．语文教师让学生练习用"我是……""我喜欢……"的句式做自我介绍。 4．数学教师让学生练习用方位词"我的前（后、左、右）面是……"的句式介绍身边小伙伴
生活适应	自理能力	学习有序地整理自己的生活用品和学习用品，认识课程表，能够根据课程表合理安排每天的物品，学会分类整理自己的书包	教师指导学生认识课程的名称，讲解整理书包的要求，示范并指导学生进行分类整理自己书包的练习，保持书包内的物品整齐

续上表

课程维度	课程主题	课程目标	课程内容
生活适应	自理能力	认识教科书，能够按教师的指令翻到指定的页码或者第几课；学会在组内传接物品	介绍每门课程的教科书，进行听指令翻页码及传递物品的练习
		在教室学习在饭堂用餐的秩序及餐具摆放；参观饭堂，熟悉自己用餐的位置	讲解学校午餐的安排、要求及中午的作息时间
		清楚学校的作息时间，知道家长的联系方式，遇到事情时会联系家长	让学生知道到校、离校时间，指导每名学生牢记两位家长的联系方式
		记住自己值日的时间，知道各种清洁工具在教室里的摆放位置和使用方法	1．介绍清洁用具的名称及在教室里的摆放位置。 2．讲解各种清洁工具的使用方法（扫帚、垃圾斗、抹布、洒水壶、拖把等）。 3．介绍班内卫生值日的安排、要求、打扫时间，安排班级劳动初体验
安全自护	安全教育	1．认识校园内的安全标志，了解一些安全常识。 2．具备和年龄相适应的分辨能力和安全自护能力。会正确使用学习用品，不用铅笔尖、小刀触碰同学，不触碰危险设备。 3．明白学校放学离校的要求。 4．熟知《校园安全儿歌》内容，会在校园学习生活中应用	1．讲解校园内安全标志，介绍常用学习用品的使用方法，让学生知道小刀、铅笔尖使用不当会伤人。 2．让学生认识学校医务室，知道在校突发紧急情况第一时间找教师。 3．让学生牢记家人电话，放学不能随便跟人走或去玩耍。 4．向学生讲解《校园安全儿歌》内容，让学生能理解、运用

第二阶段：多彩的小学生活（学习适应）（表10）。

表10 多彩的小学生活

课程维度	课程主题	课程目标	课程内容
学习能力	绘本阅读	1. 喜欢阅读，对感兴趣的人物和事件有自己的理解和看法，能随着作品的展开产生相应的情感体验。 2. 能较完整地讲述小故事，能简要讲述自己感兴趣的见闻。 3. 培养良好的阅读习惯，乐于在阅读的语境中识字	1. 引导学生了解班级阅读规则。 2. 引导学生在规定的时间内阅读绘本故事。 3. 指导阅读方法，教学生学会复述故事情节。 4. 引导学生结合故事情节谈体会
学习兴趣	科学艺术	1. 对不懂的现象进行追问和探究。 2. 培养积极参与活动的兴趣	1. 科学实验。 2. 绘画创作。 3. 艺术欣赏
学习习惯	学科课堂	1. 培养良好的课堂学习习惯。 2. 培养良好的书写习惯	1. 学科课堂培养良好的学习习惯。 2. 提高学生汉字拼读与书写能力。 3. 引导学生运用所学知识，解决生活中的数学问题

三、活动方案反思

（一）活动方案的价值

1. 幼小衔接有效减缓坡度

"'育贤号'成长列车"主题活动分为两部分：第一部分是针对大班幼儿设计的"下一站，小学"系列活动，有效帮助幼儿做好入学的准备；第二部分是针对一年级新生设计的"小学站，到了"系列活动，从多元化角度帮助新生适应小学的学习生活，快速地融入集体。

这个主题活动，在身心准备方面，让幼儿体验了自我成长的快乐与自信，培养了幼儿期待、向往小学的心态；在生活准备方面，培养幼儿养成了良好的卫生习惯、生活自理能力和良好的劳动习惯，有初步的自我保护意识和能力；在社会准备方面，培养了幼儿良好的交往和合作能力，使幼儿有规则意识、任务意识和执行任务的能力，热爱集体、家乡和祖国；在学习准备方面，激发了幼儿的好奇心和探究欲，促进了专注力等良好学习习惯的培养，培养了幼儿学习兴趣和倾听、表达、阅读、前书写等学习能力，并尝试运用数学方法解决生活中的问题。

2. 幼小衔接注重儿童视角

整个主题活动以"儿童视角下"的活动设计为指引，体现了以儿童为主体，关注儿童的想法与经验。

幼儿园方面，首先通过主题谈话、问卷调查、符号记录等方式了解大班幼儿对小学产生的各种困惑；其次通过实地参观、实践体验等形式帮助幼儿一一解决心中的疑虑和问题；最后激发幼儿积极的入学情绪，做好良好的入学准备。

小学方面，根据学生身心发展规律和教育规律，通过"快乐体验营"活动，循序渐进地帮助学生做好身心适应、生活适应和社会适应；通过调整课程安排、减缓教学进度，帮助学生做好学习适应；通过构建"多彩的小学生活"，激发幼儿向往小学生活、喜欢小学生活的情感，科学引导幼儿顺利过渡到小学阶段。

3. 幼小衔接突出活动重点

园校教师紧紧围绕"学习品质"研究专题展开活动，以冯晓霞的《儿童学习品质观察评定表》、钱志亮的《儿童入学成熟水平诊断量表》为参考依据，制定了《勒流育贤实验幼儿园大班幼儿学习品质发展水平评价表》，分别对大班幼儿上学期初、下学期末的学习品质进行评价，总结大班幼儿学习品质发展的综合水平和存在问题，并加以分析和跟踪指导；制定了《勒流育贤实验学校一年级学生学习品质发展评价量化表》，对大班幼儿学习品质进行延伸培养，通过开设阅读课程、构建课堂对话文化、探索"游戏化"教学模式等形式，激发学生的学习兴趣，鼓励学生大胆交流内心想法，帮助学生养成良好的学习习惯，从而达到"教、学、评"一体化。

4. 幼小衔接实现资源共享

在活动过程中，我们充分发挥育贤实验学校幼儿园、小学、初中一体化办学的优势，利用小学就在幼儿园隔壁的得天独厚的地理位置，开展丰富的参观畅游校园、课堂交流、课间互动等活动，定期组织幼儿到户外拓展区域、多功能室开展活动，加强园校教师的联动教研和课堂互动，从而"打破围墙的界限"，让幼儿消除对小学的陌生感，身临其境地感受小学生活，感受成长的快乐，达到资源共享、潜移默化地完成幼小衔接的育人效果。

（二）存在不足及改进措施

在主题活动的过程中，还存在以下不足，需要在后期的幼小衔接工作中加以完善。

1. 对个体差异的关注有待加强

在活动的组织与实施过程中，教师关注了活动的整体设计与组织，忽略了对儿童个体差异的关注。如在分享交流或讨论汇报活动中，个别儿童由于自信心不足、语言表达能力欠佳而没有积极参与活动的时候，教师未能及时发现并给予引导和鼓励；在控笔练习活动中，个别儿童书写姿势、握笔姿势不端正，教师未能及时发现并纠正。

针对以上问题，教师首先要加强关注中低水平儿童发展的意识，做到看得见中低水平儿童的弱项，读得懂中低水平儿童的需要；其次，要依据学生的发展水平设计不同层次的目标，帮助其体验自我成长的自信和快乐，让每一个层次水平的儿童都能在活动中有所成长；最后，要完善评价体系，使得活动评价更具针对性、整体性和全面性。

2. 协同育人机制有待完善

在幼小衔接活动中，园校侧重于幼儿园和小学双向衔接模式的探讨，但未能很好地发挥家园校协同育人的作用。例如在儿童良好的作息习惯、阅读习惯、自理能力培养等方面，未体现家庭同步教育的有效策略。

父母是孩子的第一任教师。教师要加强家园校协同育人的意识，充分发挥家庭的教育功能；要定期举办家长学校活动，加强家园校沟通，指导家长有效配合园校教育，从而达成一致的教育目标。

"'育贤号'成长列车"主题活动在幼儿园大班教师和小学一年级教师的通力配合下，顺利地完成了各项内容，并取得良好的衔接效果。幼小衔接是幼儿园、学校、家庭三位一体、同步教育的工程。未来的幼小衔接工作中，园校将继续坚持常态化、一体化的工作原则，坚持以"立德树人"为根本，坚持以"儿童视角下"为理念，科学做好幼小衔接，帮助孩子们开启快乐、幸福的小学之旅。

典型活动案例

"下一站，小学"主题活动
（幼儿园大班）

活动背景

围绕幼小衔接的目标，幼儿园大班以"下一站，小学"为主题开展了主题教育活动。结合目标要求，我们从幼儿喜欢的区域活动出发，将入学准备的目标渗透在区角活动中，促进幼儿身心准备、生活准备、社会准备、学习准备四个方面的发展和提升，帮助大班幼儿科学做好入学准备。

活动目标

1. 学习正确的握笔姿势和习惯，练习书写自己的名字，提升前书写能力。

2. 自己的事情自己做，提升生活自理能力。

3. 积极参与思维游戏，养成倾听、专注、合作等良好的学习品质。

活动准备

1. 经验准备：幼儿已经了解区域游戏规则和部分材料玩法，已有握笔的经验等。

2. 物质准备：

（1）结合幼小衔接的入学准备，构建幼小衔接区域环境（图1）。

（2）投放书包、鞋子、铅笔、刨笔器、梳子等实物。

（3）制作幼儿园与小学的控笔游戏、指令游戏、连线游戏、记忆力游戏等游戏材料（图2）。

图1　幼小衔接区域

图2　自制游戏材料

活动过程

第一，介绍幼小衔接区域的材料及投放的实物，激发幼儿入区活动的兴趣。

第二，幼儿自由选择区域材料。教师巡回指导，记录活动过程。

游戏一：前书写游戏

区域活动开始了，君君和凯楠来到幼小衔接区，选择了控笔游戏。

君君：这个有点像走迷宫。

凯楠：我们一起来试试。

君君：楠楠，你看这个像个半圆形。

凯楠：嗯，我发现有的是直线、斜线，有的是弯线，还有曲线、折线。

只见她们两个专注地操作着，右手握笔，小心翼翼地沿着虚线慢慢画。

过了一会儿，区域里两个孩子又有了新玩法，他们拿来沙漏，开始控笔练习比赛。转动沙漏计时，当沙漏完时，大家必须停下手中的活动，看看谁画得多，画得好。他们还请了教师做裁判。教师说，除了比比谁画得多、画得好，还要比比谁的书写姿势正确。于是两个小伙伴开始比赛了。

随着时间的流逝，两个孩子保持正确的姿势，专注地练习。当沙漏的沙子漏完时，他们两人高举着小手，嘴里说道："哈哈，肯定是我赢了！看！我控笔画的线直不直？"

随着活动的深入，陈陈也来到幼小衔接区，选了"有趣的汉字"这份材料。他先是找出图文、符号进行一一对应游戏，接着又拿起笔在白纸上画出一样的符号（文字）。

教师分析：游戏中的控笔练习，不仅可以提高幼儿的兴趣，还能够提升幼儿绘制线条的流畅度，培养幼儿握笔、运笔以及手眼协调发展，为书写打下良好的基础。在学会控笔后，提供图文符号，让幼儿进行汉字游戏，能够保护幼儿的前书写兴趣，做好必要的书写准备。

游戏二：生活自理游戏

三个女孩子在进行扎辫子游戏，一个自己学扎辫子；另外两个在互相帮助：一个照着镜子，一个拿着梳子，有模有样地学着大人扎起了辫子。

有的幼儿在整理书包，将学习用品整齐有序地放入书包；有的在学习系鞋带；有的在折叠衣服；有的在一起扣扣子；也有的在学习系红领巾（图3）。

图3　学习日常生活自理技能

教师分析：通过与材料的互动，提高幼儿的自理能力，学会分类整理；通过"扣扣子""系鞋带"等游戏锻炼幼儿的手部精细动作，促进手眼协调能力，为进入小学做好生活准备。

游戏三：思维游戏。

（1）指令游戏：两个幼儿一起合作，一个给出指令，另一个根据指令找到答案（图4）。

（2）考考我游戏：两人合作，首先观察图中有什么，在第几排，然后用手捂住其中一张图片，说说捂住的是什么，考考记忆力、思考能力等（图5）。

图4　指令游戏　　　　　　　　　　图5　考考我游戏

（3）倾听游戏：两人合作，一个提问，一个回答，就这样两个人一起玩得很开心（图6）。

图6　倾听游戏

教师分析：在区域投放很多关于学习准备的游戏材料，通过游戏训练幼儿的倾听能力，加强专注能力培养，启发幼儿思维，让幼儿听从指令，养成良好的学习习惯。而趣味挑战性的游戏更能激发幼儿的好奇心，同时提升幼儿的学习能力。

活动反思

幼小衔接区域的创设满足了幼儿通过直接感知、实际操作和亲身体验获取经验的需要，整合了幼小衔接的各种培养目标所需要的材料：让幼儿学习整理书包、铅笔盒，学会使用剪刀、铅笔刀等学习工具；创设一个良好的前阅读、前书写环境，制作有关读写方面的材料供幼儿操作；准备丰富的、各种层次的材料让幼儿游戏。通过游戏活动，幼儿在师生互动交流、生生互动交流中，合作交往能力和生活自理能力得到锻炼发展；在与材料的互动中，幼儿发展了观察和学习能力，提升了前书写兴趣；积极参与思维游戏，幼儿也提升了倾听能力和专注力，培养了良好的学习品质，为入学做好准备。

一年级学习适应课程之"课间 10 分钟"
（小学一年级）

教学背景

初入学的一年级学生对学校生活充满好奇与热情，但由于刚刚离开幼儿园，心理上呈现出极强的依赖性，对学习环境和学习模式都有极大的不适应感。对比过去在教师指引下的课间活动，他们不会合理分配自己的时间，也不知道该如何安全、适度地游戏，特别是在遇到困难时往往因为缺乏正确解决问题的能力与方法而感到胆怯。为此，我们设计了"课间 10 分钟"一课，课堂上旨在用游戏化的教学模式激发学生的求知欲，培养学生良好的课堂学习习惯，内容上则侧重于引导学生掌握一些课间活动安排小技巧，学会合理地安排课间 10 分钟，从而懂得活动中要注意安全、遵守秩序和规则。

教学目标

1. 使学生掌握一些课间活动安排小技巧，学会合理地安排课间 10 分钟。

2. 提高学生课间活动的安全意识，懂得在活动中要遵守秩序和规则。

3. 激发学生乐学好问的兴趣，培养学生良好的课堂学习习惯。

教学重点

学会合理安排课间 10 分钟，适度游戏。

教学难点

课间活动有秩序、守规则、保安全。

教学准备

学习工具包、活动名称卡片（卡片内容：上厕所、喝水、课前准备、聊天、踢足球、折纸、画画、抓人游戏、拍手、剪刀石头布、爬栏杆）。

教学过程

（一）游戏导入，感受课间的快乐

1. 课堂问好礼仪。

（铃声响……）

师：上课！

生：起立！

师：同学们好！

生：老师，您好！

师：请坐。哇，同学们坐得可真端正！看来大家都已经知道了上课的要求了。今天这节课，我们不聊学习，我们来聊聊课间该怎么度过吧。

2. 引入课题，游戏激趣。

师：课间休息的时间总共有10分钟，所以我们叫它"课间10分钟"（师贴板书）。

师：在课间10分钟，你们都会玩什么游戏呢？

学生畅所欲言，纷纷表达自己的想法。（石头剪刀布、跨步游戏、大侦探……）

师：很有趣，听起来很不错呢！我们也来玩个游戏吧——看图猜游戏名称。请大家根据图片，猜猜这是什么游戏。

生齐猜：丢手绢／下象棋／丢沙包……

师：看谁最快举手，选最快的那位同学猜。

指名猜。

师：老师要加大难度了，你们敢不敢接受挑战？请一位同学背向屏幕，不看图片，大家根据图片表演出来让这位同学猜。

学生合作完成：踢毽子、跳绳、剪刀石头布、打篮球、拔河、老鹰捉小鸡……

师：玩游戏真快乐啊！难怪你们那么喜欢课间10分钟呢。有个叫阿力的小朋友，他和你们一样，也特别喜欢玩游戏。

设计意图："无规矩不成方圆"，看似平平无奇的课堂问好礼仪，却是培养学生尊重师长、尊重课堂的有效手段，可以让学生从课堂的第一分钟开始保持良好的课堂礼仪。同时，通过游戏激发学生的学习兴趣和求知欲，创造敢问敢想的氛围。

（二）巧借绘本，安全课间

观看《小阿力的课间》视频片段1，对小阿力的做法进行思考，并提出建议。

师：瞧，还没下课，小阿力已经迫不及待地想要出去了。我们一起去看看他是怎么度过课间10分钟的吧。

师：观看视频片段后，你觉得阿力做得对吗？

生1：我觉得他做得不对。

师：你先来说说他哪里不对，为什么？

生1：他下课是冲出教室的。

师：你很有安全意识！还有吗？为什么？

生2：他没有排队。

师：你看得很认真。

生3：上楼梯时，他想从同学身边挤过去。

师：是的，同学们听得很认真，看得真仔细。阿力下课冲出去、下楼梯时不排队、挤进人群，都是不对的，因为这样非常危险，很容易受伤。看来，课间玩耍、休息也要注意安全。

师：你觉得出教室、下楼梯应该怎么做呢，给阿力一点建议吧。

生4：我觉得阿力上楼梯要排队，跟着队伍，不可以插队。

生5：我觉得下课应该慢慢走出教室。

生6：我觉得下课时如果别人先出去了，应该要让一让。

师：有道理！大家说得都很合理。老师把大家的建议整理到了屏幕上，我们一起读一读。

师：是啊，下课玩游戏也不能忘了安全和文明。（贴板书：安全与文明）听了大家的建议，阿力决定改正错误，让我们一起去看看他的进步吧。

设计意图：立足培养学生学会学习的核心素养，选择贴近学习生活的绘本为素材，创设轻松的听说环境，鼓励学生交流思辨，勇于探究。通过对小阿力行为的质疑和提出改正建议，引导学生养成专注学习，遇到困难积极寻找解决办法的良好学习习惯。最后通过对小阿力的进步做对比，让学生明白安全的重要性。

（三）合理安排，快乐课间

1. 观看《小阿力的课间》视频片段 2，了解小阿力的烦恼，请你帮小阿力出个主意。

师：改正错误的阿力好像在课间又遇到了难题，我们一起去帮帮他吧！

学生：观看视频片段 2。

师：上课铃声响了，到底是先去上厕所，还是立刻跑回教室呢？谁来帮帮小阿力，给他出个主意？

生 1：先回去上课。

生 2：憋不住的话，就先去上厕所。

生 3：可以先回教室跟老师说明情况，再去上厕所。

师：真是个好主意，谢谢大家！

2. 小组学习活动：我的课间我安排。

活动要求：

（1）选一选：从卡片中选出小组需要的活动。

（2）排一排：按先后顺序给他们排排队。

师：我们反过来想想，阿力为什么会有这样的烦恼呢？

生：因为阿力下课没有做好安排，所以时间不够用。

师：那我们吸取阿力的经验教训，也来安排一下自己的课间 10 分钟，好吗？

教师用课件出示活动要求。

学生拿出学习包，小组合作开展活动（图 7）。

图 7　我的课间我安排

师：哪个小组来分享？

组 1：我们小组课间活动安排的顺序是课前准备、喝水、上厕所、聊天、折纸、剪刀石头布。

组 2：我们小组课间活动安排的顺序是上厕所、课前准备、喝水、聊天、折纸、画画。

组 3：我们小组课间活动安排的顺序是上厕所、喝水、课前准备、聊天、折纸、剪刀石头布。

师：你们发现了吗？三个小组都是先做了"喝水、上厕所、课前准备"这三件事。是啊，下课了，我们可以先把必须做的事——喝水、上厕所、准备下节课的学习用品这三件事完成。这三件事，不管先做哪一件都可以。做好这些准备，剩下的时间就可以安心去游戏了，合理安排，效率更高。（贴板书：喝水、上厕所、课前准备）

设计意图：良好的学习习惯是学生自主学习的重要基础。在学生入学适应教育课程里，教师准备了学习工具包，为学生提供丰富、可操作性的材料进行游戏。有趣的排序游戏，能够引导学生学习制订计划和解决问题，不仅激发了学生的学习积极性，还有效地帮助了学生巩固和强化良好的学习习惯。

（四）适度游戏，趣味课间

1. 游戏有度，学会选择。

师：老师有个疑问，为什么没有小组选"爬栏杆""抓人游戏""踢足球"呢？我来采访一下。

生 1：爬栏杆很危险。

生 2：抓人游戏也不好，会受伤。

生 3：踢足球的地方太远了。

师：原来由于课间时间短、场地有限，我们在活动时要选择适度的游戏，在保证安全的同时，还要达到休息的目的。（贴板书：适度游戏）

2. 分享游戏，趣味课间。

（1）介绍新游戏"翻花绳"。

师：在这里，老师也有个好玩的游戏分享给大家，这个游戏叫"翻花绳"，是李老师小时候课间经常玩的游戏。

学生观看视频，了解花绳的玩法。

师：李老师现场给大家表演一下翻花绳。

（生鼓掌）

（2）小组交流：分享适合课间玩的游戏。

师：大家也来开动脑筋想一想，你觉得有什么游戏适合课间玩呢？请小组长拿出学习包，给组员分发"小苹果"，同学们在"小苹果"上写下自己认为适合在课间玩耍的游戏。

学生小组交流，写下课间想玩的游戏。教师一边巡视，一边让学生把自己写的游戏贴到黑板上的"游戏树"上。

师：没贴上"游戏树"的同学也不要着急，一会老师把"游戏树"搬进教室，课后我们可以继续贴。

设计意图：学习兴趣是学生入学后主动学习、积极适应的内在动力。教师通过游戏化的教学方式，让学生在活动中参与、提问、发现问题、解决问题等。在学生活动的过程中，教师给予充分的时间思考，真正体现了课堂是学生学习的主阵地、学生是课堂的小主人，同时帮助学生逐步适应从以游戏活动为主向以课堂教学为主的转变。

（五）总结收获，享受课间

师：今天你们有什么收获?

生 1：我知道了课间要注意安全。

生 2：我知道了课间要先把必须做的事情做好。

生 3：我知道了课间不可以玩危险的游戏。

生 4：我知道了课间也要把安全文明放心上。

师：同学们今天的收获可真多！合理安排课间 10 分钟可以让我们放松大脑，消除疲劳，还可以让我们精神饱满地迎接下一节课。（播放歌曲）

（欣赏歌曲《课间 10 分钟》）

师：下课! 同学们一起去度过属于自己的课间 10 分钟吧。

设计意图：通过谈话的形式，对课堂进行总结。学生畅所欲言，在轻松愉悦的学习氛围下一边梳理一边小结。《课间 10 分钟》歌曲的播放，让学生跟着节奏一边歌唱，一边下课，学习氛围轻松愉悦。

板书设计（图 8）。

图 8 "课间 10 分钟"板书设计

衔之有道　接之有方

◎东莞市桥头镇中心幼儿园　陈丽婷、莫肖嫦、张苑媚
　东莞市桥头镇中心小学　赖玉英、潘玉珍、黄锦雄

幼小衔接，我们在行动。从幼儿园到小学，是学前时期和小学教育的一次重要接力，更是儿童早期成长过程中的一次重要转折。幼儿园和小学是两个不同的教育阶段，幼小衔接应以儿童为中心，站在儿童的立场，以儿童的需求为基础，有目的、有计划地逐步实施，从身心、生活、社会和学习四大方面做全面的准备，为儿童储备适应新环境、应对新挑战的勇气和能力，让儿童获得可持续发展，能从容和自信地走进小学，开启新的学习。

为贯彻落实《教育部关于大力推进幼儿园与小学科学衔接的指导意见》《广东省推进幼儿园与小学科学衔接攻坚行动方案》，我们精准地把握大班全学年和小学一年级第一学期的衔接关键阶段，制订了幼小衔接整体性活动方案。

一、要解决的问题

（1）幼小衔接意识薄弱、教育分离。针对幼儿园和小学教育教研分离的状况，建立幼小协同合作机制，开展联合教研活动，为儿童搭建从幼儿园到小学过渡的阶梯，推动双向衔接。

（2）促进儿童全面发展。针对课程的系统性和科学性的问题，优化幼儿园大班和小学一年级第一学期课程，满足儿童发展的需要，帮助儿童做好入学准备和入学适应，做到科学衔接。

（3）建立多元合作机制。建立行政推动、教科研支持、家长共同参与的机制，形成家、园、校一体的共同体，整合多方资源，实现有效衔接。

二、活动实施方案

（一）总体目标

（1）幼儿园方面：在大班幼儿即将进入小学的重要阶段中，我们将身心准备、生活准备、社会准备和学习准备的教育目标和内容有机融入幼儿游戏活动和一日生活中，以大约每月一个主题的课程实施计划，支持幼儿通过直接感知、实际操作和学习生活环境、亲身体验等方式积累经验，帮助幼儿做好身心各方面准备。

（2）小学方面：根据国家义务教育课程标准和"双减"政策，通过科学的课程实施策略，坚持以儿童为本、双向衔接、系统推进、规范管理的原则，创设充满童趣的学习环境，营造包容和支持的心理氛围、家校共育氛围，设计一年级入学适应性教育内容，适度调整小学一年级课程，注重活动化、游戏化、生活化的学习设计，以品格教育为根基，以游戏教学为手段，以兴趣培养为核心，从身心、生活、社会和学习四个方面帮助儿童做好入学适应，为儿童终身发展奠定良好基础。

（二）幼儿园大班入学准备教育

1. 课程框架

入学准备教育应有机渗透于幼儿园三年保育教育工作的全过程。本园从小班开始逐步培养幼儿健康的体魄、积极的态度和良好的习惯。到了大班，我们将园本课程和《幼儿园入学准备教育指导要点》相结合，制定了九大主题和四大系列活动的幼小衔接课程（表1）。

表1　幼小衔接课程

时间	主题活动	节日系列活动
第一阶段：9—11月	独一无二的我　我是中国人　走进小学	科技节系列活动
第二阶段：12—1月	健康小达人　我的姓名	健康文化节系列活动
第三阶段：2—4月	寻找春天　阅读伴我成长、走向小学	读书节系列活动
第四阶段：5—7月	再见了，幼儿园　我们毕业了	艺术节系列活动

2. 幼儿园大班入学准备教育思路图

图1　幼儿园大班入学准备教育思路图

3. 实施过程

（1）9月：通过"独一无二的我"主题学习，让大班的幼儿不仅认识到自己是大哥哥和大姐姐，还发现自己的优点、别人的优点，乐于与人交往，建立自信心，学会管理自己的情绪，学会自己的事情自己做，积极参与各项活动，好学、好问，感受成长的快乐，期盼长大了上小学。

（2）10月：通过"我是中国人"主题学习，结合国庆节和园内的科技节系列活动，让幼儿了解国家有很多了不起的成就，加强爱国主义教育和爱科学教育，激发幼儿传承爱国主义精神，形成爱家乡、爱祖国、爱学习的情感。

（3）11月：通过"走进小学"主题学习，让幼儿初步了解小学、发现小学、寻找小学，与小学零距离接触。以调查、交谈、记录等方式，帮助幼儿梳理自己对上小学的疑惑，再通过走进小学、与小学生面对面交流，让幼儿对小学不再陌生，并对小学生活充满期待。

（4）12月：通过"健康小达人"主题学习，结合幼儿园的健康文化节系列活动，引导幼儿保持规律作息，坚持早睡早起、睡眠充足，并养成良好的生活和卫生习惯，坚持自己的事情自己做，积极参与各项运动竞赛活动，增强体质，保持充沛的精力和良好的情绪。

（5）次年1月：通过"我的姓名"主题学习，结合传统文化活动，让幼儿了解自己姓名的由来，并引出中国文字的博大精深，激发幼儿的好奇心和探究欲，在春节传统节日文化的熏陶下，对生活情境中的文字符号感兴趣，愿意用图画、符号等方式记录自己的想法和发现。

（6）次年2月：通过"寻找春天"主题学习，在春天万物复苏的时节，挖掘大自然中的教育资源，让幼儿走进大自然和大社会，并对大自然和身边的事物产生广泛的兴趣，乐于探索，发现问题并努力寻找答案。同时，进入大班第二学期，加强幼儿在一日活动中的自主管理能力，让幼儿学会自主管理，培养有益于幼儿终身发展的习惯与能力。

（7）次年3月：通过"阅读伴我成长"主题学习，结合幼儿园的读书节系列活动，培养幼儿的阅读兴趣和能力，使幼儿乐于和同伴一起看书、讲故事，遇到问题会通过图书寻找答案，学会自制图书卡片，锻炼精细动作。

（8）次年4月：通过"走向小学"主题学习，邀请小学教师送教到幼儿园，让幼儿感受小学课堂，从而培养良好的学习习惯，特别是专注力、坚持性、计划性等，并能在教师指导下，尝试运用数数、排序、简单的统计和测量等数学方法解决日常生活中的问题。

（9）次年5月：通过"再见了，幼儿园"主题学习，让幼儿回顾幼儿园三年的生活，回顾自己成长的点滴，学会感谢三年来伴随自己成长的每一个人；回忆幼儿园的美好生活，用绘画、手工制作卡片表达对幼儿园的美好祝福，与父母一起给教师和同伴写信。同时，父母也单独给幼儿写一封信，幼儿在教师的指导下学会回信。

（10）次年6—7月：通过"我们毕业了"主题学习，结合幼儿园的艺术节，开展系列的毕业活动，如毕业画展；与幼儿共同策划一场属于他们的毕业典礼，为幼儿搭建展示的平台，使幼儿增强自信心、敢于表达、敢于表现、敢于做自己。

（三）小学一年级第一学期入学适应教育

小学一年级第一学期课程，在设计上，应注重活动化、游戏化、生活化，以品格教育为根基，以游戏化教学为手段，以兴趣培养为核心，从身心、生活、社会和学习四个方面帮助学生做好入学适应，为学生终身发展奠定良好基础（表2）。

表2　入学适应教育实施内容

阶段	时间	实施内容
第一阶段	8月	1. 与桥头镇中心幼儿园开展幼小衔接第一次工作教研会，了解入读幼儿的一些基本情况，落实相关活动安排。 2. 通知落实一年级新生家长入学准备指南。 3. 对一年级班主任进行"一年级学生适应性教育工作"培训。 4. 班主任牵头布置突出低年级学生年龄特点的、活泼有趣的教室环境。 5. 召开新生家长会，家校合力，明确家庭教育的重要性，指导家长帮助儿童在家养成良好的生活、学习习惯。 6. 月底开展一年级新生入学适应培训（半天），落实《小学入学适应教育指导要点》（以下简称《要点》）中的"身心适应""生活适应"
第二阶段	9月	1. 与桥头镇中心幼儿园开展幼小衔接第二次工作教研会。 2. 新学校环境的适应。 （1）上课时间分为两部分：前30分钟教师上课，后10分钟给学生做游戏。加强课堂常规的训练。（如认真倾听别人说话、举手发言等） （2）开展多种自我介绍的活动，让学生尽快在新的环境中找到自己的新朋友，并能和其他同学快乐、友好地交流。 （3）开展一次入学班会课，组织学生讨论怎样做一名合格的小学生。通过讨论，对他们提出要求，督促他们养成小学生应有的行为习惯。

续上表

阶段	时间	实施内容
第二阶段	9月	3．培养基本的生活、学习习惯。 （1）培养学生逐步适应小学的作息时间。 （2）教育、培养学生生活自理能力。 （3）培养学生上课认真听讲的学习习惯。 （4）每个班级开展一次心理健康团队活动课。 4．排查摸底各班是否有融合教育等特殊学生，并做好跟踪。 5．开展一年级新生亲子秋游活动、每周安全教育课
第三阶段	10—11月	1．与桥头镇中心幼儿园开展幼小衔接第三、第四次工作教研会。 2．级部交流，了解学生身心适应、生活适应的情况，做好总结。 3．开展听课教研活动，分别在幼儿园和小学开展听课交流活动。指导下一阶段工作。 4．关注一年级新生入学情况，做好家访工作，了解半个学期以来学生心理、学习、生活适应情况。 5．召开一年级级部会议，了解全级情况，尤其对各班特殊学生的情况进行交流。指导下一阶段工作。 6．开展一年级劳动技能展示活动、安全教育活动。 7．落实《要点》中"学习适应""社会适应"等要求
第四阶段	12月—次年1月	1．与桥头镇中心幼儿园开展幼小衔接第五、第六次工作教研会。互相听课，交流大班幼儿和一年级学生在生活适应、学习适应等方面的情况，探讨第二学期衔接内容。 2．培养学生形成良好的学习能力。 （1）培养学生形成时间观念，能在相应的时间里完成规定的任务；会看课程表、作息时间表；能用符号记录教师布置的任务，并能及时完成。 （2）培养学生正确地书写自己的名字；认识文具，能说出各种文具的名称；会收拾、整理并保管自己的小书包和文具用品。 （3）开展晨间说新闻、听故事、讲故事、阅读图书等活动，提高学生的口语发展及阅读的能力。 （4）开展写数字比赛、口算比赛，培养学生的计算能力，提高学生的书写能力。 3．小结一年级第一学期学生在心理、学习、生活等方面的情况，表彰在幼小衔接工作中表现出色的教师

续上表

阶段	时间	实施内容
第五阶段	次年2—5月	1. 与桥头镇中心幼儿园开展幼小衔接第七、第八次工作教研会，总结第一学期衔接工作，并做好本学期工作计划。 2. 开展听课交流活动。 3. 组织大班幼儿参观小学，认识小学的教室、操场，进入一年级的教室与哥哥姐姐一起上课，看他们的作业，参与小学一些学习生活。 4. 校园交流，了解大班幼儿中有没有一些特殊情况的幼儿，如身体残疾不适、心理或学习能力较弱等。反馈一年级入学的情况，为大班教学提供参考。 5. 召开一年级家长会，交流总结学生身心、学习、生活适应情况
第六阶段	次年6—7月	1. 与桥头镇中心幼儿园开展幼小衔接第九次工作教研会，开展听课交流活动。 2. 总结一年来幼小衔接教育教研情况，表彰优秀教师。 3. 完善一年级新生入学适应培训、衔接课程等，为下一学年幼小科学衔接做准备

注：入学适应教育实施内容分阶段有序进行，同时也相互融合，注意从身心、生活、社会和学习四个方面帮助儿童做好入学适应。

（四）幼小联合教研活动机制

1. 第一阶段（9—10月）

理论学习：组织幼儿园大班教师学习《幼小衔接指导意义》《幼儿园入学准备教育指导要点》、小学一年级教师学习《小学入学适应教育指导要点》，明确每一个发展目标的具体表现和教育建议，并研讨制订教学计划，将身心、生活、社会和学习四个方面的内容自然贯穿在一日学习生活中，明确教育方向。

制订联合教研活动计划：成立联合教研小组，由幼儿园教学副园长、小学教学主任、一年级年级长牵头，以一月一交流、线上线下相结合、"走进幼儿园"和"走进小学"相结合的形式，提高衔接意识，有目的、有计划地开展教研活动。

2. 第二阶段（11—12月）

开展联合教研活动之双向走进。即小学教师和小学生走进幼儿园，幼儿园教师和幼儿走进小学。结合幼儿园的科技节活动，邀请小学教师和小学生走进幼儿园，并展示小学生的技能，激发幼儿敬佩之情和向往之情。同时，也组织幼儿到小学参观和体验，初步了解小学的学习和生活，引导幼儿发现小学与幼儿园不一样的地方。

3. 第三阶段（次年 1—3 月）

开展联合教研活动之幼儿园半日开放活动。邀请小学教师参加幼儿园半日观摩活动，观看幼儿园教师组织的教学活动和户外活动（包括体能和自主游戏），了解幼儿园的教学方式和幼儿的学习方式，了解幼儿园的游戏化教学活动，更新小学教师的观念。

4. 第四阶段（次年 4—5 月）

联合教研活动之小学教师送教到幼儿园。小学教师到幼儿园大班级的各个班进行课例展示，让幼儿初步感受小学课堂的有趣，不断激发幼儿对小学的向往之情。同时，让幼儿在小学教师和小学生的引领下进行劳动实践活动，增强劳动服务意识。

5. 第五阶段（次年 6—7 月）

幼儿展示自我活动。大班幼儿录制自我介绍视频，幼儿园教师将视频分享给幼儿将入读小学的教师，让小学教师对每一个将入读幼儿加深了解，做好入学适应计划。

通过一年来的联合教研活动，幼儿园和小学主动连接，相互学习、相互交流、资源共享、优势互补，不断发现和解决教师在幼小衔接实践中的突出问题与困惑，梳理和总结值得推广的做法和经验。

（五）家园校共育机制

家长是重要的幼小衔接合作伙伴，幼儿园和小学应充分发挥家长委员会的作用，建立有效的家、园、校协同沟通机制，为家长之间的教育经验交流提供平台，引导家长与幼儿园、学校积极配合，共同做好衔接工作。开展家长持证上岗培训，预留适当的家庭教育培训经费，支持家长园、家长学校的运作。及时总结家长积极有效的教育经验，多渠道建构家长园（学校）的培训资源；及时了解家长在幼儿入学准备、入学适应方面的困惑及意见、建议，积极宣传国家和地方的有关政策要求，宣传展示幼小双向衔接的科学理念和做法，有针对性地为家长提供相应年龄段幼儿的家庭教育方法，倡导体验式的家长教育，帮助家长认识过度强化知识准备、提前学习小学课程内容的危害，缓解家长的压力和焦虑，营造良好的家庭教育氛围，积极配合幼儿园、学校做好幼小衔接。

三、活动方案反思

（一）活动方案的价值

"纸上得来终觉浅，绝知此事要躬行。"根据本活动方案，幼儿园和小学在扎实可行、层次有序、多途径活动、多元主体参与的共育策略下有效地帮助幼儿做好身心、生活、社会和学习方面的入学准备和入学适应。幼儿园与小学进一步促进了幼小衔接工作的推进。双方团队在目标上协调沟通、内容上互补共赢、资源上共享延伸，形成了有效、双向、合作的衔接机制。

（二）解决问题的程度

在幼儿园大班一学年和小学一年级第一学期的一年半时间里，我们关注儿童发展的连续性和整体性，优化幼儿园大班课程和小学一年级第一学期课程，实施有针对性的入学准备教育和与幼儿园相衔接的入学适应教育，并建立联合教育制度，扭转幼儿园教师和小学教师及家长的教育观念，规范了教师的教学行为，建立了家园校共育机制，实现有效衔接。

（三）存在不足和改进措施

本方案在课程评价方面还存在不足，需要健全科学的评价机制。接下来，我们将继续探索幼小衔接课程，深入关注个体差异，加大家园校共育力度，帮助儿童顺利实现从幼儿园到小学的平稳过渡。

典型活动案例

小学课堂初体验　幼小齐心促成长
——结合主题"走向小学"的一场联合教研活动

根据《教育部关于大力推进幼儿园与小学科学衔接的指导意见》文件精神，建立幼儿园与小学科学衔接的长效机制，全面提高教育质量，促进儿童德智体美劳全面发展和身心健康成长，我园主动与周边的小学协同合作，开展联合教研活动，科学做好入学准备和入学适应，促进儿童顺利过渡。

活动目标

1. 通过体验小学课堂，初步了解小学的学习方式。

2. 萌发向往入学的情感，增强自信心，期待成为一名小学生。

活动内容

1. 幼儿园教师展示游戏化教学课例《我爸爸》，让小学教师了解幼儿园的教学方式。

2. 小学教师带来小学课例《用多大的声音》，让幼儿体验小学课堂，亲近小学教师。

3. 幼儿向小学生提出自己对小学的疑问，小学生解答幼儿的困惑，缓解幼儿的入学焦虑。

4. 小学教师和幼儿园教师共同讨论幼儿常规、书写和阅读等大家关注的热点话题，凝聚共识，更新观念。

活动人员

桥头镇教育管理中心学前教育和小学教研员，中心幼儿园大班级教师及幼儿，镇内其他幼儿园骨干教师、中心小学教师、第三小学教师、第四小学教师以及在中心幼儿园毕业的部分一年级学生。

活动准备

1. 幼儿园：集体教学课例 1 个、幼儿对小学的疑问本，音体室、会议室和课室。

2. 小学：小学云参观视频 1 个、小学一日学习生活作息表、小学第一学期的学习用书以及部分儿童作业本、学习工具。

活动过程

1. 小学教师带领从中心幼儿园毕业的一年级学生来到中心幼儿园。

2. 幼儿在道路上迎接哥哥姐姐和小学教师的到来。大班部分幼儿身上佩戴"礼仪小标兵"绶带，在幼儿园大门迎接每一位来园的客人，并热情地引导客人到签到处签到，路上主动与客人问好、回应客人的问题（图2、图3）。

图2　"礼仪小标兵"迎接客人　　　　　图3　引导客人

3. 在音体室，幼儿园教师展示绘本《我爸爸》教学课例，运用信息技术工具，在活动中鼓励幼儿大胆表达自己对爸爸的情感，完整表达句子。

4. 4名小学教师分别到大班的4个班，展示小学课例《用多大的声音》。小学教师引导幼儿采用正确的坐姿以及回答问题时要举手等基本行为规范，在课堂中层层深入引导幼儿（图4、图5）。幼儿认真学习，减少了对小学课堂的陌生感。

图4　中心小学教师展示口语交际课例　　图5　中心小学教师展示课例

5. 播放小学一日学习生活的视频，介绍小学的学习和生活情况。小学生与幼儿互动，小学生分享小学的生活感受，幼儿提出自己对小学的疑问，请哥哥姐姐们回答（图6、图7）。

图6　小学生分享小学生活感受

图7　小学生与幼儿互动

6. 幼儿园教师、小学教师和教育管理中心教研员开展研讨活动，对阅读、书写以及幼儿入学准备、人际交往等方面进行交流和探讨，达成共识，强化衔接意识，明确双向衔接的重要性。

活动反思

本次联合教研活动遵循幼儿身心发展的特点以及幼儿学习方式，开展游戏化教学，激发幼儿的学习兴趣，用行动来解决幼小衔接中的观念问题。幼儿园、小学的教学方式既有差异性又有连续性，幼儿园和小学都能充分认识到幼小衔接的重要意义，认识到做好幼小衔接工作必须加强联系、丰富内容、凝聚共识，才能全面提升教育教学质量，携手帮助每个儿童健康快乐成长。

一年级新生入学教育

活动目的

根据初入学学生的年龄特点，着重对学生进行生活常规和日常行为准则的养成教育，让学生通过活动直观感受，了解什么样的处所是学校、学校里人与人之间的关系、怎么称呼各科教师、什么叫班集体、学校一日生活常规等，通过入学教育课，为一年级小学生进入正常的学习生活做好铺垫。

活动准备

1. 一年级教师召开活动前工作会议。

2. 进行入学教育前与家长沟通，了解家庭情况，激发孩子入学热情，请家长在家鼓励孩子，学会简单表达。

3．做好班级卫生清洁、学具准备、环境布置等。

4．准备好入学教育课件。

活动过程

1．8月31日上午教育要点（表3）。

表3　教育要点

时间	教育内容	具体要求及教育方法
第一节课	1．知道学校的名称和自己是一年级几班的学生。 2．学会大胆地向教师、同学介绍自己的姓名、家庭住址及爱好	1．教师自我介绍，要求说出姓名，表达自己对学生的喜爱之情。要求学生说出并写出姓名，说出年龄、家庭地址、家庭电话号码。从学生的自我介绍中发掘班干部，让学生学会自理。 2．教师明确班级管理要求
第二节课	1．队列练习。 2．安排座位	1．队列练习：排队、列队、站早操队及散队，站放学路队（放学分三列出校门）。 2．熟悉放学路队及要求（开展模拟练习）。 3．理顺班级管理细节（排座位、分小组、编序号、做传递本子游戏等）
第三节课	熟悉校园	1．带领学生从不同的方位观察校园，熟悉校园环境，如校门、校园围墙、操场、草坪、餐厅、升旗台、教学大楼、教师办公室、男女厕所等（开展模拟训练），提高学生对学校的认识。 2．熟悉如厕路线。 3．知道课间活动要求
第四节课	1．了解课堂常规。 2．发放学习用品	1．明确上课要求，请学生做好充分的课前准备。 2．做好上课前的师生问好。 3．现场演练：坐（坐端正，手放平）、立（站要直，头要正）的习惯培养。 4．现场演练：看（仔细看）、听（认真听老师和同学们发言）的习惯培养。 5．现场演练：说（大胆说，用普通话）。 6．按时到校不迟到。带好上学用品。安全教育

2. 9月1日上午教育要点（表4）。

表4　教育要点

时间	教育内容	具体要求及教育方法
第一节课	复习昨天的内容	1. 队列练习、上课前的师生问好。 2. 现场演练：坐、立、说的习惯培养。 3. 演练放学路队，不能中途离队，跟教师打招呼后才能离开队伍
第二节课	了解课堂常规	1. 掌握：发言先举手，声音要响亮。 2. 学会摆放学习用品。 3. 知道养成正确的读写姿势才能保护视力。 4. 初步学会正确的读写姿势，初步养成良好的读写习惯
第三节课	明确课间要求	1. 知道下课的时候要先上厕所，课间活动要守秩序，玩安全有益的游戏。 2. 学会和同学友好相处。可以快步走，不能追逐奔跑。 3. 学会说"下课的时候，我们一起做游戏"
第四节课	1. 了解学校一日生活。 2. 初步了解语文、数学学科的学习内容	1. 参照小学生一日常规，将初入学儿童需要做到的事情简化为最基本的内容，编成浅显、口语化、贴近儿童生活的"三字经"。 2. 通过听、说、读、写，初步了解课本学习内容。 3. 准备好书包、文具。 4. 衣着整洁，按时到校

活动反思

1. 入学适应教育活动的价值。

（1）体现了学校教师对一年级新生入学适应工作的重视。学校听取幼儿园的意见，结合学校实际精心策划。一年级全体教师共同参与，结合一年级新生的身心特点，群策群力，反复讨论预测，制定出一套切实可行的教育方案，具体到每一个环节、每一个卡点、每一处注意事项。

（2）切实有效地帮助一年级新生更好更快地熟悉小学学习生活环境，与新老师、新同学近距离地认识，有效缓解分离焦虑，提高学生身心适应能力。

（3）入学适应教育从身心适应、生活适应、社会适应和学习适应四个方面进行，尽可能地培养学生成长所需的基本素质，为学生营造一个"安全"的心理环境。当一年级新生踏着红地毯走进校园，在高年级学姐的指引下走进宽敞明亮的课室，看到座位上教师为之准备的入学礼物，这份好奇和喜悦让新生迅速产生了归属感。

2．解决问题的程度。

本次入学适应教育从"四适应"入手进行设计，同时有所侧重。新生能够很快地熟悉校园学习、生活环境，认识新的朋友，掌握基本的生活技能，每天都开心入学。

3．改进的措施。

（1）校园硬件设备上与其他年级区别不大，后期还需要投入一定的资金进行整改。

（2）继续加强教师和家长对幼小衔接的正确认识，提高教师对幼小衔接的理论认识水平和实践操作能力。

（3）加强对入学适应教育的规范化操作，增强教育效果。

（4）不断总结活动经验，丰富教育内容，规范教育过程，为一年级新生的身心健康发展助力。

润泽生命　尽性生长

◎东莞市塘厦镇第三幼儿园　张凤悦、杨苗、陈文华
　东莞市塘厦镇林村小学　黄兰桂、陈阿娥、骆丽婷

一、要解决的问题

（1）要解决幼儿园与小学缺少系统的幼小衔接课程设计，且课程设计存在较大差异的问题。在以往的幼小衔接课程内容中，幼儿园和小学都希望儿童沿着自己设计的活动开展教学。需要注意的是，幼儿园以游戏活动为主，幼儿在直接体验和实际操作中获得生活经验；而小学以知识性教学为主，学生在间接的学习中掌握知识和技能。因此，幼儿园和小学的课程体系存在差异。

（2）要解决幼儿园和小学教师缺乏针对幼小衔接教育的指导方法，幼儿园和小学教师互相存在认知偏差、缺少沟通交流平台的问题。小学教师不了解幼儿园去"小学化"的理念，对幼儿身心发展特点缺少了解，因此在设计入学适应课程时，对技能、知识、行为习惯等方面的要求过高。而幼儿园教师不了解小学现阶段的教育方式，对幼儿的行为习惯要求以保证日常生活为主。幼儿园教师与小学教师的教育方式、对儿童的习惯要求等存在差异，缺少官方的沟通交流平台。

（3）要扭转家长对幼小衔接的错误认识。家长缺少对幼小衔接知识的了解，往往重知识准备，轻能力培养，只关注孩子认识了多少字，会做多少算术题，不关心孩子的学习及生活、交往能力的培养，忽略了孩子的心理需求。因此，需要通过引导家长参与，促进家庭、幼儿园和小学三方共同做好幼小衔接工作。

二、活动实施方案

（一）方案设计思维导图

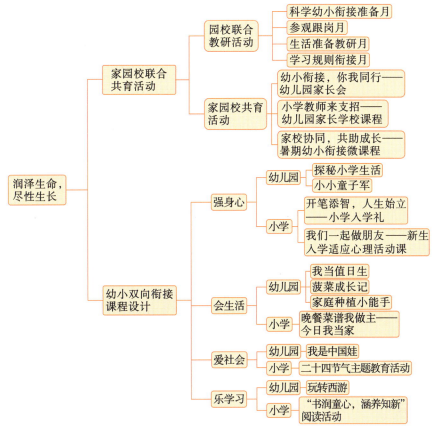

图1　方案设计思维导图

（二）活动目标

表1　活动目标

目标层次	具体内容
活动总目标	减缓幼小衔接坡度，帮助幼儿积极面对小学生活，引导幼儿做好身心、学习、社会、生活四方面的准备
家园校联合共育活动目标	1. 搭建沟通交流平台，使教师掌握科学幼小衔接教育指导方法。 2. 引导家长正确认识"幼小衔接"，转变重知识、轻能力的观念

续上表

目标层次		具体内容
幼小双向衔接课程目标	强身心	1. 乐于运动，会分享自己的感受，对小学生活感兴趣。 2. 感受成长的自豪，喜欢上学并逐步融入学校环境
	会生活	1. 有良好的生活习惯和自理能力，懂得安全自护，乐于参与劳动。 2. 能适应小学作息，提高自我保护能力，学会独立承担集体劳动
	爱社会	1. 乐于参与集体活动，会与同伴交流合作，初步认识中国文化。 2. 学会与同伴友好交往，能执行集体规则，对祖国有认同感
	乐学习	1. 有阅读兴趣，会主动思考和探究，做事有计划性。 2. 会主动阅读，专注思考，会合理做计划

（三）活动内容

1. 第一部分　家园校联合共育活动

（1）活动一：园校联合教研活动。

活动目标：幼儿园和小学教师正确认识幼小衔接概念，掌握幼小衔接教育指导方法。

活动准备：讲座视频、现场活动纪录片。

活动过程：

①科学幼小衔接准备月：通过讲座、视频等让相关教师正确认识幼小衔接概念。

②参观跟岗月：通过现场观摩和面对面谈话，沟通双方的差异与共同目标。

③生活准备教研月：开展利用劳动教育进行生活准备衔接专题研讨活动。

④学习规则衔接月：双方交流规则教育的差异性并开展专题教研。

（2）活动二：幼小衔接，你我同行——家园共育之幼儿园家长会。

活动目标：有效整合家园力量，帮助家长树立科学幼小衔接的意识。

活动准备：相关视频、PPT、讲稿。

活动过程：

①班级情况分析。

②"小学教师的话"：向家长介绍入学活动大致内容，以及家长应该如何提

前准备等。

③"你我同行"：介绍班级如何进行幼小衔接，并提出家庭幼小衔接具体建议。

（3）活动三：小学教师来支招——家园校共育之幼儿园家长学校课程。

活动目标：了解家长对于幼小衔接的担心和困惑，为家长解答关于幼小衔接的问题。

活动准备：调查问卷、小学教师邀请函。

活动过程：

①发放问卷，了解家长的困惑和需求。

②幼小教育的差别与问题：分享幼儿在过渡期容易出现的误区，提出相应的建议。

③家长提前准备：提出参观校园、朋友交往、家校沟通合作等实用小妙招。

（4）活动四：家校协同，共助成长——家校共育之暑期幼小衔接微课程。

活动目标：

①从心理准备入手，培养新生入学前良好的心理品质。

②通过一系列课程活动，帮助新生初步培养良好的学习、生活习惯。

③家校协同，增强学校与家长的交流沟通，共同为新生入小学做好准备。

活动准备：研究课程主题系列，制定宣传活动方案，准备相关宣传资料。

活动过程：

表2　暑期幼小衔接微课程

时间	主题	具体内容	形式
暑期第一周	了解学校	认识小学（环境、学校简介、品牌），宣传片	微视频＋推文
暑期第二周	如何培养孩子爱阅读的好习惯	1. 以身作则，放下手机，拿起书本（家长）。 2. 营造良好的读书环境和氛围。 3. 根据孩子的兴趣，引导和吸引孩子阅读（结合必读书目、绘本推荐）。 4. 亲子共读。 5. 读国学	

续上表

时间	主题	具体内容	形式
暑期第三周	如何写好铅笔字	1. 指导学生选好写字用的笔。 2. 正确坐姿。 3. 正确握笔。 4. 指导学生练好笔画。 5. 规范写字的视频	微视频＋推文
暑期第四周	物品准备	1. 学习用品的准备（物品清单）。 2. 学习用品的分类整理	
暑期第五周	好习惯的养成	1. 学习习惯：课前准备（学习用品按顺序摆放在桌子的左上角，播放课前准备歌），上课歌（铃声响了进教室，课本铅笔放放好，静等老师来上课，比比哪个坐得好），上、下课规范要求（统一口令）。 2. 生活习惯：安全习惯、卫生习惯、文明习惯（礼仪）、自理习惯	
暑期第六周	心理调适	学生、家长篇	

2. 第二部分 幼小双向衔接课程设计

强身心——身心健康是幼儿发展的基础

（1）活动一：探秘小学生活（幼儿园）。

活动目标：帮助幼儿了解小学生活，引导幼儿积极面对小学生活。

活动准备：幼儿有采访经验，调查表、《致家长的一封信》小学书本、红领巾、跳绳。

活动过程：

①对话小学生。邀请从本园毕业的小学生回园进行本领展示（图2），带领幼儿学系红领巾，解答幼儿关于小学的疑问。

②参观小学。幼儿参观小学环境，了解小学生的生活。

③小学教师来送教。小学教师分享小学生活，引导幼儿练习入学"武功秘籍"。

图2　对话小学生

活动延伸：

①谈话活动：怎样做一名合格的小学生？

②调查分享：小学与幼儿园的不同；课间10分钟活动有什么。

③主题画"我眼中的小学"：将参观小学时印象最深的一件事画出来，比较小学和幼儿园之间的异同。

（2）活动二：小小童子军（幼儿园）。

活动目标：

①引导幼儿通过军训日记表达情绪和感受。

②鼓励幼儿积极锻炼，不怕困难。

③培养幼儿独立、坚强的品质。

活动准备：军训服装、水壶。幼儿提前了解军人生活与军训内容。

活动过程：

①开营仪式。

②军训。开展为期一周的军歌、内务、队列、口令等内容的练习。

③户外徒步。鼓励幼儿在徒步中勇闯"难关"，培养幼儿坚持与坚强的品质。

④结营仪式：通过汇报演出的形式展示训练成果。

⑤"勇敢者之夜"：探秘幼儿园夜晚的秘密，与伙伴在帐篷里说悄悄话。

（3）活动三：开笔添智，人生始立——小学入学礼（小学）。

活动目标：

①通过入学礼，让学生了解读书习字的重要性，激励他们重视学习、勤奋学习。

②通过班级结对系列活动，帮助学生更快地适应小学生活。

③让学生初步感受和了解中华传统文化，增强文化自信和民族自豪感。

活动准备：

①学生了解入学礼的来源和仪式。

②提前发放入学礼邀请函。

③落实活动的流程、各项分工及材料准备。

活动过程：

①教师带领学生集体诵读《弟子规》。

②学生正衣冠、敬父母、拜恩师。

③校领导和教师为学生点智破蒙（图3）。

④名师开笔，学生启蒙描红书写"人"字（图4、图5）。

⑤校长带领一名学生"击鼓鸣志"。

图3　入学礼　　　　　图4　教师范写"人"字　　　图5　开笔破蒙

活动延伸：

①谈话活动：通过参加这次入学礼，你有什么收获？

②学生用自己喜欢的方式将入学礼的经过分享给家人听。

（4）活动四：我们一起做朋友——新生入学适应心理活动课（小学）。

活动目标：

①引导学生更好地认识自己，适应新的环境、新的学习生活。

②帮助学生更好地认识班级的新同学，更快融入集体生活。

③培养学生乐观自信、友善待人、敢于表现自我的品质。

活动准备：

①制定调查问卷，根据调查结果确定主题"我们一起做朋友"。

②准备与此活动相关的游戏卡片。

活动过程：

①由《幸福拍手歌》引入，激发学生的学习兴趣。

②教师分发卡片，学生跟随音乐，寻找跟自己拿着相同卡片的小伙伴。

③学生与朋友互相握手、打招呼，一起找下一个好朋友。

④几个好朋友围在一起自我介绍，说说自己的兴趣及爱好。

⑤学生制作属于自己的小名片，分享给新朋友。

活动延伸：

①学生用自己喜欢的方式画一画自己新交的朋友。

②学生向家人介绍自己新交的朋友的名字。

会生活——生活独立促进幼儿思维独立

（1）活动一：我当值日生（幼儿园）。

活动目标：帮助幼儿养成良好的卫生习惯，引导幼儿学会个人生活管理。

活动准备：抹布等劳动工具。

活动过程：

①"我当值日生"：体验"我能自己做""我帮他人做"的事情。通过"今天我值日"和"值日生公约"活动，引导幼儿提高自理能力，学会为他人、为集体服务。

②周一"劳动日"：引导幼儿学会定期整理物品，打扫公共环境，感受劳动的重要性。

（2）活动二：菠菜成长记（幼儿园）。

活动目标：引导幼儿参与力所能及的劳动，增强幼儿在劳动中的自我保护意识和能力。

活动准备：种植工具、种子、各种记录表。

活动过程：

①认识菠菜种子。引导幼儿观察菠菜种子的外观、味道，初步感受种植菠菜的乐趣。

②"杂草来袭"：通过找一找、画一画、比一比的形式，让幼儿学会照顾植物。

③"挤来挤去的菠菜"：引导幼儿观察发现菠菜生长的问题，并尝试想办法解决。

④"美食畅想会"：基于幼儿的生活经验，引导幼儿亲身体验并分工合作制作菠菜美食。

（3）活动三：家庭种植小能手（亲子）。

活动目标：鼓励幼儿参与力所能及的劳动。

活动准备：宣传海报，蔬菜、水果、花卉等种子，废旧物品改造图片及视频。

活动过程：

①"家庭种植我能行"：通过小任务的形式，讲解家庭种植要求并发放种子。

②废旧物品改造做容器：鼓励幼儿改造废旧物品用于种植植物。

③"小小菜苗我照顾"：引导幼儿定期照顾，并观察记录。

④"美食佳肴共品尝"：享受自己的种植成果，鼓励大班幼儿进行简单的美食制作。

⑤"种植作品趣分享"：幼儿把种植的作物或者植物作品带到小学，与其他同学分享、展示。

（4）活动四：晚餐菜谱我做主——今日我当家（小学）。

活动目标：

①让学生在参与烹饪中，初步了解蔬菜水果等食品的营养价值和科学的食用方法。

②培养学生计划与动手实践的能力，提高学生独立生活、解决问题的能力。

③引导学生学会感恩，增强其责任感，初步形成正确的价值观。

活动准备：人民币，与饮食喜好相关的调查问卷，画笔、白纸等材料若干。

活动过程：

①亲子携手，了解人民币的币值。

②学生与家长走访菜市场，观察和记录各种菜的价钱。

③学生通过画图设计一顿价格适宜、营养丰富的晚餐。

④小组合作探究，分享设计一顿晚餐的最优方案。

活动延伸：对你周边的亲友做一次采访，了解当地的饮食文化。

爱社会——文化是儿童社会化成长的精神食粮

（1）活动一：我是中国娃（幼儿园）。

活动目标：

①拓展幼儿的交往范围，引导幼儿在活动中学会遵守规则和交往合作。

②通过调查和分享提高幼儿的任务意识。

③激发幼儿对家乡和祖国的美好情感。

活动准备：外出旅行调查表，中国地图，各民族的图片，四大发明制作材料，腌制食物的食材。

活动过程：

①"我知道的中国"：调查分享自己了解的中国名胜古迹、故乡的特产，小组合作绘制故乡旅行记的海报。

②中国大家庭。调查了解各个民族的文化及风俗，并尝试搭建不同的民居。

③了不起的中国人。体验四大发明，用自制材料进行操作，感受古人的智慧。

④中国人的生活智慧。尝试简单的食物腌制，感受中国的美食文化以及中国人保存食物的智慧。

（2）活动二：二十四节气主题教育活动（小学）。

活动目标：

①让学生初步了解二十四节气的含义及由来。

②让学生初步感受中国传统文化和习俗。

③培养学生的文化自信和民族自豪感。

活动准备：

①了解二十四节气的文化及其相应活动。

②根据二十四节气的特点进行人员、活动的分组。

③准备不同主题所需材料。

活动设计：

①建立二十四节气社团。社团分为美艺组、诗歌组、食创组、养生组、科学组、农耕组六个小组，开展不同的活动。

②开展以"万物生长，节气有约"为主题的读书节活动。带领学生走近二十四节气，激发师生阅读的兴趣，让每一位师生好读书、会读书。

③开展节气与德育相融的主题班会。每一个节气都与立德树人理念相融合，通过定期的主题班会进行实践学习。

活动延伸：

①成立二十四节气基础班。每周四的下午，教师带领学生结合自然美育开展活动。

②开展特色活动:"节气与传承,留住塘厦老味道"茶果制作特色活动;绿色蔬菜节活动,经历播种、养护、收获的过程。

乐学习——阅读开启心灵智慧

(1)活动一:玩转西游(幼儿园)。

活动目标:

①保护幼儿在阅读中的好奇心,培养幼儿的阅读兴趣。

②通过辩论分享等方式培养幼儿独立思考、口语表达、认真倾听的能力。

③鼓励幼儿用符号记录和表达自己的发现和感受,保护幼儿前书写的兴趣。

活动准备:幼儿了解过《西游记》的故事。准备不同文字、书籍的图片,书籍制作材料,调查表。

活动过程:

①"话画西游":通过幼儿的分享一起走进《西游记》,了解不同的西游人物及其特点,梳理人物的法宝和关系。

②"精读西游记":共读《西游记》,梳理西游路线图和西游八十一难。

③"书的千百问":知道书的来源,通过书的不同了解科技的发展带来的便利,尝试用不同的材料制作不同的小书。

④"姓名的故事":通过调查表分享自己姓名的意义,发现姓氏的相同与不同,了解百家姓。

(2)活动二:"书润童心,涵养知新"阅读活动(小学)。

活动目标:

①帮助学生尽快融入小学学习生活,引导学生养成良好的阅读习惯。

②通过营造良好的书香氛围,使学生开阔视野,增强见识。

活动准备:

①家校协同,提前做好阅读计划,组织学生阅读好书。

②家校协同,发动学生提前搜集自己感兴趣的经典童谣。

③家校协同,让家长协助孩子提前搜集革命党史故事。

活动过程:

①开展"好书我分享"新生阅读分享会。

②组织学生观看经典文化教育节目《跟着书本去旅行》。

③组织学生参观党史馆、村史馆。

④开展"童谣润童心"传诵表演活动。

⑤开展亲子绘本故事会。

活动延伸：

①和家人一起装扮自己的"书香小屋"。

②和父母一起阅读自己感兴趣的书籍。

③和父母一起讲绘本故事。

三、活动方案反思

（一）活动方案的价值

（1）本方案基于以往成功的活动案例，挖掘出幼儿园与小学活动内容相适应的部分，形成一套行之有效的活动设计，有利于提升一线教师组织和实施课程的质量，更顺利地推进幼小衔接工作。

（2）幼小衔接理应是双向衔接，因此方案加入了小学入学适应的内容，改变了以往幼儿园单方面衔接的状况。

（3）由于幼儿园与小学的课程和教育模式存在很大区别，因此幼儿园与小学进行了"求同存异"式活动建设，基于"劳动""传统文化""阅读""向往小学"四个相同主题，开展了以综合式课程为主的活动形式，为开展园校互动模式的幼小衔接活动提供了可参考的操作方法。

（4）虽然劳动教育逐渐得到重视，但很少有活动基于幼小衔接的角度进行方案设计。劳动教育需要经验积累，具有长期发展性，因此在幼儿园和小学进行相应的兼容和升级是相得益彰的。本活动对幼小衔接中的劳动教育进行梯度设计，为之后做好有效的幼小衔接生活准备（适应）积累了实践经验。

（5）活动强化了幼儿的主体地位，尊重了幼儿在幼小衔接中的主动性。在活动中，教师充分尊重幼儿的学习感受与意愿，基于幼儿的生活经验，以"你想了解小学"等真问题激发幼儿思考和探索，从而引导幼儿逐渐认识自己，学会调节自己的行为，减少幼小衔接中学习、生活等方面的"不连续性"。在此基础上，小学则设计了与之对应的话题，让幼儿在旧经验的基础上获得新经验，减少了幼儿应对变化时的陌生感和恐惧感。

（二）解决问题的程度

（1）初步构建了幼儿园与小学相适应的入学准备及入学适应课程。幼儿园与小学结合园本及校本特色，针对四大准备，选择进行有层次的设计，减缓了衔接的坡度。如在培养幼儿自理能力方面，幼儿园和小学采取了劳动教育的衔接方式：幼儿园通过亲子种植、"劳动小能手"活动引导幼儿产生劳动兴趣，了解基本的种植方式；小学通过"今天我当家"活动让幼儿学会独立承担劳动任务，掌握更多的种植技能。

（2）跨越了幼小教师的沟通边界。活动让幼儿园教师与小学教师有了固定的交流平台，推进了幼小衔接相关活动的开展，保障了教育教学的一致性。开展联合教研，定期组织幼儿园教师与小学教师交流、探讨教学方法和教学内容，可以使教师正确认识科学幼小衔接，并掌握一定的幼小衔接教育指导方法。

（3）帮助家长树立科学幼小衔接观念。《幼儿园教育指导纲要（试行）》提到，幼儿园应与家庭、社区密切合作，与小学相互衔接，综合利用各种教育资源，共同为幼儿的发展创造良好的条件。家长更是重要的教育主体。部分家长的应试教育观念根深蒂固，导致他们在幼小衔接阶段更为注重知识学习。通过家庭种植、家长助教、调查分享等途径，幼儿园、家长、小学三方参与，既推动了家长的参与，又起到了教育与引导家长正确面对幼小衔接的作用。

（三）存在不足及改进措施

（1）幼小衔接课程难以完美兼顾全面覆盖和突破重点难点。由于课程开展的客观原因，活动只针对各项准备中的某一方面进行了较为具体的活动设计，相比较而言，其他方面的活动可以融入一日生活中进行系统的梳理。

（2）劳动教育的教学方式有待改革创新。在劳动教育中，幼儿园可以重点关注幼儿入学适应的活动，同时小学应继续加强劳动教育项目化、游戏化。例如利用"种植活动"这类较具体的活动内容，让幼儿用熟悉的劳动经验减缓幼小衔接的坡度。

（3）幼儿接触小学活动的机会较少。幼儿园与小学的衔接经验有限，幼儿仅在部分活动中参与小学生活，缺少日常化的接触机会，可以尝试开展定期与小学教师交流、小学教师送教等活动，使幼儿更加自然地面对小学的生活和环境。

典型活动案例

"我是中国娃"主题活动
（幼儿园大班）

活动目标

1. 拓展交往范围，在竞赛等活动中分工合作。

2. 在规定日期内完成调查任务，提高任务意识。

3. 遵守游戏规则，建立集体规则意识。

4. 通过了解传统文化，激发对家乡和祖国的美好情感。

活动内容

在以往小班和中班的活动中，幼儿已经初步了解自己是中国人，对中国的节日习俗有所感受，但还没有真正形成对祖国的认知。本活动结合中国地图、各民族的建筑、四大发明、传统文化等内容，通过调查分享、角色扮演、知识 PK 赛、游戏操作的方式，从幼儿已有经验和认识出发，引导幼儿了解中国之大、中国之强、中国之美、中国之慧，从而激发幼儿更为深刻的民族自豪感。

活动准备

1. 经验准备：曾外出旅游或回老家，知道传统节日的习俗。

2. 材料准备：中国地图、体育游戏器械、手工材料（颜料、纸、布）、调料、食材。

3. 环境准备：布置各类民族传统建筑图片、民族服装、游戏规则展板。

活动过程

活动一：故乡旅行记

1. 角色游戏表演和相互学习。

游戏一：我是"小记者"。调查班级其他幼儿的家乡，围绕"你的家乡在哪里？""家乡美在什么地方？""有哪些节日风俗？"等提问。

游戏二：我是"小导游"。幼儿扮演导游分享旅行景点，介绍景点在哪个地方、有什么特色、有哪些好吃的。

2. 畅游日：家乡美食汇。

幼儿准备最能代表家乡的独特美食并分享制作过程、食物味道、品尝时节等，然后与老师、同学共同品尝美食。

活动二：各种各样的民族建筑

1. 调查并分享"我知道的少数民族"。

2. 建构活动：幼儿根据调查表搭建民族建筑，并讲述这是哪个民族的建筑及特色（图6）。

图6　调查分享窑洞知识

3. "少数民族知识知多少"PK赛：根据图片抢答少数民族的名字以及对应的服饰、建筑、风土人情和美食，答对加一分，答错不扣分。30分钟内得分高的队伍获胜。

活动三：民俗游戏体验日

1. 介绍游戏场地及规则（表3）。

表3　游戏场地及规则

体验项目	体验内容	场地
民间游戏	甩脚环、拍纸片、跳房子、跳皮筋、滚铁环	操场
民间美食	糖画、糖葫芦	舞蹈室
民间艺术	水墨画、造纸术、扎染、青花瓷	大班级教室

2．幼儿凭体验卡进入体验场地（图7）。

跳皮筋

打纸板

踢毽子

编花篮

图7　民间游戏体验

3．游戏记录与分享。

活动四：食物的腌制

1．食物储藏知多少。

师（出示食物保鲜的图片）：你发现了什么秘密？人们为什么要储藏食物？你家里是如何储藏食物的？

小结：食物很珍贵且容易变质，人们会利用低温、腌制、风干、晾晒等方式储存食物。

2．百味调料认一认。

师：你调查到的储藏食物的方式有哪些？会用到什么调料呢？你认识这种调料吗？

教师出示搜集的各种调料，提问：你们有什么方法辨认这些调料以及它们的名字吗？

小结：调料的味道、颜色不一样，可以通过闻、看、摸、尝的方式辨认。

3. 腌制方法找一找。

师：如果要进行腌制，需要哪些材料？是怎么操作的？你有什么办法让全班的小朋友一起来腌制食物？你们想腌制什么食物呢？

小结：我们可以通过分小组合作的方式，每个小组讨论分工并记录下来。

4. 青瓜萝卜腌一腌。

师：腌制食物有什么步骤？腌制食物要注意什么？腌制后食物还是原来的样子吗？

小结：腌制前要洗干净手，腌制时掉在桌子和地板上的食物要丢在垃圾桶里，添加调料时注意少量多次，最后要密封好容器。

活动延伸：观察腌制食物的变化并记录。

活动反思

幼儿进入幼儿园是社会化的第一步，而在这个过程中离不开文化的潜在影响。本案例中的活动通过挖掘民间游戏和民俗文化中有价值、有意义的内容并进行梳理，引导幼儿在现实生活中体会具有中国文化内涵的事物，感受文化与社会的关联。本案例中的活动为幼儿提供丰富的隐性经验，并且赋予幼儿自由交往的机会，引导幼儿在体验中完成调查任务，帮助幼儿在游戏中了解规则，提高自觉遵守游戏规则的意识和能力，最终为幼儿做好幼小衔接社会准备，帮助幼儿顺利融入新的集体生活。

节气中国　万物荣华
——二十四节气之秋分主题活动
（小学一年级）

活动目标

1. 打破学科界限，通过学科融合，习得秋分节气知识。

2. 探索、体验秋分时节的各种变化，提高综合能力和素养。

3. 感受中国传统文化之美，促进身心健康发展。

活动内容

二十四节气是中华优秀传统文化的瑰宝。学校以"生长教育"的办学理念为引领，围绕"秋分"这一主题，从不同学科、不同领域进行教育教学，以学生的兴趣为出发点，采用新生喜闻乐见的活动形式，引导新生学习秋分中蕴含的科学文化知识及节气习俗，传承中华优秀传统文化，促进新生综合素质和整体能力的发展，帮助其更快适应小学生活。

活动准备

1. 环境准备：展台、背景板、故事（古诗词）表演舞台及活动的相关道具。

2. 材料准备：手工材料、活动记录册、绘画作品、树叶、彩笔，相关音频、视频等。

活动过程

活动一：语文小课堂——传统文化小使者

1. 课堂前置活动：亲子共读有关秋分节气的绘本，收集相关习俗资料。

2. 课堂互动学习。

游戏一：知识小讲堂。

鼓励学生分享了解到的秋分知识，如："我知道的秋分故事""我了解的秋分习俗""我收集的秋分图画"。

游戏二：知识小抢答。

请学生抢答简单的秋分知识，如："秋分是什么时候？""秋分吃什么？""秋分诗词有哪些？"

小结：宝贝，你真棒！（为学生竖起大拇指点赞）并给表现好的学生颁发"传统文化小使者"小奖状。

活动二：学科融合大讲堂——我是智慧全能星

1. 数学小课堂：我是气象记录员。

记录秋分气温：学生课前和家长一起制作温度登记表，记一记每天同一时间的气温，再比较气温的高低。

实验大发现：分享成果，并谈谈自己的发现。

小结：给乐于分享的学生送上一个放大镜，寓意其为未来的科学家。

2. 科学小课堂：我是科学实验员。

教师做"竖蛋游戏"示范，围绕"游戏怎么玩？""游戏的过程""游戏好玩吗？""游戏的奥秘"来展开。

小脑袋转起来：如何使鸡蛋快速立起来？

小结：给善于思考的学生送上一顶博士帽，寓意其为未来的科学家。

3. 劳动小课堂：我是超级美食家。

学生课前了解各地秋分时节的美食。

教师出示美食图，让学生用猜一猜、想一想的方式"摘果子配对"，教师总结秋分美食的共性。

学生观看秋分美食图，说一说喜欢哪一道菜；课后和家人一起制作一道节气美食。

了不起的小厨师：说说你做过的一道节气美食。

小结：给大胆分享的学生送上一个可爱的小碗，寓意其为未来的美食家。

4. 音乐小课堂：我是精灵小歌手。

音乐课学习唱《苹果丰收》，感受农民丰收的喜悦。

课堂小精灵：哪位同学能一边唱一边配上舞蹈呢？

小结：给展示的学生送上"课堂小精灵"奖状。

5. 美术小课堂：我是神奇魔法师。

（1）巧手画秋牛：让学生将画好的秋牛贴在背景纸上，做简单装饰，送给农民伯伯，祝愿其丰收。

（2）秋叶大变装：学生课前自主收集落叶，在课堂上制作树叶粘连画、树叶拓印画等（图8），和同学一起分享自己的创作成果（图9）。

小结：画秋牛、制落叶，秋分之美都让你们展示出来啦！给你们送上"神奇魔法师"奖状。

图 8　用落叶作画

图9 秋叶大变装

活动三：亲子小课堂——我是最美摄影师

周末与家长开展一次秋游活动，观察东莞当地秋分时节的种种奇妙变化，感受祖国之美，用相机记录最美秋景或与秋天合个影。

小结：给善于发现美的学生颁发"小小艺术家"奖状。

活动反思

本活动是学校"学科融合"的首次实践，以全面育人、五育并举为理念，设计丰富多彩的体验性活动，培养了学生学习中国传统文化的意识，不断提高其核心素养，促进其更好地适应小学学习生活，实现幼小衔接的完美过渡。

今后我们将继续探索"二十四节气"主题课程的有机整合之路，优化教育教学资源，形成典型、可操作的互动方案，促进师生共同发展，让学生在实践中成为中国传统文化的探索者和践行者。

快乐的夏天

——幼小衔接主题融合课程开发与建构

◎ 中山市机关第三幼儿园　刘娜、张欣欣、游苑妮

　中山市石岐中心小学　何小雅、陈玉玲、龚宝香

一、幼小衔接活动背景

幼小课程衔接的关键是幼小教师的深度双向教研。中山市机关第三幼儿园和中山市石岐中心小学以主题融合课程为研究载体，加强幼儿园大班教师与小学一年级教师的联系与沟通，推动长期有效跨界教研机制的建立。

二、主题融合课程总体框架

主题融合课程以"活动化、游戏化、生活化"的要求为小学低年段整合各学科提出了主题式融合路径。学科之间主题串联，更有助于学生联系生活经验，调动学习积极性，落实核心素养发展。

主题融合课程的构建包括联合教研路径、主题衔接内容和主题活动形式三大块（图1）。

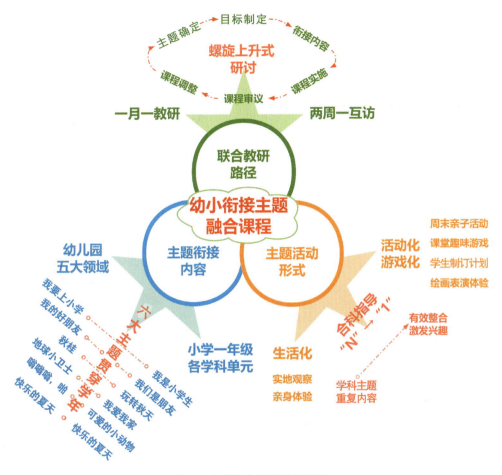

图1　主题融合课程总体框架

（一）联合教研路径——促进两学段教师跨界学习

具体而言，以"一月一教研，两周一互访"的方式，通过"主题确定—目标制定—衔接内容—课程实施—课程审议—课程调整"等螺旋上升式研讨，系统梳理幼儿园教育内容与小学低年段各学科课本中相通的主题，以主题学习和内容主题活动形式，满足儿童学习能力与需求，培养儿童核心素养（表1、表2）。打破传统割裂的学习方式，建立幼儿园与小学之间共同研究融合课程的桥梁。

表 1 "一月一教研"记录表

时间	主题	教研解决的问题
2022.9.18	幼小融合课程的建构（一）	1. 通过讨论，确定了小学一年级的融合课程"秋天"。 2. 各学科对"秋天"主题进行了融合课程设计。 3. 专家指出各学科融合课程的目标还需要进一步细化，使每个学科的融合自然化
2022.10.21	幼小融合课程的建构（二）	1. 针对小学各学科教师重新梳理的课程目标进行研讨。 2. 确定小学主题融合课程"秋天"实施路径，按"感受秋天—观察秋天—深入学习—应用拓展"的思路进行
2022.11.28	幼小融合课程的建构（三）	1. 研讨"荷花"融合课程资料的整理。 2. 结合"荷花"主题，研讨如何过渡到"秋天"融合课程
2022.12.22	幼小融合课程的建构（四）	1. 总结这段时间的"四季"融合课程，谈谈项目用这样的思路和方法可不可行、中间会遇到什么问题、有什么好处、后续大家建议怎么办、怎样调整、有什么建议。 2. 小学各科任教师介绍在融合课程中的做法和收获

表 2 "两周一互访"记录表

时间	主题	听课记录
2023.3.7	幼儿园读写绘本教学	1. 读写绘本教学：《我家是个动物园》 2. 读写绘本教学：《企鹅遇险记》
2023.3.23	观摩小学融合课程活动	1. 语文课：《彩虹》第一课时 2. 大课间参观校园文化 3. 语文课：《夜色》第一课时
2023.4.25	"幼小协同，双向衔接"融合交流活动	1. 小学分享"快乐的夏天"融合课程的每周计划。 2. 幼儿园分享融合课程"在秋日与桂花相约"

（二）主题衔接内容——建立幼小学习衔接桥梁

1. 总体设计

在幼儿园大班到小学一年级期间，研究并实践六大主题。幼儿园以主题活动形式开展，小学将各学科内容提炼成主题后再落实到各学科中去（表3）。

表3　活动主题

幼儿园	小学一年级
我要上小学	我是小学生（语文、数学、道德与法治）
我的好朋友	我们是朋友（语文、道德与法治、音乐）
秋桂	玩转秋天（语文、数学、美术、音乐、科学、综合与实践）
地球小卫士	我爱我家（语文、道德与法治、美术、音乐、综合与实践）
嗡嗡嗡，啪	可爱的小动物（语文、道德与法治、美术、科学）
快乐的夏天	快乐的夏天（语文、数学、道德与法治、美术、音乐、科学、综合与实践）

2. 主题融合课程实施方案——以"快乐的夏天"为例

幼儿园与小学开展融合课程的时间为2022年9月到2023年7月。其中，开展"快乐的夏天"主题融合课程的时间为2023年3月至7月。

（1）确定主题。

小学选择"快乐的夏天"这个主题的原因有两个：

一是小学多学科课程的安排都有夏天的元素，语文第六单元更以"快乐的夏天"为主题编排了三篇课文，从不同角度描绘出夏天的特点。

二是联系生活实际，小学课程安排的时间也到了夏季。这样能创设真实的生活情境，让学生联系实际生活，感受、观察夏天的特点。

而幼儿园以幼儿对荷叶的好奇心出发，联系生活实际，开展生成式课程，并融合小学课标中的内容，做前期经验铺垫。

（2）制定目标。

明确主题后，幼儿园与小学结合儿童的兴趣点、夏天的季节特点、涉及的学科内容，制定了相应的目标（表4）。

表4 "快乐的夏天"融合课程目标一览表

幼儿园（五大领域）	小学（八大学科）
1. 语言领域：了解夏天的景物特点，以及夏天天气变化，能用优美的语言表述。 2. 科学领域：初步了解夏天的特征，愿意用科学探索、实验等方式观察、分析植物的变化。 3. 艺术领域：培养观察、创造能力，发展合作探究及用符号、绘画等方式记录、表达实验结果的能力。 4. 社会领域：乐意与同伴合作游戏，体验游戏的愉悦。 5. 健康领域：感受夏天带来的快乐	1. 语文：了解词语的意思，积累与夏天相关的字词。仿照句式说话，体会夏荷等给小动物们带来的乐趣。 2. 科学、综合与实践、道德与法治：从多角度观察、了解夏天天气的变化、动植物的特点，体验夏日活动的欢乐。增强爱护大自然动植物的环保意识，探究"浮沉"的原理，为夏天预防溺水做准备。 3. 美术：感受夏天的植物与动物美。 4. 数学：购买夏天的水果，感受数学与实际生活的联系及数学的应用价值。 5. 音乐：寻找夏天的音乐，学会用节奏、韵律、肢体等表达感受

（3）衔接内容。

整合幼儿园与小学的幼小衔接目标，"快乐的夏天"融合课程衔接内容如图2所示。

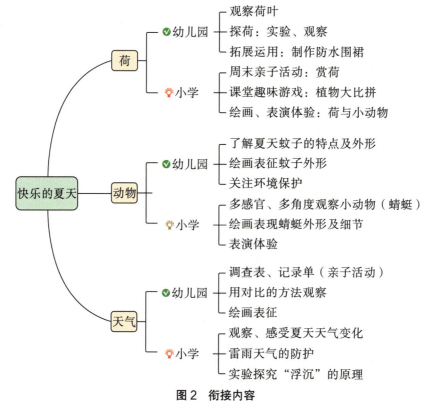

图2 衔接内容

（三）主题活动形式——打破小学学科藩篱，建立跨学科联结新模式

过去，幼儿园以游戏、生活为主，而小学以集体教学、教师讲授为主，造成了学习方式的割裂。小学课程标准要求注重活动化、游戏化、生活化的学习设计，强化幼儿园游戏和生活的关键经验，在小学开展低学段学习方式的改革与创新。

以"快乐的夏天"为例，幼儿园和小学的活动形式如表5所示。

表5　活动形式

幼儿园	小学
1. 直接感知：赏荷（亲子调查问卷） 2. 实际操作：探荷（露珠实验、荷叶效应） 3. 亲身体验：玩荷 4. 绘画表征：荷叶和观察实验结果 5. 拓展运用：制作防水围裙	1. 周末亲子活动：赏荷、搜集关于"夏天"的字词句篇 2. 游戏化的活动：植物大比拼、夸夸荷叶、课本剧、"欢乐夏天　开心你我"联欢会 3. 学生制订计划：观察夏天、探索夏天 4. 绘画、表演体验：荷与小动物、歌舞《江南》

三、主题融合课程反思

（1）主题融合课程中，幼儿园与小学的联合教研，促进了两学段教师跨界学习。幼儿园教师仔细研读小学一年级教材，深入小学一年级各科课堂，观察小学一年级学生课堂表现，更加明晰大班幼儿未来所需要的核心素养，从而促进幼小衔接。小学教师走进幼儿园参加区角活动，观摩主题活动，观察幼儿学习方式，更加了解幼儿原有学习方式基础，理解小学一年级新生面临的困惑，从而能够施以有效指引。联合教研的路径提高了两学段教师的教研水平和教书育人的本领。

（2）主题融合课程提炼和实践的六大主题内容架设了幼小学习衔接的桥梁。这六大主题聚焦大班幼儿与小学生身心发展的需要，能够有效帮助大班幼儿升上一年级时实现身心适应、生活适应、社会适应、学习适应。在课程实施的过程中，幼儿园教师注重让幼儿以多种方式体验夏天的感受，这为将来一年级学习关于夏天的学科知识打下了扎实的基础；小学学习夏天融合课程运用的跨学科教学是在幼儿园学习的基础上的延伸，引导学生将有关夏天的碎片化知识进行整合，

最终实现对夏天的深度学习。小学实验班连续两个学期被评为星级文明班。实验班学生综合能力强，期末语文与数学练习的准确率远高于许多班级。

（3）主题融合课程的主题活动形式打破了小学学科藩篱，建立了跨学科联结新模式。幼儿园强化游戏和生活的关键经验，提升幼儿读写核心能力。小学开展低学段学习方式的改革与创新，顺应儿童"活动化、游戏化、生活化"的学习方式，促进幼小衔接。

典型活动案例

"荷"你相遇
（幼儿园大班）

活动结构

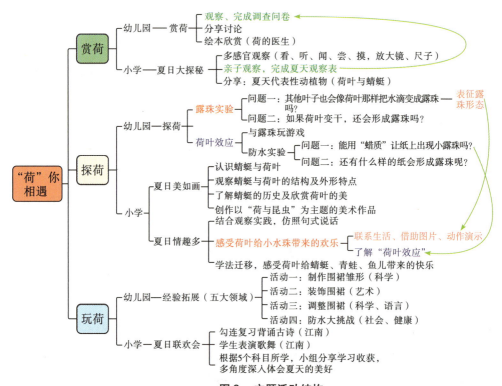

图3　主题活动结构

活动背景

在"夏天"主题活动中，教师发现幼儿对紫马岭公园池塘的荷叶较有兴趣，小小的话题引发了幼儿各种各样的讨论。洋洋说："我也看过荷叶，有的大有的小。"凤凤说："我还闻过荷花，是不一样的香味。"幼儿你一言我一语地说着。夏天的"荷"是比较常见的一种植物，幼儿在聊天中产生了了解荷的愿望。通过研读小学语文课程标准，教师发现"荷"在小学课本中出现得较多，这也契合了融合课程的连贯性。当幼儿进入小学课堂时，他们已有了"荷"的前期经验，可以达到更有效的衔接。

活动过程

一、感知观察：赏荷

家长们利用周末的时间，带孩子在生活中仔细观察荷叶，通过调查问卷的方式让孩子们了解荷（图4）。

图4　赏荷调查问卷

钰：我看到的荷叶是大大的、圆圆的，像个盘子。

彭：我哥哥告诉我，在古诗中也有很多是描写荷的。

琛：要是能在植物角种植荷花荷叶就好了，这样我们就能每天看到，也可以照着样子把它画下来了。

这个提议得到了大家的一致赞同，于是我们在植物角开辟了一个荷的观赏角。

二、深度探索：探荷

自从植物角开辟了观赏荷花的角落，幼儿每天都争着去看看荷花有没有开、荷叶有没有继续变大。

珈珈：你看，露珠好像还在叶子上发光。

滔滔拿出花洒，轻轻地在荷叶上滴了几滴水，水滴落到荷叶上，变成圆圆的小水珠，一颗一颗地滑落下去。滔滔继续滴水，孩子们发现无论水滴怎样落在荷叶上，都会变成圆圆的露珠很快从荷叶上滑落下去。还有没有其他叶子也是这样的呢？带着好奇，孩子们开始了一系列探索。

问题一：其他叶子也会像荷叶一样把水滴变成露珠吗？

【分析与讨论】

升升：我觉得其他叶子应该会和荷叶一样，因为都是叶子。

声声：不对，应该只有荷叶才会这样，因为我只在荷叶上见过这样的露珠。

【实验与验证】

来到种植园地，幼儿按照猜想，选择了几种不同的叶子进行实验比较，分别是芋头叶、桑葚叶、茄瓜叶、黄瓜叶。

第一次实验结束后，幼儿发现，原来芋头叶和荷叶一样，水落在上面会变成圆滚滚的小露珠，然后滑落下去（图5）。

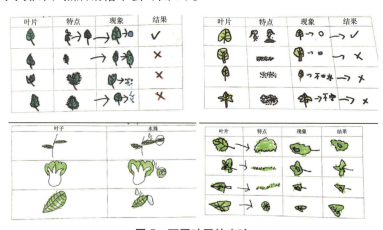

图5　不同叶子的实验

问题二：如果荷叶变干，还会形成露珠吗？

【实验与验证】

幼儿找来三种不同的荷叶进行实验（图6）。

长在池子里的荷叶　　　放了三天的荷叶　　　放了一周的干荷叶

图6　三种不同的荷叶

乐乐发现，无论是哪种荷叶上的露珠都是圆滚滚的，于是孩子们继续探索下去。

教师为幼儿提供了适宜的材料和工具，比如花洒、滴管、勺子等。

最终，幼儿发现无论是新鲜荷叶、较新鲜的荷叶，还是干荷叶，一开始滴落的水珠都是圆形的，在碰到荷叶的一瞬间炸开成水花，左右晃动后会散落成大大小小不同的露珠，最后落在荷叶中间。

【阶段小结与反思】

教师引导幼儿从生活入手，将菜地中的芋头叶、桑葚叶、茄瓜叶、黄瓜叶与荷叶一起进行对比实验，并提供材料与工具的支持，丰富了幼儿的探索经验，推进了问题的解决。幼儿在探荷的露珠实验过程中，通过摇、滴、晃等动作，发现荷叶与小水滴互动的现象。幼儿对这些现象的描述与小学融合课程中"荷叶圆圆"的知识点"珠、摇、躺、晶"等生字的认识有了衔接点。幼儿体会到了荷叶与露珠的动态意境。

三、深度探索：玩荷

师：荷叶真的能一直不被水打湿，让水滴形成圆滚滚的露珠吗？

声声：我们可以玩个游戏，就是用荷叶和水，看看荷叶会不会被水打湿。

洋洋：我还能晃动露珠，让它们在荷叶上转圈圈，我觉得荷叶不会湿的。

于是，幼儿开始自动分成几个小组，开始和露珠一起做游戏（表6）。

表6　玩荷游戏

游戏一：水珠贪吃蛇
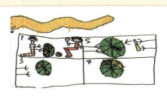 
游戏玩法：一个小朋友先用滴管在荷叶上滴几滴水珠，另一个小朋友在荷叶四散滴落一些更小的水珠，然后用手晃动荷叶，让水珠在荷叶上四处滑动，像一条贪吃蛇一样，四处"吃食物"

续上表

游戏二：水珠滑滑梯

游戏玩法：用滴管把水珠滴在荷叶的边缘，谁的露珠能最快滑到荷叶中间就算胜利

游戏三：水珠跳荷叶

游戏玩法：在荷叶的边缘滴上几滴水珠，然后双手拿住荷叶上下抖动，看看水珠能不能跳起来，再落回到荷叶上。谁能做到，谁就是胜利者

问题一：能用"蜡质"让纸上出现小露珠吗？

【猜想与假设】

幼儿了解到什么是荷叶效应后，知道了原来生活中的许多防水材料也与荷叶效应有关，于是对荷叶中的"蜡质"产生了好奇和疑问。

乐乐：有可能就是我们画画用的蜡笔。

鱼鱼：我们过生日的时候，也会有蜡烛。

于是，我们找来蜡笔和蜡烛进行实验。

【实验与验证】

幼儿开始在生活中寻找所需材料，比如美工区的蜡笔、自然角种植的辣椒、科学区的蜡烛。搜集到材料后，大家就开始进行实验（图7）。

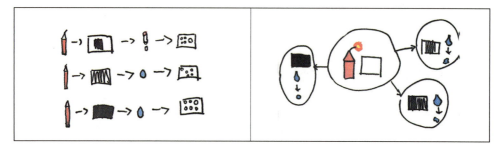

图7 蜡质实验

问题二：还有什么样的纸上能形成露珠呢？

【猜想与假设】

珈珈：应该是像荷叶那样摸起来滑滑的纸张。

代代：卡纸应该可以这样。

乐乐：还有塑料纸。

【实验与验证】

教师准备了八种不同的纸张，分别是锡纸、黑色卡纸、砂纸、烘焙纸、油纸、花纸、A4纸、纸板。幼儿开始一一实验（表7）。

表7 部分纸的实验

纸张类型	涂布方法	蜡烛	蜡笔
A4纸	局部涂	×	×
	随机涂	×	×
	涂满	√（5分钟后会渗水）	√
纸板	局部涂	×	×
	随机涂	×	×
	涂满	√	√
油纸	局部涂	×	×
	随机涂	×	×
	涂满	√	√
黑色卡纸	局部涂	×	×
	随机涂	×	×
	涂满	√	√

【阶段小结与反思】

教师为幼儿提供了丰富的工具，帮助幼儿实现经验迁移。幼儿把在荷叶上滴水的经验迁移到活动中，观察纸张表面的现象，为后续的活动打下基础。教师为幼儿讲解科学原理"荷叶效应"，与小学科学课《我们来观察》进行衔接，做好前期经验铺垫，使幼儿的科学素养有了萌芽。

四、拓展运用

活动一：制作围裙雏形。

【分析与讨论】

幼儿在做值日生的过程中，发现洗手台上的水总会弄湿衣服。

乐乐：我们要是有像荷叶那样的衣服就好了！

声声：我妈妈做饭的时候就会带围裙，这样衣服不会弄脏，也不会变湿。

【猜想与假设】

凤凤：有一些纸就是防水的，我们可以试试看。

钰钰：像哪吒一样，我们可以用荷叶做衣服，用花瓣来装饰，这样肯定也会防水。

幼儿将生活中的测量、裁剪、固定等经验迁移到这个活动中，解决活动中真实存在的问题。

活动二：装饰围裙（过程略）。

活动三：调整围裙（过程略）。

活动四：防水大挑战（过程略）。

活动反思

"'荷'你相遇"融合课程的开展，将幼儿园的形象与小学的抽象进行衔接，沿着幼儿园活动经验铺垫—情感体验表达—语言核心经验的路径，从倾听、表达、合作、责任、探索五个衔接点全程螺旋式推进幼小衔接。

荷与小动物

（小学一年级）

活动目标

1. 借助工具，多感官感受、观察、记录夏荷与蜻蜓等典型动植物的特点；体会夏天动植物的美丽可爱。

2. 用绘画表现荷叶和蜻蜓的外形与细节，展示荷池里的和谐美。

3. 会认"珠、摇"等12个生字和身字旁；会写"亮、美"等7个生字。能借助插图，联系生活了解词语"停机坪、摇篮、透明"的意思；通过做动作知道

过渡：大家有哪些发现？一起来分享。

3．动植物小百科，小组分享动植物知识。

过渡：夏天，动物植物真可爱！一起给它们举办风采展吧！

活动二：夏日美如画——夏荷蜻蜓风采展（美术）

1．认识蜻蜓与荷叶。

2．观察蜻蜓与荷叶的结构及外形特点。

3．了解蜻蜓的历史及欣赏荷叶的美。

4．创作以"荷与昆虫"为主题的美术作品（图9）。

图9　荷与昆虫

过渡：动植物各有风采。荷叶真美啊！

活动三：夏日情趣多——荷叶圆圆相聚乐（语文）

1．创设情境，仿照说话。

（1）观察实物荷叶，说说荷叶的样子。

①根据观察，自由说说荷叶的样子。

师：瞧，美丽的荷叶来了。谁来夸夸它？

②学习并仿照"荷叶圆圆的，绿绿的"的句式说话。

（2）观察苹果、香蕉，仿说句式。

2．初读课文，感受大意。

3．联系生活，动作演示，感受荷叶给小水珠带来的快乐。

（1）小伙伴们把荷叶当成了什么？

（2）联系生活，动作演示，学习"珠、摇、躺、晶"，感受小水珠的惬意。

①联系生活，认识"珠、摇篮"。

②展示小水珠在荷叶上滚动，探索"荷叶效应"。

师：看，水滴在荷叶上汇聚成小水珠，躺在荷叶上摇来摇去，滚来滚去，多么可爱。水在我们的手上为什么做不到这样呢?

生1：因为荷叶表面有蜡质层，不吸水。

师：对，这叫"荷叶效应"。

③借助动作，认识"躺"，学习"身字旁"。

④有感情地朗读，读出小水珠对荷叶的喜爱。

4. 学法迁移，合作学习，感受荷叶给小蜻蜓、小青蛙、小鱼儿带来的欢乐。

5. 分角色表演，背诵课文，书写生字，拓展延伸。

过渡：夏荷给小动物带来无穷的乐趣。小鱼在荷叶下笑嘻嘻地游来游去，让人不自由主地想起歌舞《江南》。

活动四：夏日联欢会——表演歌舞《江南》(音乐)

1. 表演歌舞《江南》，感受鱼儿之乐。

师：唱起歌儿，加上动作，变成快乐的小鱼，在莲叶间游来游去吧。

2. 布置作业，多角度感受夏天的美好。

师：夏天真好玩! 活动后期，以小组为单位分享汇报。汇报时从与夏天有关的动物、植物、气象、活动、音乐、阅读等方面至少选择一项，形式不限。

活动反思

1. 融合课程的活动设计注重了活动化、游戏化、生活化，强化了学生的探究性、体验性，顺延了学生在幼儿园的学习方式，让学生在玩乐中逐渐内化知识。许多学生发自内心地喜欢这种学习方式。

2. 多学科围绕同一主题进行融合，需要学科教师对活动内容的前后逻辑进行深度沟通，同时也要完成各学科的教学目标，否则效果容易削弱。

我是班级小主人

◎中山市小榄镇明德中心幼儿园　伍春虹、张英贤
　中山市小榄广源学校　陈小梅、曾威

一、幼小衔接活动背景

（一）活动背景

大班下学期开始了，幼儿们发现保育老师恩恩阿姨好像变"胖"了，肚子比之前大了许多，于是都围着恩恩阿姨叽叽喳喳地讨论起来。

洛：恩恩阿姨，你的肚子怎么鼓鼓的？

潼：对呀，恩恩阿姨的肚子好大呀。

乐：我爸爸的肚子也很大，像皮球一样。

锋：看起来和欧阳老师的肚子有点像。（班级里另一位教师也在几个月前怀孕了。）

浩：妈妈说，恩恩阿姨和欧阳老师一样肚子里有小宝宝了。

凯：那我们是哥哥姐姐，要照顾好两个小宝宝哦……

（二）活动目的

1. 幼儿主动性发展的要求

班里的欧阳老师和恩恩阿姨相继怀孕，对幼儿来说是一件开心的、值得期待的大事。幼儿对教师怀孕这一事件的关注，让教师发现了其中蕴含的入学准备教育契机。幼儿园以往的值日工作大多是由教师发起，内容也是由教师制定和安排的，幼儿只是被安排、被参与。这种自上而下的活动不利于幼儿独立性、主动性和任务意识的培养。《幼儿园入学准备教育指导要点》（以下简称《入学准备指

导要点》）指出，要根据大班幼儿即将进入小学的特殊需要，鼓励幼儿通过自主制订计划、确定任务分工、分组完成工作等，主动为班级、家庭做力所能及的事情，培养初步的集体荣誉感和责任感。因此，基于大班幼儿学习与发展特点，幼儿园开展了"我是班级小主人"项目活动。本活动主要对应《入学准备指导要点》中"生活准备"的"参与劳动"发展目标和"社会准备"的"任务意识"发展目标，主要目的是让幼儿在劳动中萌发关爱身边人的情感，培养幼儿的责任意识与任务意识，促进幼儿自主能力的发展。同时我们也将创设环境和条件，让幼儿用不同的表征方式表达自己的想法，促进幼儿前书写能力的提升，为进入小学后的书写做好准备。

2. 小学对学生独立性、自主性发展的要求

当幼儿进入小学之后，如何延续对幼儿独立性和自主性的培养，如何对小学生的任务意识提出更高的要求？《小学入学适应教育指导要点》（以下简称《入学适应指导要点》）中提出，强化以儿童为主体的探究性、体验式学习，为每个儿童搭建成长适应的阶梯。小学主动转变以往让学生被动适应学校的观念与做法，主动了解幼儿园在劳动方面的做法，倾听学生的需求，调整过去值日生的模式，与幼儿园合作开展"升班小主人"活动。本活动对应《入学适应指导要点》中"热爱劳动"与"学习习惯"两个发展目标，主要目的是在劳动过程中关注学生的观察力、思考力和解决问题能力的发展，从而促进学生自主成长。

（三）要解决的问题

幼儿园"我是班级小主人"活动来源于幼儿生活中的真实事件，也是由幼儿的兴趣和内心需要所产生的。根据《入学准备指导要点》，本活动重点解决的问题是改变以往由教师主导、由上而下的任务驱动方式，通过幼儿参与自主决定、多元对话、合作分工等过程，强化大班幼儿的任务意识，发展幼儿在完成任务过程中的自主性、合作性和计划性。

小学"升班小主人"活动是基于真实任务、综合任务的项目实践活动，根据《入学适应指导要点》，与幼儿园值日生活动进行衔接，突出培养学生的自主设计、规划、任务分工等能力，培养学生积极主动参与班级劳动，对班集体有担当、有责任等意识。

二、活动实施方案

　　《入学准备指导要点》中提出，要培养幼儿独立完成任务的能力，要让幼儿主动承担并完成班级里的劳动，能做一些力所能及的工作，从而培养他们的规则意识和任务意识。幼儿是班级的一分子，是班级的小主人。树立幼儿的主人翁意识和培养集体荣誉感，并通过活动支持幼儿自主选择、自主讨论、自主决策，在成人的引导下学会发现问题、分析问题、解决问题，是大班幼儿学习品质培养的关键。此外，通过劳动这一载体，让幼儿开始萌发正确的道德观、劳动观，并通过自身努力获得成就感，增强在班级中的荣誉感和责任心，也是"我是班级小主人"这一活动最重要的目标。《入学适应指导要点》中也提出，要突出培养学生的自主设计、规划、任务分工等能力。因此，中山市小榄镇明德中心幼儿园和中山市小榄镇广源学校联合设计了"我是班级小主人"衔接课程，开展了从幼儿园"谁是小主人？""小主人准备好了吗？""小主人，行动吧"到小学"升班小主人"四个阶段的探索（图1），充分挖掘幼儿的想法，满足幼儿的探索需求，支持幼儿的自主尝试，开启班级小主人之旅。

图1　四阶段活动路径图

（一）活动目标

1. 幼儿园目标

（1）通过亲身体验、实际操作，萌发关爱身边人的情感，懂得感恩和尊重身边的劳动者，树立正确的劳动观念，养成良好的劳动习惯。

（2）通过自主制订计划、确定任务分工、分组完成工作等，主动承担班级的劳动任务，培养初步的集体荣誉感、责任感和任务意识。

（3）通过各种活动提升表征能力和前书写能力，为进入小学做好准备。

2. 小学目标

（1）在日常劳动教育过程中积极参与班级事务，培养小主人意识。

（2）在劳动实践中学会观察、学会思考、学会动手，培养动手实践能力。

（3）在劳动实践中积极参与、合作探究，形成团队意识。

（二）活动准备

1. 幼儿园准备

（1）经验准备：幼儿已具备初步的劳动能力，认识常用的劳动工具。

（2）物质准备：相关绘本《小威向前冲》《妈妈的魔法肚子》《我是班级小主人》《你的手，我的手，他的手》。

（3）材料准备：气球人手一个、宝宝成长变化图、保育老师日常工作图片、白纸和笔、常用的劳动工具若干。

2. 小学准备

（1）经验准备：小学生在幼儿园时期已有值日生工作经验，并对上小学以后争当值日生有更强烈的意愿。

（2）物质准备：各类劳动工具。

（三）活动过程

1. 第一阶段：谁是小主人（幼儿园大班）

图 2 "谁是小主人"活动导图

活动案例：大肚子初体验。

（1）谈话导入：宝宝从哪里来？

通过谈话，让幼儿知道自己从哪里来，了解宝宝在保育老师肚子里的变化。

师：小朋友们，我们的恩恩阿姨怀孕了，所以肚子变大了。你们知道自己是怎么来到妈妈肚子里的吗？

乐：我知道，我看过一本书，就是爸爸有一个精子，精子和卵子结合，然后就有了小宝宝。

……

（2）绘本欣赏：《小威向前冲》。

通过绘本欣赏，让幼儿了解自己的由来，知道宝宝在妈妈肚子里怎样生活，以及如何成长变化。

师：宝宝在妈妈肚子里是怎么吃东西的呢？

桐：有一根脐带。

瑶：宝宝通过妈妈的脐带吸收营养。

……

（3）游戏体验：特殊的一上午。

通过游戏让幼儿体验大肚子生活工作的不方便（图3），感知保育老师和妈妈怀孕时的辛苦，懂得体谅、感恩身边人。

图3　大肚子初体验

恒：恩恩阿姨挺着大肚子还要做很多的事情，会不会很累呢？

朗：宝宝会不会也很累？

师：你们想不想体验一下恩恩阿姨做事的感受呢？

幼儿在衣服里塞入吹满气的气球，参与日常生活和游戏，体验大肚子的感受。

师：谁想分享今天上午体验大肚子的感受呢？

师：除了用语言表达，你们也可以把自己的感受画下来哦。

图4　幼儿的感受

（4）延伸讨论：我可以为阿姨、家人做些什么？

师：原来，怀孕很辛苦。如果我们的老师、家人怀孕了，我们可以帮助她们做些什么事情呢？

静：我要给妈妈端水喝。

浩：我会帮助妈妈做家务。

教师反思：活动从谈话开启，围绕幼儿感兴趣的"恩恩阿姨怀孕了"这个话题进行讨论，并借助绘本丰富幼儿对妈妈怀孕过程的认知。由于幼儿的学习方式是直接感知、实际操作、亲身体验，相比讨论和阅读，真切的感受更容易让幼儿产生共情。幼儿共情能力的培育也是我们在进行德育活动时需要关注的，感同身受才能萌发对人和事件的关爱和关注。因此，我们设计了"特殊的一上午"体验活动，让幼儿衣服里塞着吹满气的气球去参与日常生活和游戏，让他们有更深刻的体会，萌发关爱母亲、关爱阿姨的情感。

2. 第二阶段：小主人准备好了吗？（幼儿园大班）

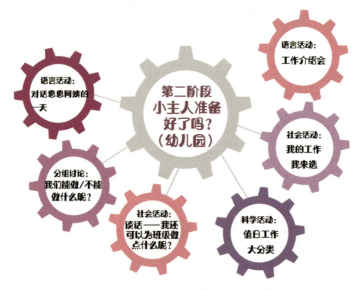

图5 "小主人准备好了吗？"活动导图

活动案例：对话恩恩阿姨的一天。

认识保育老师一天的工作。

（1）讨论。

恒：恩恩阿姨怀孕了，每天要做那么多的工作，不是很辛苦吗？

睿：我们可以帮恩恩阿姨啊。

师：小朋友们知道恩恩阿姨每天要做哪些工作吗？

嘟：阿姨要打扫教室。

师：小朋友们说的都对，阿姨一天要做的事情很多，我们怎样记录下来呢？

媛：我们可以用手机把恩恩阿姨做的事情拍下来。

幼儿用自己的方式观察、记录、了解保育老师一天的工作。

（2）讨论：恩恩阿姨的工作我可以做吗？

教师提供一张记录表，幼儿自主分成4个小组，把自己观察到的保育老师的工作在空格上用绘画形式进行表征。完成表征后，小组开始讨论：恩恩阿姨的工作哪些是我们可以做的？哪些是我们不可以做的？小组长进行记录，认为可以做的打"√"，不可以做的打"×"。

每组小组长分享讨论结果。

图6　分组讨论　　　　　　　　　图7　分享讨论结果

恩恩阿姨进行小结。

（3）延伸：我还可以为班级做什么？

教师为幼儿发放调查表"我能为班级做什么"，让幼儿设想除了保育老师的工作以外，班级里还有哪些工作是幼儿可以承担的，引导幼儿将自己想为班级做的事情画下来。

图8　"我能为班级做什么"记录表　　　　图9　自选报名表

鼓励幼儿大胆分享自己的想法，教师进行个别记录。

结合幼儿两次讨论结果，制作"我是班级小主人"思维导图。

幼儿自主认领工作，在工作认领表上写上学号和完成工作的时间。

教师反思：在整个活动中，我们始终给予幼儿充分参与、自主选择的机会，这和以往由教师安排的值日生工作有很大的不同。幼儿通过观察记录—分析判断—分组分享—自主报名的路径完成了值日生工作的种类、分工、策划的全过程，充分体现了幼儿在活动中的主体性。如第二个环节讨论"恩恩阿姨的工作我可以做吗？"充分发挥了幼儿的思考能力，让幼儿从安全性、身高、年龄特点的角度去判断和分析哪些工作是适合幼儿做的，这也是对自我进行正确认知的一次好机会。

3. 第三阶段：小主人，行动吧（幼儿园大班）

图10　"小主人，行动吧"活动导图

活动案例：值日生之困怎么解？

（1）小主人的行动。

幼儿根据自己的选择，按照规定时间开始工作。开始的时候，幼儿开心地沉浸其中，享受着劳动带给他们的快乐。慢慢的，问题开始凸显出来，幼儿只沉浸在劳动的快乐中，没有关注到劳动的质量，所以经常出现要保育老师返工的情况。

（2）发现问题—集体讨论—提出策略—解决问题。

师：这几天，我发现大家虽然都很积极地帮恩恩阿姨承担了班级里的很多工作，但恩恩阿姨在你们睡觉之后，还是把这些工作重新做了一遍，你们说这是为什么呢？

引导幼儿发现各个组存在的问题，并通过讨论找到解决问题的方法和策略，并尝试解决。以拖地小分队为例，引导幼儿通过讨论发现如下问题。

①有的小朋友对值日生工作的责任感不强，存在敷衍了事的情况。

②如何使用拖地工具、怎么拖等问题还没有解决。

教师适时提供了支架：首先以问题驱动，引导幼儿讨论解决问题的方式。例如，怎样拖才能确保每一处都拖干净？怎样使拖把吸入适量的水？等等。让幼儿自由发表意见，鼓励幼儿创造性地提出解决问题的方法。其次鼓励幼儿充分尝试，允许他们试错，并适时地进行小组分享，让幼儿互相交流和学习。

（3）我为自己来打星。

师：今天，小朋友们几乎都能完成自己的任务。现在老师要邀请小朋友为自己的表现打星，在这个过程中，你觉得自己的表现怎么样呢？请你根据自己的表现为自己打星，认为自己完成得非常棒的打三颗星星，认为自己完成得还可以的打两颗星星，认为自己下次还需要改进的打一颗星星。

除了幼儿自我评价外，教师也让同组的幼儿相互评价，让幼儿在认可别人劳动的同时也关注到存在的问题。教师在小结时进行有针对性的表扬和鼓励，总结幼儿劳动过程中的亮点与需要改进的地方。

教师反思：幼儿在劳动过程中出现问题是正常的，毕竟这是幼儿第一次独立地完成班级里的劳动任务，所以要先认同幼儿的学习过程是循环反复，并非一蹴而就的，要帮助幼儿发现问题，提出解决问题的方法，验证自己的设想，最后分享结论。这也是幼儿劳动教育中所倡导的解决问题能力培养的关键。

活动最后运用多维的评价方式，让幼儿对自己和同伴进行评价，增强自身的责任感和任务意识。

活动案例：小主人的成长。

（1）采访：我做小主人的感受。

师：当你帮助阿姨、老师、小朋友工作时，你心里有什么感受呢？

禧：帮助阿姨擦桌子，虽然有点辛苦，但是很开心。

（2）谈话：我还可以为幼儿园做些什么？

师：我们除了可以帮助阿姨、老师、我们班的小朋友做事情，还可以帮助幼儿园做哪些事情呢？

洛：我们可以帮幼儿园浇花。

根据幼儿的想法，将幼儿分为三个小组：捡落叶组、擦椅子组、擦车组。幼儿分小组开展活动。

（3）亲子活动：我可以为父母做些什么？

给幼儿布置一个小任务，回家帮助父母和其他长辈做一件力所能及的事情，表达感谢，将照片分享到 QQ 群中。

鼓励部分幼儿分享自己为家人做的事情，教师给予表扬和奖励。

（4）感恩环节：听我说谢谢你。

师：小朋友们，这学期结束，恩恩阿姨就要在家休息，准备生宝宝了。恩恩阿姨辛苦了，我们可以做些什么事情来感谢恩恩阿姨呢？

静：我想给阿姨一个爱的抱抱。

小朋友齐唱《听我说谢谢你》送给阿姨。

教师反思：这部分是整个活动情感的升华。在前几个环节，幼儿已经初步形成了关爱保育老师的良好品质，养成了良好的劳动习惯，掌握了解决问题的能力。在此基础上，我们把品德教育目标再次升华，让幼儿把劳动带来的快乐和成就感延展到整个幼儿园和家庭，萌发自己不仅是班级小主人，还是幼儿园的小主人、社会的小主人的角色认知，初步形成集体荣誉感和自豪感。

4. 第四阶段：升班小主人（小学一年级）

图 11 "升班小主人"活动导图

活动案例：我的值日金点子。

（1）问题驱动，展开讨论。

师：同学们的值日生工作已开展了三周，大家有没有发现值日生工作中有哪些问题需要解决？

婷：有些同学每次都用课间的时间做值日生工作，连喝水、上厕所的时间都没有了。

（2）谈话：出谋划策金点子。

师：针对刚才几位同学提出的问题，我们先把问题分类。这两个问题既属于工具使用方面，也属于时间安排方面……下面大家可以针对以上的问题写下自己的建议，然后放到箱子里。

请提出问题的学生上前抽取答案，并读出解决问题的策略。如果认同这个策略，可以送他一朵小红花。如有疑问，可直接向投票人提出建议，直至找到最好的金点子。

（3）小辩论：值日生工作是在课间完成好，还是在放学以后完成好？

针对争议最大的时间安排问题，教师组织一场小型辩论赛，让学生自行选择观点，并自行选取四个代表展开辩论。

（4）总结提升：强调值日生工作的意义，提出作为学校和班级的小主人，在遇到问题和困难时，要积极主动地想办法，寻求帮助。知道劳动可以创造美好生活，劳动可以帮助我们解决生活中的问题。

三、活动方案反思及设想

（一）反思

1. 以目标为导向的整体活动设计

活动目标是活动的依据，是活动的核心和灵魂。本次活动紧紧围绕目标展开，设计了"谁是小主人""小主人准备好了吗？""小主人，行动吧""升班小主人"四个部分。经过一学期活动的持续开展，大部分幼儿都能积极主动地完成任务，具有一定的坚持性，萌发了劳动能让我们的环境变得更美好、劳动就是解决日常生活中的问题的正确观念，养成了爱劳动、勤劳动的习惯。

2. 体现了幼小衔接活动从广度到深度，再到厚度的三维发展路径

以往开展的值日生活动，一般都是由教师自上而下地发起，幼儿大多是被动地参与。著名教育家苏霍姆林斯基指出："只有能够激发孩子进行自我教育，才是真正的教育。"自我管理是幼儿成长到一定年龄阶段的内在需要，我们应当抓住教育契机，为幼儿创造机会，实现幼儿的自主管理，使幼儿从被管理者成为管理者，成为班级的小主人。

本次活动是幼儿基于同理心，以及对身边成人的关爱及共情，自主发起的一次活动。在活动过程中，幼儿通过充分的体验、感受、调查、分析、归类等，策划、组织、整理、开展班级值日生工作，培养了关爱他人、乐于与他人合作、有集体荣誉感和责任感等良好品质。这体现了我们的幼小衔接活动从关注内容的跨领域融合（广度）到关注幼儿在活动中的认知发展，最终达到关注幼儿的品德启蒙的三维发展路径。

3. 关注了从幼儿园大班到小学一年级劳动习惯及劳动能力培养路径的衔接

自我胜任力是幼小衔接能否顺利过渡的关键所在。有意义的、在最近发展区内的理想的"挑战"，能让幼儿在任务完成时获得胜任感和自信心。本活动中，儿童从幼儿园升入小学，其自我要求和自我定位在不断提升，从自我服务、服务

他人到服务集体，在每一次任务探索过程中探寻适合自己的目标。教师支持儿童将大目标分解成一个个小目标，逐个达成，使儿童在活动过程中的每一步都处于最佳的动机水平，并不断获得掌控感和胜任感。

图 12　幼儿园值日生工作路径图　　　图 13　小学值日生工作路径图

在整个活动中，教师根据幼儿的兴趣点和困惑，创设了多次讨论的机会，让幼儿通过对话表达感受、分析问题、判断讨论、分享总结。在这个过程中，为了支持幼儿的深度探究，教师以问题作为驱动，引导幼儿对遇到困难如何解决等进行思考。例如，教师会利用离园前的时间，通过播放照片的方式让幼儿分享今天自己做了什么、遇到了什么困难或者有什么劳动小技巧。当幼儿在劳动过程中遇到问题时，教师会主动把问题抛给其他幼儿，请他们尝试解决，引导幼儿借助同伴的力量巧妙解决这些问题，发挥幼儿主动思考及解决问题的能力。这些都是幼儿与自己、与同伴、与环境、与劳动对话的不同方式。

4. 在活动中有效促进幼儿在幼小衔接阶段前书写能力的发展

活动过程中，教师创设了多次机会让幼儿通过自己的方式对想法进行表征，包括运用图形、符号等工具进行表达，丰富了幼儿的前书写经验，增强了他们用书写进行表达的自信。

（二）下一步支持与设想

回顾整个活动，依然有个别幼儿因为各种原因不能很好地坚持完成任务，需要教师提醒和监督，责任意识和自我管理意识还需要提高。下学期，幼儿即将升入小学，成为一名光荣的小学生。对幼儿来说，发现自己的成长，体验在小学中角色的转变，可以进一步满足他们渴望成长的需要，满足他们获得自信与成就感的需要。我们将继续坚持将劳动融入幼儿的生活与学习中，期待幼儿通过为自己、他人及集体服务，体会劳动的价值和意义，在不断的坚持和积极的反馈中形成客观、正向的自我认知，获得良好的品德发展。

典型活动案例

辩论赛：你喜欢做值日生吗？
（幼儿园大班）

活动目标

1. 了解值日生的责任，萌发主动为班级服务的想法。

2. 懂得做事情要坚持，三心二意不能把事情做好。

3. 能有序、连贯、清楚地表达自己的观点，并结合情境理解一些表示因果关系、假设等的相对复杂的句子。

活动准备

1. 经验准备：幼儿已有丰富的值日生工作经验，并根据自己的意向选择了"喜欢"或"不喜欢"一方。

2. 环境准备：创设辩论赛场地，准备好主持人、辩手和观众的位置等。

活动过程

1. 辩论赛预热，介绍辩论赛的背景及流程。

教师介绍举办辩论赛的原因，简单描述近期值日生工作中出现的问题，提出辩论赛的要求、规则与流程。

2. 辩论赛开启，幼儿分组并选出队长，确定自己的立场。教师以问题驱动方式引导幼儿思考。

驱动问题：你为什么喜欢／不喜欢值日？如果班级里没有值日生会怎样？

辩论过程：

正方一辩：如果没有了值日生，课室就会变得乱七八糟，很不干净。

反方一辩：因为做值日生太累了，有好多事情要做，所以我不想做。

正方二辩：我们可以分工合作，每人负责一件事情，就不会那么累了。

反方二辩：可是当值日生就没有时间玩玩具了。

正方三辩：我们快点把事情做完就可以玩啦！

正方二辩补充：老师、阿姨很辛苦，我们也应该帮忙。

3. 辩论赛评价，请全体幼儿投票选择自己赞成的观点。

从投票结果来看，正方观点"喜欢做值日生"以微弱的优势胜过反方观点。从"是否需要值日生"这一问题的投票结果来看，幼儿肯定了值日生工作的重要性和必要性（表1）。

表1 投票结果

投票人数	喜欢做值日生	不喜欢做值日生	需要值日生	不需要值日生
35人	20人	15人	23人	12人

4. 延伸活动：如何做好值日生？

（1）小组讨论：由拖地组引发的问题。

师：昨天我听恩恩阿姨说，拖地组的小朋友拿拖把当毛笔，在走廊到处"画画"，有人和我说说发生了什么事吗？

幼：是鹏鹏带头玩的。

师：这几天，我发现大家都很积极地帮助恩恩阿姨做了很多工作，但恩恩阿姨在你们睡觉之后，还是把这些工作重新做了一遍。你们说这是为什么呢？

（2）脑力较量，共同解决值日生的"难题"。

幼儿发现值日生工作存在的问题后，提出要对值日生工作的内容进行调整。他们用调查表的形式，将值日生要做的事情一一记录下来，结果发现值日生的工作内容实在太多了。于是，教师指导幼儿对值日生工作进行分类（表2）。

表2 值日生工作分类

类型	具体内容
任务简单，可以由幼儿独立完成的工作	放水杯、挂毛巾、整理自己的桌面、整理自己的书包柜……
可以安排值日生独立完成的工作	照顾自然角、分发物品、提醒和统计签到情况、分发餐具、扫地、拖地
需要老师和阿姨协助的工作	清洗托盘、擦洗教玩具、整理物品与图书

5. 制作值日牌，进一步明确值日生的工作职责与任务。

为进一步强化大家的值日意识，幼儿决定用图画和文字相结合的方式制作不同类别的值日生挂牌，这样值日生可以更明确自己的职责和任务。最后，通过票选的方式选出自己心目中最喜欢的值日生牌。通过优化值日生牌的方式，每个幼儿都清楚了自己的身份和值日内容。

6. 再次讨论：值日生如何选择自己想做的工作？

有的幼儿提出，每次都选不到自己想要的岗位。教师再次组织幼儿讨论"值日生如何选择自己想做的工作？"这个问题。

幼儿想出许多对策，提出了一些建议（表3）。经过思考讨论、利弊权衡后，他们举手通过了第一种对策，同时还想出了一个附加条件——每项值日生工作不能重复选择三次以上。这样既给其他人公平选择的机会，也给自己尝新的可能。

表3　幼儿想出的对策

对策编号	具体内容	利弊
一	按回园先后顺序选择	有些小朋友的家离幼儿园很远，有些却很近，这对住得远的小朋友不公平
二	按早餐完成先后次序选择	有时候为了能吃得快点，肚子会不舒服
三	按自己擅长的劳动选择	很多小朋友擅长的劳动项目都一样，他们选择了同一个值日生岗位
四	按举手的速度选择	万一出现举手一样快的同伴应该怎么办？如果老师没发现我是最快举手的怎么办？

活动反思

幼儿从中班开始接触值日生工作，到了大班以后，难免对值日生工作产生"职场"倦怠。在这场"唇枪舌剑"之战中，幼儿对自己的观点进行了阐述、思辨，促进了语言表达能力和逻辑思维的提升，在质疑、反驳他人提出的观点时，也推动了批判性思维的发展。总结时，教师并没有强调辩论结果的输赢，而是通过问题引导幼儿反思，培养幼儿的思辨和表达能力。

在这次"脑力较量"的背后，教师引导幼儿再次梳理值日生工作的类别、制作有归属感的值日生牌，一起解决当前的难题。通过不断思考、探索、总结，无形中重新激发幼儿对值日生工作、对劳动的期待和热情。从以前的参与者、执行者转变为现在的制定者、维护者，幼儿在一次又一次的回顾、提升和创新中完成蜕变。

值日生工作大升级

（小学一年级）

活动目的

1. 在日常劳动教育过程中调动参与班级事务的积极性，培养小主人意识。

2. 在劳动实践中学会观察、学会思考、学会动手，培养动手实践能力。

3. 在劳动实践中积极参与、合作探究，形成团队意识。

活动过程

1. 引入：升班小主人。

师：同学们，我们每个人都是一（3）班的小主人，都有做班级工作的责任。老师知道你们在幼儿园也做过值日生工作，现在进入小学了，我们怎样把值日生工作升级呢？

2. 分组讨论：如何升级值日生工作？

（1）问题一：班级的日常值日生工作有哪些？

教师鼓励学生通过观察、记录、访问等方式进行资料收集，小组形成统一意见后派代表汇报。

（2）问题二：每天我们要进行两次值日，中午的时间只有 10 分钟（12：25—12：35），时间短、任务多，怎样才能做好值日生工作呢？

生1：吃完饭快点回来做。

生2：多安排几个人做，或者每人做一样……

师：大家再想想，哪些工作可以自己做？哪些工作需要值日生做？

生3：其实桌子我们可以自己摆好，扫地需要3组，那就3个人。

生4：拖地，中午时间短，我们只需要把有污迹的地方拖干净就行了，不需要全部拖，1个人就可以了。

生5：擦黑板、整理讲台、整理图书这些工作也可以由1个人完成。

　　教师小结：我们每个人都是班级的小主人，班级是我们共同的家，我们要维护好它，最好的方法是爱护身边的环境，课后马上收拾卫生，形成好的习惯与意识。下课五部曲：一收书本，二摆桌椅，三拉书包，四捡垃圾，五立正。

　　3. 实操演练：在实践指导中提升效能。

　　（1）摆桌椅组。

　　师：如何才能将桌椅摆整齐呢？

　　引导学生从不同角度观察桌子的位置，让他们发现桌子的脚不论横看还是竖看都能连成一根线。

　　师：你们的发现很棒，但我们如何能确认这一根线直不直呢？

　　生：地面上的瓷砖排成了一根直线。

　　生：桌子比瓷砖大，要对齐哪一根线呢？

　　生：对齐左边桌脚的线。

　　引导学生观察左边的桌脚是否与线对齐。

　　（2）扫地拖地组。

　　师：你们在幼儿园是怎么拖地和扫地的？

　　生：画8字，哪里脏拖哪里。

　　师：但值日的时间是有限的，如何做到既快又干净呢？

　　生：我们分成3组，用不同的方法来比试比试，然后大家一起投票。

　　实践后的结论：每一组都是竖着摆的，每一组都有过道，我们应该向着一个方向扫，才不会出现两组"打架"的情况。

　　（3）擦黑板、整理讲台与图书组。

　　学生通过实践发现最佳的方式，比如擦完黑板后还会留下痕迹，实践后发现，用干净的抹布擦黑板比较干净。

　　师：讲台与图书角要怎么整理呢？幼儿园也有图书角，你们有什么好经验呢？

　　生：图书要从大到小放，不要折了书，书脊要向着外面，让大家看到是什么书。

　　师：这个办法很棒，但还要注意把周围的尘土擦干净。书本是我们的好朋友，我们要爱护它。

4．小结：实践出真知，在日常值日中学会合作。

教师对学生的实践进行总结，并对下一步工作提出建议。首先，提醒学生值日需要分工合作，具备团队意识。其次，引导学生学会互相配合。最后，引导学生在观察、发现、思考与实践中找到新的规律、方法，并在实践中不断强化，逐渐提升值日生工作效率。

活动反思

我们要相信：学生的能力是可以逐步培养的。在幼儿园，幼儿已经学会了使用劳动工具及值日生工作的方法，但小学的值日生工作有更高的要求，更讲究系统及效率。实践证明，学生的可塑性很大。每个活动环节，学生都积极参与其中，在实践中学会了观察，学会了思考，掌握了方法，这就是能力提升的过程。值日是一项团队工作，能够让学生在参与劳作中学会分工、学会帮助、学会包容。接下来只要做好评价制度，学生的值日工作就能常态化，后续也可以培养学生在家庭事务中动手的能力。

幼小深度共建　多元系统衔接

◎湛江市第一幼儿园　朱立涛、廖永俊、罗春丽
　湛江市第四小学　陈春艳、林伟燕、苏汝陶

一、要解决的问题

自上而下、由内而外地从机制、教研、幼儿活动等方面切实地做好双向衔接。通过系列活动帮助家长正确认识幼小衔接，家园合力共同帮助幼儿真正顺利地过渡。缓解大班幼儿的入学焦虑，使幼儿对小学充满期待与向往，以积极的心态迎接即将到来的小学生活。

二、活动实施方案

（一）总体目标

（1）开展联合教研，通过专家提升、幼小换位、外出参访等多元途径提升幼儿园和小学双方教师的专业水平。

（2）立足园（校）本课程，结合园（校）一日活动开展幼小衔接系列活动，完善园（校）幼小衔接课程，向"可推广、可借鉴"目标迈进，为儿童顺利适应小学生活打下坚实基础。

（3）幼儿园、小学、家庭、社区、高校共同参与，建立幼小衔接共同体，共同做好幼小衔接的深度共建。

（二）活动准备

（1）物质准备：幼儿园游戏场地、游戏材料，幼小衔接系列活动方案及对

应的材料、道具。

（2）经验准备：幼儿有一定的生活自理能力和社会交往经验，对小学有初步的认识。幼儿园与小学有开展联合教研、幼小衔接活动的经验。

（三）活动设计及活动过程

本活动自上而下、由内而外、多方协同、共同参与。为真正落实幼小衔接工作，建立幼小衔接工作机制，幼儿园与小学签约联盟，通过以下四种途径来实现从幼儿园到小学的自然衔接。

1. 精心部署，建立上层、教科研协调配合的幼小衔接工作机制

科学推进幼小双向衔接，做好顶层设计尤为重要。我们组建了以高校教授为导师、园（校）长为负责人、教学行政人员为责任人、级组长为核心、教师为主导、幼儿（学生）为主体、家长为辅助的团队，建立了多方衔接的长效工作机制（图1）。

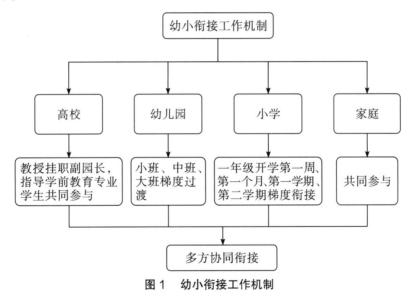

图1　幼小衔接工作机制

2. 联合教研，提升幼小教师专业水平，科学双向衔接

幼儿园教育与小学教育存在着一定的差异。学习上的差异主要体现在学习环境、学习内容、学习方式等方面；生活上的差异主要体现在交往方式、行为规范要求等方面。从幼儿园进入小学，幼儿的生活习惯、学习习惯、师生关系、行为

规范都需要向适应小学生的发展需求转变，因此幼儿园与小学开展联合教研活动是十分必要的。联合教研通过搭建幼小教研平台，针对具体问题进行具体分析，找准幼小衔接教育的关键点，寻找幼小衔接问题的解决方法与策略，同时挖掘教师潜能，提升教师的专业水平。幼儿园与小学以问题为导向开展联合教研活动，具体形式有专家引领、双向教学观摩、多层次教研、教师互换课堂、体验式交流等。每一次教研活动，双方都以客观的视角来看待事物的现象与本质，将理论与实践相结合。

3. 抓住关键，结合园（校）本课程扎实开展"四备四应"活动

基于大班幼儿与一年级小学生的年龄特点及园（校）实际情况，幼儿园和小学抓住幼小衔接的关键点，根据本园（校）课程，以游戏化、生活化的内容为载体，分别从"四个准备""四个适应"着手，落实幼小衔接课程内容（图2）。

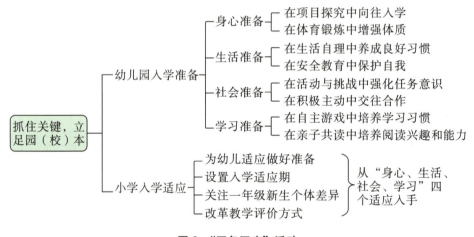

图2 "四备四应"活动

（1）幼儿园入学准备。

①身心准备。

在项目探究中向往入学。借助心理课题，根据幼儿年龄特点开展相应的活动，如小班"多才多艺的手"心理主题案例、中班"小鬼当家"心理主题案例、大班"我的名字"心理主题案例，帮助幼儿获得积极的情绪体验。开展"小学，我来啦！"项目式探究活动，让幼儿参观小学、实地考察，进行了一系列探究活动，如参加小学升旗仪式、观看小学入队仪式、小学体验课、采访哥哥姐姐、我眼中的小学、课间10分钟、小学生的红领巾，在项目式探究中对小学生活充满

期待与向往。

在体育锻炼中增强体质。幼儿在每天一小时的户外体育活动时间，通过一系列游戏化的体育活动，增强体质，为进入小学做准备。混龄体育活动、户外体育大循环、趣味早操等多样化的体育活动，让幼儿在掌握运动技能的同时增强体质。

②生活准备。

在生活自理中养成良好习惯。幼儿园根据小、中、大班幼儿年龄特点，梳理幼儿的自理能力水平，开展适宜的生活自理活动，帮助幼儿养成良好的生活习惯（表1）。把生活教育渗透在一日生活环节之中，抓住教育契机，增强幼儿的自理能力，引导幼儿在入园、盥洗、如厕、餐点、午睡、离园等环节做好个人生活管理，在劳动教育中提供幼儿服务他人、服务群体的机会。

表1　生活教育

年龄段	小班	中班	大班
教育形式	把生活教育渗透在一日生活环节之中；在生活游戏区锻炼幼儿自理能力"家园共育：居家小能手活动"		
活动	•个人自理能力培养 •自理能力比赛	•"我是小管家"值日生活动 •自理能力比赛	•"我是小管家"值日生活动 •设立个人物品管理柜 •小书包整理活动

在安全教育中保护自我。安全是开展各项活动的基础。为了让幼儿进入小学后能够有足够的安全防护意识，幼儿园利用安全教育平台，通过集体活动、晨谈活动、旗下讲话、随机教育、家庭安全教育等多种形式加强幼儿的安全意识（表2）。

表2　安全教育

年龄段	小班	中班	大班
教育形式	安全教育活动、安全教育平台、家庭安全教育		

③社会准备。

在活动与挑战中强化任务意识。丰富多彩的幼儿园活动为幼儿提供了更多表现、成长的机会（表3）。幼儿园以培养"自然、主动、和谐、快乐"的幼儿为目标，积极为幼儿打造展现自我的平台，让幼儿在开展活动或完成任务的同时，培养倾听与表达能力，增强自信心，让幼儿具备任务意识和执行任务的能力，更好地适应小学学习生活。

表3　幼儿园活动

年龄段	小班	中班	大班
游戏活动	班级表演区	趣闻分享员	•儿童议事会（参与管理幼儿园事务，收集幼儿意见并向园部反馈） •小喇叭广播站（包含诗歌、故事、新闻三种播报内容） •旗下活动（小主持、小旗手、小指挥、旗下讲话、旗下表演） •小小晨谈员
	•小主持、旗下表演 •班级角色游戏区		

在积极主动中交往合作。具备良好的交往与合作能力有助于幼儿入学后结交新朋友、认识新老师、逐步适应小学新的人际关系。为了能让幼儿与同伴友好相处、与同伴分工合作共同完成任务、喜爱自己的班级和幼儿园，幼儿园为幼儿提供多种交往与合作的机会（图3）。

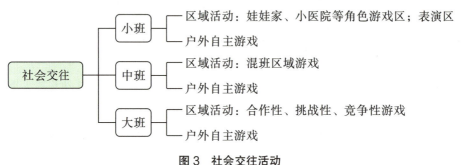

图3　社会交往活动

④学习准备。

在自主游戏中培养学习习惯。游戏是幼儿的基本活动，幼儿每天进行一小时的自主游戏。幼儿用自己喜欢的符号表达游戏计划，如"去哪玩、玩什么、和谁玩、怎么玩"；在游戏中专注、坚持、合作等；游戏结束后通过游戏故事回顾、反思、叙述和表达，获得学习经验。在"计划—工作—回顾"的过程中培养幼儿的专注力、坚持性、计划性（图4）。

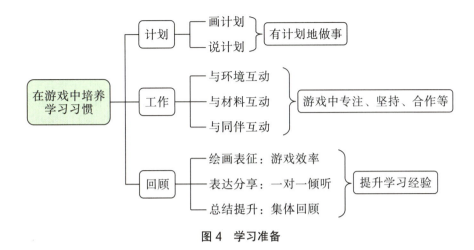

图 4　学习准备

在亲子共读中培养阅读兴趣和阅读能力。幼儿具有阅读兴趣和阅读能力有助于其入学后适应不同学科新知识和新技能的学习。幼儿园坚持开展"亲子阅读共同成长"系列活动，鼓励幼儿自主阅读，倡导亲子共读并通过绘画、手工、故事创编、故事表演、故事配音、童话剧等多种形式表现阅读内容，从看、听、说、画、演各个方面去深入开展活动，保持幼儿的阅读兴趣，提升幼儿的阅读能力（表 4）。

表 4　亲子共读活动

小班	中班	大班
图书漂流 （幼儿说，家长记录）	图书漂流 （幼儿说并尝试记录）	图书漂流（幼儿说、自主记录并进行复述）
亲子书签制作	亲子绘本制作	幼儿绘本创编
睡前故事会	图书交换活动	图书跳蚤市场
家园共育：家长故事团 故事表演活动、童话剧场、故事配音王等活动 语言区游戏（阅读区、文字游戏区、图书医院、故事创编区等） 表演区游戏（小舞台、皮影戏等）		

（2）小学入学适应。

为了让一年级新生做好入学适应，小学主动加强与幼儿园的教育衔接，致力于从身心适应、生活适应、社会适应和学习适应这四个方面建构一年级新生入学的适应衔接课程，帮助一年级新生逐步适应小学生活（表 5）。

表5 入学适应活动

身心适应	生活适应	社会适应	学习适应
小学半日游；新生入学培训	公众号新生指引；生活周体验	以活动为抓手：自我介绍、每天认识三个新同学、节日主题活动和安全教育活动	学校学科教学积极衔接幼儿园五大领域；项目式学习

①为幼儿适应做好准备。小学主动了解幼儿园教育的特点，创设包容性和支持性的学校环境，通过小学半日游、新生入学培训、公众号新生指引等方式，最大限度地消除一年级新生的陌生感和焦虑感，让他们以积极愉快的心情投入小学生活。

②设置入学适应期。小学一年级将入学第一周、第一个月、第一学期、第二学期作为幼小衔接适应期和巩固期，重点关注一年级新生的生理和心理需要，创设与幼儿园衔接的班级环境，适度调整作息安排，提供一定数量的图画书、玩具和操作材料，帮助一年级新生逐步适应从游戏活动为主向课堂教学为主的转变。

③关注一年级新生个体差异。充分理解和尊重一年级新生在原有经验、发展速度和发展水平上的差异，有针对性地为每个新生提供个性化的指导和帮助，通过正面的肯定和鼓励，支持新生不断获得积极的入学体验，让他们按照自己的速度和方式逐步适应小学生活。

④改革教学评价方式。中共中央办公厅、国务院办公厅发布《关于进一步减轻义务教育阶段学生作业负担和校外培训负担的意见》，提出"双减"，即进一行减轻义务教育阶段学生作业负担和校外培训负担。其中的"小学一、二年级不布置家庭书面作业"对质量提出了更高的要求。因此小学在教学评价方式上做出以下调整：

学科课程：以单元或主题形式对教材进行二次整合，用学习单厘清知识点，以闯关等游戏方式检查知识点学习情况，以活动体验提升学生的认知层面，以亲子项目式学习替代作业、拓宽学生的知识面。

单元及期末：一、二年级采用"游考"作为考核方式，即以游戏的方式考核学习效果。

4. 多方协同，幼儿园、小学、家庭、社区共同参与，建立幼小衔接共同体

幼小衔接不是幼儿园单方面努力就可以进行的，需要小学、家庭、社区共同参与。幼小衔接的真正落地是家长、幼儿园教师、小学教师、教育行政主管部门

多方协同的结果。如邀请专家、小学校长、幼儿园园长为家长举办幼小衔接相关讲座；家长、幼儿园教师、小学教师、教研员开展幼小衔接四方座谈会；幼小双方教师共同教研，并充分利用社区资源，建立幼小衔接共同体，为幼小衔接的开展保驾护航。

三、活动方案反思

（一）活动方案的价值

（1）通过幼儿园、小学、家庭、高校的多方协同、共同参与，建立幼小衔接机制，科学推进幼小双向衔接，为幼儿顺利适应小学生活打下坚实基础。

（2）帮助家长、教师树立正确的幼小衔接理念，缓解幼儿与家长的入学焦虑，帮助幼儿顺利地完成幼儿园和小学两个教育阶段的过渡。

（3）加强幼儿园与小学之间的联系，真正做到双向衔接，帮助幼儿在进入小学前养成良好的生活习惯和学习习惯。

（二）解决问题的程度

幼小衔接方面的一些重要问题得到解决。

（1）提升教师的专业素养。双向教研活动加深了教师对于幼小衔接的理解，尤其是小学教师，通过观摩幼儿园了解了幼儿园的教育教学方式，了解了幼儿的学习方式和特点，有助于小学更好地与幼儿园开展双向衔接，使幼小衔接只有幼儿园在做出努力的局面得到了改善。

（2）转变家长教育观念。家长在幼小衔接专家讲座、家长沙龙、教研活动、幼小衔接系列活动中更加了解了幼儿的学习方式，知道游戏是幼儿的基本活动，缓解了对于幼儿入学的焦虑，明白了幼小衔接的真正意义，在一定程度上转变了教育观念。

（3）缓解幼儿入学焦虑。幼儿进入小学一般会遇到以下一些问题：一是对周围环境的不适应。幼儿面对新的学校环境会有陌生感，会感到焦虑。二是对社会关系的不适应。面对新的同学、新的老师，担心能否友好相处，需要时间去适应。三是对学习方式的不适应。上课时间那么长，坐不住怎么办？听不懂课怎办？作业难不难？等等。幼小衔接系列主题活动能够帮助幼儿缓解以上情况。在一系列活动中，幼儿能够知道幼儿园与小学在校园环境、作息时间、上课内容等方面都有所不同，能够缓解因不了解小学情况而产生的入学焦虑。通过一系列有趣而不断深入的活动，幼儿也会对小学产生更多的向往与期待。幼小衔接并不是在大班才开始的，而是贯穿3年幼儿园生活，通过生活活动、体育活动、游戏活动、学习活动让幼儿感到身心愉悦，提升自理能力，养成良好的学习习惯和学习品质。

（三）有待完善的措施

幼小衔接需要各方一步一个脚印，坚持不懈地加强合作，在教育局的引领与大力支持下，形成常态化的联合机制，确保幼小衔接活动持续地、常态化地开展。

幼儿园与小学可多从教育教学、主题活动等方面合作，进一步深入探究主题内容，注重活动的生成性和延续性。

幼儿园要根据幼儿学习与发展的需要，提供丰富的环境、足够的材料。小学也应根据《小学入学适应教育指导要点》，从学生身心、生活、社会、学习四个适应方面抓住教育契机，让学生进行深度学习。

典型活动案例

分类梳理，议事管理
——我是幼儿园的小主人
（幼儿园大班）

活动目标

1. 在动手操作、亲身体验中，提升独立思考、分类梳理的能力。

2. 通过参加幼儿园的"管理"，在进入小学之际提升倾听与表达能力，增强任务意识，与同伴友好合作。

3. 乐于参与幼儿园的各项活动，有集体荣誉感，真正成为幼儿园的小主人。

活动内容

根据大班幼儿的需求，设立儿童议事会，让大班幼儿参与"管理"幼儿园。收集幼儿的想法，向幼儿园提出建议。通过让幼儿参与幼儿园的各项活动、幼儿园环境和活动区的改造，协助幼儿园开展重要活动，协助日常的班级巡视工作、晨接工作等，提升幼儿的倾听与表达能力、分类梳理能力、独立思考与合作能力，提高幼儿的任务意识。

活动准备

1. 材料：儿童议事会工作手册、儿童议事会会徽、儿童议事会工作服。

2. 环境创设：在幼儿园绘本馆布置温馨的儿童议事会会议室。

3. 幼儿前期经验：能够大胆表达自己的想法，能够用自己的方式进行简单的记录。

活动过程

（一）收集建议，成立议事会

学期初，大（四）班幼儿了解到幼儿园准备筹备园庆活动，纷纷向教师提出许多建议。这么多建议，哪个才是幼儿最需要且有意义的呢？大（四）班组教师指导幼儿向园长申请成立议事会，经过开会商量，把每个班的建议收集起来，进行分类整理，然后把工作计划好再推进。于是幼儿通过到各班走访等方式收集其他幼儿的建议和想法，并用自己的方式将任务内容记录下来。每个班都有很特别的想法，如何做到让每个班都了解且快速地推进呢？幼儿决定每个班进行自荐，选出志同道合的小伙伴，成立儿童议事会。

（二）分类梳理，整理议案

按照"计划—工作—回顾"的模式，幼儿集中在一起，和教师一起对收集到的建议进行分类梳理，拟定一学期的工作计划。其中有一条建议是提出参与改造幼儿园环境和活动区的议案。博萱："沙水区多放入一点玩具，还要在里面增加一艘船。"杰霖："增加棋类游戏区。"熙伦："幼儿园增加一个串珠子、项链的地方。"幼儿的多个提案被纳入了幼儿园的议程。

园部每周一协助幼儿召开会议。幼儿用自己的方式在工作手册上把任务内容画下来，他们有的用数字标明记录的顺序，有的用同类型的图形标明记录的顺序，记录完每一项任务都另起一行，有条不紊。随后，幼儿向大家分享自己的记录情况。幼儿分享的过程就是他们思考的过程，内容会在他们的脑海中再一次得到梳理。

（三）分类梳理，实施管理

大班幼儿根据议事会工作计划积极参与幼儿园的各项日常工作，在活动中提升动手操作能力、分类整理能力、社会交往能力、任务意识等，为进入小学做好准备。

（1）晨签分类，学会时间管理。升学在即，学会时间管理很重要。为培养良好的时间观念，懂得合理分配时间，能在一定时间内认真、专注、有计划地完成任务，幼儿通过了入园环节晨签决议。教师为幼儿提供了时钟，让每一个幼儿入园时能清楚地知道自己的入园时间，在签到表上找到自己的名字并签到，同时发展前书写能力。幼儿通过签到表对 7：40、8：00、8：10 三个时间段来园的同伴做了分类，可以清楚地知道自己与同伴本周、本月早来、按时来、迟来的情况。同伴间的相互鼓励有助于提醒幼儿按时来园，同时按时来园也是参加"管理"的基础。晨签活动让懂得时间管理的幼儿更自主、更自律。

（2）晨检分类，学会健康管理。幼儿入园后协助保健医生进行晨检工作，根据晨检情况分发不同颜色的手环，如给有咳嗽、感冒等症状，需要特别关注的幼儿分发红色手环，给指甲太长的幼儿分发黄色手环，给正常情况的幼儿分发绿色手环。在此过程中，小助手需要集中精神，关注保健医生的晨检情况，根据晨检情况发放各色手环，提升了专注力与分类、对应的能力，同时知道了健康很重要。

（3）引导分类，学会社交管理。小助手分工合作，除了分发手环，有的在入门处迎接其他幼儿，给予他们更多的安全感，遇到下雨天时则会拿着雨伞把其他幼儿迎接到晨检处；有的在楼梯口附近提醒其他幼儿及时回到班级，注意上下楼梯的安全；有的在操场上巡视，协助需要帮助的中小班弟弟妹妹，如安抚哭闹的弟弟妹妹；等等（图5）。

图 5　引导分类

（4）材料分类，学会学习管理。幼儿跟着教师巡查幼儿园，检查幼儿园户外活动区的环境、材料、卫生、安全等情况，并把巡查情况用图画的方式记录在工作手册中，向园长、主任反馈。当发现材料摆放不整齐等情况时会主动收拾整理，分类码放到指定的位置，并向园长、主任反馈情况，提醒各班幼儿注意游戏后材料的收纳。

（5）餐具分类，学会生活管理。餐后时间跟着教师巡班，了解各班幼儿的用餐情况并收集他们对食物的想法。比如观察各班幼儿是否会把勺子、碗、碟分类摆放，若有摆放不整齐的，会提醒并示范；把收集到的各班幼儿对食物的想法进行分类梳理，并向后勤园长和膳食委员会反馈。

（6）项目分类，学会活动管理。幼儿园重要活动的开展都需要做好周密的计划，议事会成员勇挑重担，成为幼儿园活动小小工作人员，对活动项目进行分工管理。比如在元宵节义卖活动、家长委员会活动中迎接家长，负责签到；当幼儿园有客人来园参观时，负责接待客人，向客人介绍幼儿园环境、课程和文创作品。

（四）辛勤"工作"，有所收获

大班幼儿经过一个学期的辛勤工作，获得了幼儿园为他们颁发的表彰奖状和"工资"。中班幼儿被邀请来见证这一时刻，9月份要升上大班的他们从哥哥姐姐手中接过接力棒，为接下来的大班"管理"工作做好准备。

活动反思

根据大班幼儿的需求，幼儿园为其创设"儿童议事会"这一平台，让幼儿有了更多参与挑战的机会，以及持续的、不断深度学习的契机。大班幼儿用自己力所能及的方式"工作"。例如，在"开会"时专心听、专心记，把任务用图画的方式记录在工作手册上，锻炼了思维能力；在分享的过程中提升倾听与表达的能力；在晨检活动中时刻留意保健医生的晨检情况，保持专注以免分错手环；在巡查幼儿园时，锻炼了责任意识；在为集体劳动的过程中，收获了有益于身心发展的经验；在"计划—工作—回顾"的模式中，对各项问题进行分类梳理，这为日后进入小学做好了准备，同时提高了发现问题、分析问题、解决问题的能力。

幼儿在"工作"中收获了劳动的喜悦、宝贵的经验，真正成为幼儿园的小主人，为进入小学后在身心、生活、社会、学习方面的适应做好准备。我们将继续耐心倾听幼儿的声音，给幼儿时间和空间，让幼儿成为主角，去发现，去探索，去表达，去成长。

"慧"分类，"乐"整理
（小学一年级）

活动目标

1. 认识和理解分类的过程，体会分类的含义和方法，知道分类标准不同，分类过程和结果也不同。

2. 能运用分类方法解决生活中相关的实际问题，感受分类在生活中的作用。

3. 完成比较简单的个人物品整理与清洗，居室、教室等场所的卫生保洁、整理与收纳，以及垃圾分类等劳动任务，形成"自己的事情自己做"的意识，进一步培养生活自理能力。

活动内容

1. 活动一："慧"分类，学习分类知识。

（1）开展新生入学培训第一课。指导学生认识教室、书桌、书包、文具及课本，指引学生规范收纳课桌，介绍不同时间段关于分类整理的相关活动。

（2）在常态数学课中学习分类的知识。北师大版数学一年级上册第四单元

"分类"，主要利用学生生活经验和幼儿园相关活动经验，让学生通过具体形象、生动活泼的活动方式学习简单的分类知识。

2．活动二：运用分类知识，整理书包。

在常态劳动课"整理书包"中，学生利用数学课所学知识把自己书包里的所有物品进行分类，然后比一比规定时间内哪位同学能又快又好地整理书包，为接下来劳动技能大赛初步选拔种子选手。

3．活动三：在生活中深化理解分类。

开展垃圾分类主题班会，让学生通过视频、游戏等方式了解垃圾分类的方法、意义和必要性，以及垃圾分类过程中应注意的事项，同时向学生宣传家庭生活垃圾分类对环境改善的促进作用。

4．活动四："乐"整理，爱劳动。

开展劳动技能大赛活动。比赛项目有穿校服、系鞋带、整理书包和垃圾分类。

活动准备

1．材料准备：书包、文具、课本、水杯、文件袋、垃圾图片、四类垃圾桶、计时器。

2．环境创设：根据《小学入学适应教育指导要点》中生活适应建议，家校合作，引导学生根据课程和活动安排，学会独立清点、带齐每日学习和生活用品，分类摆放；课间准备好下节课所需的书本和学习用品；放学时收拾整理好个人物品。

3．学情分析：学生入学前已对日常生活中的分类有了初步的认识，而这些事物又是学生十分熟悉和感兴趣的。

活动过程

（一）活动推介，经验准备

教师利用问卷星向幼儿园教师、家长及学生了解一年级新生的分类整理能力。开展新生入学培训课，介绍分类整理活动的目的、主要内容和过程，让学生了解每个小活动的要求和相关课程内容，为推动活动的进程做好经验准备。

（二）宣传发动，群策群力

1．将各个小活动的意图、内容和过程分时间段在微信群里与家长分享阐述，让家长了解各项活动，并配合支持活动的开展。

2. 行政人员和一年级教师认真准备相关资料，开展相关主题班会和学科课程教学。在班会和相关学科教学中，注意方法的引领和加强实践操作，让学生多看、多思、多练、多说。

3. 加强家校共育。在家庭中实践巩固落实学习任务，通过微信、班级优化大师等平台打卡分享学习成果。

（三）活动落实，教师跟进

各项活动准备就绪后开始推进，正、副班主任跟进落实的情况，并注意渗透劳动教育和人际交往教育等。通过活动帮助学生熟悉老师、结交伙伴，逐步融入小学生活。教师记录和分享学生在校学习情况，向家长反馈各项活动的实情，出现问题时及时调整。

（四）经验分享，表彰鼓励

对于积极参与活动、表现优秀的学生，教师予以表扬、鼓励并颁发相应的证书，请学生分享参与活动的感受和对活动的建议，并在此后活动中进行调整。对于参与积极性不高或没有认真学习、掌握方法的学生予以批评指正，可以安排表现优秀的学生进行辅导、监督。在一段时间后，教师再次抽查，以此加强班级凝聚力和帮助学生养成良好的行为习惯。

活动反思

活动内容源于学生的生活，贴近学生的生活。本活动通过让学生观察、思考、探究、讨论、体验，实现综合实践与劳动教育相结合、学科教学与劳动教育相结合、班会活动与劳动教育相结合，形成系列化教育活动。学校、家庭、社会加强合作，形成教育合力，积极促进学生劳动价值认同，构建"家校社一体化"育人模式。通过活动培养学生有序、分类整理文具和书本的好习惯，让学生增强了自我服务意识，使刚入小学的学生对小学生活越发充满兴趣和信心，为接下来的学习打下良好的基础。

共培共育　科学衔接

◎湛江市第四幼儿园　杨小媚、赵绮琪、邓翠萍
　湛江市第二十七小学　林仁花、张锦红、赖明

一、幼小衔接活动背景

幼儿园和小学需要共同设计阶梯式活动方案，设计有针对性的板块活动，互相整合，循序渐进地提高幼儿在身心、社会、生活、学习等方面的能力准备，培养良好习惯，建立对小学生活的积极期待和向往，减缓入学坡度，为幼儿可持续发展和顺利过渡到小学打好基础。

二、活动实施方案

（一）总体目标

重点关注幼儿身心健康、学习品质及社会性发展等关键素质准备：注重锻炼幼儿健康的体魄，养成幼儿良好的生活习惯和自理能力；激发幼儿学习兴趣，培养幼儿勤学好问、认真专注的学习习惯；帮助幼儿树立初步的任务意识和规则意识，形成诚实守信、团结友爱、互帮互助等道德品质；激发幼儿对小学生活的积极体验和向往，实现家庭幼小衔接教育的一致性、幼儿园和小学的双向衔接。

（二）各板块目标

（1）生活习惯：幼儿有自我服务的意识，拥有自我服务的简单技能。
（2）运动习惯：培养幼儿积极参加体育活动的习惯，使幼儿对体育锻炼感兴趣。

（3）心理准备：激发幼儿对小学生活的积极向往，使幼儿有良好健康的心理。

（4）社会行为：培养幼儿树立规则意识，学会交往，自信勇敢、乐观向上，有集体荣誉感和责任感。

（5）学习习惯：培养幼儿良好的学习习惯，激发幼儿学习的热情和信心，向往小学生活。

（三）活动准备

（1）环境创设："班级约定""比比谁最棒""规则墙""好习惯"互动墙饰，"我长大了"主题展板，离园倒计时日历。

（2）布置自主游戏、角色扮演区域环境并投放材料（红领巾、小黑板等）。

（3）准备跳绳、篮球等体育器械，布置户外体育循环运动带等。

（4）制作家庭劳动教育、体育活动指导微课。

（5）拍摄和收集幼儿在园、在家认真学习、坐姿端正的照片。准备"居家小任务"安排表。

（6）邀请小学生（少先队员）来园与幼儿交流。

（7）与社区小学联系，组织大班幼儿参观小学。

（8）模拟小学课堂情境，准备下课铃声等。

（四）活动设计

活动分为五个板块进行，分别是幼小衔接中的生活、运动习惯、心理、社会行为和学习习惯方面的准备。各板块内容互相渗透，在课程、游戏、生活、体育等活动中实践，通过师幼互动、幼幼互动，家庭、幼儿园、小学三方联动等策略实施推进。

各板块主要环节内容及实施时间见表1至表5。

表 1　板块一：生活准备

活动	环节	具体实施内容	时间
幼儿园活动	守时小达人	幼儿每天按时来园后打卡	每天
	班级约定	幼儿与教师共同制定班级规则	学期初
	值日生	幼儿轮流当值日生，分工合作完成当天的任务，如整理图书，收拾玩具、游戏材料，餐后整理，照顾植物等	每天
	种植	组织幼儿到班级负责的种植园地开展翻土、浇水、整理等种植活动	每周两次
	自理能力竞赛	各级组开展整理床铺、穿脱鞋袜、收拾书包等竞赛	每月一次
小学活动	班级约定	学生与教师共同制定班级规则	学期初
	值日生	学生轮流当值日生，分工合作完成当天的任务，如整理图书、整理教室平台、打扫教室卫生、照顾植物及搬运发放课间牛奶	每天
家园（校）共育	制作居家一日作息时间表	家长与孩子共同制作居家一日作息时间表，并鼓励孩子遵守	周末
	幼小衔接生活指导微课	教师制作微课或美篇，指导家长在家帮助幼儿开展家务等劳动；小学教师开学后对家长提出帮助孩子适应小学生活的配合要求	大班下学期及小学开学前几天
	整理文具	家长与孩子根据课程表，整理好第二天上学所需的文具	每天晚上

表 2　板块二：运动习惯

活动	环节	具体实施内容	时间
幼儿园活动	早操活动	大班级早操创编，增加队形变化及动作难度	学期初
	体能大循环	利用器械搭建运动带，各班之间循环训练各项体育技能	每周两次
	自选体育活动	幼儿自主选择体育项目开展锻炼	每天课间户外体育锻炼 1 小时
	单项体育技能竞赛	各级组进行体育技能项目竞赛，如立定跳远、跑步、跳绳、球类运动等	每月

续上表

活动	环节	具体实施内容	时间
小学活动	大课间	大课间开展锻炼，如跑步、跳绳等，激发学生参加体育活动的积极性，增强学生的身体素质	每天
	体育课	基本队列、广播体操训练，立定跳远、球类运动等	每周3次
家园（校）共育	分享亲子运动相片	家长与孩子居家开展体育活动，拍成视频发到班级微信群	每个周末
	发送体育活动指导视频	各班教师制作微课指导家长居家与孩子开展亲子体育活动	居家时间

表3　板块三：心理准备

活动	环节	具体实施内容	时间
幼儿园活动	环境创设	1. 各班创设"规则墙""好习惯"等互动墙饰，给幼儿积极的心理暗示，培养良好习惯。 2. 师幼共同制作"我长大了"主题展板。 3. 创设离园倒计时日历，让幼儿体会即将离开幼儿园，进入小学	开学第一周、3月、6月
	小手拉大手	开展"小手拉大手"活动，给小班弟弟妹妹讲故事，儿童节制作手工送给小班弟弟妹妹等，让大班幼儿体会长大了的责任感	开学第一个月、儿童节
	角色游戏：小学初体验	幼儿根据自己的经验及对小学的了解自主分角色开展游戏	5月自主游戏
	参观小学	参观区内小学，现场了解小学的环境	6月
	小学生活体验	小学生一日学习体验（包括课程活动延长到35分钟、课间10分钟等），真实感受小学生的学习生活	5月、6月每周一次
小学活动	班级文化创设	1. 各班创设班级文化。精心布置班级墙壁文化，创设"温暖的班级　我的新家"氛围。 2. 师生共同制作"我是小学生"主题展板	开学第一周
	大手拉小手	邀请高年级的学生讲少先队的知识	10月

续上表

活动	环节	具体实施内容	时间
小学活动	入学仪式	一年级新生在家长的陪伴下走进校园，放开家长的手，在高年级学生的指引下找到自己所在的班级；教师赠予每位学生一份特殊的书签——印有校训、学生班别姓名、教师姓名照片及寄语。留在等待区域的家长在留言板上写下期待和祝福。以班级为单位，学生、家长、教师拍"全家福"照片	开学第一天
	开学初主题班会课	1. 幼儿认识安全标志，课间不追逐打闹，不做危险游戏。 2. 幼儿介绍自己，认识同学	开学初
	常规教育主题班会课	以"我是小学生"为主题，开展一系列常规教育活动	每周一次
	课前朗诵	教师将课堂常规编成节奏明快的儿歌，让学生一听到上课的音乐铃响就随着音乐朗诵，在不知不觉中进入学习的最佳状态	每天
	参观校园	教师带领学生参观校园，了解学校的环境和各个功能场所及要求	第一周
	我们的节日	举行庆"六一"儿童节游园活动	儿童节
家园（校）共育	亲子活动：要上小学了	家长与孩子谈话，共同探讨小学生活；有条件的带孩子一起去小学接哥哥姐姐放学；哥哥姐姐给幼儿试戴红领巾等。 孩子上小学后，帮助孩子重新建立新的身份，激发孩子做小学生的光荣感、自豪感	大班下学期、小学一年级
	小学教师、家长分享心得经验	邀请小学教师、家长线上分享幼小衔接工作中小学方面的衔接准备（线上线下相结合）	4月
	幼儿园家长会	大班级召开家长会，园长分享幼小衔接工作中幼儿园方面的衔接准备。各班班主任向家长汇报班级幼儿发展现状，并提出幼小衔接的注意问题及要求家长配合的工作	5月
	小学家长会	小学一年级新生家长会，让家长们了解学校、认识小学教师，更重要的是知道正确教育孩子的基本方法	小学一年级

表4　板块四：社会行为

活动	环节	具体实施内容	时间
幼儿园活动	比一比，谁最棒	师幼谈话。幼儿与墙饰互动，给自己一周做得好的行为奖励小红花，增强自信心和对良好行为的约束力	每周五下午
	我们班的荣誉	早操竞赛、经典诵读比赛、级组小竞赛等结束后，教师与幼儿一起总结班级获得的荣誉，增强幼儿的集体荣誉感	每次园部竞赛活动后
	布置小任务	给幼儿布置一些居家小任务，如制作小手工、做力所能及的家务等，增强幼儿任务意识，培养幼儿责任感	周末不定时
	自主游戏	在幼儿自主游戏过程中，教师观察，适时介入，重点推进幼儿交往、合作等社会性行为发展	每周自主游戏活动时间
	谁的坐姿最正确	教师在观察幼儿的生活、学习过程中，用手机拍摄幼儿正确的坐姿并展示给大家作为榜样	每周五下午
	国旗下讲话	各班幼儿轮流在全园幼儿面前大胆说出自己的想法，并学习安静倾听其他幼儿的发言，培养倾听习惯	每周一上午
	文明小天使	幼儿晨间轮流在大门口迎接小朋友，并学习使用礼貌用语	每天晨间接待时间
小学活动	学习《小学生日常行为规范》	根据一年级学生的特点，教师采取讲故事、举例子的形式讲解，有利于学生理解	第一个月
	奖你一朵小红花	给一周表现好的学生奖励小红花，增强学生自信心和对良好行为的约束力	每周五下午
	布置小任务	给学生布置一些居家小任务，如做力所能及的家务等，增强学生任务意识，培养学生责任感	周末
	我为班级添光彩	早操、集会、诵读比赛、每周标兵班评比等活动结束后，教师与学生一起总结班级获得的荣誉，增强学生的集体观念，鼓励学生积极参与班级活动，为班级服务	每次竞赛活动后
	国旗下讲话	各班学生轮流在全校师生面前大胆说出自己的想法，培养自信心，并学习安静倾听其他学生的发言，培养倾听习惯	每周一上午

续上表

活动	环节	具体实施内容	时间
家园（校）共育	与同伴交往	家长带孩子约上几个小伙伴去郊游或者去书店等，增进幼儿社会性交往能力	周末或假日
	了解即将就读的小学	家长带孩子参观即将就读的小学，与孩子共同绘制从家到小学的地图，共同制定小学一天的学习生活安排	6月
	亲子谈话："小学生的一天"	家长引导孩子分享学校的趣闻，关注孩子的情绪状况，当孩子情绪出现问题的时候，给孩子更多的共情和理解	不定期

表5 板块五：学习习惯

活动	环节	具体实施内容	时间
幼儿园活动	主题环境布置	1. 幼儿使用剪、画、贴等方法制作手工或绘画，参与布置主题环境。 2. 幼儿与环境互动	按主题活动时间安排开展
	时间管理	1. 主题活动：1分钟有多长。 2. 从30分钟到40分钟，有意识地逐步延长幼儿的游戏时间、集体活动时间	6月
	阅读主题活动	1. 班级图书漂流活动。 2. 绘本馆小剧场活动。 3. 小小广播站。 4. 趣闻分享。 5. 国旗下讲话	一学期
	我要上小学主题活动	1. 我的小书包。 2. 我心目中的小学。 3. 小学生活初体验。 4. 课间10分钟	6月
幼儿园与小学教师教研活动		大班主班教师与小学一年级教师座谈研讨，互相交换幼小衔接意见和建议	不定期开展

续上表

活动	环节	具体实施内容	时间
小学活动	阅读主题活动	1. 班级开展图书漂流。 2. 简单的读书分享，初步认识读书笔记。 3. "小书虫"评比。 4. 小小播音员	一学期
	我是小小书法家	引导学生规范书写	每天
家园（校）共育	亲子阅读	家长每天与孩子亲子阅读至少20分钟，拍摄孩子分享阅读内容的视频并上传到班级微信群；家长推荐好书等	每天
	前书写练习	家长指导孩子在家中练习书写姓名，与幼儿园同步培养孩子正确的坐姿、握笔姿势等	居家时间
	朗读者	进入小学后，家长经常和孩子一起，声情并茂地朗诵美文	周末

（五）活动具体实施

1. 生活准备方面

（1）把各项内容贯穿于幼儿园一日生活及小学一年级各环节中，坚持以幼儿为主体，让幼儿参与制定班级规则以及家庭一日生活作息时间表，提高幼儿自我服务意识，训练幼儿自我服务的技能，培养幼儿热爱劳动的良好习惯。

（2）发挥家庭的最大合力，引导家长步调与教师保持一致，在教师的指导下组织幼儿参与力所能及的家务劳动。

2. 运动习惯方面

（1）有针对性地增加大班幼儿早操的难度，训练幼儿听信号、看指挥做动作的能力；利用体能大循环和自选体育活动、每月体育技能竞赛等提高幼儿参加体育活动的积极性，开展跳绳、立定跳远、球类等项目训练，与小学一年级体育锻炼项目有针对性地进行衔接。

（2）家长与幼儿居家开展体育活动，拍成短视频分享到班级微信群，教师制作微课指导家长居家与幼儿开展亲子体育活动。

3. 心理准备方面

（1）创设互动墙饰、主题展板，制作离园倒计时日历等，通过环境渲染氛围，给幼儿积极的心理暗示；与小班幼儿共同开展"小手拉大手"活动，让幼儿感受长大的自豪感和责任感。

（2）通过角色游戏、参观小学、每周一天的小学生活体验日，循序渐进地帮助幼儿在心理上适应从幼儿园到小学的过渡。

（3）召开家长会，园长、小学教师、家长分别分享幼儿园大班和小学一年级幼小衔接的经验，纠正家长重知识学习轻习惯培养的幼小衔接意识。进入小学后，教师有针对性地向家长提出指导意见，进一步指导家长科学地做好衔接工作。

图1　多渠道为幼儿上小学做积极的心理准备

4. 社会行为方面

（1）在晨谈活动、一周小结中，针对遵守规则、班级约定等行为，让幼儿大胆说出自己的优点和缺点。

（2）每次比赛后与幼儿分享荣誉，增强幼儿的集体观念。周末布置居家小任务，增强幼儿的任务意识和责任感。

（3）在自主游戏活动中，教师重点观察幼儿在合作、交往等方面的行为，并做出指导。

（4）家长在休息日多带孩子和朋友外出游玩，与孩子一起了解即将就读的小学地理位置、绘制上学的路线地图，增强孩子对小学的熟悉程度。

5. 学习习惯方面

（1）有意识地对幼儿进行时间管理教育，通过主题活动"1分钟有多长"，培养幼儿的时间观念；延长幼儿的课程及游戏时间，培养幼儿注意力，慢慢向小学过渡。

（2）开展"阅读主题""我要上小学了"等主题活动，创造机会让幼儿多看多说，发展幼儿的自主阅读能力和口语表达能力，培养幼儿对文字的兴趣，提高幼儿前书写能力等。

（3）家长每天抽出时间与孩子共同阅读，培养孩子的阅读习惯，指导孩子书写自己的名字。

（4）幼儿园大班班主任与小学教师不定期开展研讨活动，讨论幼小衔接中出现的问题，提出意见和建议，有针对性地在各板块活动中对幼儿进行指导。

三、活动方案反思

（一）活动方案的价值

活动方案体现了幼儿园和小学在大班下学期及一年级上学期，有针对性地从身心、生活、社会、学习四方面帮助幼儿做好入学准备和入学适应。在策略上，幼儿园和小学的双向衔接，幼儿园、小学和家庭的三方联动，共同帮助幼儿从幼儿园逐渐向小学过渡，并且在进入小学后能够快速地融入集体，较好地适应小学生活学习。

（二）解决问题的程度

通过实施本活动方案，解决了大部分幼儿在幼小衔接中普遍存在的问题。幼儿在各方面有了很大的提高，在身心、生活、社会、学习等方面已经基本做好了上小学的准备。小学一年级有针对性地进行衔接，减缓了幼儿入学的适应坡度。活动方案的实施，有效地指导家长科学做好幼儿园与小学的衔接，明显降低了家长们的焦虑，在幼小衔接工作上能与幼儿园保持一致，同步开展。

（三）存在不足及改进措施

本活动方案是第一次真正由幼儿园、小学、家庭三方共同实施的幼小衔接方案。在实施中，个别学生的良好习惯尚未养成，教师要做好个案跟踪，因材施教。个别家长的育儿观念要进一步改变，教师要与家长加强沟通和联系。

典型活动案例

小学生活体验日
（幼儿园大班）

活动目标

1. 知道小学生一日生活、学习的内容和流程，了解小学生的上课时长、课间环节。

2. 在了解小学生活和学习的基础上，亲身体验小学生的学习、生活与幼儿园的不同，更全面、直观地了解小学，对小学产生积极的向往。

活动准备

1. 经验准备。

（1）幼儿知道自己就要上小学了，并且已经有参观小学的经验，对小学生活学习有初步的印象。

（2）教师在幼儿日常游戏、学习等方面已有意识地延长活动时间，使幼儿在活动中的注意力、耐心等逐渐增强。

（3）家长已经通过活动预告海报了解"小学生活体验日"活动内容及各项需要家庭配合的准备工作。

2. 材料和环境准备。

（1）环境创设：创设模拟小学课室、时钟、大黑板、粉笔等。

（2）活动预告海报、课程表，下课铃声、幼儿自带水壶、文具盒等。

活动过程

表6 活动时间安排

时间	活动安排
上午	
8：50—9：30（40分钟）	第一节课
9：30—9：40（10分钟）	自由活动
9：40—10：20（40分钟）	第二节课
10：20—10：30（10分钟）	自由活动
10：30—11：10（40分钟）	户外体育运动
下午	
15：50—16：30（40分钟）	第一节课
16：30—16：40（10分钟）	课间休息
16：40—17：10（30分钟）	布置任务、收拾文具、整理书包放学

活动要求

1. 前一天晚上收拾好书包，准备好文具、水壶等生活学习用品。

2. 会听上、下课铃声，按照铃声上、下课，知道上课时间是40分钟，上课期间不得擅自离开座位。

3. 课间10分钟合理安排喝水、上厕所时间，不在教室走廊追逐打闹，注意安全。

4. 积极参加体育锻炼，注意运动安全，学会保护自己。

5. 放学前整理好自己的书包，能记住教师布置的小任务（折纸、绘画、书写姓名、数字等），并按时完成。

活动反思

本活动是"我要上小学了"主题中的一个子活动，让幼儿通过直接感知、亲身体验、实际操作的学习方式了解小学的学习生活与幼儿园的不同，对小学所看到的、听到的进行了初步的验证。每周一次的体验活动，循序渐进的课程安排，与一年级衔接的知识以游戏的形式进行，让幼儿逐渐适应小学的课堂。在体验活动中，我们看到幼儿从最初的上课时间延长的不适应、注意力无法持久集中、没能听铃声指挥行动、生活上依赖父母与老师等行为逐渐过渡到适应较长的上课时间、会听上课下课铃声、主动参加体育锻炼，在父母的提醒下提前收拾好体验日的学习用品，自我服务意识不断增强。活动方案在身心、生活、社会、学习方面促使幼儿从幼儿园向小学呈阶梯式地过渡，有效减缓了幼小衔接的坡度。

一年级入学仪式
（小学一年级）

活动目标
争当一名爱学习、善交往、守礼仪、乐创造的阳光少年。通过与家长有效沟通，加强家校联系，让学生养成良好的行为习惯和学习习惯。

活动内容
1. 身心方面：通过充满仪式感的入学仪式，喜欢上学，认识到自己已经是一名小学生，愿意了解校园环境，能积极参与学校和班级的活动。

2. 生活方面：能勇敢地放开爸爸妈妈的手，在父母和老师的鼓励下，尝试独立找到班级的号码牌，在高年级学生的指引下，找到本班教室，增强独立性和自信心。

3. 社会方面：初步融入班集体，在轻松愉悦的氛围中，认识老师、结交伙伴，建立良好的人际交往关系。

4. 学习方面：通过找班级、找座位、交朋友等活动，培养遇到困难时积极寻找解决问题的办法。

活动准备
（1）物品准备：班级号码牌、指示牌、笑脸贴、小书签、分班名单展板。

（2）环境创设：红地毯、音乐、入学氛围展板（如家长寄语、"欢迎你成为学校的新主人"、"我们入学我们幸福"、"我们个个都是好样的"、"我是一年级小学生啦"）、美观干净的教室，黑板上给学生的温馨话语。

活动过程

表7　活动过程

活动环节	具体安排
校门迎接、家长寄语	家长和学生在学校门口浏览分班名单展板，找到自己所在班级。 6名高年级学生站在校门口，3名指引家长写寄语并到家长等候区等待，3名指引家长引导一年级新生独立走到新生集合区
找班别、赢礼物	六年级教师及学生在新生区按班别列队，摆好桌子，拿着班级提示牌迎接新生报到。 新生按数字找到自己班的队伍，教师核对新生名单后，六年级学生给新生奖励班级号码笑脸贴，并引导新生有序回教室
找座位、交朋友	一年级教师在教室迎接新生，并在座位上准备好名字牌。 教师和新生交流互动，鼓励学生独立找座位、交朋友，领取有班主任和任课教师合影和鼓励话语的小书签
校长讲座、入学教育	家长参加校长讲座。 一年级教师对新生进行入学教育
家长与班级教师互动	家长回到班级，班主任提出需要家校配合的工作，任课教师和家长交流
合影留念	家长、班级教师和学生合影留念
组织站队放学	家长离校后到班级指定地点等候，由班级教师组织学生排队放学，培养学生日后有序排队离校的安全意识

活动反思

入学仪式是学校特色校本课程幼小衔接的重要环节。一系列既富有美好寓意又别具创意的环节，给新生踏上求学路送上一份珍贵的礼物，让新生上好"开学第一课"，尽快地实现从幼儿园到小学的平稳过渡，融入小学这个温暖的大家庭。入学仪式后，新生们将开启为期一个月的幼小衔接课程。各班教师将带领学生熟悉校园环境，学习课堂纪律、礼貌用语、安全知识等，让他们独立完成力所能及的学习任务，学会自立自强、勇担责任，完成幼小衔接的顺利过渡。

乡镇编

培养任务意识　助力幼小衔接

◎广州市花都区第一幼儿园附属幼儿园　柯春燕、茹雪文、高韫
　广州市花都区秀全街学府路小学　毕汗铭、袁嘉瑜、郭睿

一、幼小衔接活动背景

　　3～6岁是为幼儿后继学习和终身发展奠基的重要阶段，也是为幼儿做好入学准备的关键阶段。为认真落实《教育部关于大力推进幼儿园和小学科学衔接的指导意见》《广东省推进幼儿园与小学科学衔接攻坚行动方案》的精神，我园与小学、家庭进行联动，健全幼儿园幼小衔接的工作机制。为帮助在园幼儿顺利实现从幼儿园到小学的平稳过渡，我园制定了以"四重·四度"为主要举措，以"双向·三力"为开展思路的幼小衔接实施方案，聚焦幼儿在衔接过程中身心、社会、生活、学习方面的问题，有计划、有序地开展幼小衔接系列活动，初步建构了幼小衔接课程体系（图1）。

　　（1）任务意识培养的重要性。任务意识是指心理上具有努力完成别人交给的任务的意识或倾向性，是幼儿园入学准备教育和小学入学适应教育中重要的培养内容之一。幼儿从幼儿园进入小学，学习任务增多、学习内容与方式发生了变化。这是角色的转换与挑战，更是一种全新的旅程与体验。《幼儿园入学准备教育指导要点》中提到幼儿具备任务意识和执行任务的能力，有助于他们适应小学学习生活的要求，并逐步做到独立完成各项学习任务。《小学入学适应教育指导要点》中也指出鼓励学生用自己喜欢的方式制定任务清单，指导和督促学生按时完成，体会有计划做事的重要性。

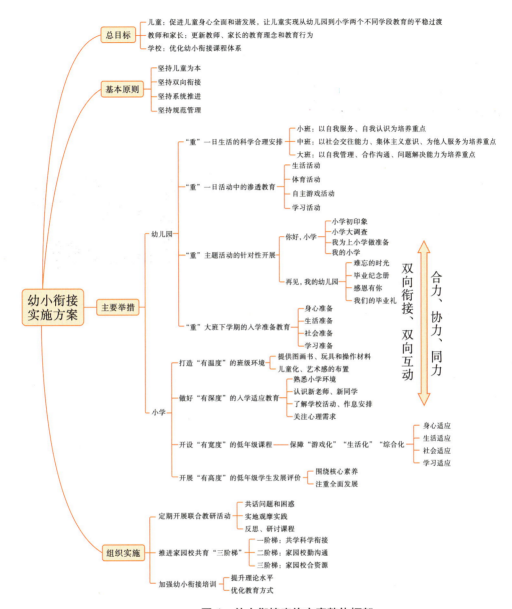

图1　幼小衔接实施方案整体框架

（2）任务意识培养的现状分析。针对幼儿和小学生任务意识的培养，我们对幼儿园大班和小学一年级的家长开展了问卷调查，调查发现分别有67.5%的大班家长和58.6%的一年级家长认为孩子的任务意识一般，83%以上的大班家长认为需要提升孩子"在鼓励下能自己的事情自己做"的能力，48%以上的一年级家长认为需要提升孩子"能自己尝试解决问题，并坚持完成"的能力。通过访谈小学教师，也发现大多数学生仍比较依赖父母和教师帮助解决问题，部分学生还存在任务记录不清晰、延迟完成任务等问题。

大班幼儿的学习主要还是以直接经验为主，在游戏和日常生活中进行，通过直接感知、实际操作和亲身体验等方式来获取知识信息。小学一年级学生可以说是处在从经验走向概念、从感性走向理性、从游戏走向课堂学习的过渡期。基于此，我们以"培养任务意识，助力幼小衔接"为主题开展幼小衔接联合教研活动（图2），进一步研讨任务意识的培养策略，并结合学生的兴趣需要，设计了"培养任务意识，助力幼小衔接"的幼小衔接活动，增强学生的任务意识和执行能力，促进其更好地适应未来学习生活的要求。

图2 联合教研

二、活动实施方案

（一）活动总体目标

（1）理解任务的内涵，知道按时完成任务的重要性。

（2）学会通过符号、图表和文字等形式记录任务，并能清晰地向家长传达。

（3）愿意主动、独立地完成任务，感受完成任务的自豪感和成就感。

（二）活动准备

表1　活动准备

序号	准备类别	活动准备内容
1	物质准备	"任务"主题的环境创设；关于任务主题的绘本；小本子；相关教学活动材料 图3

续上表

序号	准备类别	活动准备内容
2	经验准备	有做记录和制订计划的经验；有基本的时间概念；有一定的自我管理能力
3	教师准备	理解"任务意识"培养的核心要素，知道"任务意识"在各类活动中的渗透要点
4	家长准备	支持和配合教师完成相关的游戏和教学活动

（三）活动开展思路

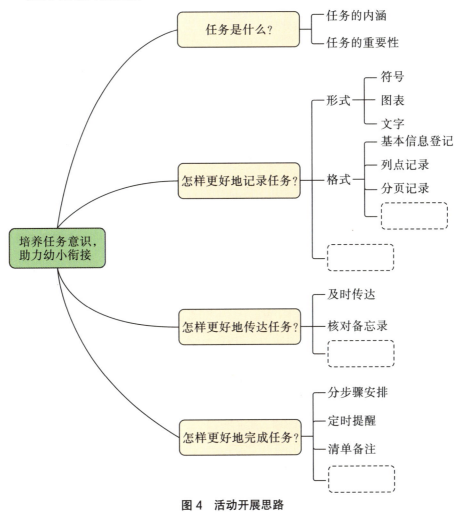

图 4　活动开展思路

注：具体开展思路要结合学生实际的探索情况，▢▢▢代表生成性活动。

（四）活动安排

表2　活动安排

学段	活动目标	活动设计	活动过程
幼儿园大班	理解任务的内涵，知道完成任务的重要性	1. 谈话活动：什么是任务。 2. 绘本教育活动：《忙忙碌碌镇》	教师通过一日生活渗透、自由讨论和绘本教学等方式，引导幼儿自主建构对于任务内涵和重要性的理解
	了解记录任务的方法	1. 社会实践活动：采访小学的哥哥姐姐。 2. 家园共育活动：每周任务单。 3. 语言活动：符号会说话。 4. 前书写活动：我的备忘录	1. 教师抛出问题"小学有很多门功课，哥哥姐姐们是怎么记住那么多任务的？"，鼓励幼儿采访家里上小学的哥哥姐姐，并用喜欢的方式总结自己的发现。 2. 幼儿和家长共同完成任务单上的"小任务"，并做好标记。 引导幼儿认识符号代表的意义，能用符号记录自己的任务。 4. 幼儿尝试制作自己的"备忘录"，并进行初步的任务记录
	能较好地倾听和传达任务	1. 亲子游戏：打电话。 2. 家园共育活动：牢记任务，我能行	1. 家长假装给幼儿打电话，在电话中对幼儿说一个任务，任务中包含三到四个指令，例如到房间、找到×××书、拿一支笔、关灯，然后共同检验完成情况，并及时给予幼儿肯定和鼓励，随着游戏的熟练程度慢慢增加信息量。 2. 教师在日常口头中，传达任务给幼儿，鼓励幼儿将任务及时复述和传达给家长。同时，家长自主把幼儿传达任务的视频发送到班级微信群与其他家长分享
	能基本完成班级或者家长布置的任务	1. 班级任务。 （1）生活任务：小小值日生、自己的事情自己做、毕业照物品准备。 （2）游戏任务：制定和完成游戏计划、收拾整理玩具。 （3）学习任务：整理小书包、我会写自己的名字。 （4）运动任务：每日运动打卡。 2. 家庭任务：我是爸妈的小助手	教师和家长结合一日活动的实际需要，引导幼儿尝试独立、主动地完成任务；还可以结合幼儿的兴趣设计任务，如照顾蚕宝宝、种植小番茄等，激发幼儿完成任务的欲望

续上表

学段	活动目标	活动设计	活动过程
幼儿园大班	初步学会完成任务的方法和技巧	1．社会活动：保护纸气球。 2．家园共育活动：我是任务小达人	1．教师创设多重情境，如玩游戏、洗手和过垫子等依然记得保护纸气球的任务，让幼儿体验"牢记任务很重要"，同时领悟完成任务的方法和技巧。 2．家长借助手机帮幼儿记录"行动成功"的画面，并引导幼儿讲述完成任务的过程和方法，体验成就感
小学一年级	增进对任务内涵和重要性的理解	主题班会：敢于承担责任，乐于参与劳动	教师通过故事、小品表演、"任务小达人"颁奖等方式增进学生对于任务的认识，体验承担责任的成就感，养成热爱劳动的习惯
	能灵活运用记录的方法，掌握完成任务的方法和技巧，提升任务意识和执行能力	1．教学活动：任务单记录格式和书写要求。 2．劳动教育：一人一岗。 3．教学活动：任务大挑战。 4．研学活动。 5．综合实践活动：暑假/寒假任务清单。 6．期末游园会。 7．家园共育活动	1．教师通过展示实例的方式向学生明确任务单的记录方法。 2．班级开展"人人有事做，事事有人做"的劳动教育活动，将班级的事务细分到每一位学生，共同维护班级环境，共同承担班级任务。 3．教师以任务驱动的方式开展课前、课中和课后的教学活动，并适时地进行鼓励。 4．教师通过导研→走研→展研的流程，开展以任务和问题为导向的研学活动。 5．教师让学生结合兴趣爱好，设计假期的任务清单，引导学生充实地度过假期，并进行简单的任务完成情况汇报。 6．教师通过设置不同的任务闯关游戏，引导学生在感兴趣的游戏和活动中明确任务、挑战任务、完成任务。 7．教师发起亲子阅读、魔方乐、口算等打卡活动，引导学生坚持每日或每周一练

三、活动方案反思

（一）活动方案的价值

（1）培养学生的任务意识和认真完成任务的责任感，提高学生自我管理能力，减少幼小衔接的坡度，为日后的生活和学习奠定扎实的基础。

（2）促进教师对于任务意识的内涵、重要性以及培养方式的认识，为幼儿园大班或小学一年级的教师开展幼小衔接活动提供参考。

（3）为家长提供了科学做好幼小衔接的方法，更新家长在培养孩子任务意识方面的育儿观念，增进亲子之间的交流。

（二）解决问题的程度

以往培养任务意识更多是在生活和学习中潜移默化地进行，比较零散且缺乏针对性。本活动方案结合文件精神和学生的发展特点，制定了较明确的目标、内容和思路，引导教师和家长更加科学、精准地培养学生的任务意识和任务执行能力。

（三）改进措施

（1）一些家长仍未意识到任务意识培养的重要性，未能较好地配合教师开展相关的家园共育活动，接下来教师需要通过家长开放日、家长会和家长学校讲座等多种方式进一步更新家长的幼小衔接理念。

（2）不同班级的活动实施效果存在差异，接下来需要加强相关的培训和研讨，指导教师更好地开展幼小衔接工作。

典型活动案例

我的任务，我记录
（幼儿园大班）

活动目标

1. 了解任务记录的注意事项。

2. 能够通过符号、图表等形式记录任务。

3. 感受清晰记录任务的重要性。

活动内容

引导幼儿通过"采访小学的哥哥姐姐""我是劳动小能手""我的备忘录"等活动掌握任务记录的方法和注意事项，为小学的任务记录活动奠定基础。

活动准备

1. 物质准备：任务单、记录本。

2. 经验准备：幼儿有采访和记录的经验。

活动过程

1. 回顾、分享采访活动的收获。

采访小学生的活动结束后，幼儿针对自己的采访结果进行了分享（图5）。

晨晨：哥哥就是把每天的任务记在本子里，这样就不会忘记了。

悦悦：姐姐说记录任务的时候要认真听讲，不能走神。

点点：记录的时候要保持本子的干净。

思哲：在完成的任务后面可以打"√"。

教师引导幼儿共同梳理出以下经验：①需要一本专门的记录本。②要记清楚任务是什么。③不能把每次的任务都记在一起，要换一页写。④要一点一点记清楚。⑤完成的任务要做记号。

图5　采访小学生

2."我是劳动小能手"任务单记录。

（1）设计与发放"我是劳动小能手"任务单。幼儿形成任务记录的初步共识之后，教师发放"我是劳动小能手"任务单。任务单参考小学登记本的格式，潜移默化地让幼儿感知列点记录和逐行记录的格式，意识到可以用图表的形式记录任务。

（2）记录任务。幼儿可以用自己喜欢的方式记录一项或多项自己当天要完成的家务。

（3）家园合作，检验任务。幼儿把任务传达给家长，并邀请家长共同检验任务完成情况。家长以视频或照片的形式把幼儿完成任务的情况分享到班微信群

（图6）。

3. 开展"符号会说话"活动（图7）。

教师开展"寻找生活中的符号""我和符号玩游戏""绘本教学《兔子先生去散步》"等活动，让幼儿通过观察、游戏等方式，多视角、多维度地增加对于符号的认识，提升符号记录的能力。

图6 "劳动小能手"活动照片

图7 "符号会说话"活动

4. 我的备忘录（图8）。

（1）单一任务记录。教师结合幼儿感兴趣的话题，通过口述任务，如看故事书、玩积木等，让幼儿尝试用自己的方式将任务记录在备忘录上面，并回家转述给家长。

（2）两项及多项任务记录。在单一任务的基础上，教师根据幼儿的情况设计两项及多项任务的传达，引导幼儿用列点的方式进行记录，并在任务完成后做标记。

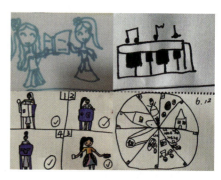

图8 "单一任务记录"和
"多项任务记录"

活动反思

1. 以生为本，因材施教。坚持以儿童为本，应关注儿童发展的连续性，尊重儿童的原有经验和发展差异。本活动基于幼儿的立场，把幼儿愿意做的事情转化为任务，让幼儿积极、主动地记录、传达和完成任务，同时根据幼儿的活动情况进行调整。

2. 注重观察，有效支持。"我的任务，我记录"的活动实施过程中，教师会有针对性地观察幼儿在活动过程中的行为与表现，注重倾听幼儿的想法，为幼儿提供分享交流的机会，让幼儿在相互学习的过程中形成共识，习得更多的方法。

同时，教师通过多种活动方式丰富幼儿的经验，有效支持幼儿的学习与探索。

3. 家园共育，形成合力。本次活动的很多环节都需要家长的配合和支持，从中不仅让家长认识到任务记录带给孩子的价值，还促进了家园沟通，为今后的幼小衔接工作奠定基础。

4. 幼小联动，双向衔接。本活动与小学协同合作，通过采访小学哥哥姐姐的活动，既能使幼儿积累任务记录经验，又能加强幼儿园与小学的交流，有效做好入学准备，促进幼儿顺利过渡。

趣味游园，快乐闯关
（小学一年级）

活动目标

1. 运用学科知识分析、解决问题，提升任务执行能力。

2. 通过任务闯关的方式，增强综合素养和任务意识。

3. 感受完成任务的自豪感和成就感，激发认真完成任务的动力和兴趣。

活动准备

制作游园闯关卡、布置各个关卡所需要的道具、装饰游园活动场地。

活动过程

1. 明确任务。

活动前期，教师提前发布闯关任务，向学生解读任务内容和要求，并明确闯关的要求和规则，鼓励学生尽可能集齐所有印章。

2. 挑战任务。

（1）语文专场。语文专场包含四大闯关任务，分别是"我是识字小天才""我是朗读小能手""我是背诵小达人"和"我是演讲小达人"。"我是识字小天才"通过任务式闯关，大大提高学生识字乐趣。"我是朗读小能手""我是背诵小达人"任务关卡主要检测学生的朗读和背诵情况。在"我是演讲小达人"任务关卡中，学生需要围绕抽取到的话题展开描述，大胆、自信地表达。

（2）数学专场。数学专场包含"图形探秘场""计算小达人""人民币乐园"三大闯关任务，主要涉及生活中需要解决的数学问题，让学生在生活情境中灵活运用数学知识，充分考查学生的计算能力、动手能力、问题解决能力、说理能力和思维能力（图9）。

（3）英语专场。英语专场分别以团队和个人形式完成三个闯关任务，包括 I can sing、I can read、I can talk，共同接受英语评委老师的考核。

图9　闯关游戏

（4）综合专场。综合专场设置了"开心分一分""我会叠衣服""我会戴红领巾""节奏大师""我是歌手""对答如流""流连忘返""沙包投远""障碍闯关""制作悬浮塔"10个闯关任务环节，包含音乐、科学和体育等内容，考查了学生的艺术、科学和体育素养，同时增强学生的任务执行能力。

3. 完成任务。

教师邀请学生代表分享任务闯关的感受和心得，为出色完成任务的学生颁发"学习标兵""计算小达人""节奏大师""美术小达人"等奖状，让学生感受顺利挑战任务的成就感，了解完成任务是需要方法和能力要求的，同时让学生提升自身的综合素养，实现全面发展。

活动反思

此次趣味游园活动以新颖的任务闯关形式开展，考查了学生的学科素养、综合能力，还培养了学生认真、努力完成任务的意识。学生在游戏闯关的过程中，巩固了所学的知识，享受着学习的乐趣，获得了幸福的体验。大部分学生在此次活动中都可以认真地完成趣味游园闯关任务，但也有个别学生自我约束能力较差，任务意识薄弱。鉴于这部分学生的表现，我们在开展幼小衔接时有以下几点可以完善。

（1）多关注注意力难以集中的学生，分层布置任务，任务难度层层递进，让每一个学生都能体验到完成任务的成就感。

（2）多以游戏化的方式开展活动，增强学科教学的趣味性和操作性，提高学生认真完成学习任务的积极性。

（3）多让学生自主规划完成任务的方法，既可以锻炼学生的规划能力，又可以培养学生的任务执行能力。

我上小学啦

◎珠海市横琴新区子期实验幼儿园

　杜若洲、刘思佳、吴檀凤、颜晓朵、蒋颖、朱丽珊

一、幼小衔接活动背景

在大班上学期，依循"幼小衔接第一阶段"的主体活动内容，基于培养幼儿学习品质的理念，各班级根据本班幼儿的不同发展程度和兴趣，开展了阅读、前书写、自理能力以及科学等方面的活动，活动方式包括集体教学活动、问题分享活动以及区域活动。在大班下学期，幼儿毕业在即，幼小衔接活动将落实到更加具体的入学准备教育上。

二、活动实施方案

（一）总体目标

有针对性地帮助幼儿做好生活、社会和学习等多方面的准备，使幼儿产生对小学生活的积极期待和向往；帮助家长了解幼小衔接的相关知识，缓解家长的压力和焦虑，营造良好的家庭教育氛围，形成家庭、幼儿园和学校三方协同的幼小衔接机制。

（二）各环节目标

第一环节：身心准备。通过此次活动让幼儿向往入学，保持积极稳定的情绪，喜欢运动，动作协调，从生理到心理都能够适应小学生活，为入学做准备。

第二环节：生活准备。培养幼儿的生活习惯、生活自理能力和安全防护意

识，让幼儿提升相应的能力，能够且愿意参与劳动。

第三环节：社会准备。让幼儿通过所开展的活动提升交往合作能力，树立诚实守规意识和任务意识，逐渐培养幼儿热爱集体的情感。

第四环节：学习准备。关注幼儿的学习品质，培养幼儿良好的学习习惯，激发幼儿的学习兴趣，提升幼儿的学习能力，支持幼儿持续的探究行为。

（三）活动方案

1. 第一环节：身心准备

（1）活动准备：幼儿通过家庭、社会对小学已有基本认识。教师对小学进行了调查和了解。

（2）活动设计：幼小衔接身心准备从"向往入学""情绪良好"和"喜欢运动，动作协调"三个方面入手，通过对于小学的一系列探讨以及参观小学等活动，激发幼儿对于小学生活的兴趣和憧憬；在日常活动的开展中为幼儿获得积极的情绪体验提供条件；保证幼儿每天的户外体育活动时间，并根据大班幼儿的年龄特点适当增加运动强度和运动量。

（3）活动内容：

①向往入学。围绕"小学"进行一系列探讨，并且开展了参观小学的活动（图1至图3）。

②情绪良好。在幼儿园中选择能给幼儿带来情绪情感体验的故事、角色扮演活动等，引导幼儿恰当表达消极情绪，学习积极应对和化解的方法，引导幼儿遇到困难和不开心的事情时，不乱发脾气，不迁怒他人。

③喜欢运动，动作协调。保证幼儿充足的户外活动时间和体育活动时间，提供多种形式的游戏和体育活动，适当增加大班幼儿的运动量和强度，增强幼儿的力量和耐力。

2. 第二环节：生活准备

（1）活动准备：幼儿经过两年半的幼儿园生活，养成了一定的良好生活习惯，并且具有一定的生活自理能力。教师了解小学生活，并有针对性地培养幼儿的生活习惯和生活自理能力。

（2）活动设计：幼小衔接生活准备从生活习惯、生活自理、安全防护和参与劳动四个方面开展。关注幼儿遵守时间、制订计划等良好生活习惯的养成；通

你期待的小学的样子 —— 绘画进行表征

你准备上哪所小学 —— 下发调查表，并进行分享

小朋友们都去哪所小学 —— 绘制班级幼儿预录取小学统计表

参观小学
- 参观小学需要做哪些准备
  - 物质准备
  - 探讨参观规则
- 参观小学你想知道什么
  - 小学的饭好吃吗
  - 小学怎么睡午觉
  - ……

幼儿园与小学有什么不同 —— 绘画进行表征

上小学需要准备什么 —— 用绘画和谈话进行表征

课间10分钟
- 制订分享课间10分钟计划
- 体验感受课间10分钟

我对上小学的担忧与解决办法
- 我的担忧
  - 担心好朋友生气
  - 担心老师太凶
- 解决办法
  - 看书舒缓心情，好好学习
  - 可以帮助好朋友打扫卫生

向往入学

图1　"向往入学"活动内容

图2　绘画表征

图3　环境创设

过一系列日常生活自理、生活技能习得活动，提升幼儿在不同方面的自理能力；通过日常渗透和相关安全演练活动，增强幼儿的安全防护意识和能力；通过一系列劳动教育，鼓励幼儿参与到班级劳动和家务劳动中。

（3）活动过程：

①生活习惯。幼小衔接阶段，为了加强幼儿的时间意识，使幼儿能够更好地适应小学，教师通过不同的方式鼓励幼儿每日按时入园，并且在了解幼儿园与小学的每日生活流程后，有意识地留出"课间 10 分钟"由幼儿自由计划并实施。与此同时，家园联动，让幼儿尝试为每天放学回家后的活动、周末的活动做出计划，并与父母共同验证计划的合理性和计划的实施情况。

②生活自理。以值日生制度为切入点，让值日生承担起教师的角色，使幼儿逐步脱离教师的督促，以"幼对幼"的方式形成"自理"，互相督促饮水、盥洗等简单行为。在区域中投放与小学生活技能相关活动（如系鞋带、夹豆子、给娃娃梳头发等）的材料，让幼儿在区域活动时间自主练习，逐渐习得相关经验，并运用在日常生活中（图4）。开展生活技能大比拼，让幼儿在活动中逐渐习得并熟练使用系鞋带、使用筷子、整理衣服等生活自理技能。

图 4　幼儿生活自理活动

③安全防护。引导幼儿学习并自觉遵守基本的安全规则和交通规则，了解火灾、地震等情况下的一些自救知识，遇到危险会求助，有保护自己的意识。

④参与劳动。开展一系列劳动教育活动（图5），培养幼儿的劳动意识，让幼儿学习基本的劳动技能，学会尊重和珍惜他人的劳动成果。

3. 第三环节：社会准备

（1）活动准备：大班幼儿已具备一定的社会交往能力。教师根据大班幼儿的能力发展水平，有意识地为幼儿创设交往合作、完成任务等活动的机会。

（2）活动设计：幼小衔接社会准备从"交往合作""诚实守规""任务意

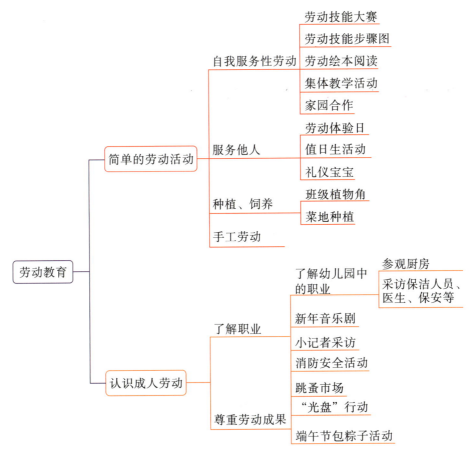

图 5　劳动教育活动

识"和"热爱集体"四个方面开展活动，在幼儿社会性发展方面给予幼儿更多的
空间和机会；培养幼儿的规则意识和任务意识；通过不同的活动，逐渐让幼儿形
成集体意识，更加热爱集体。

（3）活动内容：

①交往合作。在开展活动的过程中，有意识地采用可以为幼儿提供更多交往
合作机会的活动形式。例如：开展跨年级、跨班级活动，创设幼儿自由交往的机
会；在讨论活动中鼓励幼儿协商解决问题，在伙伴和教师面前表达自己的想法和
需求。

②诚实守规。大班幼儿已经可以理解在不同场合需要遵守不同规则。指导幼
儿和同伴共同制定规则，从而引导幼儿自觉遵守规则；在一些集体活动和讨论谈

话活动中，培养幼儿的倾听意识和规则意识，如举手提问，轮流发言，别人讲话时认真倾听、不随意打断等；对于幼儿的诚实守信行为予以肯定。

③任务意识。大班下学期，有意识地布置一些与入学准备相关的任务。比如让幼儿准备第二天要带的玩具材料和学习用品，每天自己整理小书包等，为适应小学生活做准备。通过持续性的任务安排，鼓励、支持幼儿独立完成任务。

④热爱集体。对于幼儿来说，集体是一个比较抽象的概念。为了培养幼儿的集体意识，让幼儿能够热爱集体，教师在开展活动的时候邀请幼儿深度参与策划，让幼儿体验成就感和荣誉感；在国庆节、建党节以及中华民族传统节日时组织相关活动，让幼儿初步形成爱家乡、爱祖国的情感。

4. 第四环节：学习准备

（1）活动准备：大班幼儿已经具备一定的学习能力和认知水平。教师给幼儿提供探究学习的机会和空间，有意识地培养幼儿的学习习惯。

（2）活动设计：幼小衔接学习准备从"好奇好问""学习习惯""学习兴趣与学习能力"三个方面开展，通过问题分享培养幼儿的好奇心，支持幼儿探究；在日常活动中有意识地培养幼儿的专注力；有意识地使用文字符号引导幼儿前书写行为以及用数学思维来解决日常生活中的问题。

（3）活动过程：

①好奇好问。开展园本特色问题分享活动，请幼儿提出问题，并分享自己的观点和看法，教师支持和鼓励幼儿进一步探究；提供充足的时间、丰富的材料支持幼儿持续、深入探究，寻找问题的答案。

②学习习惯。在开展活动的时候，有意识地提供一些需要专注和坚持才能完成的任务，并保证幼儿有充足的时间去完成；培养幼儿做计划的意识和习惯，引导幼儿在区域活动时间、自由活动时间尝试做计划，并分析计划的完成情况。

③学习兴趣与学习能力。在区域材料的投放和环境创设中有意识地运用文字，鼓励幼儿用文字符号等做记录；为幼儿示范正确的书写技能，培养幼儿对于文字和书写的兴趣；引导幼儿学习测量、统计等方法，并解决生活中的问题。在培养幼儿学习能力的同时，为幼儿创设游戏化的情境，让幼儿解决实际的问题，可以激发幼儿的学习兴趣。

三、活动方案反思

（一）活动方案的价值

本活动方案结合问题分享、教学活动、实践活动、区域活动、生活活动等不同的活动类型，有计划、系统地涉及幼小衔接活动的各个方面。通过一系列活动，幼儿不仅了解了小学、小学生的生活，激发了对于即将到来的小学生活的期待和向往之情，并且在身心准备、生活准备、社会准备和学习准备四个方面都有了不同程度的发展。方案预设的目标基本达成，幼儿对于小学和小学生都有了较为全面的了解和认识，也实现了较为完备的入学准备。在活动推进的过程中，家庭、幼儿园和学校三方联动，共同做好幼小衔接工作。

（二）存在不足与改进措施

与此同时，本活动方案还存在一定的不足。由于不可抗力的原因，幼儿实践活动的推进并没有依照既定的计划进行，在一定程度上影响了幼小衔接活动的进程。本次活动是在全年级范围内开展的，不同班级幼儿的发展水平不一致，兴趣点也有所区别，因此各班对于活动方案的实施程度有不小的差距。在问题分享活动过程中，由于班级内幼儿发展水平不一致，在表达能力和思考能力上也有所差距，因此幼儿讨论问题和思维碰撞的参与度是不一样的，从中所得到的认知和启发也存在差距。

反思存在的问题和不足，在接下来的幼小衔接活动中应当加以改进。首先，在制订计划的时候应当留出更大的实施空间，将可能存在的变动因素考虑在内，必要时准备备用方案，以保证关键的活动价值得以体现；其次，在设计活动方案时，要考虑到不同班级的情况，要预留空间，让班级教师对方案计划进行班级化创设，使活动的开展能够更加贴合班级幼儿的具体情况，发挥出更好的效果；最后，在活动开展中也要关注到不同幼儿的发展水平。

典型活动案例

课间 10 分钟
（幼儿园大班）

活动目标

1. 初步感受 10 分钟，了解课间 10 分钟的活动内容。

2. 能够通过语言和绘画制订自己的课间 10 分钟计划，并完成计划。

3. 感受到自身能够支配时间的满足感，形成初步的时间观念。

活动准备

1. 材料：课间 10 分钟计划表、笔、体育器械、玩具、班级时钟、沙漏、视频（课间 10 分钟介绍）。

2. 环境创设：宽敞的教室内外区域、供幼儿自主选择的玩具和器械、班级时钟、小学和幼儿园一日生活对比的展示墙面。

3. 幼儿前期经验：已了解小学生学习日程，知道两节课之间有 10 分钟休息时间。

4. 小学学情分析：根据《幼儿园入学准备教育指导要点》中身心准备之生活自理能力的"有初步的时间观念"要求以及小学日程表的安排，即将进入小学的幼儿需学会支配日程表中的自由时间，并具有良好的时间观念，参与自主学习等活动。

活动过程

1. 观看视频，了解课间 10 分钟。

指导语：在上次参观小学时，小朋友们都发现哥哥姐姐有课间 10 分钟，这 10 分钟里他们可以自由活动。今天我们在幼儿园体验课间 10 分钟。首先我们来观看一个视频，回忆哥哥姐姐们在课间 10 分钟都做了些什么。

视频播放完毕，教师请部分幼儿回忆视频内容，并通过文字和图画表征结合的方式进行小结。

指导语：小朋友们在视频中看到哥哥姐姐在课间 10 分钟内完成了很多活动，接下来我们也体验一下课间 10 分钟吧。

2. 制订课间 10 分钟计划。

教师组织幼儿填写课间 10 分钟计划表，并引导幼儿尝试用简单的文字说明计划内容。

3. 实施计划，体验课间 10 分钟（图 6）。

教师放置沙漏，幼儿开始实施课间 10 分钟计划。

教师观察幼儿实施计划的情况，并拍照记录。

4. 体验结束，回顾计划实施情况。

教师播放音乐，提醒幼儿活动结束并收拾物品。

教师组织幼儿分享，并通过图表、文字以及图像表征的方式记录（图 7）。

图 6　体验课间 10 分钟

指导语：接下来，我请小朋友分享你的课间 10 分钟，说说你的计划是什么、做了什么以及是否完成计划。

幼儿分享，教师做好记录。

小结：在小朋友实施计划时，我看到了大家自己安排课间 10 分钟的快乐和自由，希望大家上小学后也可以像今天一样好好计划自己的课间 10 分钟，珍惜课间的休息时间。

图 7　分享计划

图 8　讨论修改计划

5. 升华讨论：怎样安排课间 10 分钟才最有意义？

指导语：在听小朋友分享计划时，我发现有些小朋友因为自己没有完成计划感到不开心。我们来帮助这些小朋友想想怎样能够完成他的计划，好吗？

教师通过前面的图像表征，请其他幼儿给没有完成计划的幼儿提出改进建议。

教师总结：刚刚很多小朋友帮助同伴提出了完成计划的建议，这些建议都非常好。今天的活动中，大家都感受到课间 10 分钟的有趣，同时也发现了如果没有合理安排课间 10 分钟，很多事情都会做不完，时间就被浪费了。我们期待下一次活动继续体验课间 10 分钟，继续想办法好好计划课间 10 分钟。

活动反思

（1）以多种视觉材料帮助幼儿聚焦各环节的讨论重点。在活动中，教师多次给幼儿提供不一样的图表和文字材料，不仅能让幼儿回忆起自己的计划和实施情况，还能让每个环节中的幼儿共同疑问点突显出来，提高幼儿在集体活动中专注、投入和参与的程度，使不同环节之间衔接有序。

应鼓励幼儿多样化表征，助力幼儿个体性发展。在幼儿自行完成课间 10 分钟计划表时，教师发现部分幼儿不会将自己的计划内容完整地进行文字表征和图画表征，甚至对书写计划表产生了畏难情绪。在这样的情况下，教师可以灵活地组织言语表征，帮助他们完成计划表，或鼓励幼儿在组内合作和互助，共同完成计划。

幼小双向奔赴　衔接共促成长

◎佛山市三水区白坭镇中心幼儿园　冼萍芬、李泳欣、黄洁丽

佛山市三水区白坭镇第二小学　李惠珊、苏菊妹、梁玉琼

一、要解决的问题

　　白坭镇位于珠江三角洲地区，教育资源较为丰富，有中学 1 所、小学 2 所、幼儿园 9 所，适龄儿童入学率达 100%。园校分布较为集中，相互之间沟通较为频繁，近年来对于幼小衔接的重视程度也越来越高。白坭镇属于广东省教育强镇，镇政府对教育的投入逐年增多，基础教育越办越好，但在幼小衔接的教育信息化、现代化教学手段等方面，与城市幼儿园之间还存在差距。与此同时，镇内生源的 60% 是外来务工人员子女，家长的幼小衔接意识薄弱。近年来，在幼小衔接方面，乡镇教育办公室牵头开展去"小学化"行动和幼小衔接实验研究。两个学段的教师的幼小衔接观念有所更新，衔接意识也有所增强，但由于前期的衔接教学研究不够深入，仍存在幼儿园找不到突破口、小学找不到关键点、家长找不到落脚点、社会教育生态建设找不到切入口等问题，需要我们深入研究解决。

　　（1）"破""立"并举，增强园校幼小衔接意识。儿童个体的发展是连续的，但教育却是分阶段的。个体发展的特点和速度是有差异的，但教育阶段的目标和进度却是相同的。我们需要建立幼小协同合作机制，开展联合教研活动，打破分阶段的教育，推动幼小双向有效衔接。

　　（2）立足课程，促进儿童全面发展。目前，幼小衔接课程不够系统，衔接方法不够新颖，需要针对幼儿园及小学的课程内容进行教学方法上的融合与创新，满足幼儿园大班幼儿与小学一年级学生的发展需要，科学衔接两个学段的课程内容。

　　（3）四位一体，建立共育机制。幼儿园和小学应建立常态化联动和交流机

制，联合教研，整合多方教育资源，互通互助，形成幼儿园、小学、家庭、社区"四方"联动衔接的教育共同体，推动幼小衔接教育生态的良性循环。

二、活动实施方案

（一）幼儿园入学准备与小学入学适应活动网络

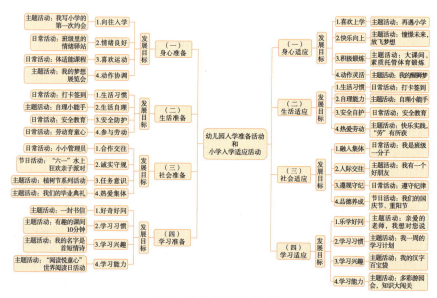

图1　幼小衔接活动网络

（二）总体目标

1. 幼儿园

大班幼儿即将面临幼升小的过渡阶段。幼儿园将以活动课程为载体，帮助大班幼儿了解幼儿园与小学生活和学习的不同，从身心、生活、社会、学习等方面充分做好入学准备，完成从幼儿到小学生身份的平稳过渡与转换，同时创建幼儿园、小学、家庭、社区四位一体联合衔接机制，减缓两个学段的衔接坡度，共同助力幼儿顺利度过这一转折期。

2. 小学

为了使一年级新生尽快适应小学生活，小学采取有效教研措施，以课程为载体，化解新生从幼儿园到小学的畏难情绪，努力消除幼儿园和小学在学习方式、教学内容、学习习惯、空间环境等方面的差异，使新生更好地适应小学生活，促进学习兴趣的培养，为儿童的终身发展奠定坚实基础。学校通过多彩的活动，帮助儿童从身心、生活、社会、学习等方面较好地适应新的学习环境，引导儿童养成良好的生活习惯、学习习惯，建立良好的人际关系，同时，通过幼儿园、小学、家庭、社区四位一体联合衔接机制，从儿童生活入手，助力儿童踏入新征程。

（三）幼儿园入学准备教育

白坭镇中心幼儿园从小班开始就逐步培养幼儿的自主能力、自我服务意识、积极的态度和良好的生活卫生习惯，建立以小班为起点的幼小衔接工作长程机制。在幼儿大班阶段，特别在大班下学期，幼儿园更加重视开展幼小衔接主题活动，通过活动促进幼儿身心和谐发展，使幼儿能尽快适应小学阶段的生活和学习。在充分尊重幼儿年龄特点和身心发展规律的基础上，幼儿园把幼小衔接工作纳入学期保教工作计划中，结合日常活动、节日活动、主题活动，从幼儿身心、生活、社会、学习四个方面开展大班幼儿入学准备教育。

1. 幼儿园入学准备阶段目标

表1　幼儿园入学准备阶段目标

阶段	培养重点	活动形式
第一阶段：2月	养成良好的行为习惯	个别活动
第二阶段：3—4月	提高自我服务意识和自理能力	个别活动、小组活动
第三阶段：5月	探秘小学，发现小学与幼儿园的不一样	集体活动、小组活动
第四阶段：6—7月	激发入学兴趣，培养学习习惯	集体活动、小组活动

2. 幼儿园入学准备活动课程

（1）身心准备。面对幼儿人生的第一次转折——升入小学，为了帮助幼儿做好对小学生活产生向往之情、保持良好的情绪状态、热爱运动、动作协调发展等身心准备，幼儿园在班级里设置了"和平长凳""私密空间"等，帮助幼儿理解情绪、接纳情绪、管理情绪，为入学后建立良好的人际关系打好基础；在体适能课程、体能大循环中让幼儿初步养成良好的运动习惯，增强体质，发展大肌肉动作，锻炼精细动作；通过参观小学主题活动让幼儿初步了解小学的生活和学习环境，激发幼儿对小学生活的向往和憧憬（表2）。

表2　身心准备活动

活动形式	活动名称	活动内容
主题活动	我与小学的第一次约会	①参观前：关于畅想小学 ②参观后：幼儿园与小学的对比
日常活动	班级里的情绪驿站	①班级设置"和平长凳" ②班级设置"私密空间"
日常活动	体适能课程	①每周体适能课程 ②体能大循环
主题活动	我的梦想展览会	我的梦想作品展（综合材料创作）

（2）生活准备。著名教育家陈鹤琴先生曾说："凡是儿童自己能做的，应当让他自己做。"为此，幼儿园在日常活动、主题活动中渗透了幼儿服务意识教育和自理能力培养，鼓励幼儿做自己力所能及的事情（表3）。例如，教师在大班幼儿认识时间、说时间、写时间的基础上开展"入园签到"和"晨谈"等日常活动，帮助幼儿进一步认识时间、增强时间观念，同时让幼儿学会书写自己的姓名和入园时间、记录出勤人数等，在潜移默化中培养书写兴趣，养成按时来园的好习惯；在日常的安全教育和值日生等活动中建立幼儿的安全防护意识，使幼儿树立"幼儿园是我家，清洁靠大家"的劳动服务意识，为幼儿升入小学做好生活准备。

表3　生活准备活动

活动形式	活动名称	活动内容
日常活动	打卡签到	①每日来园签到 ②晨谈活动
主题活动	自理小能手	①自理能力大赛 ②自主取餐，自我服务 ③我是小厨神
日常活动	安全教育	①消防安全演练 ②每日10分钟讲安全
日常活动	劳动育童心	①每周五下午3：00—3：40全体幼儿进行全园大扫除 ②班级值日生

（3）社会准备。从幼儿园步入小学，大班幼儿面临着学习生活环境、社交氛围和规范要求的转变。我们在幼儿园的日常活动中让幼儿参与自主游戏器械的收放、打理种植园植物等管理工作，增强幼儿的任务意识；在节日活动中邀请幼儿参与制定游戏规则，在促进其交流合作的同时，激发他们遵守规则的意识；在毕业典礼系列活动中，通过回顾三年的幼儿园学习与生活，让幼儿感受集体在他们成长过程中带来的温暖与感动，产生热爱集体的情感（表4）。

表4 社会准备活动

活动形式	活动名称	活动内容
日常活动	小小管理员	自主游戏中共同摆放、收拾器械
节日活动	"六一"水上狂欢亲子派对	共同制定并遵守游戏规则
主题活动	植树节系列活动	①设计种植园班级牌 ②为园内植物挂上植物介绍牌
主题活动	我们的毕业典礼	①小视频——幼儿园里的小时光 ②小心愿——毕业前我最想做的事情 ③小回忆——毕业汇演

（4）学习准备。《3—6岁儿童学习与发展指南》中指出："幼儿在活动过程中表现出的积极态度和良好的行为倾向是终身学习与发展所必需的宝贵品质。"在幼儿园阶段，我们一直坚持呵护幼儿的好奇心，促使他们产生积极的学习兴趣，储备基础学习能力，通过主题活动"一封书信""有趣的课间10分钟""我的名字是首短情诗"等，激发幼儿对学习的兴趣，让幼儿在活动中养成良好的学习习惯，逐步形成小学生所需要具备的学习能力，从而更加从容地步入小学生活，也为终身学习打下良好基础（表5）。

表5 学习准备活动

活动形式	活动名称	活动内容
主题活动	一封书信	①寄给青蛙的信 ②"写"给小学老师的一封信 ③探秘邮局

续 上表

活动形式	活动名称	活动内容
主题活动	有趣的课间10分钟	①魔法一分钟 ②课间10分钟畅想 ③哥哥姐姐大支招
主题活动	我的名字是首短情诗	①名字的故事 ②名片设计 ③姓氏大调查
主题活动	"阅读悦童心"世界阅读日活动	①声临其境——亲子故事录制 ②图书制作

（四）小学入学适应教育

幼升小是由学前教育向义务教育过渡的关键时期，具有承上启下的作用，衔接过渡的成功与否会对义务教育的发展质量产生较大的影响。因此，白坭镇第二小学一直以来重视衔接工作，建立了一套相应的制度，并将此项工作作为学校的常规工作，列入每学期的工作计划。学校从理论和实践两方面对衔接教育进行研究探索，摸清情况，掌握规律并提高认识。学校调整一年级课程安排，合理安排课程梯度，减缓教学进度，保证儿童学习内容的连续性，缓解儿童的不适应。特别在一年级上学期，学校会着重开展幼小衔接主题活动，使一年级新生能顺利过渡，从身心、生活、社会、学习等方面较好地适应新的环境，尽快适应小学的生活和学习。

1. 小学入学适应阶段目标

表6　小学入学适应阶段目标

阶段	培养重点	活动形式
第一阶段：8月	有进入小学的愿望，向往小学的生活	集体活动、个别活动
第二阶段：9—10月	养成良好的学习习惯，提高生活能力	个别活动、小组活动、集体活动
第三阶段：11—12月	建立初步的规则意识、任务意识	集体活动、小组活动
第四阶段：次年1—2月	提高学习适应性	集体活动、小组活动

2. 小学入学适应教育实施内容

（1）身心适应。小学一年级上学期是幼小衔接适应期，教师要关注新生的生理和心理需要，创设与幼儿园相衔接的班级环境，适当调整作息安排，提供一定数量的图画书、玩具和操作材料，帮助新生逐步适应从游戏活动为主向课堂教学为主的转变。入学初期，学校创设与幼儿园相近的班级环境，例如：允许新生适量携带自己喜欢的图书、玩具，增强心理安全感，缓解入学焦虑；根据需要灵活摆放课桌椅，支持教师以游戏活动的方式开展教育教学；在一年级的户外活动区域放置适宜的体育器材和游戏材料；张贴温馨的图文提示，帮助新生熟悉校园环境。学校还在新生入学典礼上让学生放飞梦想气球，憧憬小学的美好生活（表7）。

表7　身心适应活动

活动形式	活动名称	活动内容
主题活动	再遇小学	①在留言墙签名留言，参观校园 ②领取入学幸运包
主题活动	憧憬未来，放飞梦想	①班级破冰游戏：虎克船长 ②创建心灵小信箱，排解不良小情绪 ③新生入学典礼：憧憬未来，放飞梦想气球
日常活动	大课间、素质托管体育锻炼	①每周的体育课程 ②每天30分钟大课间 ③每周的素质拓展课程（武术、篮球、田径等）
主题活动	我的醒狮梦	"我的醒狮梦"作品展（用超轻黏土制作醒狮）

（2）生活适应。新生对新环境的适应是一个循序渐进的过程。在一年级新生入学后，学校会开展多种活动，使他们慢慢接受并且喜欢上新环境。例如：对初入学新生，适当调整作息安排。家校配合，督促新生早睡早起，上学不迟到，知道上学、放学及上课、下课的时间安排，听到上课铃声会自己进教室，下课会主动喝水、如厕；鼓励新生做好独立穿脱衣服、系鞋带、进餐、收拾餐具、整理床铺等自我服务，根据天气变化和活动需要增减衣物等，增强新生适应小学生活的能力，并通过让新生担任"老师一日小助手"来增强其服务意识；做好新生入学防震、消防、防溺水等安全演练，引导新生学会识别危险情境和行为，教会

新生简单的自护和求救方法，了解在不同的环境中以什么样的方式向可靠的人求助；通过值日生、垃圾分类、蔬菜种植等活动来鼓励新生热爱劳动，养成良好的劳动习惯，更好地融入集体，增强责任感（表8）。

表8 生活适应活动

活动形式	活动名称	活动内容
日常活动	打卡签到	①每日来校签到 ②每日眼保健操 ③绘制我的小学一日作息表（图文并茂）
主题活动	自理小能手	①床铺整理比赛 ②老师一日小助手：帮助老师分餐 ③元旦亲子烹饪比赛
日常活动	安全教育	①防震、消防、防溺水安全演练 ②红领巾广播三分钟安全教育
主题活动	快乐实践，"劳"有所获	①"我是本周值日生" ②"我是垃圾分类小能手"——垃圾分类知识竞赛 ③我是小小种植家："青葵园"劳动基地蔬果种植活动

（3）社会适应。儿童从幼儿园进入小学，刚开始时肯定会有诸多的不适应，其中便包括进入一个新的班集体后对建立新的人际关系和遵守新的规章制度等方面的不适应。在这个过渡阶段，学校有意识地培养儿童的社会适应能力意义非凡，对儿童未来的发展尤其重要。学校通过多种游戏和活动帮助初入学新生相互认识，组织新生集体讨论环境布置、班规制定、活动计划等，感受自己是班级的一员，感受集体生活的快乐，帮助新生开启美好的小学生活（表9）。学校还为新生创造交往机会，设计一些需要合作完成的活动或任务，引导新生互帮互助，发生冲突时学习协商解决，以帮助新生熟悉老师、结交伙伴，逐步融入小学生活。学校举办行为规范抢答赛，让新生争当"文明小标兵"，让他们尽快适应并遵守新的班规、校规，逐步融入集体生活。学校通过开展国庆节、重阳节等传统节日活动，在活动中激发新生爱家乡、爱祖国的情感。

表9　社会适应活动

活动形式	活动名称	活动内容
日常活动	我是班级一分子	①自我介绍，分小组互相认识 ②共同制定班级公约 ③共同讨论布置班级和图书角 ④班级跑步接力比赛、跳绳比赛
主题活动	我有一个好朋友	①赞赞我的朋友 ②送朋友一幅自画像 ③体艺节：三人两足游戏
日常活动	遵守纪律	①了解并遵守《小学生日常行为规范》和校规的基本要求，创编儿歌 ②举行行为规范知识竞赛，争当"文明小标兵"
节日活动	我们的国庆节、重阳节	①重阳节敬老实践活动 ②亲手制作五星红旗：了解国旗的故事 ③小小手语舞：表达对祖国妈妈的热爱

　　（4）学习适应。如果一个儿童善学、乐学，对学习有浓厚的兴趣，那么，他将在小学阶段打下坚实的基础。幼儿园活动以游戏活动为主，随机性较强，而小学以课堂学习为主，要求有严格的组织纪律性，这对一年级新生来讲是一个新的挑战。学校教师会给新生留充分的提问时间和空间，鼓励和支持新生深入探究，同时通过趣味性、挑战性、合作性的活动或任务，锻炼和培养新生较长时间集中注意力的能力。学校会通过主题活动给新生提供向老师倾诉的机会，同时让新生自行制订一周的学习计划，通过知识闯关等活动，让新生有入学后主动学习、积极适应的内在动力。在"我的汉字百宝袋"主题活动中，在校园里营造积极乐学的氛围，让新生探究自己感兴趣的话题，鼓励新生主动参与，积极表达，培养学习能力（图2）。

图2　绘画表征

表 10　学习适应活动

活动形式	活动名称	活动内容
主题活动	亲爱的老师，我想对您说	①书信的格式 ②和老师说说心里话
主题活动	我一周的学习计划	①利用图画、符号、文字制订一周学习计划 ②开展每日阅读打卡活动 ③哥哥姐姐大支招 ④爸爸妈妈鼓励齐帮助
主题活动	我的汉字百宝袋	①收集生活和校园中常见的汉字，并记录下来 ②了解简单的汉字起源和演变 ③录制小视频，说说汉字的故事
主题活动	多彩游园会，知识大闯关	①你问我答，思维数学我知道 ②你指我说，看图说话我能行 ③你说我画，醒狮脸谱我能绘 ④你说我做，格言书签我会做

（四）衔接共同体推动幼小联合教研

在市级幼小衔接实验项目的推动下，白坭镇幼儿园与小学结对，建立"1+N"衔接共同体，定期开展联合教研活动（表11、图3），以课程与教学法融合创新课程为研究点，切实做好幼小衔接工作。

表 11　工作安排

时间	工作内容及安排	形式
3月	结对园校建立"1+N"衔接共同体	线下会议
	结对园校确定联合教研学科与领域；开展义务教育课程标准和《3—6岁儿童学习与发展指南》研讨学习，梳理小学学科核心素养和幼儿园领域核心经验的交叉部分，拟定联合教研课程目标	线上、线下相结合
4月	拟定联合教研的课程内容，确定实施方案	联合研讨
	针对大班幼儿开展入学准备问卷调查，了解入学准备情况	问卷调查
5月	小学教师走进各实验幼儿园召开大班家长幼小衔接讲座	讲座

续 上表

时间	工作内容及安排	形式
6 月	结对园校重点课例同课异构展示及课例研讨（大班幼儿）	联合教研
	大班幼儿参观小学活动	参观体验
7 月	梳理幼小衔接微课资源，制定推送版面和框架结构，拟定推送时间节点	文档
	结对园校联合教研工作小结	线下会议
8 月	园校教师分别录制微课资源（至少 3 节）	微视频
	开展义务教育课程标准和《3—6 岁儿童学习与发展指南》第二次研讨学习，确定新学期联合教研课程主题	联合研讨
9 月	第一期幼小衔接微课资源推送	微信公众号推送
10 月	结对园校撰写幼小衔接典型课例教案并整理成册	文档
	结对园校重点课例同课异构展示（一年级学生）及幼儿园教师回访一年级学生	联合教研
11 月	第二期结对园校微课资源推送	微信公众号推送
12 月	针对小学一年级学生开展入学适应问卷调查，了解入学适应情况	问卷调查
次年 1 月	结对园校幼小衔接工作总结会议	线下会议

交流研讨　　　　　　　　同课异构　　　　　　　　家长讲座

图 3 "1+N"衔接共同体教研活动

通过"1+N"衔接共同体教研活动，幼儿园和小学双向奔赴，积极做好幼小衔接工作，相互学习、相互交流，资源共享、优势互补，不断发现和解决教师幼小衔接实践工作中的突出问题，梳理和总结值得推广的做法和经验，以课程为桥梁，逐渐减缓幼儿入学坡度。

（五）家园（校）形成"1+1＞2"教育合力

儿童从幼儿园升入小学，无论是在身体层面还是心灵层面都要面临一次成长的蜕变。家长在陪伴孩子幼升小的过程中，也要经历一次思想上的转变。这两种"变"不是一瞬间完成的。我们鼓励家长参与到幼小衔接工作中，形成"1+1＞2"的教育合力。

首先，结合小学、幼儿园的主题活动，教师紧紧抓住"世界读书日""劳动节"等节日的教育契机，创设亲子阅读打卡、家务劳动打卡等居家活动，让儿童将学习到的经验迁移到日常生活中，从而获得成就感和愉悦感，掌握生活技巧和方法，培养做事认真的态度，逐渐养成良好的生活习惯和学习习惯。

其次，家长是教师教育工作中的重要合作伙伴，大部分家长身上都蕴含着丰富的教育资源。幼儿园会通过"妈妈故事团""家长助教"等形式让家长参与幼儿的教育活动（图4）。在小学，教师也会通过"亲子厨艺大赛"等活动拓宽教育渠道，让家长走进课堂，进一步了解孩子的学习特点。

图4　故事妈妈进课堂

最后，借助家长、学校、父母课堂做好幼小衔接的宣传工作。学校和幼儿园通过家长沙龙、阅读心得分享等方式缓解家长在幼小衔接中的焦虑情绪，教会家长掌握科学的衔接方法。深度融入的双向协同教育，使家庭、幼儿园和学校在教育目标上保持一致，实现家园（校）有效衔接。

（六）社区联动拓宽衔接渠道

在幼小衔接实施过程中，与社区联动是做好入学准备和入学适应工作的有力补充。首先，幼儿园教师通过到社区派发如何科学做好幼小衔接工作、如何有效倾听儿童、如何与儿童有效沟通等方面的宣传单，帮助社区适龄儿童的家长主动关注幼小衔接，从思想上发生转变。其次，通过与社区儿童之家和名师服务联盟等组织机构联合开展绘本阅读送教活动，助力社区儿童阅读习惯的培养。最后，幼儿园、小学与消防大队、科普种植基地等单位紧密联系，为儿童送去安全逃生、科普农作物生长等知识，激发儿童热爱社会、热爱家乡的情感，为儿童后续学习奠定基础。

通过联合活动，我们逐步建立常态化联动和交流机制，互通互助，形成家长、幼儿园、小学、社区"四方"联动衔接的教育共同体，推动幼小衔接教育生态的良性循环。

三、活动方案反思

（一）活动方案的价值

本方案为我们持续开展的幼小衔接活动提供了行动指南。幼儿园和小学双方积极有序推进共育策略，家庭和社区有机融合，真正做到"四位一体"，共同帮助大班幼儿和一年级学生做好身心、生活、社会和学习方面的准备和适应；进一步更新了教师、家长和公众的衔接观念，促进了小学与幼儿园双方教师的沟通与交流，有效构建幼小衔接联动机制，推进幼小衔接有效开展，逐渐形成良好的幼小衔接教育生态。

（二）解决问题的程度

通过联合教研，我们梳理出幼儿园与小学之间需要配合的关键点，以幼小协同合作机制为落脚点，根据儿童身心发展水平和学习特点，创建了两学段共同适用的幼小衔接课程资源库，在一定程度上打破了分阶段式的教育，推动了双向有效衔接。同时，通过家（园）校互通互助，使家庭和社会发挥其教育价值，推动幼小衔接教育生态良性循环。

（三）存在不足和改进措施

幼儿园、小学的教学方式既有差异性又有连续性。在探索幼小衔接活动课程的过程中，两个学段的教师难免出现活动目标和教学方法把握不到位的问题，我们将继续加强联合教研，加大研讨力度，不断实践探索，创新教学法，精进衔接方法，并继续加强幼儿园、小学、家庭和社区之间的联系，紧密合作，丰富内容，凝聚共识，全面提升教育教学质量，携手帮助每个儿童健康快乐成长。

典型活动案例

"写"给小学老师的一封信
（幼儿园大班）

活动起源

《学前儿童语言学习与发展核心经验》一书中提到："前书写是指儿童在未接受正式的书写教育之前，根据环境中习得的书面语言知识，通过涂鸦、图画、像字而非字的符号，接近正确的字等形式进行的书写。"本活动起源于幼儿在全园劳动日擦报刊架时看到一封寄给园长妈妈的信件。在信息技术发达的今天，"信"对于幼儿来说是新鲜的事物。"信是什么？"幼儿七嘴八舌地讨论着。适逢大班幼儿正准备进行毕业主题活动——参观小学，这引发了教师的思考：何不把二者结合，在参观前让幼儿通过"写信"的形式向小学的老师做自我介绍呢？这样不但能让幼儿了解写信这种人与人之间传递信息的方式，也可以促进幼儿的前书写能力。教师抓住这一契机，开展了综合活动："写"给小学老师的一封信。

活动目标

1. 懂得写信的实际意义，了解寄信的流程。

2. 能用图画、符号、文字等形式表达自己的想法和情感，对文字产生兴趣。

3. 愿意用书面语言向小学老师表达感情，产生对入学的向往。

活动准备

1. 物质准备：寄信及邮递员送信的视频，信封、信纸、邮票、固体胶、笔若干份。

2. 经验准备：幼儿已学习过绘本《寄给蛤蟆的信》，对于"信"有初步的了解；幼儿有前书写经验。

3．场所准备：与邮局做好沟通工作，做好探秘邮局活动流程安排及外出安全应急预案。

活动过程

第一课时

1．谈话导入，引入主题。

师：孩子们，我们即将进行参观小学活动，去看看我们未来的老师、未来的教室。老师希望大家都能给小学的老师留下好的印象，但是在这么短的时间里，她们可能比较难记住我们所有人。那么，我们可以通过怎样的方式向小学老师介绍自己呢？大家一起讨论一下吧。

教师和幼儿一起回忆学习过的绘本《寄给蛤蟆的信》，引导幼儿通过写信的方式向一年级老师介绍自己。

2．学习"写"信，激发前书写兴趣。

师：看，这是上次大家清洁报刊架时看到的信，原来这是玩具商家写给园长妈妈的产品介绍信。我们一起来看看一封信里有什么内容吧。

（1）集体活动。通过一封真实的信让幼儿了解信里包含了称呼、正文、结尾、署名和日期等基本内容。

（2）小组活动。幼儿以小组为单位，相互做自我介绍，以此来梳理写信的内容。教师引导幼儿从姓名、性格、喜好等方面做自我介绍，表达自己对小学生活的向往之情等。

3．小结分享，表达对入学的向往。

请幼儿带着自己的"信"自主表达交流，鼓励幼儿大胆介绍书信内容，与同伴互相学习，在交流与分享中激发对入学的向往。

第二课时

1．视频导入，了解寄信流程。

师：小朋友们，上一个活动里，我们已经把信"写"好了。接下来，我们就要把信送到小学老师的手里了。怎么送呢？让我们通过视频《邮递员的一天》来了解一下吧。

教师播放寄信及邮递员送信的视频，帮助幼儿了解寄信的流程。

2．认识信封和邮票。

师：小朋友们，通过视频，我们了解到，原来信封和邮票就像小船，邮递员叔叔就像船长，地址就像航标，帮助我们把信送到目的地。接下来，让我们把上一个活动中"写"好的信装入信封吧。

（1）教师带领幼儿认识邮票和信封，协助幼儿写好信封上的收件人、寄信人地址。

（2）幼儿自己装信、封信，写上邮政编码、寄信人姓名等基本信息，贴上邮票。

3．探秘邮局，出发寄信。

（1）教师分组带领幼儿到附近的邮局参观，由工作人员带领幼儿认识邮局标志、邮筒、邮递员工作环境等。

（2）幼儿排队亲手把信放入邮筒里，完成信件投递（图5）。

图5 寄信

活动反思

"儿童有一百种语言。"在"写"信过程中，幼儿有不同的表达方式，有的会利用"同音""形似"等特点进行书写。幼儿通过写写画画，知道了文字符号的功能，产生了前书写的愿望。幼儿第一次用写信的方式向未来的老师介绍自己，表达自己的情感，体验到写信是一种书面表达形式，对文字产生兴趣。通过探秘邮局，幼儿了解了寄信的流程，进一步丰富了生活经验。

一年级新生入学教育
——以"我是新生，我能行"为主题的幼小衔接联合教研活动

活动背景

从幼儿园进入小学是儿童早期成长过程中一次重要的转折。进入全新的小学学习环境，儿童需要一个适应的过程。幼儿园和小学通过开展幼小衔接联合教研活动，深入研讨小学一年级教师在入学适应教育中的问题与困惑，提出解决策略，让儿童能更快地融入校园生活，以愉快的心情、积极的态度迎接全新的学习与生活，为后续小学学习乃至终身学习打下良好基础。

活动目标

1. 了解一年级新生的入学适应情况，提出有针对性的解决策略。

2. 培养新生向他人介绍学校的勇气，形成集体观念。

3. 培养新生初步的学习习惯，提高识字能力。

4. 加强幼儿园与小学的互动观摩交流，探讨幼小衔接的科学方式。

活动准备

1. 白坭镇教育办统筹安排幼小衔接联合教研活动的时间、内容以及当天的活动。

2. 设计"新生入学适应情况"调查表，做好数据统计。

3. 明确上课教师，安排好上课班级，准备好课室和教具等。

活动过程

（一）调查问卷，衔接诊断

为了调查一年级新生入学后一个月的适应情况，学校在联合教研活动前开展了一次关于新生入学适应的情况调查，通过问卷星的形式由班主任发放给家长，家长和孩子共同完成问卷。

统计结果显示，大部分学生在入学一个月后身心适应和社会适应情况良好。但是仍然有小部分学生在学习上还不适应，对于老师布置的作业，个别学生还需要家长监督才能完成；知识记得快，忘得也快；上课注意力不集中。个别学生做事情比较拖拉，或经常弄丢文具、书本等，生活适应能力还有待加强。

（二）为校代言，我有话说

在学校门口，站着几个可爱的一年级礼仪"小天使"。他们带领自己曾经的幼儿园老师进入小学校园，用稚嫩的嗓音向老师介绍校园。简短的言语表达了他们对小学的喜爱之情。

（三）勇敢尝试，小学首秀

为了迎接幼儿园老师的到来，一年级新生还准备了"读唐诗"的表演活动。他们虽然在幼儿园有过多次上台表演的经历，但这次仍是她们的勇敢尝试，因为这是他们第一次在小学的舞台上表演。动作虽然不是特别整齐划一，但能感受到他们已经逐渐融入小学生活中。

（四）幼师回访，倾听心声

本次教研活动安排了幼师回访活动，随机抽选 30 名一年级新生进行访谈，了解他们对小学的适应情况，并对个别还没有适应小学生活的学生给予关怀和劝导，指导他们如何更快地适应小学生活。这既对幼儿园教师开展幼儿教学有指导作用，也能促进小学新生健康成长。

（五）课堂教研，科学衔接

为了加强幼儿园和小学的双向联动，白坭镇实验幼儿园与两所小学组成"1+N"衔接共同体，于 6 月和 10 月开展了课程与教学法融合创新课程的课堂展示活动，由幼儿园教师和小学教师授课。

1.《好饿的毛毛虫》（授课教师：白坭镇中心幼儿园陈舒婷）。

（1）课程依据。

基于《3—6 岁儿童学习与发展指南》和《幼儿园入学准备教育指导要点》，聚焦幼儿语言"前识字"核心经验，结合幼儿园游戏化、生活化、情景化认识独体字，激发幼儿对符号和文字的兴趣，发展文字意识，培养阅读兴趣。

（2）教学目标。

①了解毛毛虫的生长规律以及变成蝴蝶的过程。

②在阅读中感受图画书的乐趣，喜欢阅读。

③初识"虫"字。

（3）教学流程。

教师首先告诉幼儿什么是封面、封底、扉页、环衬等，并让幼儿通过观察封面等方式了解故事的名称、作者等信息。其次用谜语导入，引出"毛毛虫"，带着幼儿边看插图边理解图画书内容，尝试猜测故事情节的发展，并通过"我来说你来贴"的游戏和播放视频，让幼儿理解毛毛虫变成蝴蝶的过程，感受大自然的神奇。最后引出"虫"字，通过甲骨文演变视频的解说，让幼儿认识"虫"字宝宝，为一年级做学习准备。

（4）课程衔接要点。

以图画书为载体，搭建连接幼儿园和小学的识字支架，减少儿童对识字的陌生感和距离感。通过形象的图画和游戏化形式促进幼儿进行联想记忆，让幼儿不用特意去学习、记忆汉字，突破了识字难点，为小学做好学习适应准备。

2.《蚯蚓的日记》（授课教师：白坭镇第二小学林烁洪）。

（1）课程依据。

基于《义务教育语文课程标准（2022年版）》和《小学入学适应教育指导要点》，聚焦基础型学习任务群中语言文字积累与梳理（第一学段）的目标内容，激发学生识字与写字的学习兴趣，让学生初步体会汉字部件之间的关系，衔接幼儿园阶段的"前识字"经验。

（2）教学目标。

①能认真倾听、阅读故事，有主动识字的愿望。

②认识偏旁部首"虫"，初步掌握"虫"字旁的构字规律。

（3）教学过程。

教师首先通过"看封面，猜内容""看图片，读故事""看视频，识'虫'旁""玩游戏，找朋友"这四个环节，带领学生理解蜘蛛写的日记趣事；其次播放识字微课视频，让学生回顾在幼儿园学习的"虫"字，认识虫字旁；最后通过找朋友的方式，让学生认识常见的与虫子有关的生字，如"蚂蚁、蝴蝶"等。

（4）课程衔接点。

本课程是在儿童有了幼儿园"前识字"经验的基础上进一步拓展的识字课程。教学时遵循汉字的构字之理以及儿童的认知规律，指导儿童在识字中阅读，并在识字阅读中学习归类识字，让儿童在构字规律中轻松快速地掌握汉字。

（六）策略共研，助力成长

在课堂展示结束后，大家进行了评课，对幼小衔接实验项目课程与教学法的研究关键点展开讨论，针对调查问卷的统计情况和幼师在回访谈话中了解的学生入学适应问题进行原因探讨，并提出相应的指导策略，希望后续能从家庭、学校、社区三个方面做好新生的入学适应教育。

第一，通过家长学校开辟父母课题，组织学习沙龙，进行入学适应专题讲座，改变家长教育方式。

第二，优化校园、课室环境的设计，创设阅读区、游戏区等，让学生有适应的过程。

第三，继续开展幼小衔接课程联合教研活动，举办幼小教师双向观摩的课堂活动，共同探讨幼小衔接的新模式。

第四，以社区送课等活动为契机，助力幼儿向小学平稳过渡。

活动反思

本次幼小衔接联合教研活动通过多种形式了解一年级新生的入学适应情况，并提出相应的策略，为今后的入学适应教育提供了指导方向。在课堂展示活动中，执教教师遵循儿童身心发展的特点，采取游戏化教学的方式，激发学生的学习兴趣，对提高学生的入学适应性有一定的效果。

做好幼小衔接已经成为幼小双方的共识，但是如何采取正确的方式实现幼小衔接仍然是现阶段需要关注和思考的问题。今后，我们还将与家长、社区开展更多的联合活动，整合资源，推动各方合力，做好科学幼小双向衔接，促进儿童健康成长。

幼小双向话衔接　三方协同促成长

◎韶关市仁化县城北幼儿园　陈燕梅、罗诗红、李秀明
　韶关市仁化县城北小学　连满富、刘金红、李海兰

一、需要解决的问题

一是幼儿园教师的教育理念需要转变。有的教师非但不引领家长正确对待入学准备，帮助家长树立正确的教育理念，反而为了满足家长"会背古诗、储备识字量"的要求而放弃对《3—6岁儿童学习与发展指南》精神的坚守，违背幼儿身心发展的规律和特点，做出超标教学、超前学习、强化知识训练等违规行为。

二是家长的教育观念需要转变。在幼小衔接过程中，家长应当成为幼儿情感的支持者、学习环境的创设者、生活能力的养成者、学习兴趣的激发者。而在一些培训机构的刻意渲染下，幼小衔接问题成为社会讨论的热点。"幼小衔接班"愈演愈烈，一些家长盲目跟风，每年5—9月成了幼小衔接问题的集中反映期和家长的焦虑期。家长唯恐自己的孩子输在起跑线上，给孩子报各种幼小衔接班、思维训练班、学前班等，造成孩子负担过重，甚至出现畏学、厌学情绪。

二、活动实施方案

（一）活动目标

（1）围绕幼儿入学所需的关键素质，帮助幼儿做好身心、生活、社会和学习四个方面的准备，逐层递进地开展向小学生活靠近的衔接活动，建立幼儿对小学生活的积极期待和向往。

（2）小学实施与幼儿园相衔接的入学适应教育，开展以学生为主体的探究

性、体验式学习活动，帮助学生实现从幼儿园到小学的平稳过渡。

（3）建立家庭、幼儿园、小学三方联合教研制度，完善共育机制，强化科学导向，形成家、园、校衔接教育合力，推动科学衔接。

（二）活动总体设计

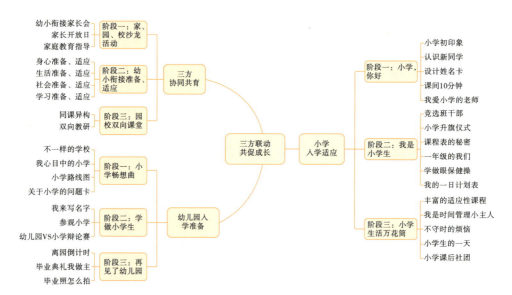

图 1　活动总体设计

（三）活动主要任务

1. 幼儿园做好入学准备教育

幼儿园要贯彻落实《3—6岁儿童学习与发展指南》《幼儿园教育指导纲要（试行）》《广东省幼儿园一日活动指引（试行）》等文件，以促进幼儿身心全面和谐发展为目标，为入学做好基本素质准备，进一步引导教师树立科学衔接的理念，大班下学期有针对性地帮助幼儿做好生活、社会和学习等多方面的准备，让幼儿建立对小学生活的期待和向往。

幼儿园入学准备教育工作设想如图2所示。

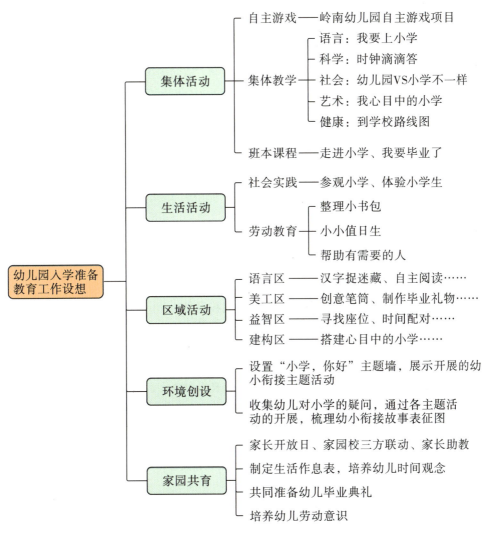

图2 入学准备教育工作设想

2. 小学实施入学适应教育

小学要强化衔接意识，主动加强与结对幼儿园的沟通，将入学适应教育纳入一年级教育教学计划，改革一年级教育教学方式，与幼儿园教育相衔接。根据义务教育课程标准，调整一年级课程安排，合理设置内容梯度，减缓教学进度。将小学一年级上学期设置为入学适应期，采取游戏化、生活化、综合化的方式帮助一年级新生做好入学适应，进行探究性、体验式学习。

小学入学适应教育工作设想如图3所示。

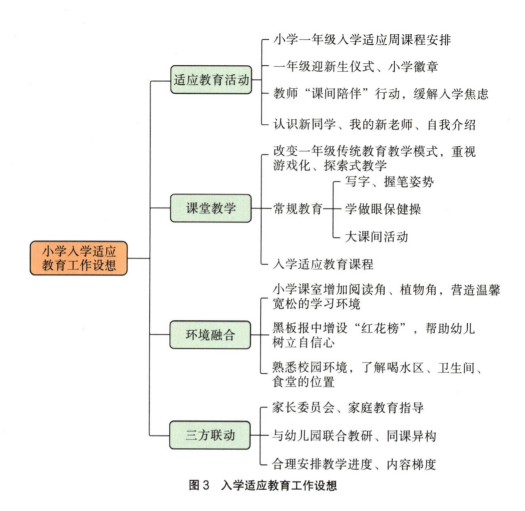

图3　入学适应教育工作设想

3. 建立幼小衔接教研共同体

建立幼儿园与小学教研共同体，共同制订合作园（校）《幼小衔接联合教研实施方案》，组建幼、小联合专家型研究队伍。幼儿园和小学将幼小衔接作为教研工作的重要内容，纳入年度教研计划，加强教师在儿童发展、课程、教学、管理等方面的研究交流，分别深入学习《幼儿园入学准备教育指导要点》《小学入学适应教育指导要点》，全面了解国内外科学幼小衔接前沿理论与实践应用成果；邀请教研室的小学、学前教育教研员定期深入幼儿园和小学，指导开展园（校）本教研活动，总结推广好做法、好经验。

4. 完善家园校共育机制

幼儿园和小学把家长作为重要的合作伙伴，充分发挥家长委员会的作用，建立有效的家、园、校协同沟通机制，为家长提供教育经验交流平台，引导家长与幼儿园和小学积极配合，共同做好衔接工作。通过调查问卷、访谈等形式及时了解家长在入学准备和入学适应方面的困惑及意见建议，积极宣传、展示幼小双向衔接的科学理念和做法，有针对性地为家长提供相应年龄段幼儿的家庭教育方法，倡导体验式家长教育，帮助家长认识过度强化知识准备、提前学习小学课程内容的危害，缓解家长的压力和焦虑，营造良好的家庭教育氛围，积极配合幼儿园和小学做好衔接。

（四）活动实施阶段

1. 第一阶段：宣传启动，准备阶段（2023年2—3月）

（1）召开幼小双向衔接项目启动会。成立以幼儿园园长与小学校长、幼儿园教学主任与小学一年级年级组长、幼儿教师与一年级教师为主要负责人的幼小衔接教研共同体，制定《幼小衔接联合教研实施方案》。

（2）幼儿园与小学分别组织教师深入学习《幼儿园入学准备教育指导要点》和《小学入学适应教育指导要点》，领会《教育部关于大力推进幼儿园与小学科学衔接的指导意见》精神，明确目标要求，制订大班活动主题和小学一年级课程安排计划。幼儿园做好入学准备教育，小学做好入学适应教育。双方通过丰富多样的联合教研活动，从身心、生活、社会和学习四个方面为幼儿搭建过渡的阶梯，促使幼小衔接工作取得实效，促进基础教育质量提升。

（3）邀请学前教育教研员和小学教研员对幼儿园制定的幼小衔接活动方案、小学制定的入学适应活动方案进行研判，共同研讨方案的科学性、可行性，并做出详细工作部署。幼儿园和小学层层对接，开设幼小衔接专栏，重点宣传《教育部关于大力推进幼儿园与小学科学衔接的指导意见》等教育改革文件精神，缓解家长的压力和焦虑，为家长提供具有针对性和实用性的指导。

2. 第二阶段：实施探索，探究阶段（2023年4—9月）

（1）幼儿园入学准备：充分尊重幼儿身心发展规律和特点，实施科学的保育教育，帮助幼儿做好身心各方面的准备，实现从幼儿园到小学的顺利过渡。

①将大班下学期设置为入学准备期。结合班本课程"我要上小学""书包里面有什么""幼儿园和小学大不同"等活动内容，支持幼儿自主参与幼小衔接的

主题环境创设，有针对性地帮助幼儿建立对小学生活的期待和向往；在充分保证幼儿自主游戏时间的前提下，适当延长大班幼儿单次集体教学活动时间。

②开展体验式、探究性学习活动。有计划地引导幼儿在日常生活和游戏中锻炼入学前的社会适应和学习适应能力，如与幼儿一起制订班级劳动计划，适当地承担班级劳动任务，培养幼儿主动探索、观察记录、动手实践的能力，鼓励幼儿自主确定任务分工并有计划地完成，强化幼儿时间观念和任务意识。

③组织大班幼儿到小学实地参观。让幼儿近距离感受小学生的学习和生活，开展对小学生进行访谈、幼儿园和小学大不同、参观小学等系列活动，激发幼儿对小学生活的向往；根据幼儿的阅读兴趣和活动需要，提供故事绘本，鼓励幼儿自主阅读并根据绘本内容对故事进行创编或表演，提高幼儿语言表达、合作交往等多方面的能力。

（2）小学入学适应：主动加强与幼儿园的衔接，积极探索实施入学适应教育，帮助新生逐步适应小学生活，坚决纠正超标教学、盲目追赶进度的错误做法，特别是语文和数学学科不可随意加快教学进度。

①将小学一年级上学期设为入学适应期。坚持学科知识"零起点"教学，关注新生的生理和心理需要。通过"小学我来了""我是小学生""快乐的小学生活"主题班会活动、课堂互动等方式，鼓励、支持新生大胆结识新朋友，关注胆小内向的新生，帮助他们克服交往的胆怯心理，学习用微笑、赞赏等友善的行为与同伴友好相处，获得更多的同伴友谊，较快地适应小学生活。

②转变让新生被动适应学校的观念。积极参与幼儿园的入学准备活动，实施与幼儿园相衔接的入学适应教育，根据学校的《小学生入学指南》合理安排一年级课程内容，改变教育教学方式，创设与幼儿园相衔接的班级环境，提供一定数量的图画书和操作材料，帮助新生逐步适应从游戏活动为主向课堂教学为主的教育方式的转变。

③引导学生开展"课间 10 分钟""我的一日计划表""课程表的秘密"等活动，培养学生学会自我服务与计划管理，引导学生树立时间观念，在日常生活和游戏中感受时间，养成守时、合理安排时间的好习惯。

④改革一年级的教学评价方式，聚焦儿童身心发展状况和特点，强化探究性、体验式学习，弱化学科考试，强调评价方式的趣味性，如通过"精美故事我

会读、我是计算小能手、快乐朗读我最棒"等趣味游考活动，促使学生以积极愉快的情绪投入小学生活。

（3）幼小双向衔接：积极开展幼小衔接研训活动，为建立幼儿园、小学双向互通型教师队伍提供教科研支持。如安排一年级教师观摩幼儿园活动，主动了解幼儿园课程、一日作息时间和幼儿学习方式；安排幼儿园教师观摩小学适应周，追踪新生适应情况，定期开展主题教研活动。

①幼儿园和小学把每年的5月和9月定为幼小衔接活动月，重点开展一系列幼小衔接活动。幼儿园将幼儿成长档案转交给小学教师，重点做好一些特殊学生的交接工作。小学教师通过查阅幼儿成长档案、与幼儿园教师座谈、线上交流等形式多方面了解新生的基本情况，做好特殊学生的衔接工作。

②根据幼小衔接联合教研工作计划，每月开展一次联合教研活动，提升教师的教学活动组织能力，使幼小衔接从理念向措施转化，以多种方式促进幼儿从幼儿园向小学顺利过渡。学期初，以幼儿园教师进小学为主，主要观摩小学新生学习内容、学习方式及适应小学学习生活需要具备的基本能力，跟踪了解幼儿升入一年级后的适应状态。学期末，以小学教师进幼儿园为主，主要观摩幼儿在园学习、生活的形式和内容，深入了解幼儿学习方式与特点，通过组织现场观摩、交流研讨等方式，交流和总结幼儿园和小学促进儿童身心、生活、社会、学习准备和适应的具体做法，使幼小衔接工作符合儿童身心发展规律，目标明确，方法得当。

③组织幼儿园教师学习2022年版义务教育各学科课程标准，做到不超前、不越位，同时认真研读《3—6岁儿童学习与发展指南》与《幼儿园教育指导纲要（试行）》，引导幼儿在生活情境与阅读活动中对文字产生兴趣，运用数学基本知识解决生活中的问题，在涂涂画画中掌握正确坐姿、握笔姿势，能正确书写自己的姓名。组织小学教师学习《3—6岁儿童学习与发展指南》，了解学前儿童的认知水平和学习特点，采用游戏化的方式引导新生向有意学习迈进。教师多关注新生课间10分钟的生活，指导新生逐步实现自我服务，合理安排内容梯度，减缓教学进度，确保做到"零起点"教学。

④开展幼儿园和小学教师幼小衔接案例、幼小衔接论文和微视频评比等展示活动，使教师通过观察式研究、案例式研究等多种研培活动，积累专业指导经

验。研究团队要与园校教师形成研究共同体，采取线上线下相结合的方式，以问题和案例等为载体，指导教师解决实际问题，培育典型，推动实践研究。

⑤专家引领。定期邀请小学、学前教育教研员到园校跟进指导联合教研活动，深化幼小衔接课题研究，积累实践经验和典型案例，优化教研形式，不断总结提升，促进两个学段教师同步提高。

（4）家园校三方联动：建立有效的家园校协同沟通机制，为家长之间的教育经验交流提供平台，引导家长与幼儿园和小学积极配合，共同做好衔接工作。

①召开幼小衔接主题家长会，采用集体座谈、个别访谈、问卷调查等方式，全面了解家长在幼小衔接过程中存在的疑问与困惑；通过校长专题讲座、学前教育宣传月视频、致家长的一封信等多种形式，向家长宣传幼小衔接的科学理念和做法，帮助家长认识提前学习小学课程内容的危害，营造良好的家庭教育氛围，共同做好衔接工作。

②组织家长学习各项文件精神，了解幼小衔接工作开展需要配合的内容，鼓励家长积极参与到幼小双向衔接工作中来。引导家长在家配合幼儿园调整作息安排，提醒幼儿早睡早起、按时入园，养成有规律的作息习惯，在日常生活中潜移默化地进行衔接教育。

③家长要以积极的态度去影响幼儿，正面引导幼儿产生进入小学的向往。可以带幼儿到将要就读的小学参观，熟悉学校的环境、从家里到学校的路线等；或邀请认识的小学生来家里做客，让他们讲讲学校的事情，如学习活动等，让幼儿提前了解小学生的学习生活，消除对小学的陌生感；还可以与幼儿一起布置房间，逐步用更多的学习区域代替游戏区域，做好上学的物质准备。

3. 第三阶段：梳理经验，总结阶段（2023年10月）

（1）通过适时组织现场观摩研讨等方式，总结小学和幼儿园做好幼儿身心、生活、社会和学习四个方面适应和准备教育的具体做法。幼儿园要突出将入学准备教育自然融入幼儿每日生活和游戏，采取循序渐进做好身心各方面准备的做法。小学要突出"为儿童准备好学校"的理念，关注新入学儿童的发展状况和个体差异，调整一年级教学方式，采取以游戏化、生活化等方式实施入学适应教育的做法，并做好过程性资料的整理与归档。

（2）及时总结反思研究和实践过程，收集好活动中典型案例的文字材料、图片、视频等，撰写幼小衔接工作总结报告，通过美篇、微视频等方式择优推广，宣传经典做法、优秀案例，引导广大教师和家长树立科学理念，缓解家长的压力和焦虑，从而关注幼儿身心全面发展，营造幼小科学衔接的良好氛围，促进幼小衔接联合教研工作取得实效。

（3）组织幼儿园教师及小学低年级教师开展教研交流研讨会，总结提升教师实施幼小衔接能力的措施，梳理问题清单，制定改进措施，扎实落实整改，切实有效地推广试点成果，形成具有地域特色的幼小衔接教学经验。

三、活动方案反思

（一）活动方案的价值

本方案是一个普遍适用的实践活动方案，从幼儿入学准备、幼儿入学适应、三方联合教研、家园校共育等几个方面对幼小科学衔接工作进行合理的计划与部署，同时，在总体设计上给予幼儿园与小学共同开展实践活动的指导建议，具有较强的操作性和实用价值。通过幼儿园教师与小学教师的联合教研、教师与家长的交流合作，有效地推进幼儿园与小学的双向衔接，使得幼儿从幼儿园平稳过渡到小学，从身心、生活、社会、学习等多方面促进幼儿快速融入集体，适应小学生活。

（二）解决问题的程度

（1）教师方面：建立有效协同的长效机制，改变幼儿园向小学靠拢的单向衔接，通过开展不同形式的联合教研改变了幼儿园"小学化"、小学不执行"零起点"教学的教学模式，强化了教师双向衔接的意识。

（2）儿童方面：有效地解决了儿童入学准备和入学适应实践中的突出问题，逐层递进地让儿童适应小学的学习与生活，对小学不再感到陌生，有上小学的愿望。

（3）家庭方面：通过召开幼小衔接家长座谈会、家访等形式，转变教师和家长的教育观念与教育行为，使其积极关注儿童需要，纠正了一些固有的错误的幼小衔接观念，重视幼小衔接在身心、生活、社会交往、学习等方面的接轨。

（三）存在不足及改进措施

1. 存在不足

（1）部分小学教师将主要精力放在教学上，重视完成各科教学大纲，注重教材的教学进度、作业批改及课堂纪律，对学生的生活较少关心。教师与学生的交流主要在课堂上，师生个别接触的机会较少。

（2）在三方联动机制下，大部分家长能认同幼儿园和小学的幼小衔接工作，但观念的提升并不代表行为的完全转变，部分家长仍以"分数"评判孩子是否全面掌握各学科知识，让孩子上各种培训班，忽视了孩子良好心理品质、生活习惯、学习习惯的培养，使其在进入小学后无法适应全新的学习环境。

2. 改进措施

继续按照《幼儿园入学准备教育指导要点》《小学入学适应教育指导要点》要求，加强园（校）本教研，引导教师有针对性地帮助儿童做好身心、生活、社会、学习等多方面的准备和适应教育，切实提高园（校）长、教师科学实施幼小衔接的能力。幼儿园和小学加强在课程、教学、管理和教研方面的研究合作，结合本区域实际，编写《幼小衔接手册》，包括政策理论知识篇、幼儿入学准备篇、小学入学适应篇、家园校共育篇等四个方面，及时总结推广典型案例和经验做法。

典型活动案例

三方联动　科学衔接
——家、园、校沙龙活动方案

活动目标

1. 通过与幼儿园教师、小学教师的互动交流，家长了解幼小衔接的重要性，形成良好的教育观念。

2. 增强家长与教师间的互动，使家长了解幼儿在当前发展阶段的需求，共同努力为实现科学幼小衔接寻找更适宜的教育手段和方法。

3. 开展"课堂双向体验",让小学教师认识幼儿园教学模式,从而更好地了解一年级学生的发展水平,幼儿园教师能够根据小学生的课堂表现对幼儿有针对性地施教。

活动准备

1. 提前发布幼小双向教研活动通知,组织幼儿园骨干教师与小学低年段教师开展幼小衔接联合教研活动。

2. 发放调查问卷,收集家长对于幼儿上小学的困惑与担忧,了解他们真正的困惑与需求,更有针对性地开展科学幼小衔接工作。邀请小学教师解答家长们在幼小衔接过程中存在的疑问与困惑,倡导正确的价值取向和科学的教育理念。

活动过程

1. 召开家、园、校沙龙活动"作为家长该从哪些方面做好幼小衔接工作?",以头脑风暴的形式进行分组讨论交流。

问题1:学习兴趣包括哪些内容?如何培养大班幼儿的学习兴趣?

问题2:学习兴趣培养对大班幼儿学习的重要性体现在什么地方?

问题3:关于孩子入学准备和入学适应,您最想了解的问题是什么?

家长与小学教师、幼儿园教师互动交流。

2. 小学和幼儿园分别做《如何科学做好幼小衔接工作》《如何培养孩子的学习兴趣》专题讲座,从入学前的准备、一年级新生可能遇到的问题及措施、小学对即将入学幼儿的期待与要求,以及家长配合事项等六个方面进行了详细讲解,引导家长意识到学习习惯和态度的养成对大班幼儿的重要性。

3. 开展家长助教活动,进一步推进幼小衔接工作,让每个儿童从学前教育阶段平稳地过渡到小学教育阶段,激发大班幼儿对小学生活的热爱和向往之情。为促进幼儿感知和体验小学的学习生活,特邀大一班家长——一名小学数学教师来到幼儿园与幼儿面对面亲密互动,带领幼儿开启人生第一次精彩的"幼小衔接课堂"之旅。

4. 双向课堂研讨活动。辖区内小学低年段骨干教师和幼儿园大班教师走进一年级课堂,聆听、观察小学生的课堂表现,寻找教育契机并精准施教。小学教师走进幼儿园课堂,亲身感受幼儿园课程教学模式,寻找其与小学课堂的差异。

双向体验结束后，小学与幼儿园再次深入开展教研活动，探讨科学有效的幼小衔接途径和方法，从而实施有针对性的入学准备教育。

活动反思

通过幼儿园、小学、家庭三方联合教研活动，为幼儿园和小学的双向衔接搭建起了"纵深式"学习和交流的平台，使幼儿园与小学之间有了更加深入的了解，也让家长们在幼小科学衔接工作中找到了方向，对于如何科学有效地开展幼小衔接有了更为全面深入的了解。

游考趣闯关　多元乐无穷
——小学一年级趣味游考活动方案

活动目标

1. 积极落实"双减"政策，重视学生综合能力发展，关注学生知识与技能的理解和把握，确保学校"减负不减质"，有效促进学生快乐学习和健康成长。

2. 遵循儿童的身心发展规律，全面推进入学适应教育，改革一年级教育教学的考核方式，构建"无纸笔"的考核评价体系。

3. 通过闯关活动方式进行综合学科综合素养评估，让学生自主参与，在活动中提高学习各学科的兴趣并获取知识。

活动准备

1. 材料准备：趣味闯关学科背景板、学生游考活动集星卡、秒表、星星印章、学校游考路线图、音乐等。

2. 环境创设：创设宽松自由的游考活动场地，背景PPT。

活动内容

本次游考活动兼具学科性和趣味性，将考试转化为各种游戏情境，让刚刚进入小学一年级的学生在"玩中测，测中玩"。分别设有"精美故事我会读""拼音拼读我能行""词语句子我会说""我是计算小能手""解决问题我最棒""图形我不怕""快乐朗读我最棒""位置我能行""跳绳我最行"等9个活动项目，减轻了学科考试压力，符合学生的身心发展水平，解决了一年级学生从幼儿园到小学因考试不适应的过渡问题（表1、表2）。

表 1　无纸笔趣味闯关集星卡

姓名：_____　　班级：_____

内容	星级		
	★（加油）	★★（良好）	★★★（优秀）
精美故事我会读			
拼音拼读我能行			
词语句子我会说			
我是计算小能手			
解决问题我最棒			
图形我不怕			
快乐朗读我最棒			
位置我能行			
跳绳我最行			

表 2　无纸笔趣味游考活动项目

序号	活动名称	活动规则	活动意图
1	精美故事我会读	随机抽取一个故事进行识读	让闯关小达人们使用抽签的方式选择教材中需要掌握的故事内容
2	拼音拼读我能行	抽取声母、韵母等趣味卡片进行拼读	汉语拼音是推广普通话的工具，也是学生识字的重要工具。寓教于乐的闯关游戏既检验了学生认读拼音字母和拼读词语、句子的能力，也培养了学生自主学习、勇于探究的精神
3	词语句子我会说	随机抽取五张生字卡，根据生字卡片上的字词句进行识读	让闯关小达人们使用抽签的方式选择教材中需要掌握的生字词
4	我是计算小能手	选择口算卡片进行计算，共需计算 32 题	让小能手在表达中做口算，增强了口算的趣味性，也提高了表达能力
5	解决问题我最棒	抽取百宝箱中的问题进行相应的回答	百宝箱里有许多不同的问题等学生来挑战，拓展学生的思维能力
6	图形我不怕	按照教师给出的事物，根据自己的想象，动手拼凑出相应的事物	用七巧板拼动物、交通工具等，培养思维能力、创造能力、动手能力及想象能力

续上表

序号	活动名称	活动规则	活动意图
7	快乐朗读我最棒	随机抽取课文中的古诗进行朗读	在语文课本中抽取耳熟能详、朗朗上口的古诗，让小达人们快乐阅读，促进语言能力的发展
8	位置我能行	摆放不同数量的飞机和坦克模型，学生根据具体情境解决问题，并描述阴影图形位于第几个具体位置	让学生感受数学的魅力，开阔学生的数学视野，提高学生的学习兴趣
9	跳绳我最行	体育课上老师已经教过我们跳绳了，那看看谁跳得又多又快又好	以运动的形式进行，在跳绳的过程中促进体育的发展

活动过程

（一）准备阶段

拟定本次小学一年级全科无纸笔趣味游考活动方案，各学科科任教师结合学生的年龄特征及课程标准，遵循趣味性、自主性、目标性、可操作性等原则，提前进行相应的规划。为保证活动的科学性及准确性，不同活动由相应科任教师担任评委。

（二）开展阶段

各班班主任先对本班学生进行分组，并进行简短的培训，讲解各项活动的规则，告知学生集星卡的作用，提示活动形式，强调活动安全、文明礼仪等，但不能向学生透露题目信息。班干部把集星卡分发到学生手中，学生手持集星卡，根据9项活动内容及规则要求，逐项闯关集星。本次趣味闯关活动采取等级制评价。

模块一：语文知识闯关。

时间：8:30—11:00。

负责教师：班主任、学科教师。

活动内容：语文知识闯关包括精美故事我会读、拼音拼读我能行、词语句子我会说、快乐朗读我最棒等有趣的闯关游戏活动，增强学生对生字的认识和辨析能力。通过说、读等形式对学生本学期所学的拼音、字词、课文、古诗、日积月累的掌握情况进行考查，培养学生的朗读能力和口语表达能力，深入考查学生的语文综合素养。

闯关说明:

①学生排队抽取内容。

②学生拿着抽取的内容到教师处进行拼音拼读、朗读等。

③读完后,教师盖章评价(表3)。

表3 活动评价

活动名称	评价目标	考核内容	评价标准	评价等级	分值
精美故事我会读	检测学生能否正确朗诵规定的故事	随机抽取一个故事进行识读	清楚、完整、较有感情地朗诵完规定故事,不漏字,不加字,不拖长音,表情自然、大方	★★★	9~10
			清楚、完整、较有感情地朗诵完规定故事,漏字或添字≤3,表情较自然、大方	★★	7.5~8.5
			完整地朗诵完规定故事,漏字或添字>3	★	6~7
拼音拼读我能行	检测学生看图的基本能力和书面语言表达能力	提供单幅图看图说话	能围绕一幅图展开想象,把意思表达清楚。做到完整通顺,表达流畅	★★★	13.5~15
			图意表达基本正确,语言比较流畅	★★	11.5~13
			图意表达不够清晰,语言不够流畅	★	9~11
词语句子我会说	说普通话,句子结构完整,语言表达流畅,态度自然大方,有礼貌,有表达的自信心	说普通话,句子结构完整,表达较流畅,有一定的自信	发音准确,吐字清晰,认读正确	★★★	9~10
			读错1~3个词组	★★	7.5~8.5
			读错4个以上词组	★	6~7
快乐朗读我最棒	检测学生能否正确朗诵规定的古诗	随机抽取课文中的古诗进行朗诵	清楚、完整、较有感情地朗诵完规定古诗,不漏字,不加字,不拖长音,表情自然、大方	★★★	9~10
			清楚、完整、较有感情地朗诵完规定古诗,漏字或添字≤3,表情较自然、大方	★★	7.5~8.5
			完整地朗诵完规定古诗,漏字或添字>3	★★	6~7

模块二：数学知识闯关。

时间：14:40—16:10。

负责教师：班主任、学科教师。

活动内容：数学关卡重在考查学生的计算能力和运用所学知识解决生活中简单实际问题的能力，如我是计算小能手、解决问题我最棒、图形我不怕、位置我能行、跳绳我最行等。使学生学以致用，让学生的数感、时间感、计算能力和思维逻辑等得到发展，加强学生的数学语言表达能力，培养学生对数学的学习兴趣，并感受数学与生活息息相关的奥妙。

闯关说明：

①学生排队到所在场地抽取内容。

②学生拿着抽取的内容到教师处完成相应的操作。

③操作完毕后，教师盖章评价（表4）。

表4　活动评价

活动名称	评价目标	考核内容	评价指标	评价等级	分值
我是计算小能手	检测学生能否准确熟练地口算	20以内退位减法及100以内的加减法（说明：时间5分钟，共32道题，每道题0.5分）	正确率90%以上	★★★	14~16
			正确率75%以上	★★	12~13.5
			正确率60%以上	★	9.5~11.5
图形我不怕	通过动手操作，考查学生对本册平面图形、分类整理和人民币知识的运用能力	认识平面图形、分类整理和认识人民币三个单元的内容	正确率90%以上	★★★	12~14
			正确率75%以上	★★	10~11.5
			正确率60%以上	★	8~9.5
解决问题我最棒	百宝箱里有许多问题，抽取百宝箱中的问题进行相应的回答	百宝箱里有许多不同的问题等学生来挑战，拓展学生的思维能力	正确率90%以上	★★★	12~14
			正确率75%以上	★★	10~11.5
			正确率60%以上	★	8~9.5

续上表

活动名称	评价目标	考核内容	评价指标	评价等级	分值
位置 我能行	摆放不同数量的飞机和坦克，学生根据具体情境解决问题，并描述阴影图形位于第几个具体位置	感受数学的魅力，开拓数学视野，提高学习兴趣	正确率 90% 以上	★★★	12~14
			正确率 75% 以上	★★	10~11.5
			正确率 60% 以上	★	8~9.5
跳绳 我最行	通过跳绳检测学生上下肢的灵敏、协调等身体素质	一分钟跳绳	74 个及以上	★★★	
			61~73 个	★★	
			17~60 个	★	

（三）总结阶段

各活动项目的负责教师根据学生的表现，把相应的星星盖在集星卡上。闯关完成后，学生拿着自己的集星卡来到领奖处，由统分教师计算得星总数，学生领取相应奖状和礼品。

活动反思

在"双减"背景下，对于刚刚从幼儿园过渡到小学阶段的儿童来说，要进行语文、数学、美术、体育、音乐、道德与法治、科学等学科学习，无疑是难以适应的。在本次小学低年级实施无纸笔综合测评活动，将知识性与趣味性有机结合，优化了小学低年级学生综合评价方式。从游考活动的效果来看，学生都非常乐于参加活动。教师通过创设一系列生动有趣的学习场景，减缓学生对于各学科考试的压力，让学生在轻松活泼的实践活动中完成各个学科的测试，达到寓教于乐、寓考于乐的效果；脱离传统的纸笔答题形式，不再以书面成绩作为唯一的评价标准，在充满童真童趣的游戏中检验学生是否达到课程标准水平与学习能力，进一步推动了学生入学适应教育。

双向衔接　协同共育

◎汕尾市海丰县公平镇中心小学　吴炯坚、蔡远平、马金梅
　汕尾市海丰县公平镇中心幼儿园　陈耀冰、吴文秀、张小雅

一、活动实施方案

（一）活动目标

（1）开展幼小衔接专题教研活动，使教师精通幼小衔接相关知识，掌握小学生生活、学习的一些基本行为习惯要求，做好衔接准备工作，推进幼儿园入学准备教育。

（2）通过幼小衔接系列活动，帮助幼儿解决幼小过渡中的断层问题，促进幼儿德、智、体、美、劳全面发展。

（3）搭建幼儿园和小学交流互动平台，推进幼儿园和小学的科学衔接，促进幼儿园与小学在课程、教学方式上的衔接。

（4）家园同步，树立家长正确的幼小衔接观念，增强教师与家长的交流沟通，共同做好幼小衔接工作。

（二）具体工作

1. 创设环境，营造入学氛围

（1）为幼儿创设一个良好的阅读、书写环境，利用看图讲述、复述故事、故事续编等方式培养幼儿阅读、表达、前书写等能力。

（2）以班级区域和主题墙为重点，精心设计制作与幼小衔接相关的材料供幼儿操作和感受。如在主题墙上布置"毕业倒计时""我是小学生"等主题，营造即将毕业进入小学的氛围。

（3）活动室的环境布置需图文结合，潜移默化地让幼儿了解更多文字。

2. 转换思想，做好心理衔接

（1）开展"参观小学"一日活动，让幼儿提前熟悉小学环境，了解小学与幼儿园的区别，缓解进入小学的恐惧心理。

（2）开展"采访小学生"活动，让幼儿通过采访小学生的方式去了解他们想知道的小学的事情，激发对小学的喜爱之情，产生对进入小学的向往。

（3）邀请上届毕业生来园与幼儿座谈，介绍小学的学习、生活情况，使幼儿做好入小学的心理准备。

（4）适当调整活动室的布局，将集中围坐式改为分隔式，让幼儿感受小学班级的教学环境。

（5）开展"认识课程表""我会系红领巾""快乐课间 10 分钟""我心中的小学"等幼小衔接主题教育活动，加强幼儿对小学生生活、知识方面的了解。

（6）组织开展情景游戏"我是小学生"，模拟小学生一日学习生活，如上课、做值日、课间 10 分钟等。

（7）建立小值日生制度，让每个幼儿都有当值日生的机会，帮助幼儿树立独立意识、任务意识和为他人服务的意识。

（8）有意识地对幼儿进行注意力训练。如：让幼儿看照片观察人物，养成认真、专注的习惯；给幼儿讲故事后，及时提问，训练幼儿捕捉听觉信息的能力。

（9）对幼儿加强注意力和思维敏捷性训练。如在益智区玩棋类游戏、做科学小实验等活动，培养幼儿的有意注意和内在的学习兴趣和动力。

（10）要求幼儿在规定的时间内完成相关劳动，培养幼儿做事不拖拉、有始有终的好习惯。

（11）日常生活中，教师减少使用物质奖励法，多使用讨论评价法、语言夸奖法进行鼓励。

（12）提醒家长要从正面鼓励幼儿，在生活中也要营造"我要上小学"的氛围，让幼儿对小学生活保持期待。

3. 加强体能锻炼，做好身体衔接

（1）培养幼儿运动的习惯，保证幼儿每天两小时户外活动时间。提供各种体育器械和材料，开展"你抛我接""一棒接一棒"等动作敏捷的体育游戏。针对小学学习和生活需要的大肌肉、小肌肉运动能力，开设篮球课、体智能课，增强幼儿体质。

（2）培养幼儿正确的读书、写字姿势，调整幼儿不良坐姿，让幼儿懂得保护好自己的眼睛及其他感觉器官。

（3）在集体活动时间里逐步引导幼儿保持注意力的稳定性和持久性，和幼儿一起制定作息时间计划表，让幼儿在心理上对学习时间概念有所准备。

（4）开展"小书包真整齐""我会使用剪刀/铅笔刀/橡皮"等活动，培养幼儿的动手操作能力，使幼儿学会爱护并看管好自己的物品。

4. 培养独立品质，做好生活衔接

（1）通过晨谈、讲故事、社会实践活动培养幼儿的独立意识，增强幼儿独立解决问题的能力。让幼儿感知到自己即将成为一名小学生，生活、学习不能完全依靠父母和老师，要学会自己的事自己做，遇到问题和困难要想办法自己解决。

（2）培养幼儿遵守合理的作息制度，有规律地学习与生活，形成早睡早起的时间观念。

（3）通过"我会叠衣服""我能整理书包"等游戏鼓励幼儿自己的事情自己做，锻炼幼儿的意志与品质。

（4）开展安全教育系列活动，如"如何保护自己""不随便与陌生人说话""遇到困难如何求助""我会看红绿灯走人行道""记住急救电话号码"等。

（5）开展"礼貌用语我知道""我是文明小学生"等活动，培养幼儿使用日常礼貌用语、遵守班级常规、学会倾听、遵守公共秩序等习惯。

5. 增强学习动机，做好学习衔接

（1）引导幼儿阅读，利用看图讲述、故事续编等方式培养幼儿的阅读兴趣，营造良好的阅读氛围，通过课堂、游戏、生活、阅读等方式让幼儿学习语言活动中识字部分的内容。

（2）开展"经典诵读""我会讲故事"活动，为幼儿搭建诵读演讲的平台，提高幼儿的诵读水平。

（3）在区域投放控笔、沙盘等相关材料，让幼儿做好书写准备，为书写奠定基础。

（4）组织有助于幼儿数学思维锻炼和能力提升的数学游戏活动，采用"顺序选图""传递推理"等方法，强化幼儿思维能力。

（5）在进行五大领域教学时，选择音乐、故事、古诗等作品培养幼儿的倾听习惯。

（6）定时开展"欣赏汉字""智趣数学""创意绘画""趣味故事"等游戏活动，培养幼儿听、说、读、写的兴趣和能力。

（7）结合主题教学，运用操作材料锻炼幼儿的动手能力。

6. 密切合作，做好家、园、校三方衔接

（1）组织小学低年部的教师参加幼小衔接专题培训会，学习幼小衔接政策文件，了解各年龄段幼儿特点，精通幼小衔接的相关知识。

（2）组织小学低年部的教师座谈，了解幼儿园历届幼儿升小学后存在的突出问题，对幼小之间的差距进行分析，及时调整教学策略。

（3）通过全园家长会、幼小衔接讲座、家长开放日、家园联系栏、家长群、咨询活动等形式与家长共建交流平台，宣传幼小衔接的重要性，让家长深刻理解并配合幼小衔接工作。

（4）告知家长幼儿的发展现状，给家长详尽地介绍幼儿园的幼小衔接计划，确保家长都能理解并积极地配合幼儿园。如：让幼儿定时作息、有计划地完成教师留下的任务、不迟到等。

（5）通过专题研讨会的形式，对家长进行理论指导，使其更新观念，改变对幼小衔接工作的态度。

二、活动方案反思

为深入贯彻《幼儿园教育指导纲要（试行）》精神，我们以"尊重孩子的年龄特点和发展规律，考虑孩子的心理需求和发展需要"为研究的基本原则，以"如何解决幼儿园与小学的衔接问题，怎样让幼儿从幼儿园平缓过渡到小学，促进学生健康、快乐地成长"为研究重点，将幼小衔接活动与小学"学习准备期"综合活动有机结合，帮助幼儿走好从幼儿园到小学这个缓坡。

典型活动案例 ⚏

汉字真有趣

（幼儿园大班）

活动目标

1. 能初步了解文字的演变过程，知道汉字是中国人发明的文字。

2. 能尝试根据象形字寻找相对应的汉字，并进行认读。

活动准备

1. 经验准备：幼儿在一日生活中已经认识了部分汉字，有认读汉字的愿望。

2. 物质准备：汉字演变过程、象形字的 PPT 课件，"日""月""水""火""山"等的象形字图片和字卡，常见字字卡，长短不一的小木棍。

活动过程

1. 播放汉字演变过程课件，引导幼儿初步了解汉字的起源和特点。

师：我们班有很多小朋友都认识了一些汉字，今天老师准备了一些有趣的汉字给大家看看。

2. 出示"日""月""水""火""山"等象形字课件，引导幼儿了解象形字的特点。

（1）分别播放"日""月""水""火""山"五个象形字的演变图课件。

师：这是什么？象形字和图画有什么相似的地方？我们现在的汉字和象形字像不像？

师：这就是我们中国人发明的象形文字，是从各种具体形象的图画中演化而来的。

（2）出示"日""月""水""火""山"五个象形字的图片和五个汉字的字卡，让幼儿配对并认读。

3. 引导幼儿尝试用小木棍和自己的身体拼摆汉字，激发幼儿对汉字的兴趣。

（1）出示常见汉字字卡，让幼儿用小木棍摆出汉字。

（2）出示常见汉字字卡，让幼儿用自己的身体摆出汉字。

（3）引导幼儿与同伴合作摆出不同的常见汉字。

4. 制作名片，引导幼儿感受汉字的实际作用。

（1）请幼儿用文字制作名片。

（2）请幼儿把名片送给好朋友做纪念。

师：你们知道文字最主要的用途是什么吗？我们大班的小朋友很快要读小学，跟我们的好朋友分开了。今天我们就用文字制作一张自己的名片，送给我们的好朋友做纪念吧。

活动延伸：请幼儿在幼儿园、家里或回家的路上找找自己认识的汉字。

活动反思

本活动收集了大量有关汉字起源、象形字的图片和视频，整理出幼儿容易理解的汉字特点。活动中设计的游戏丰富有趣，使幼儿在游戏的过程中对汉字产生了浓厚的兴趣。本次活动目标设计符合大班幼儿年龄特点。幼儿在学习的过程中体验快乐，得到发展。但活动前忽视引导幼儿在生活中收集活动素材，对于幼儿主动学习的积极性调动得不足。

上小学的第一天
（小学一年级）

活动目标

1. 观察小学和幼儿园的不同之处，了解小学生的学习和生活常规。

2. 知道操场、厕所、图书室等的详细位置，理解这些地方是小学生活、学习的重要场所。

3. 通过认识学校，培养热爱学校、热爱班级的情感，萌发要做一名小学生的自豪感。

活动准备

1. 经验准备：课前带领新生参观小学、观看录像，了解小学生的学习和生活习惯。

2. 材料准备：校园环境图片、不同功能室图片、标有数字的卡片和座位表。

活动过程

1. 谈话导入。

师：今天早晨上学，你是自己来的，还是家长送来的？在学校门口，你看见了什么？

学生相互交流自己是如何到校的、自己看到的情景是怎样的。

2．认识学校，认识班级。

（1）歌曲引入，播放《上学歌》。

（2）引导学生认识学校和班级。

①出示图片，引导学生认识校名，跟着教师读校名。

②参观校园环境，知道操场、厕所、图书室等的详细位置。

③认识班级，跟着教师一起读："我是 ×× 小学 × 年级 × 班的小学生。"

3．玩"找座位"游戏，巩固对自己座位的认知。

4．自由讨论：如何做一名合格的小学生？

5．师生小结。

活动反思

本活动结合学生特点，开展了认识班级和参观校园的活动，让学生在活动中互相学习、交流合作，不仅使学生尽快熟悉班级和学校环境，也进一步帮助学生认识到校园环境的美丽，感受到作为一名小学生的骄傲，引导其热爱学校，好好珍惜优良的学习条件，努力学习。活动设计贴近学生生活，通过多种活动方式让学生减少焦虑感，通过游戏的方式让学生相互认识并加深同学间的了解，减少陌生感和不安感，尽快适应新环境。但教师在活动中对个别学生的关注有所欠缺，讨论时应给予学生更大的自主空间，让其充分表达自己的想法。

双向衔接　共促成长

◎潮州市饶平县中山实验幼儿园　刘洁欣、郑晓梅、王仕琼
　潮州市饶平县中山实验学校　黄玲玲、余素玲、李苗

一、幼小衔接活动背景

为了进一步贯彻落实《教育部关于大力推进幼儿园和小学科学衔接的指导意见》，有序推进幼儿园与小学科学衔接，中山实验幼儿园从自身条件出发，针对大班幼儿的升学需要以及大班幼儿的年龄特点，以《幼儿园入学准备教育指导要点》《小学入学适应教育指导要点》为指导，以促进幼儿全面准备为目标，围绕幼儿入学所需的关键素质，把身心准备、生活准备、社会准备和学习准备四个方面的内容有机渗透于保育教育工作的全过程，力求帮助幼儿做好各方面准备，实现从幼儿园到小学的平稳过渡。

二、重点实施工作

（1）深入贯彻落实《3—6岁儿童学习与发展指南》《幼儿园教育指导纲要（试行）》《广东省幼儿园一日活动指引（试行）》，促进幼儿身心全面和谐发展，为入学做好基本素质准备。

（2）增强幼儿园教师和小学教师的科学衔接意识，在结对活动中形成幼小协同合力，为幼儿搭建从幼儿园向小学过渡的阶梯，推动双向衔接。

（3）扭转家长过度重视知识准备的认知，指导家长合理做好入学准备和入学适应教育，形成科学的衔接观念。

（4）通过家、园、校合作，整合多方教育资源，帮助大班幼儿做好身心准备、生活准备、社会准备、学习准备，实现幼小有效衔接。

三、活动实施方案

（一）准备、启动阶段：建立合作机制，形成教育合力

（1）成立幼小衔接工作小组，明确任务，分工到位。

（2）中山实验幼儿园与中山实验学校建立幼小协同结对关系，在思想上达成共识，制定联合教研制度，加强在课程、教学、活动上的研讨交流。

（3）中山实验幼儿园大班教师和中山实验学校一年级教师一起参加专题培训和教研活动。

（4）中山实验学校为中山实验幼儿园大班开展幼小衔接活动及课程提供支持。

（二）实施及进阶阶段：做好大班幼儿入学准备工作

中山实验幼儿园与中山实验学校处于同一区域，从同一个校门进出，因此小学对幼儿来说是既熟悉又陌生的。每天一同踏进校门的小学生时常会引起幼儿对小学生活的好奇。"为什么哥哥姐姐的书包那么大？""哥哥姐姐为什么要戴红色的'围巾'？""我要像哥哥姐姐一样，自己来上学。"我们关注幼儿的真实需求，充分尊重幼儿的学习方式和特点，结合《幼儿园入学准备教育指导要点》《小学入学适应教育指导要点》以及《3—6岁儿童学习与发展指南》，在幼儿园大班开展了"准备上小学"主题活动（图1），在五大领域中渗透相关主题教学内容，针对身心准备、生活准备、社会准备、学习准备四个方面的入学关键素质，开展与小学相关的各类活动，让"准备上小学"这一主题贯穿大班幼儿下半学期的生活，让幼儿循序渐进地从幼儿园自然过渡到小学阶段。

1. 心理准备

（1）互动交流，萌发向往。"向往入学"是《幼儿园入学准备教育指导要点》中"身心准备"的重要发展目标之一。帮助幼儿建立积极的入学期待以及初步了解小学生活，是实现目标的两大措施。我们组织一年级小学生到幼儿园与大班幼儿互动交流，以讲述亲身经历、展示本领、面对面指导等方式，让大班幼儿初步了解小学生的学习生活，使大班幼儿萌发成为小学生的愿望，对小学生活充满期待。

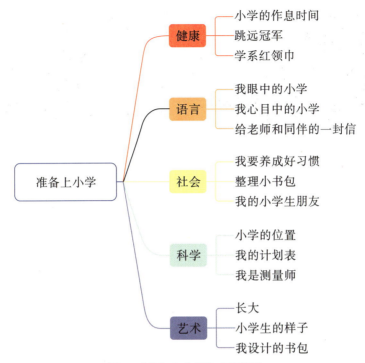

图1　"准备上小学"主题活动

（2）参观小学，感受小学生活（图2）。到小学校园参观，切身体验小学生活，是促使幼儿对小学校园及小学生活产生积极情感的最为直观的教育手段。小学的课堂生活、功能室、操场等，对幼儿来说既陌生又新奇。园校携手，通过引导幼儿入校参观小学生上课场景、体验功能室，安排一年级教师为幼儿组织一次书写、认读活动等，使幼儿对小学生活更加向往，做好更充分的心理准备。

图2　参观小学

2. 身体准备

（1）通过每天两小时户外体育锻炼增强幼儿体质（图3），增强幼儿的平衡、跳跃、攀爬等能力，使他们身心健康地进入小学。

图3 户外体育锻炼

（2）在日常活动中培养幼儿正确的读书、写字以及握笔姿势，让幼儿懂得保护好自己的眼睛及其他感觉器官。

（3）注重安全教育，在一日活动中渗透安全小常识，让幼儿懂得并遵守相关规则，提高幼儿的自我保护能力。

3. 生活准备

（1）通过谈话、讲故事、参与劳动培养幼儿的独立意识，增强幼儿独立解决问题的能力，使幼儿认识到，自己即将成为一名小学生了，生活、学习不能完全依靠父母和老师，要学会自己的事自己做，遇到问题和困难自己想办法解决。

（2）培养幼儿遵守合理的作息制度，有规律地学习与生活，早睡早起。

（3）通过"我会收拾房间""我能整理书包"等游戏增强幼儿遵守纪律和规则的意识，鼓励幼儿自己的事情自己做，培养幼儿有计划地做事（图4），并锻炼幼儿的意志与品质。

（4）引导幼儿进行自我行为管理，重点培养幼儿的时间观念，避免出现拖延的情况。

图4 我的计划表

4. 社会准备

（1）鼓励幼儿与园内不同年龄阶段的幼儿互动交流，通过互动性强的游戏活动、日常简单劳动的方式，扩展交往范围。

（2）创设区角环境（图5），让幼儿扮演小学生，感受小学课堂与幼儿园课堂的区别，并在角色扮演的过程中初步感知小学的课堂常规（图6）；通过投票选出幼儿代表，到小学体验"当一天小学生"，与小学生增进了解、互动。

图5　红领巾佩戴图示　　　　　图6　小学课堂游戏

5. 学习准备

对照《3—6岁儿童学习与发展指南》大班幼儿的发展目标，结合大班幼儿的实际情况，培养幼儿的动手操作能力及基本的前书写能力，如正确的握笔姿势和坐姿、良好的阅读习惯等，增加幼儿的知识储备，帮助幼儿提升专注力及其他良好的学习品质。

（三）密切合作，实现家校园共育

（1）通过线上专题分享、家园卡、家园联系栏、班级微信群，向家长宣传幼小衔接的重要性，并让家长随时了解、掌握幼儿园幼小衔接活动的开展动态，确保家长对于每一个环节、每一个步骤都能理解，并积极地配合幼儿园。

（2）组织举办幼小衔接专题讲座。幼儿园与小学合作，由小学一年级优秀教师与幼儿园园长为大班幼儿教师及大班家长开办专题讲座，多角度展示小学校园一日生活内容，使幼儿园教师与家长充分了解小学的学习特点及相关知识，以及如何更科学、合理地对幼儿实施正面引导，使家、园、校协同教育，步调一致，让幼小衔接工作更具成效。

四、活动方案反思

实现幼小科学衔接，需要幼儿园与小学有效沟通交流，结合工作实际与幼儿发展动态，及时调整教育目标和教育内容，统一步调，不断改进和完善协同机制与措施，让幼小衔接工作能够真正实现双向互助，共同促进幼儿的身心健康发展，为幼儿今后的学习埋下积极的种子，为终身发展奠定良好基础。

典型活动案例

"菠萝小学"的故事
——幼儿园大班区角活动

活动目标

1. 学习正确的握笔姿势和坐姿，知道小学课堂的基本常规。

2. 发展动手操作能力，培养独立意识。

3. 通过体验角色扮演，促进同伴合作交流。

活动准备

1. 经验准备：区角游戏经验、参观小学的前期经验。

2. 物质准备：小学课桌椅、校服、红领巾、黑板、小学课本、田字格识字卡、识字图卡、点读笔、书包、绘画笔等。

活动过程

（一）"菠萝小学"起名记

在社会活动"参观小学"中，幼儿通过亲身体验和实地参观，直观感受小学校园的环境，初步了解了小学生的生活。幼儿回到幼儿园后热情未消，不断与同伴讨论自己在参观过程中的发现。

睿睿：我看到了我的哥哥，我到时候要跟我哥哥一起去上小学。

诺诺：我最喜欢小学的电脑室了。

琪琪：我看到哥哥姐姐们都戴着红领巾，我也好想戴呀。

帆帆：我看到哥哥姐姐们有个大书包，我也想要。

言言：我还是喜欢我们的幼儿园，我不想去上小学，我有好多字不认识。

在幼儿热烈的讨论中，教师感受到了他们的欢喜与担忧。于是，教师让幼儿围成圆圈安静地坐下来，对他们说："孩子们，我们也来设立一个'小学'吧，你们可以在这个小学里边，做你们知道的关于小学生会做的一些事情，好吗？"

幼儿异口同声答应了。教师提议："我们参观的学校叫饶平县中山实验学校，每个学校都有它自己的名称，就像每个人都有自己的名字一样，你们想给我们的'小学'起什么名字呢？"

幼儿你一言我一语，踊跃地发表着自己的想法：天使小学、草莓小学、魔方小学、恐龙小学……最后经过举手投票表决，确定了"菠萝小学"这个校名。

（二）"菠萝小学"创设共参与

1. "菠萝小学"创设，师幼共参与。

确定好"小学"的名称后，教师便发动幼儿一起参与到"菠萝小学"的创设中。在教师的带领下，幼儿到小学借来了课桌、书本、移动黑板，创设了简单的教室。

2. "菠萝小学"建设，家园齐助力。

教师就创设"菠萝小学"的目的与家长进行了交流。家长的态度十分积极，主动带领幼儿实地参观即将就读的小学校园，并让幼儿向家中正在上小学的家人朋友了解更多与小学生活相关的信息。师幼积极参与到环境创设中，有的幼儿带来家中闲置的小学校服、红领巾，幼儿园则为幼儿提供了点读笔、绘本等物品。

（三）"菠萝小学"的那些事儿

1. 菠萝小课堂。

幼儿在区角游戏中，有的当教师，有的换上校服当学生。在预备铃声响起时，扮演学生的幼儿准备好学习用品，端正坐好，认真听课，举手回答问题，有模有样地学做一名合格的小学生。

2. 菠萝美术馆。

教师举办了为期4周的美术作品展览会，分别以"我看到的小学""小学生的样子""我设计的书包""我心目中的小学"为主题，让幼儿自主创作，游戏后将作品悬挂在"菠萝美术馆"中展示。

3. 菠萝小学成长营。

为进一步锻炼幼儿的自理能力、语言表达能力、前书写能力，发展幼儿的自主独立意识，教师还将以下游戏活动贯穿于幼儿的一日生活中。

（1）菠萝气象站：早操时间后，幼儿通过记录表记录日期、天气，用自己的方式描述自己的心情，并轮流到气象站进行播报游戏。

（2）菠萝值日生：幼儿通过小组合作制作"小菠萝"徽章。每天5位菠萝值日生进行轮值，帮助同伴收发图书，帮助保育员阿姨分发碗勺、悬挂毛巾等，培养小主人翁精神，锻炼动手操作能力。

活动反思

在为时一个月的区角游戏中，幼儿作为活动的小主人，将日常习得的经验体现在游戏活动中："菠萝小课堂"上，幼儿在扮演游戏中感知与学习小学课堂的常规；"菠萝美术馆"中的绘画作品体现了幼儿对小学的认知与期待。幼儿在不同区域交替学习，各方面的能力都得到了不同程度的发展。

科学幼小衔接　成就美好童年

◎云浮市新兴县实验小学附属幼儿园　简雪杏、甘翠萍
　云浮市新兴县实验小学　简雪英、区冬杏、赵杏银

一、活动实施方案

图1　核心素养框架结构图

（一）总体目标

（1）认识小学，激发学习的愿望。

（2）学会规划和管理时间，具有良好的日常习惯，能够用有序、连贯、清楚的语言表达对小学生活的期待。

（3）培养大胆与人交往的能力，有责任感，提高解决问题的能力，逐步学会自理和自我保护。

（4）用绘画、采访、画符号、拍照等办法记录自己的收集过程与结果，提升幼小衔接的实效。

（二）幼儿园主题活动计划

表 1　幼儿园主题活动计划

活动主题	活动内容	活动目标	预期效果
认识小学	参观小学	参观学校环境、操场以及教室等，初步知道小学生的学习和活动特点，对小学生活产生兴趣，向往小学生活	深切地感受到小学生活与幼儿园生活的不同，产生做一名光荣的小学生的向往
	体验上课	建立时间观念，成为时间的"小主人"	学会为未来的小学生活合理安排自己的时间
	前书写准备	知道自己的名字具有记录、标识的功能	学会书写自己的名字
	整理文具	认识书包内各种学习用品及其用途用法，学会整理保管自己的学习用品	学会分类整理自己的书包，保持书包内物品整齐
心目中的小学	我心目中的小学	能在教师和同伴面前描述心中对小学生活的想象，培养对小学的憧憬和热爱	不断提高对小学的认识，为进入小学奠定良好的基础
	搭建心目中的小学	在建构区搭建心目中的小学，发挥积极性和创造性	能和同伴合作建构心目中的小学

续上表

活动主题	活动内容	活动目标	预期效果
心目中的小学	制作课程表	了解小学课程的内容，知道幼儿园活动内容和小学课程内容的区别	知道小学课程以学习文化为主，以玩乐为辅
	学会整理小书包	学习整理书包和各种学习用品的归类和摆放	学会自己的事情自己做
规划小学生活	小小值日生	知道要负责清洁教室卫生，保持室内整洁，各种物品摆放到位	形成为班集体服务的良好品质
	规划课间10分钟	在学习、了解小学生活的过程中，建立时间观念，培养自己解决问题的意识和能力	关注课间10分钟环节，了解迟到的原因，改掉不好的拖拉习惯
	考勤表	学会记录自己每天应该做的事情	遵守上学时间，养成守时的好习惯
我能为幼儿园做什么	"种下绿色希望　感恩美好成长"毕业树种植活动	为人生中的第一个毕业典礼送上一份难忘的、特别的毕业礼物	和小伙伴们亲手种下一棵小树，让幼儿园的一花一木都来见证幼儿在幼儿园三年的成长时光
	家长志愿者服务队	通过走访社区，开展上门服务、绿化环境等系列活动，引领孩子走进社会，身体力行建设家园	有效促进幼儿良好品质的形成，对幼儿进行感恩教育
小学我来啦	小学调查图	和同伴分享自己对心目中小学的理解，以及对进入小学和成为小学生的向往	为进入小学做好认知方面的准备
	小学教师	描绘我的老师，生动表现"心中的教师"的形象	通过环境创设，培养良好的师生关系
	家与小学的路线图	认识一些家与小学路途上的标志，增强安全意识	会用线条和颜色表达自己心目中的小学，认识家与小学路途上的标志

（三）主题活动具体实施过程

表2　主题活动具体实施过程

活动主题	幼儿园大班	小学一年级
认识小学	**活动目标：** 1. 逐渐认识小学，激发期盼上小学的愿望。 2. 初步知道小学生的学习和活动特点，对小学生活产生兴趣，向往小学生活。 **活动准备：** 1. 开展亲子谈话活动。 2. 在幼儿园区角提前布置好幼小活动的区域，收集上一届大班幼儿在小学一年级学习、生活、运动以及参加各类演出的活动图片。 **活动建议：** 1. 谈话：教师和家长在大班开学时就让幼儿知道自己还有一年就要成为一名小学生了，激发幼儿即将成为一名小学生的自豪感。 2. 请小学一年级学生给大班幼儿讲述上小学的愉快经历等，让幼儿认识心目中的小学，在潜移默化中让幼儿喜欢小学，爱上小学	**活动目标：** 培养学习兴趣。 **活动准备：** 1. 在教室的一角提供小魔方、象棋、折纸、拼拼乐、积木等教玩具。 2. 把教室布置成儿童化、益智化的课程环境，在教室走廊、阅读书吧、读书长廊等地方提供适合一年级学生的图书。 **活动建议：** 1. 设置形式丰富多样的乐玩体验课程，如使用小魔方、象棋、折纸、拼拼乐、积木等教玩具，让学生在动手动口动脑的操作活动中，体验好玩有趣的课程。 2. 我是阅读之星：一年级搭建多样化的阅读平台，让学生无论在课间10分钟还是午休醒来，都可以随手拿起图书进行阅读。 3. 养殖角工程：在教室一角设置养殖角。由值日生为小花小草浇水，给小金鱼、小乌龟喂食，每日进行表征观察和记录，培养爱劳动的好习惯，从小积累科普知识，让一年级教室充满"家"的温馨

续上表

活动主题	幼儿园大班	小学一年级
心目中的小学	**活动目标:** 1. 构建心目中的小学。 2. 培养良好的生活作息习惯,初步知道小学的学习与生活作息制度,提高对环境的适应性,培养时间观念。 **活动准备:** 1. 建构区和大型积木、各类交通标志。 2. 创设幼小衔接体验室。体验室内设置讲台、黑板、桌椅等,让幼儿浸入式体验和适应小学的学习环境。 **活动建议:** 1. 幼儿在建构区搭建心目中的小学,充分发挥积极性和创造性,并与同伴交流、合作建构心目中的小学。小伙伴间互相说说心目中的小学是怎样的。 2. 在搭建心目中的小学建构游戏中,引导幼儿设置小学各十字路口的交通标志,增强文明出行的交通意识。 3. 培养幼儿科学和有规律的作息习惯,培养幼儿初步的时间观念,如:入园打卡是几点?几点该干什么? 4. 让幼儿绘制"我的一天",合理规划和管理时间,知道抓紧时间就能做很多事情。如:设置闹铃,养成按时起床的好习惯。 5. 培养幼儿在规定时间内做完规定的事情,组织幼儿玩"一分钟"小游戏	**活动目标:** 知道小学课程以学习文化为主、以玩乐为辅,懂得合理分配时间。 **活动准备:** 闹钟、书包、文具、周末计划小册子等。 **活动建议:** 1. 开展幼升小"大手牵小手,成长乐陪伴"专题家长会,指导家长做好孩子入学的家庭辅导工作。 2. 一年级教师与幼儿园教师共同制订幼升小活动课程表,把开学第一个月定为"养成习惯适应活动月",引导新生适应小学的学习与生活。 3. 和闹钟交朋友:培养一年级新生早睡早起的习惯,睡前收拾整理好第二天上学的书包和文具,知道闹钟响就要起床,让学生知道要按时上学,树立时间观念。 4. 让一年级新生有计划地安排周末活动,并用图文并茂的形式记录在周末计划小册子中,学习做一名时间管理小老师

续上表

活动主题	幼儿园大班	小学一年级
规划小学生活	**活动目标:** 　了解小学学习与生活的相关知识，学会和同伴在活动中出主意、想办法、分享快乐，具有积极的情感体验和小主人的责任感。 **活动准备:** 　小小记录本。 **活动建议:** 　1. 创造幼儿交往的机会，如混龄陪伴。将不同年龄的幼儿编排在一个班，让不同发展水平的幼儿在混龄游戏中增加发展认知的机会，并喜欢结交新朋友。 　2. 鼓励幼儿用小小记录本记录"我的一天"，知道自己每天应该做的事情，会收拾学习用品	**活动目标:** 　逐步适应小学的基本行为规范，培养大胆交往的能力和社会适应性。 **活动准备:** 　小小记录本。 **活动建议:** 　1. 通过熟悉美丽的校园、有爱的新班级、基本行为规范等活动，帮助一年级新生逐步适应小学的新环境，并进行文明礼仪、课堂规范、队形队列等训练。 　2. 帮助一年级新生通过认识新老师、新同学，树立在新环境中勇敢表现自己的自信心；学会自理和自我保护，逐步树立安全意识，提高自我保护能力。 　3. 教师向家长了解学生在家的情况和表现，家长也倾听教师对学生的评价，做到家校同步教育
小学我来啦	**活动目标:** 　参观小学，进入小学课堂，初步体验小学生活和学习。 **活动准备:** 　调查记录表、小学课程表、作息时间表。 **活动建议:** 　1. 幼儿和同伴互相调查记录，分享自己对心目中小学的理解。 　2. 模拟"小学状态"的一日生活管理模式，组织幼儿体验小学生的学习生活，观看小学的升旗仪式和广播体操，参观小学的环境，比较小学与幼儿园环境的不同。 　3. 深入一年级的课堂与小学生同上一节课。 　4. 适当延长幼儿学习时间，采用集体授课形式，多进行动口和动手的技能练习。 　5. 我们的约定：在幼儿园毕业生回园日（每年7月的最后一天），一年级小学生回到原来的班级，回顾在幼儿园的点点滴滴。通过问卷调查表了解家长对孩子就读小学一年级后的想法与困惑，逐步调整幼小衔接的方向与目标	—

三、活动方案反思

（一）活动方案的价值

本方案在幼小衔接系列活动中，根据多种形式激发一年级学生对小学已有经验的回忆，在不同层面同步进行幼小衔接的活动内容设计、活动实施等，让一年级学生独立地去适应新的学习生活环境、人际交往、生活节奏、学习内容等，顺利适应小学的学习和生活，扣好人生的第一粒扣子。

（二）解决问题的程度

在幼小衔接活动中，我们支持幼儿的主动性学习，让幼儿带着问题去学习和认知，形成了"计划—工作—回顾"的活动常规。在幼小衔接活动中，幼儿从计划的"有想法"到回顾小学是怎样的，在建构区中搭建心目中的小学，经历了边玩边思的过程。幼儿在参观完小学后，学习将书包里的文具摆放整齐，培养了积极主动、认真专注等良好的学习品质，这是幼儿深度学习的体现。

（三）存在不足及改进措施

方案中有的幼小衔接内容是幼儿不太熟悉和了解的，如课间 10 分钟。幼儿的时间观念还相对薄弱，他们需要在了解小学生活的过程中，自己设计更贴近生活实际的内容，建立时间观念。在家长和社区资源的利用上，还需要使幼小衔接活动更加开放，真正体现促进幼儿终身发展的教育理念。

典型活动案例

发现名字的秘密

（幼儿园大班）

设计意图

名字是幼儿最熟悉的符号。通过观察，我们发现大班的幼儿对于自己的名字有一定概念。他们会经常聚在一起，谈论一些有关名字的有趣问题：为什么大家的名字都不一样？爸爸妈妈为什么要帮我们取这个名字？为什么要有名字？因此，我设计了《发现名字的秘密》这个幼小衔接活动，让幼儿主动去探究、发现自己名字的秘密，大胆说出名字的故事，真正学会主动学习和探索学习，感受中国文化的博大精深。

活动目标

1. 愿意大胆表达自己名字的秘密，产生认识百家姓的兴趣。

2. 通过口语描述、记录绘图，知道名字具有标识、记录的功能。

3. 初步学会书写名字，感受中国姓氏的丰富，产生民族自豪感。

活动准备

1. 物质准备：调查问卷、颜色笔、照片。

2. 环境创设：收集幼儿自己画的写有名字的"这就是我"，布置一个温馨的大家庭背景。

3. 经验准备：幼儿通过调查问卷了解自己名字的来历和意义，知道爸爸妈妈在名字中寄托着对自己成长的希望。

活动过程

（一）我的名字的来历

1. 师幼讨论：为什么我叫这个名字？

2. 收集讨论的问题：

（1）我的名字叫什么？

（2）这个名字是谁给我取的？

（3）我的名字有什么特别的意义？

3. 大家一起来设计调查问卷。

4. 幼儿拿着调查问卷回去访问爸爸妈妈，并用绘画、标识等方式记录下来，知道自己的名字寄托着长辈对自己的期望。

（二）分享我的名字的由来和意义

1. 师幼谈话：小朋友们，我们和小伙伴分享一下采访爸爸妈妈的结果，说说我们的名字有什么特别的意义，好吗？

尹一：我妈妈说取这个名字是因为笔画简单，好书写。

心乐：我的名字是爸爸为我取的，希望我开心快乐！

子谦：我的名字是爷爷取的，希望我成为一个有礼貌的好孩子。

2．教师根据幼儿的描述，让幼儿画一画"这就是我"，也画出爸爸妈妈在名字上寄托的希望。

3．幼儿把画好的"这就是我"粘贴到语言区，一笔一画写上自己的名字，和同伴们说一说、认一认"我"。

（三）姓氏大调查

1．什么是姓？什么是名？

师：你们知道自己姓什么吗？

幼儿踊跃发言：我姓梁、我姓赵、我姓董……

2．姓氏调查。师：咱们班上有哪些不同的姓？哪个姓最多？

3．音乐游戏：如果你开心就拍拍手。

玩法：教师和幼儿结合"如果你开心就拍拍手"的旋律，一起唱"如果你是姓×就拍拍手"。唱到这个姓的幼儿就站起来拍拍手，在游戏中熟悉自己的姓氏。

4．统计班级姓氏的种类与人数。

师幼合作，一起在提前准备好的表格中贴上各种姓氏，然后数一数，告诉小伙伴们班级里哪一个姓的人数最多。

（四）我的名字我做主

1．游戏：互换名字。

在互换名字的游戏中，幼儿既可以认识到名字是相互认识的一个符号，又可以认识不同小伙伴的名字。

2．画自己的名字。

幼儿通过画图介绍自己的名字。如果姓李，可以画一棵李树；如果姓王，可以画一个国王，记住自己的姓是国王的"王"。

（五）小结：名字的功能

1．情景游戏：森林里的一封信。

幼儿扮演小信鸽，在分派信时发现有一封没有名字的信，不知道是谁的，导致这封信派不出去。通过情景游戏，幼儿知道了名字的功能。

师幼小结：原来我们的名字里有这么多的秘密，这么有意义，这么重要。它也表达了长辈对我们的期望和美好的祝愿。

活动反思

在活动中培养幼儿主动学习的兴趣。通过"发现名字的秘密"，让幼儿成为学习的主人，让幼儿调查自己名字的来历、意义，去做自己想做的事、了解自己想了解的事情。对于幼儿来说，兴趣就是最好的老师。

在活动中培养幼儿自我表现的能力。设计调查问卷、开展情景游戏、互换名字等环节，可以让幼儿发展自我表现的能力。幼儿交往的话题丰富起来了，因为名字是他们最熟悉的符号。这样的一个发现名字秘密的历程，让他们有了一个自我表达的平台。

活动中有的内容是幼儿在日常生活中很少接触到的，像森林里的一封信。现在是信息网络时代，幼儿对寄信的概念是很模糊的，师生可以一起设计更贴近生活的情景游戏，使幼小衔接的过渡更加自然。

农村编

科学做好生活准备

——基于生活准备的幼小衔接

◎广州市花都区花东镇天湖峰境幼儿园　林易醇、黎志如、吕俊燊
　广州市花都区花东镇东荷小学　高铭杰、欧阳静、张思敏

一、幼小衔接活动背景

广州市花都区花东镇天湖峰镜幼儿园和广州市花都区花东镇东荷小学开展了以"聚焦生活准备，助力幼小衔接"为主题的联合教研活动。幼儿园教师和小学一年级教师通过相互交流，发现儿童入学后普遍存在时间观念淡漠，缺乏主动劳动意识，在生活管理、卫生习惯、自我保护等生活适应方面过渡不理想等问题。因此制订本方案，从生活习惯、生活自理、安全防护、参与劳动等四个方面阐述幼儿入学生活准备的各项活动内容及对策，做好科学的生活准备和生活适应教育。

二、活动实施方案

（一）总体目标

通过多样性的活动，帮助大班幼儿和一年级学生养成良好的生活和卫生习惯、提高生活自理能力和安全防护意识，激发其主动参与劳动的意愿，增强其独立性和自信心，做好科学的生活准备和生活适应，实现从幼儿园到小学的顺利过渡。

（二）主要内容及发展目标

表 1 主要内容及发展目标

方面	幼儿园大班	小学一年级	幼儿园与小学联合教研活动
生活习惯	①能在成人的提醒下规律作息，按时睡觉、按时起床。 ②养成良好的卫生习惯，能够自觉用"七步洗手法"洗手。 ③知道保护眼睛的重要性，能够初步了解保护眼睛的方法	①养成早睡早起的好习惯，能够逐步适应从幼儿园到小学的作息转变。 ②具有良好的生活和卫生习惯，能主动喝水，学习保护视力的基本方法	幼小联动教研，聚焦自理习惯： ①帮助幼儿园教师及小学教师更加深入地了解幼儿、学生当前生活自理能力水平及生活习惯养成的情况。 ②探索帮助大班幼儿及一年级学生养成良好的生活自理能力和生活习惯的可行策略。 ③加强幼儿园与小学的交流，探究可行且适宜的科学衔接实践模式
生活自理	①愿意饮用白开水，少喝饮料，能够根据冷热增减衣物。 ②能够按照类别整理好自己的物品。 ③知道时间的重要性，能在规定时间内完成相应的事情	①学会及时收纳、分类管理好自己的物品，做好课前准备。 ②不需要他人的提醒和帮助，能做好基本的自我服务，照料好自己	
安全防护	①具有良好的环境适应能力，遇到危险会求助。 ②能说出基本的安全规则和交通规则并自觉遵守。 ③了解基本的安全知识，具有基本的自我保护意识和能力	①能安排好课间活动，不做危险游戏。 ②认识安全标志，学会简单的自救和求救方法	幼小联动教研，聚焦安全劳动： ①帮助幼儿园教师及小学教师更加深入地了解幼儿、学生当前的安全防护意识及劳动能力。 ②探索帮助大班幼儿及一年级学生提升安全防护意识，提高劳动能力的可行策略。 ③加强幼儿园与小学的交流，探究可行且适宜的科学衔接实践模式
参与劳动	①能积极参与并完成班级的劳动任务。 ②学习简单的劳动技能，会使用基本的劳动工具。 ③能在家长的帮助下做一些力所能及的家务劳动	①积极主动参与班级劳动。 ②能做力所能及的家务劳动。 ③做事认真负责，有始有终	

（三）主要措施

1. 幼儿园大班和小学一年级主题网络图

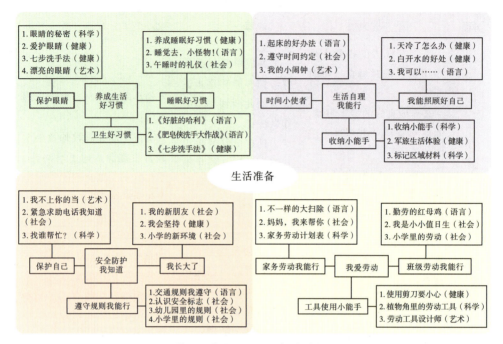

图1 幼儿园大班"生活准备"主题网络图

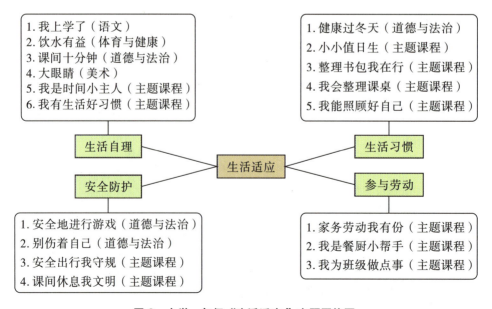

图2 小学一年级"生活适应"主题网络图

2. 幼儿园和小学主要措施

（1）生活习惯主要措施（表2）。

表2　生活习惯主要措施

学段	主要措施
幼儿园大班	1. 主题活动"养成生活好习惯"。 通过开展一系列主题活动，如教学活动"养成睡眠好习惯""眼睛的秘密""七步洗手法"，游戏活动"爱护眼睛"，生活活动"餐前餐后10分钟"等，让幼儿了解规律作息对身体的好处，知道良好的生活和卫生习惯更有利于学习习惯的养成，从而更好地适应小学生活。 2. 环境创设。 （1）在主题墙上张贴幼儿园一日流程步骤图以及展示幼儿良好习惯的照片。 （2）在卫生间张贴"七步洗手法"步骤图，在地面粘贴有序排队的标志。 （3）进行区域创设，制订每个区的区域规则。在教室里创设一个视力检查体验区，张贴视力检测表，模拟视力检查。 3. 材料投放。 阅读区：投放绘本《好脏的哈利》《肚子里有个火车站》《吃掉你的豌豆》《睡觉去，小怪物！》《肥皂侠洗手大作战》等。 表演区：故事《别让鸽子太晚睡！》《根本就不脏嘛》音频，各种表演道具。 益智区："七步洗手法"连线图、玩具手模型、筷子、豆类等。 美工区：小垃圾桶、罩衣、抹布等。 4. 家园共育。 （1）请家长在家中创设亲子阅读角，经常与幼儿一起阅读，营造温馨、舒适的阅读氛围。 （2）请家长在家中墙面张贴正确的读书姿势的图片及爱护眼睛的图片，平时注意观察幼儿的用眼习惯和读书姿势，及时纠正提醒，定期带领幼儿检查视力
小学一年级	通过学科融合活动、主题课程的实施，帮助学生了解从幼儿园到小学的作息变化与不同要求，引导学生初步养成生活习惯，保持充沛的精力，促进身体发育。 1. 学科融合活动。如语文学科"我上学了"，通过看图理解、情境演练等方式，引导学生了解"上学不迟到"的意义，知道小学作息与幼儿园作息的不同，做到按时上学。体育与健康学科"饮水有益"，通过猜谜语、实物展示、诵读儿歌等形式，引导学生了解水对人体健康的重要性，知道饮水有利于身体健康；通过剧本表演、科普短片、现场操练等形式，呈现生活中正确和错误的喝水习惯，引导学生探讨"喝什么样的水""怎样喝水""喝多少水"，养成合理饮水的好习惯。 2. 主题课程。开展主题课程"我有生活好习惯""我是时间小主人"。如，在主题课程"我有生活好习惯"中，引导学生初步养成主动饮水、及时如厕、按要求做眼保健操等习惯。通过列举身边事例，以及可视化有趣味的绘本故事表演"水精灵游历记""近视眼的小猴"，创意故事大赛"不一样的我：小眼镜、干嘴唇"，引导学生进一步明确生活好习惯的意义所在。眼保健操是学习难点之一，可安排学生尝试"我是小医生""我是监督员"等角色体验，让学生结成学习共同体，相互帮助

（2）生活自理主要措施（表3）。

表3　生活自理主要措施

学段	主要措施
幼儿园大班	1. 主题活动"生活自理我能行"。 通过开展一系列主题活动，如教学活动"收纳小能手""白开水的好处""起床的好办法"，游戏活动"军旅生活体验"，区域活动"标记区域材料"，生活活动"我可以……"等，让幼儿了解规律作息对身体的好处，知道良好的生活和卫生习惯更有利于学习习惯的养成，从而更好地适应小学生活。 2. 环境创设。 （1）创设生活技能展示墙面，展示幼儿日常自理能力的学习过程。 （2）在室内墙面张贴书包、衣服等物品分类整理图，供幼儿学习，与环境互动。 （3）在教室门口设置晨间入园打卡表，帮助幼儿建立按时入园的好习惯。 （4）制订"班级时间公约"。组织大班幼儿记录一日生活中餐点、午睡前后穿脱衣物、衣帽间整理、离园准备等生活环节所需要花费的时间。 （5）制作特殊时钟。引导幼儿将时间与日常生活事件之间的关系进行表征。幼儿通过讨论设计特殊时钟，用图文并茂的标志呈现自己在园一日生活的时间安排。 （6）巧用沙漏计时。教师可以和幼儿一起寻找管理时间的工具，经过讨论、对比、筛选，选择用沙漏表示时间长短，让幼儿在观察、感受各种不同时长沙漏的过程中，了解时间间隔的长度。 3. 材料投放。 操作区：投放穿鞋带、毛线编织、夹子、镊子、各类豆子等游戏材料。 建构区：投放积木、纸杯、奶粉筒、纸筒、纸牌等材料。 阅读区：投放《收拾房间的理由》《上学不再丢三落四》《出发，尿尿消防队》《起床的好办法》等绘本。 益智区：投放图形找对应、图形分解等卡片。 角色扮演区：投放美容美发工具、小厨具等材料。 科学区：投放时钟、沙漏。 4. 家园共育。 （1）请家长利用周末的时间组织幼儿及其他家庭成员共同打扫卫生，整理内务，提高幼儿整理收纳的能力。 （2）请家长平时将用完的物品及时归类摆放整齐，为幼儿做好榜样，便于幼儿观察学习。 （3）为幼儿学习整理内务提供条件
小学一年级	通过学科融合活动、主题课程的实施，引导学生在掌握生活技能和一定的生活习惯的基础上，进一步养成良好的生活习惯，学会及时收纳、分类管理好自己的物品，做好基本的自我服务，照顾好自己。 1. 学科融合活动。如，道德与法治学科"健康过冬天"，通过儿歌学习、图片辨析等方式，帮助学生了解季节变化对生活的影响；通过动画欣赏、角色扮演等形式，引导学生学习简单的保健常识，了解生病之后恢复身体的好办法，积极参与户外锻炼和游戏，学会更好地照顾自己，增强自我保护意识和能力。

续上表

学段	主要措施
小学 一年级	2. 主题课程。开展主题课程"小小值日生""整理书包我在行""我会整理课桌""我能照顾好自己"。 如，在主题课程"整理书包我在行"中，通过猜谜语、学分类、学整理、现场比赛等形式，引导学生了解书包，按照类别、大小、功用合理放置书本和物品，并做到每晚入睡前不遗漏、有条理地准备好次日学习物品。在实施过程中，让学生充分交流自己平时是怎样整理书包的，感受书包在学习中的重要作用；通过阅读绘本《整理书包自己来》《真的要守住一年级的书包》等，对比思考自己尚需改进之处，学会更便捷合理的整理方法。 主题课程"我能照顾好自己"，重点通过阅读绘本、情境演练、榜样交流等方式，引导学生掌握床铺整理、拉拉链、系鞋带等自我服务的方法和步骤，提高自己照顾自己的能力。在实施过程中积极创设情境，引导学生交流分享自己整理床铺、穿脱衣服的感受，引发其"自己的事情自己做"的光荣感；通过阅读绘本《自己照顾自己的狗先生》、情境演练"不一样的清晨"等，重点学习并操练整理床铺、拉拉链、系鞋带等生活技能的好方法和小妙招。可采取"答记者问"等有趣的形式，鼓励学生大胆分享、互学互助，争做自理小能手

（3）安全防护主要措施（表4）。

表 4　安全防护主要措施

学段	主要措施
幼儿 园大班	1. 主题活动"安全防护我知道"。 通过开展一系列主题活动，如教学活动"紧急求助电话我知道""我的新朋友""认识安全标志"、游戏活动"交通规则我遵守"，区域活动"打败区角里的'小怪兽'"，生活活动"我不上你的当"等，增强幼儿的自我保护意识和能力，避免发生危险和伤害。 2. 环境创设。 （1）墙面：创设安全互动墙，将安全知识以绘画、故事、图片的形式进行展示，让幼儿在一日生活中受到潜移默化的安全教育。 （2）户外环境：随处可见的安全警示语、安全漫画，将安全教育融入园所游戏环境之中，给幼儿提供安全、有序、卫生的幼儿园环境。 （3）区域环境：以幼儿的视角设置区域活动中的游戏规则，时刻提醒幼儿进行区域游戏时做好自我保护。 3. 材料投放。 阅读区：投放《我不上你的当》《交通安全》《学生自我保护安全教育》等绘本。 美工区：投放纸、水彩笔、油画棒、剪刀、固体胶等。 角色区：投放角色表演需要的情景卡片、服装、音乐等道具。 建构区：投放大型积木、交通游戏等辅助材料。

续上表

学段	主要措施
幼儿园大班	4．家园共育。 （1）请家长尽可能创设安全、卫生的家庭居住环境，对家中的危险区域做好安全防护，如安装窗户防护栏等。 （2）请家长带领幼儿外出时，通过真实情境引导幼儿学会自我保护
小学一年级	通过学科融合活动、主题课程的实施，引导学生安排好课间活动，不做危险游戏；认识安全标志，学会简单的自救和求救方法；学习生命安全自护、养成劳动品质，更好地进行生活适应。 　1．学科融合活动。如，道德与法治学科"安全地进行游戏"，通过图片辨析、合作表演、音乐律动等方式，引导学生养成规则意识，了解安全游戏的具体内容和要求。在实施过程中，通过阅读绘本，引导学生联系自身经验，积极参与安全游戏的讨论。通过小组合作表演等形式，突出游戏的安全性和多样化，引导学生学会安全文明地玩耍，感受与伙伴文明玩耍的乐趣。 　2．主题课程。开展主题课程"安全出行我守规""课间休息我文明"。主题课程"安全出行我守规"，主要通过认一认、选一选、画一画、辨一辨等形式，重点引导学生认识并理解交通指示灯、人行道，防火防电、逃生通道等标志及意义，做到上学、放学出行安全，游戏时做好安全自护。实施过程中，结合提前收集的真实生活情境图片，引导学生留意身边常见的安全标志，注意身边存在的安全隐患。聚焦上学、放学出行、常见游戏运动场所等，或通过情境演练的形式，有针对性地引导学生远离或应对"危险行为"

（4）参与劳动主要措施（表5）。

表5　参与劳动主要措施

学段	主要措施
幼儿园大班	1．主题活动"我爱劳动"。 　通过开展一系列主题活动，如教学活动"不一样的大扫除""爸爸妈妈的小帮手""勤劳的红母鸡""劳动工具设计师"，游戏活动"废旧物品大作战"，区域活动"我是快乐的小厨师"，生活活动"这些我能做"等，提高幼儿的自理能力、动手能力、劳动意识，增强幼儿自信心，培养幼儿初步的责任感。 　2．环境创设。 （1）将幼儿的劳动计划贴在班级互动墙面上。 （2）在班级里创设"最美劳动角"。 　3．材料投放。 阅读区：投放幼儿自制绘本《我的劳动故事》，故事绘本《勤劳的红母鸡》《爸爸做家务》《妈妈，我来帮你》，劳动工具挂图等。 表演区：投放《不一样的大扫除》故事音频，学生版清扫工具，表演服装等。

续上表

学段	主要措施
幼儿园大班	益智区：投放垃圾分类仿真玩具，编织玩教具，自制玩教具"垃圾进筐"等。 植物角：投放喷壶、铲子、耙子、彩笔、观察记录本等。 建构区：投放玩具分类标志及收纳筐等。 美工区：投放画笔、白纸、彩纸、卡纸、皱纹纸、木棍、橡皮泥等。 4. 家园共育。 （1）请家长与幼儿共同商议家庭劳动日并制订计划表，确保每周进行一次大扫除。 （2）将亲子共同制定的"我的劳动计划表"张贴在墙面上。 （3）为幼儿提供厨房学生劳动工具
小学一年级	通过主题课程的实施，引导学生积极主动参与班级劳动，做力所能及的家务劳动，养成做事认真负责、有始有终的好习惯，形成良好的劳动习惯和责任感，更好地适应小学生活。 开展主题课程"家务劳动我有份""我是餐厨小帮手""我为班级做点事"。 如主题课程"家务劳动我有份"中，主要通过玩转古诗、学唱劳动歌曲、情境体验等形式，引导学生感受劳动的快乐，明确家务劳动职责，增强家务劳动责任感，愿意主动参与到家务劳动中来。在实施过程中，可引导学生了解常用家务劳动工具的用途和用法，强化学生参与家务劳动的意识。可聚焦扫地拖地、房间整理等家务劳动"小妙招"，通过微视频、经验分享等方式，引导学生学习方法和技巧，提升能力。 主题课程"我为班级做点事"，通过创设情境，引导学生分享自己参加集体活动的感受，明白自己是班级的一分子，集体中的每一个人都非常重要；进而让学生思考并讨论可以为班级做哪些事，如捡拾垃圾、参与班级小岗位服务等。同时鼓励学生积极参加班级活动，主动维护班级荣誉

3. 幼儿园与小学联合教研活动

（1）生活习惯、生活自理专题教研活动：幼小联动教研，聚焦自理习惯。

①大班活动展示"收纳小能手"：执教教师引导幼儿通过观察、交流、绘画表征、实践操作等方式了解并掌握收纳物品、整理书包的方法，感受自我服务的成就感和快乐。同时，通过活动展示，帮助小学教师了解当前大班幼儿在生活自理、收纳整理等方面的能力水平。

②一年级课例展示"我能照顾好自己"：执教教师通过讲述绘本、欣赏歌曲、情景再现、实践练习等方式引导学生学会自己的事情自己做，不依赖父母，提高自我照顾和自我服务的能力。同时，通过课例展示，帮助幼儿园教师了解当

前小学一年级学生自我照顾及生活习惯的能力水平。

③联合教研交流：对两个课例进行评析，分析当前幼儿园大班幼儿及小学一年级学生在生活习惯、生活自理上的认知特点和能力水平，以点带面，探索帮助大班幼儿及一年级学生养成良好的生活自理能力和生活习惯的可行策略（表6）。

表6　教研活动安排表

时间	活动内容	活动地点
8:45—9:00	签到	幼儿园门口
9:00—9:30	大班活动展示："收纳小能手"	幼儿园大二班活动室
9:30—10:10	一年级课例展示："我能照顾好自己"	小学一年（1）班教室
10:10—11:10	联合教研交流	小学会议室
11:10—11:30	领导发言	小学会议室
11:30	合影留念	小学大厅

（2）安全防护、参与劳动专题教研活动：幼小联动教研，聚焦安全劳动。

①一年级课例展示"家务劳动我有份"：执教教师通过提炼生活经验、欣赏歌曲、诵读诗词、设计制作"家务劳动分享卡"、观看视频等方式引导学生学习并分享家务劳动小技巧，明确自己在家务劳动中的职责，增强家务劳动责任感。同时通过课例展示，帮助幼儿园教师了解当前小学一年级学生劳动意识和劳动能力水平。

②大班活动展示"紧急求助电话我知道"：执教教师引导幼儿通过观察、交流、倾听绘本故事、情境表演等方式看懂安全知识图片，了解自我保护的重要性，了解紧急求助电话的作用。同时通过活动展示，帮助小学教师了解当前大班幼儿在自我保护和安全意识方面的能力水平。

③联合教研交流：对两个课例进行评析，分析当前幼儿园大班幼儿及小学一年级学生在参与劳动、安全防护上的认知特点和能力水平，以点带面，探索帮助大班幼儿及一年级学生提升安全防护意识，提高劳动能力的可行策略（表7）。

表7　教研活动安排表

时间	活动内容	活动地点
8:45—9:00	签到	幼儿园门口
9:00—9:30	一年级课例展示："家务劳动我有份"	小学一年（1）班教室
9:30—10:10	大班活动展示："紧急求助电话我知道"	幼儿园大一班活动室
10:10—11:10	联合教研交流	幼儿园会议室
11:10—11:30	领导发言	幼儿园会议室
11:30	合影留念	幼儿园大厅

三、活动方案反思

本方案从生活习惯、生活自理、安全防护、参与劳动四个方面入手，分别制定幼儿园大班的入学准备对策及小学一年级的入学适应对策。幼儿园大班围绕生活准备相关的主题教学、环境创设、区域材料投放、家园共育等内容，小学一年级围绕学科融合活动及主题活动，通过多样化的活动形式，主要解决儿童入学后时间观念淡漠，缺乏主动劳动意识，在生活管理、卫生习惯、自我保护等生活适应方面过渡情况不理想等问题，引导大班幼儿和小学一年级学生养成良好的生活和卫生习惯，增强生活自理能力和安全防护意识，激发其主动参与劳动的意愿，从而帮助他们进入小学后尽快适应新环境，管理好自己的学习和生活，增强独立性和自信心。本方案尚处于实施阶段，我们对于基于生活准备的幼小衔接的探索和实践仍在继续，因此方案也存在着一些不足，如对于大班幼儿和小学一年级学生的发展评估和学习评价还不够全面。接下来我们将在探索和实践中持续完善发展评估和学习评价方案或表格，跟踪大班幼儿和小学一年级学生在生活准备和生活适应方面的发展情况，并对方案实施内容进行动态调整，助力科学幼小衔接。

典型活动案例

爸爸妈妈的小帮手
（幼儿园大班）

活动目标

1. 初步了解家务活有哪些，愿意通过多种形式帮助爸爸妈妈做力所能及的事。

2. 通过观看视频、同伴分享，学习用"先……，再……，最后……"的句式介绍劳动内容。

3. 愿意制订一周劳动计划表，体验家人做家务的辛苦，主动关心和感谢爸爸妈妈。

活动准备

1. 满桌好吃的饭菜、温馨整洁的家庭环境、整齐干净的衣物、整齐的书房等幼儿家庭照片。

2. 三名幼儿做家务的范例视频。

活动过程

1. 出示温馨、整洁的家庭照片若干，谈话导入活动。

师：这是谁的家？家里怎么样？（干净、漂亮）

师：这么漂亮的家庭环境，都是谁打扫的呢？爸爸妈妈工作了一天，回来还要做哪些家务活呢？（做饭、整理书柜、鞋架、叠衣服等）

幼儿边说，教师边出示相应图片。

师：爸爸妈妈完成这些家务活需要多长时间？做家务活时有什么感觉呢？

2. 播放个别幼儿帮助家人做家务的视频，亲身体验和感受爸爸妈妈做家务的辛苦；学习制订一周劳动计划表，尝试用"先……，再……，最后……"的句式介绍劳动内容。

（1）分享个别幼儿做家务的视频，学习用"先……，再……，最后……"的句式向同伴介绍自己的劳动内容。

师：今天有几位小朋友带来了他们做家务的分享视频，我们看看他们是怎么说、怎么做的。

师：首先请同学A来分享。（幼儿个别分享）

师：同学A在家帮助爸爸妈妈洗碗，请问同学A是怎么介绍她洗碗的？（幼儿自由回答，集体学说句式）

师：还有两位小朋友也带来了他们叠衣服、扫地的视频，我们看看他们又是怎么做的。

再次观看视频，巩固练习用"先……，再……，最后……"的句式介绍如何做家务。

（2）集体讨论做家务的时长及感受。

师：刚才视频里每个小朋友在做家务时，妈妈都帮忙计时。请问你们用了多长时间？做完家务活是什么感受？

幼儿自由分享感受。

师小结：是的，做好满桌的饭菜，把每个房间打扫干净、每个家人的衣服洗晒叠好、书柜鞋架收拾整齐，都要花费爸爸妈妈很多的时间，都需要做很多的准备。为了让咱们生活在干净漂亮的环境里，爸爸妈妈经常累得腰酸背痛。我们现在长大了，可以为爸爸妈妈做些什么呢？

3．学习制订劳动计划表，和爸爸妈妈共同分担家务活，做爸爸妈妈的小帮手。

师：看，这是什么？（教师出示一周劳动计划表，引导幼儿讨论）

师：这是同学A自己制订的一周劳动计划表，每天为爸爸妈妈做一点点家务活，爸爸妈妈就不用那么辛苦，我们也能学会更多的生活本领。真是爸爸妈妈的小帮手啊！我们向她学习，一起来制订劳动计划表吧！

幼儿分组制订自己的劳动计划表，选一名代表向其他组的同伴介绍。

4．爱的表达。

师：刚才我们看到同学A不但帮助家人做了自己能做的家务活，还拥抱和亲吻了爸爸妈妈，感谢他们的辛苦付出！真是一个懂得关心爸爸妈妈，愿意表达爱的小朋友！希望我们所有小朋友在做完家务活后都能拥抱、感谢爸爸妈妈，对爸爸妈妈说："爸爸妈妈，谢谢您，您辛苦啦！"一起做爸爸妈妈的小帮手吧！

活动反思

本次活动采用温馨的家庭场景照片导入，引起了幼儿参与活动的兴趣（图3）。在讨论环节，幼儿能够使用"先……，再……，最后……"的句式介绍劳动内容，大胆表达，同时能够积极参与表达表征，分组制订自己的劳动计划表，并通过小组讨论的方式推选一名代表向其他组的同伴介绍。

图3 活动照片

幼儿在活动中初步了解了家务活的内容，并体验家人做家务的辛苦，做到主动关心和感谢爸爸妈妈。

家务劳动我有份
（小学一年级）

活动目标

1. 朗读劳动诗词，学唱劳动歌曲，感受劳动的快乐，愿意主动参与家务劳动。

2. 学习并分享家务劳动小技巧，绘制"家庭劳动树"，明确自己在家务劳动中的职责，增强家务劳动责任感。

3. 懂得爱惜并感恩家庭成员的劳动成果，养成做家务劳动的好习惯。

活动准备

歌曲《劳动最光荣》、视频《一起做家务》。

活动过程

1. 出示情境图，观察交流：图片中的小朋友在做什么？

2. 联系生活，分享体验：你平时在家中做家务吗？做完家务后你有什么样的感受？

3. 家务劳动我会做。

（1）诵读诗词。热爱劳动是中华民族的传统美德，在诗词中能找到人民热爱劳动的身影。学生拍手有节奏地诵读诗词。

（2）学生联系生活分享自己会做的家务劳动。

4．设计制作"家务劳动分享卡"。教师组织学生通过屏幕滚动抽号，进行交流分享。

5．观看视频《一起做家务》。把做家务的要领编成儿歌，教师先范读，学生拍手诵读。

6．跟唱歌曲心情畅，学习劳动好榜样。

（1）跟着伴奏，一起学唱《劳动最光荣》。

（2）配合手势，男女生合唱歌曲，教师抓拍精彩瞬间。

活动反思

本节课通过丰富的教学方法，采用多样化的教学形式让学生体验讲卫生、爱劳动的乐趣，在学习和分享家务劳动小技巧中增强家务劳动责任感，懂得爱惜并感恩家庭成员的劳动成果，养成积极参与家务劳动的好习惯（图4）。由于课时限制，活动开展延伸度有限，将在以后的教育教学中继续渗透劳动教育。

图4　课堂照片

聚焦学习准备　助力幼小衔接

◎广州市花都区花东镇逸泉云翠幼儿园　胡婷、江细勇、李沁梅
　广州市花都区花东镇杨荷小学　梁慧勇、高学文、苏靖怡

一、要解决的问题

1. 在集体中能认真听并能听懂他人说话，具备倾听和表达能力，有疑问时能主动提问。
2. 能较清楚地讲述生活中的事情或故事。
3. 在绘画、拼图等活动中能识别上下、左右等方位，认识田字格的结构。
4. 能尝试掌握由上至下、由左至右的运笔技能。
5. 发现和学习解决生活中和数学有关的问题。
6. 认识生活中常见的文字，如大、小、天、日等。

1. 创设自由、宽松、和谐的班级环境，给予幼儿自由感和安全感。
2. 根据幼儿需要和教育计划，适时调整、更新环境创设。

1. 能专注地投入到目标任务中去，分心时能在成人提醒下调整注意力。
2. 能在独立思考后与同伴讨论、表达自己的观点，接纳他人不同的想法。
3. 有目标意识和计划意识，遇到困难时能和同伴一起想办法，努力完成活动任务，不放弃。
4. 能尝试制订生活作息时间计划表，合理安排自己的生活作息。
5. 掌握正确的坐姿和握笔姿势，形成良好的课堂常规。

1. 对大自然和身边的事物有广泛的兴趣，遇到问题经常通过图书寻找答案。
2. 热爱阅读，能用绘画、手工、表演等方式再现、续编或创编故事。
3. 对生活中的文字符号感兴趣，能用图画、符号等方式记录自己的想法和发现。
4. 愿意用数学方法解决生活和游戏中的问题，体验解决问题的乐趣。
5. 对文字有兴趣，经常问关于文字的问题，喜欢通过书籍认识文字。

图 1　要解决的问题

二、活动实施方案

（一）活动总体框架

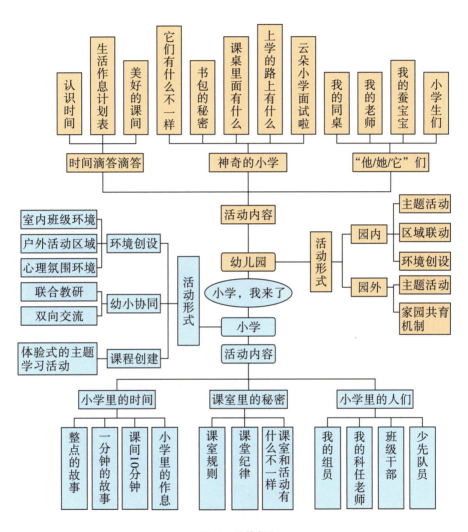

图 2 总体框架

（二）总体目标

（1）建立对小学生活的向往，通过比较发现幼儿园与小学在时间安排、环境上的不同，有积极主动的情感体验。

（2）通过区域活动、学习活动等各种方式形成良好的学习品质，对各类活动有好奇心和求知欲。

（3）能在真实体验中缓解因学习环境、生活作息、学习方式等方面的差异带来的压力和焦虑，更好地适应小学生活与学习。

（4）建立教学、研究、管理衔接的园校协同育人共同体，以幼小衔接课程的创建为线索，展开关于衔接课程的内容与组织、实施与评价以及课程活动的形式与教学方法等方面的研究探索，构建幼小衔接课程体系。

（5）完善家园校共育机制，建立有效的家园校协同沟通机制、学习机制，更新与提升家长育儿理念和家教水平，引导家长与幼儿园和小学积极配合、共同做好衔接工作。

（三）活动设计

1. 幼儿园活动设计

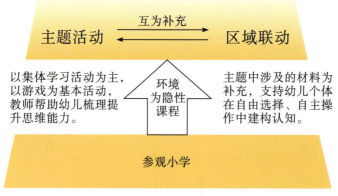

图3　幼儿园活动设计

表 1　幼儿园活动设计

活动主题	活动目标	活动设计
时间滴答滴答	1．体会一分钟、10分钟的长短，初步树立时间概念，感受时间是流逝的，懂得遵守时间的重要性。 2．学习制订作息时间计划，并能按计划执行，养成做事情不拖拉的好习惯。 3．感受课间10分钟的时间长短，尝试合理安排课间10分钟的活动。 4．掌握上下、左右等方位	1．主题活动。 数学活动："认识时钟""认识一分钟""认识10分钟""认识日历""时光穿梭机""布谷鸟报时"。 社会活动："在幼儿园的一天""我的周末""课间10分钟"。 语言活动："亲爱的小鱼""搬过来，搬过去"。 2．区域联动。 科学区："时钟""日历"。 美工区："奇妙的时钟""手表""大操场""上学记"。 建构区："我的幼儿园""我喜欢的小学"。 语言区：《沙画》《十万个为什么》《小阿力的大学校》《我的课间计划》。 3．环境创设："毕业倒计时""我是时间监督员""红领巾"。 4．参观小学：课间操、课间10分钟、小学生进园。 5．家园共育：家长沙龙
神奇的小学	1．通过进入小学参观的方式，直观感受幼儿园与小学的差异。 2．了解小学生书包、课桌里的物品，并尝试用记录表记录。 3．通过模拟面试的方式认识自己、了解他人，树立自信心	1．主题活动。 数学活动："认识路线图""图形二等分""图形四等分""分类统计"。 社会活动："书包的秘密""课桌的秘密""上学的路"。 语言活动：《幼儿园里我最棒》《劳拉的星星》《我要上学啦》。 2．区域联动。 科学区："摩比爱数学""巧克力工厂"。 美工区："教室""上学路上""我的书包"。 建构区："我的幼儿园""我喜欢的小学"。 语言区：《劳拉的星星》《在教室说错了没关系》《我来面试》。 3．环境创设："毕业倒计时""我是书包小主人""小学的面试"。 4．参观小学：升旗仪式、上课、上学第一天。 5．家园共育：幼小衔接讲座

续上表

活动主题	活动目标	活动设计
"他/她/它"们	1. 了解幼儿园、小学身边关于人的不同，体会成长的乐趣。 2. 通过照顾蚕宝宝的方式树立责任感，具有迎难而上的毅力和勇气，坚持不懈地完成任务。 3. 热爱阅读，遇到问题能尝试通过书籍寻找答案，能用绘画、手工、表演等方式再现、续编或创编故事	1. 主题活动。 数学活动："排队""小动物的楼房""铺软垫""简单统计""青蛙给蟾蜍送信"。 社会活动："蚕的一生""香香的石头""小老鼠去旅行"。 语言活动：《开学第一天》《青蛙和蟾蜍是好朋友》《迟到的理由》。 2. 区域联动。 科学区："咕咕几点啦"。 美工区："我和蚕宝宝""最佳路线""自制图书"。 建构区："我心中的小学""上学路上"。 语言区："咕咕咕咕几点啦""我不乱放东西"。 3. 环境创设："毕业倒计时""我爱我的老师"。 4. 参观小学：升旗仪式、上课、上学第一天。 5. 家园共育："幼小衔接为您答疑解惑"家长系列课程

2. 小学活动设计

以环境创设为引领，营造温馨的幼小衔接适应氛围

建立协同育人共同体，建立"教学研"共同体，加强教师在儿童发展、课程体系、教学实施等方面的研究交流

环境创设

幼小协同

课程创建

围绕"身心""生活""社会"和"学习"四个方面提出一年级上学期过渡期教育教学目标

图4 小学活动设计

（1）环境创设。充分发挥环境的教育价值，以环境创设为引领，营造温馨的幼小衔接适应氛围。同时，根据学生学习活动需要，适时调整空间布局，支持教师以游戏和活动的方式开展教育教学，营造游戏、实践、体验、探究的教育环境。具体措施如下：

①室内班级：配齐添足教玩具与图画书，张贴温馨的图文提示，调整空间布局。

②户外活动区域：充分利用物理环境，如操场、走廊、教室等公共区域，创设种植、阅读、游戏、运动、操作和交往的体验空间；提供适宜的体育器材和游戏材料。

③心理氛围环境：适当延续幼儿园教师教学语言和肢体语言，允许儿童适当携带自己喜欢的图书、玩具，增强心理安全感，缓解入学焦虑。

（2）幼小协同。以科学衔接为本，建立幼小双向衔接管理机制，双向互动，有效推动科学衔接。具体措施如下：

①联合教研：建立互相学习、互相支持的平等合作关系，实行双向衔接的联合研训；阶段性、周期性地开展问题研讨和经验交流（表2）。

表2　教研内容及安排

时间	内容	目标	形式
2022年9月	大班区域活动观摩	了解区域活动对于幼儿的重要性及各区域蕴含的核心经验，并结合幼小衔接准备，通过讨论提出区域活动中的改进措施	区域活动观摩＋讨论
2022年10月	幼小衔接课程研讨	以一年级上学期课程适应为重点，在整合多个学科原有教材的基础上，尝试探索主题式的学习活动及课程体系	双向讨论
2022年11月	小学一年级学生的学习适应性	了解一年级新生入学后的学习适应现状，提出相应的提升入学适应性的方法	小学观摩＋讨论
2023年3月	大班集体教学活动观摩	通过观摩大班集体教学活动，感受幼儿园与小学不同的教学方式、教育内容，促进幼儿园与小学之间的相互了解与联系	幼儿园教学活动观摩＋讨论

续上表

时间	内容	目标	形式
2023 年 4 月	大班幼儿在各活动中的学习品质	了解大班幼儿的基本发展情况及影响大班幼儿学习品质发展的主要因素，提出更具针对性的教育策略	双向观察与讨论
2023 年 5 月	小学课程观摩	通过观摩小学教学活动，感受幼儿园与小学不同的教学方式、教育内容，促进幼儿园与小学教师之间的了解与联系	小学课程观摩 + 讨论
2023 年 6 月	幼小衔接课程研讨	以一年级上学期课程适应为重点，在整合多个学科原有教材的基础上，尝试探索主题式的学习活动及课程体系	双向讨论

②双向交流：双方骨干教师深入幼儿园和小学，了解儿童的生活方式与学习方式，在实施幼小衔接方案过程中阶段性、周期性地开展问题研讨和经验交流。

（3）课程创建。以幼小衔接课程的创建为线索，以一年级上学期入学适应课程为重点，尊重儿童"真实起点"（原有经验），在原有教材基础上展开关于衔接课程的内容、组织、实施与评价，以及课程活动的形式与教学方法等方面的研究探索，合理调整学科课程的安排，探索国家课程的游戏化、生活化、综合化实施，关注儿童发展的整体性、进阶性、差异性，以探究性学习、体验式学习为主，帮助儿童充分适应小学生活，并在实践中不断反思修正，构建幼小衔接课程体系（表3）。

表 3　活动设计

活动主题	活动目标	活动设计
小学里的时间	1. 认识钟面的结构，结合生活经验会认、读、写整时，知道整时的两种表示方法。 2. 理解并掌握认整时的方法，能用语言比较清晰地表述认识时刻的方法，初步建立时间观念。 3. 体会一分钟、10 分钟的长短，初步树立时间概念，感受时间是流逝的，懂得遵守时间的重要性，从小养成遵守时间、珍惜时间的良好习惯	1. 主题学习活动："认识时钟""一分钟""宝贵的时间""我的作息时间"。 科学：观察绿豆的生长过程，每天记录其变化，与小组组员比较绿豆长成豆苗需要的时间。 体育：在 50 米短跑比赛中，相互比较需要的时间，用时越短，跑得越快。 2. 环境创设：上学时刻表、上课时刻表、值日生时间安排表。 3. 家庭作业：设计假期作息时间表

续上表

活动主题	活动目标	活动设计
课室里的秘密	1．知道上课铃响了要马上进入课室，并拿出对应科目的学习用品，做好上课的准备。 2．知道上课之前要整齐、声音响亮并有礼貌地向老师问好；上课期间保持良好的坐姿（头正、身直、肩平、足安）；上课期间不离开位置、不开小差、不吃东西、不上厕所；发言要举手，不随意打断别人发言。 3．放学后值日生要主动打扫卫生，培养责任感	1．主题学习活动："课室规则""课堂的秘密"。 2．环境创设：设定班规、正姿书写图片、值日生安排表。 3．主题班会：课间纪律、上课纪律、课前准备、值日生职责。 4．家校合作：新生家长会、期中家长会、家庭教育座谈会
小学里的人们	1．了解分组的意义，熟悉自己的组员，培养与组员增强情感交流、合作的意识，与组员形成相互促进的作用。 2．认识班级里每一个学科老师，懂得尊重各学科的老师，课堂上认真听老师讲课，做好笔记。 3．了解班干部的工作职责，努力成为一名优秀的班干部；主动承担班干部的责任；积极配合班干部的工作	1．课程活动。 数学：小组合作。 语文：小组合作"我说你做""我们做朋友""用多大的声音"。 2．主题班会：竞选班干部。 3．环境创设：教师节黑板报"我的老师"。 4．家校合作：社会实践、家务劳动

三、活动方案反思

本方案在基于家长、幼儿园、学校三方合作的基础上，通过提供能够促进和支持幼儿自主性发展的物质环境和精神环境，引导幼儿适应小学环境。这一方案借助幼儿园系统、学校系统和家庭系统三大系统得以实施。

在活动中，幼儿园通过主题活动、区域联动、环境创设三方面系统化地为幼儿提供对小学的认知支架，以激发幼儿对小学的向往与期待，消除因幼小差异带来的紧张与焦虑。幼儿在主题活动中充满求知欲与好奇心，实地参观小学更是将幼儿对小学的期待推向高潮。在此基础上，幼儿参观小学时的"新发现"也不断生成更微观的小主题，在螺旋上升式的过程中不断加深幼儿对小学的认识。在区域自主游戏中，幼儿通过自由选择、操作与主题活动相关的材料，填补了主题活动的空白之处，全方位地感知小学。幼儿在各类活动中充分熟悉了日常常规、作息常规，锻炼了倾听与表达能力、识字阅读能力等，逐步形成良好的学习品质，有效减少对小学的陌生感，在此过程中做好入学准备。

小学通过环境创设、幼小协同及课程创建三方面帮助幼儿及一年级新生培养良好的学习品质。不足之处在于未充分利用社区及周边环境资源，幼儿对小学的认识仅停留在小学内，并且由于小学课程需要根据教材规定完成相应的课时，因此实施探究式的主题学习活动存在一定难度。下一步将对小学附近的社区资源进行搜集与整理，并加以利用，以更立体的方式加深幼儿对小学及附近社区的认知，更好地促进幼儿入学准备。小学仍需探究出一条适合本校的课程实施路径，并将已有的课程资源不断整合、调整，再实施。

典型活动案例

一分钟
（幼儿园大班）

活动目标

1. 体会一分钟的长短，知道时间的价值，初步树立时间概念。

2. 初步感受时间是流逝的、一去不复返的，懂得遵守时间的重要性。

3. 体会数学的生活化，体验数学游戏的乐趣。

活动准备

1. 幼儿认识时针、分针、秒针的前期经验。

2. 故事《一分钟》图片。

3. 一分钟夹豆豆记录表。

4. 操作材料：黄豆、笔、筷子。

活动过程

1. 在理解故事的过程中初步感受时间。

用故事《一分钟》导入，引导幼儿分析故事，初步感受时间是流逝的、一去不复返的（图5）。

师：元元怎么啦？谁知道一分钟有多长？

2. 通过游戏，感受一分钟的长短。

（1）游戏"木头人"。

师：一分钟到底有多长？（玩"木头人"游戏，并请幼儿分享自己的感想）你刚才有什么感觉呢？（幼儿交流）

图5　导入故事

（2）自由玩耍一分钟。

师：今天我还给大家准备了很多好玩的玩具，小朋友可以去玩自己想玩的玩具，但是只有一分钟时间，时间一到，小朋友就要把玩具轻轻放回原处，并回到我们的小椅子上。（幼儿开始自由玩）

师：刚才的一分钟里你玩了什么？（幼儿自由发言）

师：一分钟里我们做了自己喜欢做的事情，那你感觉这一分钟时间过得快不快？为什么同样是一分钟，我们静静等待的时候感觉有点长，可玩玩具的时候又感觉有点短呢？（幼儿交流）

小结：原来是因为等待的时候我们什么都没有做，而玩的时候很开心很忙碌，所以感觉不一样。

（3）"一分钟夹豆豆"游戏。

①第一次体验。

师：接下来我们再玩一个"一分钟夹豆豆"游戏。在一分钟的时间里，小朋友要把盘子里的豆豆夹到自己面前的小碗里，边夹边数。音乐响起才能开始夹，音乐一停，小朋友就要放下筷子，并在记录表上记录你夹的结果。（幼儿开始游戏、记录结果，并分享，图6）

师：为什么同样是一分钟，小朋友夹豆豆的结果却不一样呢？

小结：有的小朋友在家里都是自己

图6　游戏"一分钟夹豆豆"

用筷子吃饭，所以夹起东西来很熟练。另外，刚才音乐响起的时候，有的小朋友还在东看西看，没有抓紧时间去夹豆豆。

②再次体验。

师：我们再进行一次比赛，我们怎么才能夹更多的豆豆呢？（幼儿讨论交流，并再次进行比赛）

师：小朋友，这次你们都有进步吗？为什么呢？（幼儿交流）

小结：因为小朋友们都知道了时间很重要，学会了抓紧时间去做事情，合理安排这一分钟，所以每个小朋友都有了进步。小朋友们可不能小看了一分钟，有时候可能因为一分钟就耽误了大事。你看，元元晚起了多久？（一分钟）可是最后却迟到了多长时间？（20分钟）

我们小朋友也是一样的，不能像元元一样因为一分钟而耽误了更重要的事情。只要我们懂得珍惜时间，一分钟就可以做很多很多的事情。老师希望小朋友以后不管做任何事情都学会抓紧时间，不浪费每一分钟，合理利用每一分钟，好吗？

（4）结束活动：老狼几点钟。

活动反思

时间对于学前儿童来说是抽象的概念。在活动中，教师通过两个"相反"的游戏，引导幼儿在亲身体验中感受"一分钟"时间的长短，并通过游戏"夹豆豆"，将看似抽象的一分钟具象化，变成幼儿手中夹到的豆豆个数。在整个活动中，幼儿不仅感受到了一分钟的时间长短，初步树立了时间概念，还懂得遵守时间的重要性，知道要珍惜时间。

认识钟表
（小学一年级）

活动目标

1. 认识钟面，了解时针、分针。

2. 会认、读、写整时。

3. 感受时间的重要性，培养珍惜时间、合理安排时间的良好习惯。

活动重难点

整时的认读方法。初步建立时间观念，会看钟表上的时间。

活动准备

多媒体课件，有时针、分针的钟面。

教学方法

情境教学法、示范法、实践法、小组合作等方法。

活动过程

（一）猜谜导入

师：今天，老师给大家带来了一个谜语：我有一个好朋友，嘀嗒嘀嗒不停走，叫我学习和休息，真是我的好帮手！猜猜看是什么？

师：钟表可以告诉我们具体的时间，提醒我们珍惜时间。今天我们就一起来认识钟表！（板书课题：认识钟表）

（二）探究新知

1. 钟表的图片欣赏。

先用课件出示一些钟表的图片，如火车站的钟表图、一些公园里的钟表图、当地的钟塔，然后出示一些电子表的图，再出示不同款式的指针表、学生常见的闹钟图。

2. 钟面的认识。

师：刚刚我们欣赏了这么多漂亮的钟表图。老师也有一个钟面，请大家看一看这个钟面上都有些什么。（课件演示动态钟面）

师：我们一起把这些数从1开始按顺序读一下吧！（全班齐读1～12，教师用手点指着这些数）钟面上除了这些数，还有什么？我们已经认识了钟面的各个部分，那我们再一起来看看钟是怎样走的。让我们一起用手来比画一下吧！

3. 课件出示主题图。

师：小红在做什么？她是几时起床的？你是从哪里知道的？（学生边说，教师边板书：7时）还可以从哪里知道她是7时起床的？

4. 认识整时。

（1）师：小红7时起床，那小朋友们看一看小红几时去上学。（在黑板上出

示 8 时的钟面）你是怎么知道的？（学生在说的时候，教师板书。第一个学生说时间的写法，教师板书：8 时，8：00）

（2）在黑板上出示 3 时的钟面。师提问：小红几时在上课。（多叫几个学生回答）

教师写普通表示法，请一个学生上台写电子表示法。

在黑板上出示 6 时的钟面。师：小红几时在吃晚饭？请两个小朋友上台，一人写一种表示法。其他同学在作业本上把时间写出来。

师：像 7 时、8 时、3 时、6 时这样的时刻，我们叫作整时，这就是我们这节课要学习的新内容。

师：小朋友们观察一下这些整时的钟面，你发现了什么？（小结并板书：分针指向 12，时针指向几，就是几时）

（三）巩固练习

师：刚刚我们知道了小红的一天是怎样的，那接下来我们来看看小明的一天。请大家打开课本，用你喜欢的计时法来写一写图中的时间。

教师在讲解练习的过程中对学生进行惜时教育。

（四）拓展练习

1. 练习十九的第 1 题：连线。（课件出示）

2. 拨钟游戏，练习十九的第 2 题。

（1）教师拨整时 6 时，学生来认、说。

（2）教师说一个整时，一个学生上台拨。

（3）教师说一个整时，全班拨，拨完后把钟面举起来，教师查看。

（4）同桌之间一个说整时，另一个拨。拨完后小组汇报，教师点评。

活动反思

时间对于小学生来说是必学、必掌握的一个课时。小学生在幼儿阶段初步掌握的关于时间的概念，在本活动中得到了进一步的深化学习。教师首先让学生独自观察钟面，唤起已有经验，认识钟面的结构；其次通过创设小红的一天中几时起床、几时上学、几时吃饭等情境来教学整时。活动过程重在让学生多说、多看、多参与，学生也在拨一拨、说一说的过程中进一步强化了对钟表的认识，树立了时间观念，为认识、理解自己的作息时间做铺垫。

幼小双向衔接中的"心理适应"

◎肇庆市广宁县机关幼儿园　陈欢怡、高伟豪

一、幼小衔接活动背景

《幼儿园入学准备教育指导要点》中提出要让幼儿"对小学生活充满向往，有上小学的愿望"。由于幼儿园和小学在外在环境、教育内容、学习时间、学习方式等方面存在不同，因此幼儿在进入小学后将面临活动形式、生活环境、师生关系、教育方法等方面的变化，他们能否从心理上顺利过渡，成了众多家长所关注的话题。以此为依据，广宁县机关幼儿园联合小学一年级教研组共同设计出幼儿园、小学双向的积极心理衔接方案，致力于在积极心理学视野下解决幼儿进入小学的心理适应问题。

二、活动实施方案

图1　活动实施方案思维导图

（一）总体目标

（1）激发幼儿探究小学生活的愿望，使幼儿对小学充满期待。

（2）培养幼儿入学前情感、学习兴趣、意志力、自信心等方面的良好心理品质。

（3）帮助一年级新生养成良好的学习习惯、行为习惯，顺利度过入学适应期。

（二）活动模块

模块一：幼小衔接心理适应园本课程

活动目标：开展幼小衔接心理适应主题活动，从环境创设入手打造场景，以向往小学、快乐向上的积极心理为培养目标构建幼小衔接心理适应园本课程。

活动准备：成立幼小衔接行动小组，研读相关文件及文献，构建园本课程。

活动设计：积极倾听幼儿需求，分情绪情感、学习兴趣、意志力、自信心四个部分构建课程内容，并依据课程内容创设支持性的学习环境，尊重幼儿的经验以及发展水平，提供心理适应教育。

模块二：幼小衔接心理适应校本课程

活动目标：通过开展心理适应课程以及组织课外活动，缓解一年级新生入学焦虑，使他们能每天愉快地进入校园，独立自信地面对小学生活。

活动准备：成立小幼衔接行动小组，研读相关文件及文献，构建校本课程。

活动设计：了解幼儿园教育特点以及一年级新生原有的经验、发展水平，为新生设置充足的心理适应期，同样分情绪情感、学习兴趣、意志力、自信心四个部分构建课程内容，为新生搭建入学适应的阶梯。

模块三：双向衔接联合活动

活动目标：针对幼小双向科学衔接，园校互通，双向联动，组织研讨活动和幼儿体验活动等，为幼儿园与小学建立互通机制和推进幼小衔接架起学习与交流的桥梁，"纵深式"探究幼小心理适应工作。

活动准备：幼儿园、小学联合研讨与规划活动方案。

活动设计：围绕幼小衔接心理适应目标，实施有利于推进幼儿园和小学入学准备和入学适应的教育，如"参观小学""交心体验课""小学校园寻宝活动"等，帮助儿童顺利实现从幼儿园到小学的过渡，确保儿童身心健康发展。

三、活动方案反思

（一）小学对过渡性活动课程的忽略

人们一般会认为，一旦幼儿成为小学一年级新生，他们就应该马上开启新的生活方式、学习方式，适应新的身份。然而，这并不符合儿童心理健康发展的连续性要求。《教育部关于大力推进幼儿园与小学科学衔接的指导意见》的两个附件，对幼儿园入学准备教育和小学入学适应教育提出了指导要点，对儿童的心理过渡有了明确的要求。我园秉持以儿童为本的态度，多次与小学联手行动，对心理过渡性活动课程的目标、内容、实施、评价以及课时安排等进行科学研究并制订相关制度。在实施过程中，较为困难的是"打破小学按部就班的知识授受节奏，提高对科学幼小衔接的认识"。对此，还需幼儿园和小学双方在课程内容上有更多的契合，联手调试并实施专门的过渡性活动课程。

（二）幼儿园与小学应加强联合教研，互相了解，共同促进

除了在幼儿园积极进行入学准备教育外，小学也应在课堂上有机融入幼儿园教育方式，帮助学生逐步适应。教育者需要重视并基于儿童身心发展的实际情况，围绕儿童的已有经验和兴趣制订双向活动课程目标，采用游戏化、生活化、综合化的方式实施课程，以帮助儿童更好地表现自己、参与集体生活。

典型活动案例

我的担心

（幼儿园大班）

活动缘起

某一天，在大（二）班自主游戏时间，当教师经过角色区"小学体验馆"时，听到子怡正在和其他小朋友说着她昨晚与姐姐聊天的内容："姐姐跟我说下课后只能在自己班附近活动，不能到处走，不知道是不是其他班的哥哥姐姐会打

人呢。"可蓝马上附和道："我不怕别人打架,因为我要去哥哥的学校,我最怕的是放学在门口找不到妈妈。"

在设立这个区之前,教师根本不知道幼儿对上小学有那么多的顾虑,在心理适应中应该关注幼儿的心理变化。

活动目标

1. 理解故事中主人公担心的事情,知道上小学即将面临的变化。

2. 梳理本班幼儿对于上小学所担心的问题,共同探寻解决方法。

3. 能消除担忧,以积极乐观的心态面对变化。

活动准备

1. 物质准备:故事课件、表征图、记号笔、音乐等。

2. 经验准备:在班级角色区设置"小学课室"情景,与教师共同角色扮演。

活动过程

1. 谈话导入,了解幼儿面临上小学时的心情变化。

提问:马上要进入小学了,你的心情是怎样的呢?做了哪些准备?你有没有担心的事情?

利用课件、表征图、同伴交流等多种形式梳理、交流对于上小学所担心的问题,共同寻求解决方法。

2. 出示课件,引导幼儿观察和倾听,梳理依依担心的事情。

提问:依依担心什么?

小结:依依担心的事情可真不少,包括生活、交往、学习三个方面。今天请小朋友来帮忙解决她担心的事。

3. 幼儿分组讨论,利用表征图的形式提出解决方案。

提问:为什么不能迟到?怎样做才能不迟到?

小结:少看电视、提前整理书包、定好闹钟、早睡早起都是不迟到的好方法。

提问:小学里的时间安排和幼儿园的不一样。在幼儿园,想上洗手间的时候就可以自己上,小学的洗手间离得远而且不能随便上,该怎么办?

小结:在小学课堂40分钟里,课程内容是很紧凑的,稍微不留神就有可能听漏了,所以要合理利用课间休息时间上厕所、喝水等,做到不贪玩。

4. 情景模拟,解决交往方面的担心。

提问：你在生活中是怎样交朋友的？害怕老师时怎么办？

小结：微笑地主动打招呼并介绍自己，可以结交到新朋友。学会称赞别人、互相帮助都是交朋友的好方法。小学老师虽然在课堂上讲的知识比较多，但是如果你有需要，她也会像幼儿园老师一样关心你、爱护你。犯错误时，老师批评你只是针对事情的本身，并不会因为你一时的犯错而讨厌你。

5. 利用视频解决学习方面的担心。

提问：当你遇到不会的问题时该怎么办？

小结：首先自己先动脑思考，回忆老师讲授的内容，或通过查询书籍来解决问题。如果还是没办法解决，记得找同学和老师帮忙，有礼貌地请教他人，一定会得到他人的帮助。

活动反思

幼儿对于即将面对的新环境，无法像成人似的通过语言等方式表达自己的顾虑。本次活动帮助幼儿自己组织语言，将心中的顾虑表达出来，让幼儿知道不只是自己有上学的顾虑，但是都能找到合适的方法去解决。

情绪管理
（小学一年级）

活动缘起

在小学一年级第一学期，大部分学生对小学生活是好奇的，并且很容易适应，但也有小部分学生存在着抗拒心理，不喜欢交友，也不喜欢课后户外活动。

引导学生做好心理适应是《小学入学适应教育指导要点》中的重要内容。关注学生心理，进行相应的心理辅导能让学生顺利过渡，积极向上，应对新生活。

活动目标

1. 认识自己的情绪以及情绪对生活的影响。

2. 通过探究活动学会管理情绪的方法，提高情绪调节能力。

3. 能够保持乐观的情绪状态，形成健康向上的心理品质。

活动重难点

重点：认识自己的情绪，正确表达情绪。

难点：提高情绪调节能力并将情绪调节方法应用于学习和生活当中。

活动过程

（一）新课导入

情境导入：教师利用一句话带动大家的情绪，学生分享自己的情绪变化。

（二）新课讲授

1. 情绪猜猜猜。

（1）学生抽取情绪卡片，进行表演。全班同学猜情绪词语。

（2）教师邀请猜测成功的学生分享自己的秘诀，引导学生从生活中认识到情绪的多种表达形式。

小结：开心的表情就是脸上挂着笑容，而眉头紧皱就是忧愁、不开心或者生气的表现。

提问：认识了情绪的表现形式，对我们适应学习和生活有什么帮助呢？

小结：看到别人生气了就不要继续开玩笑；别人难过时要安慰他；学习紧张难受的时候要懂得利用其他方式放松自己。

2. 情绪大影响。

（1）教师展示不同情绪的漫画，提出问题：他们的心情会引发什么样的行为呢？

学生分享：受夸奖后会更加认真听课，没有考一百分也不难过。

（2）教师带领学生思考：好情绪和坏情绪会给生活带来什么样的影响？

学生写下来，进行分享。

小结：好情绪会让自己更加包容；坏情绪会影响自己的学习专注力和身体健康。

3. 情绪调节我能行。

（1）教师提出问题：当心情不好时，我们应该怎么办？（学生小组讨论）

（2）讨论结束后，学生分享结果。教师对情绪调节方法进行总结，引导学生认识到可以采用多种方法来调节管理自己的坏情绪。

活动反思

我们每个人都有情绪，特别是刚刚从幼儿园升到小学一年级的学生，他们的情绪可能是复杂的、难以表达的。无论是积极的还是消极的情绪，都是构成个体的一部分。认识情绪，学会正确表达情绪，并且运用各种方法控制情绪，将情绪管理运用到生活与学习当中，能够使新环境中的学习充满快乐和阳光。

用劳动教育促进幼小衔接

◎连州市三水乡民族幼儿园　张源
　连州市三水民族小学　梁喜月

一、幼小衔接活动背景

乡镇学校的学生多数为留守儿童，由祖辈照顾。家长的教育观念及自身文化水平不高导致幼儿园和小学在开展家园共育、家校共育时有一定的局限性。劳动教育可以渗透到生活中的方方面面，对于家长自身条件的要求较低。而在小学，劳动教育课也是一门独立的学科。结合以上几方面的原因，我们以劳动教育为切入点，共同制定了用劳动教育促进幼小衔接的活动实施方案。

二、活动实施方案

（一）总体目标

（1）培养儿童不怕困难、积极解决困难的精神，强化儿童自我管理。

（2）增强儿童与人合作、遵守纪律的意识，帮助儿童养成良好的学习习惯。

（3）帮助儿童树立正确的劳动观念，掌握基础的劳动能力，培养积极的劳动精神，养成良好的劳动习惯。

（二）活动准备

1. 幼儿园

（1）园内：①利用各种活动场所开展劳动教育；②安排班级每日值日生；③每周五下午开展全园卫生清洁活动；④在游戏中开展劳动教育。

（2）园外：①劳动基地管理；②充分利用端午节、中秋节、重阳节等传统节日开展活动。

（3）家庭：加强家园联系，如召开家长会等，转变家长的劳动教育观念。

2．小学

（1）校内：①落实每天的卫生值勤，组织学生参与校园的卫生保洁。②每周五的最后一节课，在学校开展全校性的清洁劳动，打扫课室外的卫生。③每个月对班级所负责的绿色植物进行一次整理。④发挥校内课后辅导主阵地作用，开展长鼓舞、布袋木狮舞、竹篾工艺等培训。

（2）校外：①合理利用学校的劳动基地建立一年级班级种植园，种植农作物和蔬菜。②教师带领一年级学生对基地进行管理，引领学生认识、了解农作物的种植知识，学习种植农作物的基本技能。③利用传统节日开展劳动教育。

（3）家校联系：①利用班级群、家访等方式加强家校联系；②鼓励学生自己的事情自己做，家里的事情帮忙做；③针对学生的年龄特点和个性差异布置劳动作业。

（三）实施准备

1．幼儿园

（1）幼儿园：①准备充足的劳动工具；②邀请有劳动经验的特级教师或专家对本园教师开展劳动技能培训；③定期组织本园教师参加幼小衔接理论知识学习培训；④加强家园共育。

（2）教师：①掌握一定的劳动技能；②掌握正确引导幼儿开展劳动的方法；③加强自身幼教理论知识学习。

（3）幼儿：①从入园开始不断锻炼独立自主能力；②培养"劳动最光荣"的意识；③掌握一定的劳动技能。

（4）家长：①定期参加幼儿园召开的家长会议；②学习幼儿园宣传的幼小衔接相关知识；③参与组织幼儿园部分劳动教育活动。

2．小学

（1）建立健全劳动评价体系，开展"文明班"评比、班级"劳动星"评比、学生自评、家长参评、教师综合评价等多方面结合的评价制度。

（2）加强劳动教育的师资培养，对劳动课教师进行专项培训。充分利用班主任的主导力量，共同抓好学生的劳动教育。

（3）加强综合活动课和课后第二课堂的教育研究，聘请民间工艺人及布袋木狮舞传承人到学校开设第二课堂，为学生举办培训讲座，指导学生学习长鼓舞、布袋木狮舞、竹篾工艺，在劳动教育中融入少数民族地区特色的文化艺术。

（4）健全经费投入机制。

（四）活动设计

1. 创设劳动环境，培育劳动意识

开展劳动教育的前提是为学生创设良好的劳动环境，从而更好地培养学生正确的劳动意识，让学生在实践中提升对劳动的认识，体会劳动对于生活的重要意义。

（1）幼儿园：在幼儿园班级环境中营造劳动氛围，如将幼儿入园的音乐换成与劳动有关的儿歌，以轻松的音乐帮助幼儿学习劳动知识，提升幼儿的劳动兴趣。在班级走廊设置劳动角，放置一些常用的劳动工具，并在周围张贴这些劳动工具的使用方法，帮助幼儿提升劳动技能。教师做好劳动引导，在做劳动演示时注重趣味性，将劳动动作和音乐、舞蹈、游戏融合起来，提升幼儿的兴趣。班级制定常态化劳动制度，将幼儿分组，定期开展每周大扫除，设置每日值日生，培养幼儿在集体劳动中热爱班级的意识。

（2）小学：以小组为单位，安排值日组长和组员，采用轮流制，确保每个学生都参与班级的值日劳动和班级绿植管理。定期开展劳动教育主题班会，强化学生的劳动意识，每周评选出最佳值日生并加以表扬，为其他学生树立榜样。教师不以劳动作为惩罚，以免学生形成轻视劳动、厌恶劳动、逃避劳动的思想。

2. 组织丰富活动，促进幼小衔接

根据幼儿园大班和小学一年级学生的年龄特点，开设劳动课程时需要注重适龄性和趣味性，以引起他们的兴趣，提升劳动教育的效果。因此，在开展活动的过程中，教师要注意融入积极的情感和态度，让学生体会父母和其他劳动者的不易，学会珍惜他人的劳动成果，激发学生热爱劳动的意识。针对不同年龄段的学生选择相适宜的劳动内容，循序渐进开展劳动教育。

（1）幼儿园：虽然目前着重于在大班开展以劳动教育为主题的幼小衔接活动，但劳动教育应从幼儿入园开始就有针对性地开展相关活动。小班幼儿刚进入幼儿园，可以进行学习洗手洗脸、自己上厕所、整理玩具等基础性的劳动；中班幼儿可以清洗玩具、收拾碗筷、打扫卫生等；大班幼儿可以参与一些社会实践，如利用与小学结对的契机，参加小学开展的劳动基地管理活动，与小学二年级学生以"大手拉小手"的结对形式开展活动，形成与人友好交往、团结合作的意识。在管理班级种植园期间，着重培养幼儿的责任意识。教师在每次开展劳动活动前应先布置当次活动的任务，活动结束后检查幼儿的完成度，并进行评价，培养幼儿的任务意识。

在长期重复枯燥劳动后，幼儿的兴趣会明显下降，这是幼儿行为的客观规律。教师要不断丰富劳动课程内容，从而保障幼儿的参与度。如在游戏中添置与劳动相关的教玩具，让幼儿的劳动实践经验在游戏中得以呈现，从而提升幼儿的劳动成就感。在劳动课程中融入社会知识，让幼儿了解到社会上的各种职业和劳动者对社会的贡献。利用劳动节、端午节等节日开展活动，提升幼儿对于劳动的认知，培养其热爱劳动的情感。

（2）小学：充分利用地方特产和特色文化，结合一年级学生特点，有目的、有计划地组织学生参与实践，感悟地方生态资源的来源、收获及作用，从而促进一年级学生树立良好的劳动观念，形成积极参与劳动的态度，培养勤俭朴素、踏实肯干、刻苦耐劳、团结协作的优良品质。具体做法如下：

①在一年级劳动教育课程设计上，充分发挥课堂的主渠道功能，把劳动教育纳入学校的教学工作计划当中。每周三下午第一节为劳动课，由德育安全主任和劳动教育教师一同带领学生前往校外劳动基地，给本班种植区除草、松土、播种、施肥等。②开展第二课堂，让学生根据自己的兴趣自主选择培训内容，如布袋木狮舞培训班、长鼓舞训练兴趣培训班、竹篾工艺编织培训班。③结合重要的时间节点，例如学雷锋纪念日、劳动节、端午节、中秋节、重阳节，组织学生参加公益劳动和志愿服务活动，开展"扣好人生第一粒扣子·劳动美"主题教育活动，制定主题班会、队日活动，组织学生观看模范先进事迹、宣传劳动精神视频。④开展常规校园清洁卫生活动等。

3. 加强家校联动，提升活动效果

父母是孩子最好的老师，父母的教育理念会极大地影响孩子的成长。现在很多家长溺爱孩子，不愿意让孩子参与劳动，一切都为孩子准备好现成的，这显然不利于儿童综合素质的发展。因此，在劳动教育中做好家园、家校共育尤为必要。

（1）首先召开家长会，让家长初步了解开展这项活动的目的和意义；其次与家长积极沟通，让家长明白劳动教育的重要性，促使其理解和配合学校的工作。

（2）邀请比较有经验的教师为家长开一次讲座或者座谈会，为家长普及开展劳动教育的意义，从而纠正家长长期以来的错误认识和习惯。

（3）班级教师应当积极解答家长提出的疑问，充分吸收家长的意见和建议，与家长共同制订系统化的劳动教学计划。

（4）在为学生布置家庭劳动任务时，要做好与家长的沟通，各自选取适合大班幼儿、一年级学生的家务劳动，并请家长做好指导和配合工作，让学生在劳动中学习家务技能，促进其自我管理能力的提升。如每次学生做家务劳动时，家长可以为学生拍照和录像，并将学生的劳动成果分享到班级群。教师给每个学生的劳动成果打分和奖励。幼儿园教师可以给每天表现最优秀的幼儿送一朵小红花，鼓励幼儿今后做得更好，从而让幼儿在劳动中获得满足感。

（5）学校还可以邀请家长参与到劳动教育活动中，让家长当教师，亲身体验开展劳动教育的意义，提高家长的重视程度与配合程度。

4. 不断加强学习，教师引领先行

学校开展劳动教育，实施的关键是教师。如果教师没有相应的知识储备和活动认同感，那一切都将是纸上谈兵。因此，学校在活动实施前应该先对教师开展相关知识培训。如邀请有丰富种植经验的家长对教师进行培训，为教师讲解耕种知识。在日常的教研中，及时收集教师在开展活动的过程中遇到的困难，共同探讨解决对策。在学校的常规培训中，加入劳动教育相关知识的培训，增加教师的知识储备，为其与家长沟通打下基础。

（五）活动过程

（1）幼儿园与邻近小学结对，制定切实可行的劳动教育结对活动方案。

（2）每年9月召开以大班家长和一年级家长为主的幼小衔接家长会，为家长解读《幼儿园入学准备教育指导要点》，并介绍开展劳动教育主题幼小衔接活动的目的与意义。

（3）大班和一年级以学年为单位制订循序渐进、切实可行的劳动教育活动计划，内容包含课程活动、游戏活动、家园共育、班级常规活动等。

（4）学校每月开展不少于一次的劳动教育教研活动，每两个月开展一次幼儿园大班教师与小学一年级教师联合的劳动教育主题教研活动，收集教师在开展活动时产生的困惑，探讨解决方案。

（5）每月进行一次当月活动总结，总结当月开展活动的成效与不足。每学期做一次以班级和学校为单位的总结，以便下学期开展活动时能及时查漏补缺，也为以后开展劳动教育积累经验材料。

三、活动方案反思

（一）幼儿园

劳动教育作为幼儿园综合素质教育的重要部分，对于幼儿成长有不可替代的作用。以劳动教育为切入点开展幼小衔接，根据幼儿身心发展特点，制订科学合理的活动计划，让幼儿在快乐的劳动中完成入学准备，就是幼儿园设计这一活动的初衷。但在具体实施过程中，教师可能会陷入机械重复的教育活动中，产生"疲惫感"，使得这个活动丧失其原本的意义，对幼儿也起不到促进作用。因此在开展过程中，还需要幼儿园制定相关的奖惩制度来督促教师、持续激发教师动力，如定期对幼儿开展测评、班级半日活动观察，以检测班级活动开展情况，并将考核结果与绩效考核相衔接。

（二）小学

在实施劳动教育促进幼小衔接的活动过程中，应该以幼小衔接文件精神为指导，培养学生从小树立劳动最光荣、劳动最崇高、劳动最伟大、劳动最美丽的观念，培养学生在劳动教育中初步形成认真负责、吃苦耐劳、勤俭节约、踏实肯干、刻苦耐劳、团结协作的优良品质。一年级学生仍然具有"贪玩"的特点，因此在实施劳动教育时也要适当融入游戏活动，探索学生的兴趣点，开展有趣味性、有教育意义的活动。

典型活动案例

玉米生长记

（幼儿园中班）

活动目标

1．锻炼发现问题、解决问题的能力。

2．与人合作，培养爱护植物的情感。

3．学习铲子、喷壶等工具的使用方法，了解简单的种植知识。

活动内容

该活动是中班下学期开展的系列主题种植活动，利用幼儿园的一块菜地种植玉米，从种植到收成，让幼儿全程参与管理，在管理过程中了解植物生长知识，学习简单的种植方法，为大班开展与小学低年级学生结对的劳动教育活动做初步准备。

活动准备

玉米种子、种植工具、肥料、浇水壶、卷尺、画纸、画笔、活动记录展示板等。

活动过程

1．教师开展与玉米相关的科学活动，让幼儿初步了解玉米的生长特征。

2．把幼儿划分为五个小组，每组六名幼儿，并把菜地分为五小块，每组幼儿负责对自己小组的小菜地进行管理。

3．教师指导幼儿翻耕菜地，并种下玉米种子。

4. 教师定期带领各小组幼儿对菜地进行管理，指导幼儿浇水、除草、施肥，并做好记录，在晨谈活动时请幼儿说一说。

5. 每周五对菜地进行评比，评比出管理得最好的小组。

6. 每两周组织幼儿对玉米生长情况进行一次统计，如长高了几厘米，长了几片叶子、几苞玉米等。每月组织幼儿对玉米进行一次生长情况总结。

7. 玉米收成后，比一比哪个小组收的玉米最多、最大，并把玉米煮熟，一起分享劳动的成果。

8. 学期末评选出种植小能手。

活动反思

活动刚开始时，幼儿兴致高涨，每天都很期待去管理玉米地。一周之后，幼儿的兴趣慢慢减退。我们对比幼儿的观察记录发现，由于玉米生长得比较慢，幼儿在管理、观察的过程中不易发现新鲜事物，因此兴趣慢慢减退了。于是我们及时调整了活动方案，由每天管理菜地变为每周一、周四管理菜地。有了时间间隔，玉米的生长有较为明显的变化，幼儿的活动兴趣又回来了。开展菜地管理评比的做法增强了幼儿的小组集体意识和团结意识，幼儿都想把自己小组的菜地管理好，拿到小红旗。对玉米生长过程进行统计这一环节锻炼了幼儿对数的认识。教师要注意观察幼儿动态，及时做调整，以保持幼儿的活动兴趣。

布袋木狮舞
（小学一年级）

活动背景

布袋木狮舞是本地瑶族人民在千年长途迁徙过程中产生的一种集歌、舞、乐为一体的综合艺术形式，表现了瑶族人民的勤劳勇敢和对美好生活的向往。三水民族小学利用第二课堂活动，结合劳动教育特色校本内容，开设了"大手拉小手"的布袋木狮舞兴趣培训班。

活动目标

1. 传承本地瑶族传统特色文化项目。

2. 学习瑶族人民勤劳勇敢的优秀品质，培养爱学校、爱家乡的思想感情。

3. 在"大手拉小手"的学习活动中团结合作、相互学习。

活动准备

1. 材料准备：布袋木狮若干。

2. 前期经验准备：高年级学生具备一定的布袋木狮舞经验，了解布袋木狮舞的起源和发展历史。

活动过程

1. 了解布袋木狮舞的起源和发展历史。

教师引导学生观察布袋木狮头的花纹和颜色，让学生说说自己的感受，再导入布袋木狮舞的起源和发展历史。

一年级学生学习后用画笔进行学习记录。

2. 学习布袋木狮舞的舞蹈动作。

布袋木狮舞的部分舞蹈动作对于一年级学生来说难度较大，因此这部分动作由高年级学生负责。教师指导高年级学生学习这部分高难度动作时，一年级学生在一旁观摩，随后由高年级学生指导一年级学生学习低难度动作。学习结束后，一年级学生用画画的形式记录表征。

3. 编排节目。

教师将瑶族长鼓舞和木狮舞结合在一起，编排成一个汇报节目，高年级学生负责难度高的动作，低年级学生负责难度低的动作，相互配合。

活动反思

布袋木狮舞是学校第二课堂中学习本地非遗文化艺术的一项活动。以前这项活动主要面对中高年级学生开展，自从开展幼小衔接活动以来，学校便让对这项活动有兴趣的一年级学生加入，通过"大手拉小手"的形式开展学习。每次学习后沿用幼儿园的方法，让一年级学生用画笔进行学习记录。高年级学生指导一年级学生学习动作的这一过程，不仅促进了学生团结互助、相互学习，还培养了他们爱学校、爱家乡、爱乡土文化的思想感情。但在活动中发现，由于小学教师对于幼小衔接的具体内容了解得不够深入，因此引导学生拓展深入学习的效果不佳，后续工作中要继续加强对教师的培训，加强与幼儿园教师的教研。

附录一

广东省教育厅关于开展幼儿园自主游戏活动案例和幼小衔接活动方案征集遴选活动的通知

各地级以上市教育局：

为进一步深入学习落实《3—6岁儿童学习与发展指南》《幼儿园保育教育质量评估指南》《教育部关于大力推进幼儿园和小学科学衔接的指导意见》《广东省幼儿园一日活动指引（试行）》等文件精神，总结推广各地幼儿园教育改革的实践成果，强化示范引领作用，带动幼儿园提升游戏活动和幼小衔接活动组织水平，提升教师教育教学水平，提升保教质量，省教育厅决定面向全省幼儿园开展优秀幼儿园自主游戏活动案例和幼小衔接活动方案征集遴选活动。现将有关事项通知如下。

一、活动目的

以推进树立科学的学前教育理念为着力点，聚焦提高幼儿园自主游戏活动和幼小衔接活动水平，推动各类幼儿园落实"幼儿每天连续不少于1小时自主游戏"和幼儿园入学准备教育、小学入学适应教育有关要求，切实推动幼儿园科学组织幼儿自主游戏活动，促进幼小科学双向科学有效衔接，提高育人整体水平。结合我省区域、城乡、幼儿园之间有差异的实际，采取不同标准，分区域分类别征集遴选案例和方案，让城市、乡镇、农村幼儿园教师都有展现自我的机会，提高自身职业认同感。建立逐年征集积累机制，建设省级幼儿园优秀案例和方案资源库，抓好示范带动，强化推广应用，让全省各级各类幼儿园教师学习有平台有借鉴，提高自身专业化发展水平。

二、活动时间

2022 年 4 月 5 日至 2022 年 9 月 20 日。

三、活动对象

幼儿园自主游戏活动案例面向全省幼儿园在职在岗教师征集，由幼儿园报送。幼小衔接活动方案面向全省幼儿园和小学低年级在职在岗教师征集，由幼儿园和小学合作组稿报送。由幼儿园单独报送的申报材料，撰稿教师应为 3 人以内，排位首位的教师为第一作者。由幼儿园和小学合作组稿报送的申报材料，撰稿教师最多 6 人，同个单位 3 人以内，幼儿园和小学排位首位的教师均为第一作者。

四、遴选标准

（一）幼儿园自主游戏活动案例

以《3—6 岁儿童学习与发展指南》《幼儿园保育教育质量评估指南》为指导，以《广东省幼儿园一日活动指引（试行）》中"自主游戏活动"环节为指引，由教师提供相关环境和玩教具材料，幼儿基于兴趣自主开展，能够体现幼儿学习探究过程的游戏活动记录和分析反思。可以是一次游戏，也可以是围绕一个探索专题拓展的系列游戏，须是幼儿园真实开展的，而非为征集临时打造、或以幼儿演示和表演为主的游戏活动。遴选标准如下：

1. 体现正确的儿童观和教育观。珍视幼儿游戏的独特价值，支持幼儿通过直接感知、实际操作和亲身体验获取经验的需要，引发和支持幼儿持续探究和学习。幼儿是积极主动的学习者，尊重幼儿身心发展规律，充分尊重和保护幼儿的好奇心和探索兴趣，充分理解和支持幼儿在活动中的想法和行为。尊重和理解幼儿的学习方式和特点，关注幼儿的个别差异，支持和引导他们从原有水平向更高水平发展。

2．教师的支持引导适宜有效。教师能够根据幼儿的兴趣需要及已有经验，提供适宜幼儿的空间和游戏材料，平等对待每一名幼儿，耐心观察幼儿的行为，倾听并真实记录幼儿的想法和体验，正确解读幼儿行为所反映的经验与水平；能够抓住教育契机给予幼儿适时、适宜的回应与支持，推动幼儿深入学习与探索，并能帮助幼儿回顾、梳理已有经验，激发进一步探索的欲望；能对幼儿的发展情况和需要做出客观全面的分析，能识别幼儿以新的方式主动学习，及时给予有效支持；能够对游戏活动过程进行总结与反思，针对环境材料、游戏规则、师幼互动等方面存在的问题提出改进思路。

3．真实体现幼儿游戏与学习过程。幼儿能够在游戏中根据自己的兴趣和需要自主选择游戏材料、同伴和玩法，与环境、材料充分互动，不断创造新的玩法，在游戏中发现问题、解决问题、主动探究，获得一个或多个领域学习与发展的有益经验；能通过绘画、讲述等方式对自己经历过的游戏、观察等活动进行表达表征，幼儿能在游戏过程中能够体现出好奇、专注、探究、合作等良好的学习品质，游戏经验得到拓展。

（二）幼小衔接活动方案

以《关于大力推进幼儿园和小学科学衔接的指导意见》《广东省推进幼儿园与小学科学衔接攻坚行动方案》为指导，遵循儿童身心发展规律和教育规律，幼儿园和小学实现双向衔接，采取联合教研、整合多方教育资源等方式开展衔接活动。幼儿园大班下学期有针对性地帮助幼儿做好生活、社会和学习等多方面的准备，建立对小学生活的积极期待和向往。小学一年级强化衔接意识，合理安排内容梯度，促进儿童顺利过渡。幼小衔接活动方案由 1 项幼小衔接实施方案和 1～2 个典型活动案例组成。通过制定实施一段时期的幼小衔接实施方案（可为整体性实施方案，也可为主题活动或具体领域教育活动等），以及典型活动案例实录，呈现幼小衔接工作的推进过程和成效。遴选标准如下：

1．体现科学的教育理念。一是坚持儿童为本。关注儿童发展的连续性，尊重儿童的原有经验和发展差异；关注儿童发展的整体性，帮助儿童做好身心全面准备和适应；关注儿童发展的可持续性，培养有益于儿童终身发展的习惯与能力。二是坚持双向衔接。强化衔接意识，幼儿园与小学协同合作，科学做好入学准备和入学适应，促进儿童顺利过渡。三是坚持系统推进。整合多方教育资源，幼儿园和小学统筹联动，家园校共育，形成合力。

2. 体现科学组织幼儿入学准备教育。以《幼儿园入学准备教育指导要点》为指导，充分理解和尊重幼儿学习方式和特点，重点根据大班幼儿即将进入小学的特殊需要，把入学准备教育目标和内容要求融入幼儿园游戏活动和一日生活，支持幼儿通过直接感知、实际操作和亲身体验等方式积累经验，围绕社会交往、自我调控、规则意识、专注坚持等进入小学所需的关键素质，逐步做好身心准备、生活准备、社会准备和学习准备等入学准备教育。

3. 体现科学组织一年级儿童入学适应教育。以《小学入学适应教育指导要点》为指导，充分尊重儿童的年龄特点和学习发展规律，主动加强与幼儿园教育的衔接，积极倾听儿童的需要，适度调整作息安排，创设包容和支持性的学校环境和班级环境，提供一定数量的图画书、玩具和操作材料。鼓励小学将入学适应、小幼衔接观念与方法融入地方课程、学校课程和综合实践活动中，探索小学低年级教育教学改革有效方法。改革一年级教育教学方式，采取游戏化、生活化、综合化等方式实施，强化以儿童为主体的探究性、体验式学习，有针对性地为每个儿童提供个别化的指导和帮助。教学评价方式重点聚焦教师是否熟知儿童身心发展状况和特点，课程实施是否能有效帮助儿童适应小学生活。

五、遴选程序

1. 幼儿园和小学提交申报材料。申报单位要充分领会通知要求，加强沟通交流，做好协同共建，在总结教育教学改革实践经验的基础上，认真梳理活动案例或方案，将符合条件的优秀活动案例或方案报送至县级教育行政部门。

2. 地方推荐。县级教育行政部门组织专家对案例和方案进行遴选，及时将本地优秀案例和方案报送至地市教育行政部门。地市教育行政部门组织专家遴选出优秀的案例和方案，由地市级专家填写意见并公示后，统一报送至省教育厅。各地市报送名额见附件3，选送案例和方案应在名额数以内。广东省委机关幼儿院、广东省育才幼儿院一院和广东省育才幼儿院二院可向广东省学前教育专家指导委员会秘书处报送1个游戏活动案例和1个幼小衔接活动方案。

3．专家评审。省教育厅委托省学前教育专家指导委员会组织有关高校和科研机构专家、小学校长和教师代表、幼儿园园长和教师代表，对各地推荐的优秀案例和方案进行评审，遴选出一批优秀的幼儿园游戏活动案例和幼小衔接活动方案。评审结果经公示后予以确认。

六、组织实施

1．精心组织部署。各地教育行政部门要高度重视，精心组织，以县级为单位，充分发动辖区内各级各类幼儿园（必须包含各级机关、部队、企事业单位、普通高校办园）和小学参加征集遴选活动。要成立专家组，制定遴选工作方案，按照本通知要求对上报的材料进行认真审核遴选，确保质量，宁缺毋滥。

2．加强专业指导。各地要强化教研部门对科学保教工作全程指导，建立常态化教研机制，结合本地幼儿园和小学教育教学改革实际，建立有效的遴选机制，引导幼儿园和小学教师认真总结梳理开展游戏活动和幼小衔接活动的经验做法，确保把观念正确、具有借鉴和推广价值的优秀活动案例和方案遴选出来。

3．坚持正确导向。各地要把征集遴选活动作为促进幼儿园和小学教师专业成长、防止和纠正"小学化"的重要抓手，严把征集遴选工作方向，严禁以征集遴选活动名义组织竞赛评选或商业性活动，严禁搭车宣传或推销相关游戏和教育资源。

七、相关要求

1．内容要求。案例过程记录应客观、准确、清晰，具有普适性和推广性。幼儿园自主游戏活动案例分析反思应紧紧围绕对儿童行为的观察解读、教师回应与支持等，避免脱离事实依据、过多主观评价性解读或冗长的理论分析，避免为了呈现幼儿学习效果而编造、修饰过程细节。幼小衔接活动方案的撰写应反映正确的教育理念与科学导向，活动方案目标明确、内容科学、结构层次清晰，并附1～2个典型活动案例，应围绕儿童身心特点搭建从幼儿园到小学过渡的阶梯，体现幼儿园与小学衔接的目标、过程和方法。正文内容不得出现申报人的个人信息及所在单位信息，否则将取消参评资格。

2. 结构与篇幅要求。案例和方案呈现以文字为主，要求结构完整、脉络清晰，行文简洁、可读性强。自主游戏活动案例和幼小衔接活动方案正文原则上不超过 5000 字，幼儿园与小学联合组稿的方案篇幅可适当增加。申报表中可插入反映幼儿学习及教师支持引导的照片，不超过 8 张（组图可合并为 1 张）。

3. 原创性和推广性要求。所提交的案例和方案撰稿人要做出原创性承诺。案例和方案需具有普适性与可推广价值，可在省内其他地区幼儿园或小学实现借鉴和运用。

（后略）

广东省教育厅

2022 年 4 月 11 日

附录二

广东省推进幼儿园与小学科学衔接
攻坚行动方案

为贯彻落实《教育部关于大力推进幼儿园和小学科学衔接的指导意见》（教基〔2021〕4号），深化基础教育改革，建立幼儿园与小学科学衔接的长效机制，减缓衔接坡度，帮助儿童顺利实现从幼儿园到小学的平稳过渡，特提出本方案。

一、总体要求

（一）指导思想

以习近平新时代中国特色社会主义思想为指导，全面贯彻党的教育方针，落实立德树人根本任务，遵循儿童身心发展规律和教育规律，深化基础教育课程改革，建立幼儿园与小学科学衔接的长效机制，全面提高教育质量，促进儿童德智体美劳全面发展和身心健康成长。

（二）基本原则

1. 坚持儿童为本。关注儿童发展的连续性，尊重儿童的原有经验和发展差异；关注儿童发展的整体性，帮助儿童做好身心全面准备和适应；关注儿童发展的可持续性，培养有益于儿童终身发展的习惯与能力。

2. 坚持双向衔接。强化衔接意识，幼儿园与小学协同合作，科学做好入学准备和入学适应，促进儿童顺利过渡。

3. 坚持系统推进。整合多方教育资源，行政、教科研、幼儿园和小学统筹联动，家园校共育，形成合力。

4. 坚持规范管理。建立动态监管机制，加大治理力度，纠正和扭转校外培训机构、幼儿园和小学违背儿童身心发展规律的做法和行为。

（三）主要目标

全面推进幼儿园和小学实施入学准备和入学适应教育，减缓衔接坡度，帮助儿童顺利实现从幼儿园到小学的过渡。幼儿园和小学教师及家长的教育观念与教育行为明显转变，幼小协同的有效机制基本建立，科学衔接的教育生态基本形成。

二、重点任务

1. 改变衔接意识薄弱，小学和幼儿园教育分离的状况，建立幼小协同合作机制，为儿童搭建从幼儿园到小学过渡的阶梯，推动双向衔接。

2. 改变过度重视知识准备，超标教学、超前学习的状况，规范学校和校外培训机构的教育教学行为，合理做好入学准备和入学适应，做好科学衔接。

3. 改变衔接机制不健全的状况，建立行政推动、教科研支持、教育机构和家长共同参与的机制，整合多方资源，实现有效衔接。

三、主要举措

（一）幼儿园做好入学准备教育

全省各类幼儿园要深入贯彻落实《3—6岁儿童学习与发展指南》《幼儿园教育指导纲要》《广东省幼儿园一日活动指引（试行）》，促进幼儿身心全面和谐发展，为入学做好基本素质准备，为终身发展奠定良好基础。要进一步引导教师树立科学衔接的理念，大班下学期要有针对性地帮助幼儿做好生活、社会和学习等多方面的准备，建立对小学生活的积极期待和向往。要防止和纠正把小学的环境、教育内容和教育方式简单搬到幼儿园的错误做法。

（二）小学实施入学适应教育

全省各个小学要强化衔接意识，主动加强与周边生源流入幼儿园教育的衔接，将入学适应教育作为深化义务教育课程教学改革的重要任务，纳入一年级教育教学计划，教育教学方式与幼儿园教育相衔接。根据国家修订的义务教育课程标准，调整一年级课程安排，坚持零起点教学，合理安排内容梯度，减缓教学进度。小学将一年级上学期设置为入学适应期，重点实施入学适应教育，从身心、生活、社会和学习四个方面帮助儿童做好入学适应。地方课程、学校课程和综合实践活动主要用于组织开展入学适应活动，确保课时安排。改革一年级教育教学方式，国家课程主要采取游戏化、生活化、综合化等方式实施，强化儿童的探究性、体验式学习。要切实改变忽视儿童身心特点和接受能力的现象，坚决纠正超标教学、盲目追赶进度的错误做法。

（三）建立联合教研制度

各地教研部门要把幼小衔接作为教研工作的重要内容，纳入年度教研计划，提供充分的教研工作保障，推动建立幼小学段互通、内容融合、形式科学、氛围积极的系统化联合教研制度，有效提升教研成果的实践应用效果。教研人员要深入学习《幼儿园入学准备教育指导要点》《小学入学适应教育指导要点》，全面了解国内外科学幼小衔接前沿理论与实践应用成果，深入幼儿园和小学，根据实践需要确定研究专题、研究方法和研究框架，有效指导区域教研和园（校）本教研活动，总结推广好做法好经验。鼓励学区内小学和幼儿园建立学习、教学、研究、管理共同体，加强教师在儿童发展、家长工作、课程体系、教学实施、管理制度等方面的研究交流，及时解决入学准备和入学适应实践中的突出问题。

（四）完善家园校共育机制

幼儿园和小学要把家长作为重要的合作伙伴，充分发挥家长委员会的作用，建立有效的家园校协同沟通机制，为家长之间的教育经验交流提供平台，引导家长与幼儿园和小学积极配合，共同做好衔接工作。要及时总结家长积极有效的教育经验，多渠道建构家长学校的培训资源。要预留适当的家庭教育培训经费，支持家长学校的运作。要及时了解家长在入学准备和入学适应方面的困惑问题及意见建议，积极宣传国家和地方的有关政策要求，宣传展示幼小双向衔接的科学理念和做法，有针对性地为家长提供相应年龄段幼儿的家庭教育方法，倡导体验式的家长教育，帮助家长认识过度强化知识准备、提前学习小学课程内容的危害，缓解家长的压力和焦虑，营造良好的家庭教育氛围，积极配合幼儿园和小学做好衔接。

（五）加大综合治理力度

各地教育部门要会同有关部门持续加大对校外培训机构、小学、幼儿园违反教育规律行为的治理力度，开展专项治理。落实国家和省有关规定，校外培训机构不得对学前儿童违规进行培训。小学严格执行免试就近入学，严禁以各类考试、竞赛、培训成绩或证书等作为招生依据，坚持按课程标准零起点教学。幼儿园学位满足需要的地方，小学不得举办学前班（幼儿班）。幼儿园不得提前教授小学课程内容，不得布置读写算家庭作业，不得设学前班，幼儿园出现大班幼儿流失的情况，应及时了解原因和去向，并向当地教育部门报告。各地教育部门应根据有关线索，对接收学前儿童违规开展培训的校外培训机构进行严肃查处并列入黑名单，根据要求将黑名单信息纳入全国信用信息共享平台，按有关规定实施联合惩戒。对办学行为严重违规的幼儿园和小学，追究校长、园长和有关教师的责任。

四、进度安排

（一）精心部署，试点先行

一是组织开展实验区申报。省教育厅加强推进幼儿园入学准备和小学入学适应教育工作统筹，组建省级幼小衔接专家组，对幼小衔接推进工作进行指导。2021 年 4 月组织开展广东省学前教育高质量发展实验区（科学幼小衔接攻坚项目）申报，遴选一批科学幼小衔接实验区和试点园（校），逐年扩大试点园（校）规模，指导各立项实验区制订具体实施方案。鼓励各地市和县（市、区）

设立一批幼小衔接试点园（校），组建市、县（市、区）幼小衔接专家组，推动更多幼儿园和小学参加科学幼小衔接实践。二是各实验区建立幼儿园和小学教师联合教研机制。各地市和县（市、区）教研部门建立幼儿园和小学教师联合教研制度，组织幼儿园和小学教师开展联合教研、培训，2021年8月底前各实验区和试点园（校）建立常态化联合教研制度，参加试点实践工作的教师全员参与教研、培训。三是试点园（校）建立深度合作机制。省学前教育高质量发展实验区各试点园探索实施入学准备活动，试点校同步研究入学适应活动，2021年8月底前试点园（校）分别完成幼儿园大班下学期入学准备活动方案和小学一年级上学期入学适应活动方案，2021年秋季学期开始实施并在实施过程中不断完善活动方案。省将适时组织专家组对优秀的活动方案进行遴选和交流展示。

（二）总结经验，全面铺开

一是分析梳理试点经验。2022年春季学期，在各地级市教育部门指导下，各级教研部门组织力量认真分析和梳理实验区和试点园（校）入学准备和入学适应工作的经验。各级教研部门组织各幼儿园和小学建立结对教研关系，积极探索学区、教育集团、根据生源流入情况就近结对等方式建立幼小衔接结对学校学习共同体，对结对学校名单进行备案和公布，组织各结对学校建立联合教研、培训工作机制。二是全面建立常态化联合教研机制。2022年秋季学期开始，在各地级市教育部门指导下，各地全面推行入学准备和入学适应教育，结对幼儿园和小学建立幼小协同的合作机制，实行常态化联合教研制度，加强在课程、教学、教研和管理等方面的研究合作，幼儿园大班和小学一年级教师在本园（校）全员参加教研、培训。

（三）完善政策，健全机制

在系统总结本地区实践经验成果基础上，各地级市和县（市、区）教育部门于2023年底前完善幼小衔接政策举措，健全工作机制，加强幼儿园和小学深度合作，提高入学准备和入学适应教育的科学性和有效性，健全完善联合教研制度，加强业务指导，及时研究解决教师在幼小衔接实践中的困惑问题。

五、组织实施

（一）加强组织领导

幼小衔接是一项系统工程，各地教育部门要充分认识做好幼小衔接工作的重要意义，研究制订本地幼小科学衔接具体实施方案，切实把幼小衔接工作纳入基础教育课程改革的重要内容，统筹各方资源，提供经费支持，确保幼小衔接工作取得实效。

（二）建立工作推进机制

各地教育部门要加强统筹协调，整合专业资源，发挥教研部门和专家在指导教育教学实践、促进教师专业成长等方面的作用，加强幼小衔接科学研究。健全科学的评价机制，将入学准备和入学适应纳入幼儿园和义务教育质量评估的重要内容。省教育厅将按照有关要求对成绩突出的幼儿园（学校）和教师给予表扬奖励，鼓励各地教育部门结合幼小衔接工作实际按规定对工作表现优异、成绩突出的幼儿园（学校）和教师给予表彰奖励，并作为学校评优评先和教师职称晋升的重要依据。

（三）加强宣传引导

各地要加大社会宣传力度，利用多种媒体宣传科学做好幼小衔接的重要意义和有效途径，及时总结推广典型案例和经验做法，树立科学导向，引导家长自觉抵制违背儿童身心发展规律的行为，支持和参与幼小衔接工作，形成良好的社会氛围。